U0861622

21 世 纪 本 科 金 融 学 名 家 经 典 教 科 书 系

本书荣获“2011年普通高等教育精品教材”奖
普通高等教育“十一五”国家级规划教材

财产保险

（第六版）

主 编 许飞琼 郑功成

中国金融出版社

责任编辑：王　君
责任校对：潘　洁
责任印制：陈晓川

图书在版编目（CIP）数据

财产保险/许飞琼，郑功成主编．—6版．—北京：中国金融出版社，2020.12
21世纪本科金融学名家经典教科书系
ISBN 978-7-5220-0882-0

Ⅰ.①财…　Ⅱ.①许…②郑…　Ⅲ.①财产保险—高等学校—教材
Ⅳ.①F840.65

中国版本图书馆CIP数据核字（2020）第208273号

财产保险（第六版）
CAICHAN BAOXIAN（DI-LIU BAN）
出版
发行　中国金融出版社
社址　北京市丰台区益泽路2号
市场开发部　（010）66024766，63805472，63439533（传真）
网上书店　www.cfph.cn
（010）66024766，63372837（传真）
读者服务部　（010）66070833，62568380
邮编　100071
经销　新华书店
印刷　北京七彩京通数码快印有限公司
尺寸　185毫米×260毫米
印张　24.5
字数　550千
版次　1999年1月第1版　2001年7月第2版　2005年3月第3版
2010年1月第4版　2015年3月第5版　2020年12月第6版
印次　2024年12月第4次印刷
定价　56.00元
ISBN 978-7-5220-0882-0
如出现印装错误本社负责调换　联系电话（010）63263947
编辑部邮箱：jiaocaiyibu@126.com

21 世纪高等学校金融学系列教材
编审委员会

顾　　问：

吴晓灵（女）　清华大学五道口金融学院　教授　博士生导师

陈雨露　中国人民银行　党委委员　副行长

王广谦　中央财经大学　教授　博士生导师

主任委员：

郭建伟　中国金融出版社　总编辑

史建平　中央财经大学　教授　博士生导师

刘锡良　西南财经大学　教授　博士生导师

委员：（按姓氏笔画排序）

丁志杰　对外经济贸易大学　教授　博士生导师

王爱俭（女）　天津财经大学　教授　博士生导师

王效端（女）　中国金融出版社　副编审

王　稳　对外经济贸易大学　教授　博士生导师

王　能　上海财经大学　美国哥伦比亚大学　教授　博士生导师

王　聪　暨南大学　教授　博士生导师

卞志村　南京财经大学　教授　博士生导师

龙　超　云南财经大学　教授

叶永刚　武汉大学　教授　博士生导师

邢天才　东北财经大学　教授　博士生导师

朱新蓉（女）　中南财经政法大学　教授　博士生导师

孙祁祥（女）　北京大学　教授　博士生导师

孙立坚　复旦大学　教授　博士生导师

李志辉　南开大学　教授　博士生导师

李国义　哈尔滨商业大学　教授

杨兆廷　河北金融学院　教授

杨柳勇　浙江大学　教授　博士生导师

杨胜刚　湖南大学　教授　博士生导师

汪　洋　江西财经大学　教授　博士生导师

沈沛龙　山西财经大学　教授　博士生导师

宋清华　中南财经政法大学　教授　博士生导师

张礼卿　中央财经大学　教授　博士生导师
张成思　中国人民大学　教授　博士生导师
张　杰　中国人民大学　教授　博士生导师
张桥云　西南财经大学　教授　博士生导师
张志元　山东财经大学　教授
陆　磊　国家外汇管理局　副局长
陈伟忠　同济大学　教授　博士生导师
郑振龙　厦门大学　教授　博士生导师
赵锡军　中国人民大学　教授　博士生导师
郝演苏　中央财经大学　教授　博士生导师
胡炳志　武汉大学　教授　博士生导师
胡金焱　山东大学　教授　博士生导师
查子安　金融时报社　总编辑
贺力平　北京师范大学　教授　博士生导师
殷孟波　西南财经大学　教授　博士生导师
彭建刚　湖南大学　教授　博士生导师
谢太峰　首都经济贸易大学　教授　博士生导师
赫国胜　辽宁大学　教授　博士生导师
裴　平　南京大学　教授　博士生导师
潘英丽（女）　上海交通大学　教授　博士生导师
潘淑娟（女）　安徽财经大学　教授
戴国强　上海财经大学　教授　博士生导师

作者简介

郑功成 中国人民大学教授，长期从事社会保障、灾害保险及相关领域的教学与研究工作，是“中国社会保障改革与发展战略”“国家综合防灾减灾战略”等多个重大项目的首席专家。出版过著作30余种，发表学术文章500多篇，多项政策研究成果为收入分配、社会保障等相关领域的改革决策提供了重要的理论背景与参考依据，获得过中国高等学校科学研究成果（人文社会科学）一等奖等省部级以上学术奖、图书奖、教学奖20多项。负责本书第一章的撰写。

向运华 武汉大学政治与公共管理学院公共经济与社会保障系教授、社会保障研究中心研究员，兼任《社会保障研究》副主编、《管理研究》集刊联合主编。主要研究方向为社会保障政策与民生问题、危机管理与保险等。主持或参与完成教育部、国家自然科学基金等科研项目多项，出版《保险经营管理学》《财产保险》等著作多本，发表论文数十篇；获中国高校人文社会科学研究优秀成果奖、高等教育国家级教学成果奖等多项奖励。负责本书第二章、第三章的撰写。

许飞琼 中央财经大学保险学院教授，先后在武汉大学、中国人民大学长期从事保险学、灾害学的教学与研究工作。独立出版学术著作、教材13部，合著相关著作与教材10部、参编教材10多部；发表学术论文170多篇。主持过国家社科基金项目、教育部人文社科基金项目及其他省部级项目近20项。获得过全国统计科技进步二等奖、中国图书奖、国家级精品教材奖、国家级线上线下混合式一流课程奖、北京市高等学校教学名师奖、北京市优质教材奖、北京市教育教学成果一等奖等学术、教学奖励10多项。负责本书第四章、第五章、第七章、第八章、第九章、第十章、第十二章、第十三章、第十五章、第十六章的撰写。

庹国柱 首都经济贸易大学教授，农业保险专家，长期从事农业保险与再保险及相关领域的教学与研究工作。主编及合著、译著《中国农业保险研究2019》《中国农业保险和社会保险制度研究》《保险学》《保险经济学》《农业保险：理论、经验与问题》《国外农业保险：实践、研究和法规》等著作26部，发表有关农业保险、社会保险和商业保险方面的论文300多篇，主持农业保险、农村社会保障方面的国家级、省部级科研课题多项，多项成果获奖。负责本书第六章、第十八章的撰写。

王绪瑾 北京工商大学教授，商业保险专家，长期从事保险学、财产保险及相关领域的教学与研究工作。出版《保险学》《财产保险》《海上保险》等30余部著作，发表保险学术论文160余篇，承担过多项国家社科基金和省部级课题研究任务，曾获北京市精品教材等多种奖励。负责本书第十一章、第十四章、第十七章的撰写。

第六版修订前言

本书的最初版本是2001年出版的普通高等学校金融类“九五”规划重点教材《财产保险》（中国金融出版社出版），第三版时成为普通高等教育“十一五”国家级规划教材，2011年第四版被评为普通高等教育精品教材。各版次主编如下：

第一版、第二版由郑功成教授主编，许飞琼副教授协助审稿、定稿。

第三版、第四版、第五版由许飞琼教授主持修订，并负责全书审稿、定稿工作。

第六版由许飞琼教授负责全书修订、审稿、定稿工作。

作为一部持续多年受到高校保险专业师生欢迎并印行多次的财产保险教科书，本次修订不仅反映了我国财产保险发展的最新动态，而且在保持专业知识完整、理论与实务相结合、案例与思考相结合等传统特色的同时，结合新时代保险业的变革与创新，对相关内容做了进一步凝练，以便更能适应保险专业师生教与学的需要。

需要特别说明的是，中国人民大学郑功成教授曾主持本书第一版、第二版的编写与修订工作，后因公务太忙不能再主持本书的编写与修订工作，其对本书作出的是奠基性的贡献。西南财经大学孙蓉教授亦曾承担过本书第一版有关章节的编写工作，后因故未能继续参与，亦为本书历史版本作出过贡献。

编者

2020年9月

目　录 Contents

21st Century Master Series

上编

财产保险基本理论

第一章 导论

【学习目标】

本章是全书的总纲，在学习时应把握财产保险的概念、发展过程与业务体系结构等；同时了解财产保险的基本特征及其与人身保险、政府救灾的区别，正确认识财产保险的职能。

第一节 财产保险概述

一、财产保险的概念

财产保险，是指以各种财产物资和有关利益为保险标的，以补偿投保人或被保险人的经济损失为基本目的的一种社会化经济补偿制度。作为现代保险业的两大部类之一，财产保险通过各保险公司的社会化经营，客观上满足着人类社会除自然人的身体与生命之外的各种风险保障需求，是当代社会不可缺少的一种风险管理机制和经济补偿制度。

作为一种经济补偿制度，财产保险的优越性主要表现在对各种风险进行管理的专业化与社会化方面。一方面，保险业是专门经营各种风险的行业，各国的保险制度更是普遍规定了财产保险专业经营的法律原则，财产保险业务经营的专业化，使其在组织经济补偿时具有更高的效率和更多的经验；另一方面，财产保险又是一种高度社会化的业务，其业务经营活动往往超越国界而成为一种世界性业务，这种高度社会化的经营方式，使投保人或被保险人的各种风险能够在最大的范围内得以分散，各种保险损失得以在尽可能大的范围内分摊，最终实现财产保险业务经营的稳定化、可持续化。因此，财产保险在管理风险、组织经济补偿方面，具有其他制度无法比拟的优越性。

根据经营业务的范围，财产保险可以分为广义财产保险与狭义财产保险。其中广义财产保险是指包括各种财产损失保险、责任保险、信用保证保险等业务在内的一切非人身保险业务，这一概念的界定与本教材的研究范围和内容一致；狭义财产保险则仅指各种财产损失保险，它强调保险标的是各种具体的财产物资。因此，狭义财产保险是广义财产保险中的一个重要组成部分。

根据承保标的的实虚，财产保险又可以分为有形财产保险和无形财产保险。其中有形财产保险是指以各种具备实体的财产物资为保险标的的财产保险，它在内容上与狭义财产保险业务基本一致；无形财产保险则是指以各种没有实体但与投保人或被保险人有利害关系的合法利益为保险标的的保险，如责任保险、信用保险、利润损失保险业务等。有形财产保险和无形财产保险共同构成了广义财产保险。

将财产保险概念分为广义财产保险与狭义财产保险，其目的在于使人们了解广义财产保险与狭义财产保险的整体与部分的关系，及其基础与应用、指导与隶属的关系，以便触类旁通，掌握各类财产保险业务的共性与个性；将财产保险分为有形财产保险与无形财产保险，其目的是在把握各种财产保险均带有经济补偿和风险分散特性的基础上，充分认识两类财产保险业务在经营基础、风险构成、经营手段等方面的差异性。因此，上述划分对于研究和解决各种财产保险实践中的理论问题具有重要的意义。

此外，在实务中，根据我国《保险公司业务范围分级管理办法》（保监发〔2013〕41 号，以下简称《业务分级办法》）第四条至第六条规定，保险公司业务因其属性和风险特征的不同，财产保险可以分为基础类业务和扩展类业务。财产保险基础类业务包括以下五项：①机动车保险，包括机动车交通事故责任强制保险和机动车商业保险；②企业（团体）与家庭财产保险及工程保险（特殊风险保险除外）；③责任保险；④船舶及货物运输保险；⑤短期健康/意外伤害保险。财产保险扩展类业务包括以下四项：①农业保险；②特殊风险保险，包括航空航天保险、海洋开发保险、石油天然气保险、核保险；③信用保证保险；④投资型财产保险。这种根据财产保险业务特性来分类的目的在于财产保险公司开展业务要以防范和吸纳经营风险的能力为核心标准。例如，根据《业务分级办法》的规定，新设保险公司经营之初仅能经营基础类业务，在获得基础类前三项业务经营资质后，方可申请增加扩展类业务，且每次只能申请一项，两次申请的间隔不少于 6 个月。鉴于财产保险公司扩展类业务之间没有递进关系，《业务分级办法》规定符合资质的财产保险公司可自行选择确定新增业务。

需要指出的是，由于一些国家对保险业的部类划分依据不一，亦造成了财产保险概念内涵和外延上的不统一。例如，有的国家称为产物保险，有的称为损害保险，有的则称为非寿险，这些概念与中国的财产保险概念存在着一定的差异性。其中，产物保险强调以各种财产物资为保险标的，经营业务的范围较窄；损害保险则从产物保险扩展到有关的法律风险与信用保险业务；而非寿险则还将各种短期性的人身保险业务包括在内。根据各种保险业务的性质和经营规则，将整个保险业划分为非寿险和寿险是一种国际惯例；中国将保险业划分为财产保险与人身保险，虽然与国际通行的划分存在着一定的距离，但也已成为自身的惯例。不过，上述各种概念之间的差异，主要表现在业务经营范围的大小方面，而不会对认识财产保险性质及经营规则产生影响。

二、财产保险的经营主体

财产保险作为现代保险业的两大部类之一，是由依法定程序成立的专门保险机构具体经营的。在保险业的发展史上，经营财产保险业务的保险机构总是得到最早、最快的发展，此后才出现专门的人寿保险机构或财产保险机构兼营有限的人寿保险业务，最终则确立了财产保险与人寿保险不得兼营的原则，即任何保险机构均不得同时兼营财产保险（或非寿险）业务与人身保险（寿险）业务。这一原则作为一项国际性惯例，在1995年10月1日开始实施的我国《保险法》中同样得到了肯定和规范。不过，20世纪90年代以后，一些发达国家的保险市场上亦出现了财产保险与人寿保险两大业务走向综合经营的趋势，银行业、证券业亦与保险业有相互渗透的趋势，而且这种趋势自21世纪以来在我国也有所发展。正因为如此，2002年、2009年、2014年、2015年我国四次修订的《保险法》规定，在分业经营的前提下，经保险监督管理机构批准，财产保险公司可以经营短期健康保险和意外伤害保险业务。同时，在2009年修订的《保险法》中增加了第八条，规定“保险业和银行业、证券业、信托业实行分业经营、分业管理，保险公司与银行、证券、信托业务机构分别设立。国家另有规定的除外”。综合经营这种变化显然与经济的市场化和国际化有关，值得保险界关注。

从保险机构的性质出发，财产保险的经营主体可以划分为公营财产保险公司和私人财产保险公司两大类。前者亦称为政府保险公司，属于国有国营公司，如美国的联邦农作物保险公司、我国的中国出口信用保险公司等，在世界保险市场上所占比重不大，但在政策性保险领域享有较高的地位；后者属于民有民营的财产保险公司，它在世界财产保险市场上占绝对优势。

从保险机构的组织形式出发，财产保险的经营主体包括独资保险公司、股份保险公司、附设保险公司、保险合作社等，其中独资保险公司主要是国营保险公司，附设保险公司、保险合作社则是较低层次的经营主体，而股份保险公司则占据主导地位。

从财产保险经营主体的业务经营范围出发，尽管发达国家的财产保险机构众多，中国的财产保险市场亦正在朝着经营主体多元化的方向快速发展，但国内外的财产保险经营主体仍可概括为以下三种类型：

1. 集团型保险公司。它又包括两种形式：一是同时经营非寿险与寿险业务的集团型公司，它通过设立独立的财险子公司来经营财产保险业务，如中国太平洋保险（集团）股份有限公司、中国平安保险（集团）股份有限公司等，就是通过设立财产保险子公司的形式来参与全国财产保险市场竞争的。二是专门的财产保险公司随着业务的发展而壮大成集团型公司，即可设立两个以上的专营型子公司，如中国人民保险集团股份有限公司、华泰保险集团股份有限公司等就是从原来的一家公司发展成为拥有财产保险、人寿保险、资产管理、基金管理等于一体的综合性金融保险集团。

2. 综合型财产保险公司。它是依据我国《保险法》及《保险公司管理规定》［保监会令（2009年第1号/2015年第3号修订）］的规定成立的专门经营各种财产保险业务的综合性保险公司，其不能兼营寿险业务，但可以经营任何法律许可的由财产保险公司经营的业务。目前在我国保险市场上，除了集团型财产保险公司外，大部分财险公司属于综合型财产保险公司。

3. 专营型财产保险公司。它是指依据法定程序成立且专营某一类或某一种财产保险业务的财产保险公司，其业务范围在公司设立时即予核定，不仅不能经营寿险业务，而且也不能经营非核定业务范围内的其他财产保险业务，如专门的火灾保险公司就只能经营各种火灾保险业务，专门的责任保险公司亦只能经营各种责任保险业务，等等。例如，成立于1866年的美国哈特福德蒸汽锅炉检验和保险公司（Hartford Steam Boiler Inspection and Insurance Company，HSB）就是北美最大的设备故障保险和相关检验服务提供商。目前，我国的财产保险市场上开始出现了这类专营型财产保险公司，如成立于2015年的东海航运保险股份有限公司就是专营船舶保险的财产保险公司。我国的专营型财产保险公司将会从如下两个方面得到发展：一是新的公司在成立时定位为专营型财产保险公司，二是原有的公司为适应竞争而逐渐形成优势业务并朝着专营型财产保险公司发展。

三、财产保险的业务结构

财产保险是一个庞大的业务体系，它由若干险别及其数以百计的具体险种构成，其业务结构详见表1-1。

表1-1　　财产保险业务结构

<table>
<tr><th>第一层次</th><th>第二层次</th><th>第三层次</th><th>第四层次（险种）</th></tr>
<tr><td rowspan="10">财产损失保险（它是以承保保险客户的财产物资损失风险为内容的各种保险业务的统称，是财产保险业务的主要来源）</td><td rowspan="2">火灾保险</td><td>团体火灾保险</td><td>财产保险基本险、综合险等具体险种</td></tr>
<tr><td>家庭财产保险</td><td>室内财产保险、房屋保险等</td></tr>
<tr><td rowspan="4">运输保险</td><td>机动车辆保险</td><td>车身保险、第三者责任保险等</td></tr>
<tr><td>船舶保险</td><td>内河船舶保险、远洋船舶保险等</td></tr>
<tr><td>航空保险</td><td>机身保险、旅客责任保险等</td></tr>
<tr><td>货物运输保险</td><td>公路货运保险、铁路货运保险、航空货运保险等</td></tr>
<tr><td rowspan="2">工程保险</td><td>建安工程保险</td><td>建筑工程保险、安装工程保险等</td></tr>
<tr><td>科技工程保险（特殊风险保险）</td><td>航天保险、核电保险、海洋石油开发保险等</td></tr>
<tr><td rowspan="2">种植业保险</td><td>农作物保险</td><td>水稻、玉米、烤烟保险等</td></tr>
<tr><td>林木保险</td><td>森林保险、果树保险等</td></tr>
</table>

<table>
<tr><td rowspan="4">农业保险（也可归入财产损失保险内，但标的性质特殊）</td><td rowspan="2">种植业保险</td><td>农作物保险</td><td>水稻、玉米、烤烟保险等</td></tr>
<tr><td>林木保险</td><td>森林保险、果树保险等</td></tr>
<tr><td rowspan="2">养殖业保险</td><td>畜禽保险</td><td>养猪、牛、马、养鸡保险等</td></tr>
<tr><td>水产养殖保险</td><td>虾、鱼、珍珠保险等</td></tr>
</table>

续表

第一层次	第二层次	第三层次	第四层次（险种）
责任保险（承保法律风险，是随着法律制度的不断完善而发展起来的，是业务广泛的险别）	公众责任保险	综合公共责任保险	公共意外责任保险、合同责任保险等
		场所责任保险	宾馆、展览馆、车库责任险等
		承包人责任保险	建筑、安装、修理工程承包人责任保险等
		承运人责任保险	承运旅客责任保险、承运货物责任保险等
		其他公众责任保险	电梯责任保险、物业责任保险等
	产品责任保险	国内产品责任保险	各种产品责任保险等
		出口产品责任保险	
	雇主责任保险	团体单位雇主责任保险	普通雇主责任保险、各种附加责任保险等
		家庭或个人雇主责任保险	
	职业责任保险		医生、会计师、律师责任保险等
	其他责任保险	个人责任保险	个人运动责任保险、个人职业责任保险等
		第三者（方）责任保险	非机动车辆第三者（方）责任保险
信用保证保险（承保信用风险）	信用保险	国内信用保险	贸易信用保险、贷款信用保险等
		出口信用保险	短（中、长）期出口信用保险等
		投资保险	战争保险、征用保险、汇兑保险等
	保证保险	确实保证保险	履约保证保险、存款保证保险等
		诚实保证保险	指名保证保险、职位保证保险

注：若按国际惯例分为非寿险与寿险，则财险类业务还应包括短期人身险业务。

根据表1－1的第一层次，可以把财产保险业务分为四大部分。

1. 财产损失保险。它是以承保保险客户的财产物资损失风险为内容的各种保险业务的统称，包括各种火灾保险、运输保险、工程保险等。上述险别还可进一步分类，例如，火灾保险可分为团体火灾保险、家庭财产保险等类别，运输保险可分为机动车辆保险、船舶保险、航空保险、货物运输保险等类别，工程保险可分为建筑工程保险、安装工程保险、科技工程保险、船舶建造保险等类别。作为财产保险业传统的，也是最主要的业务来源，财产损失保险不仅会首先得到发展，而且会首先得到全面的、有深度的发展。因此，财产损失保险是本书重点阐述的内容，其具体内容见本书第七至十五章。

2. 农业保险。农业保险也可以归入财产损失保险范围，但因其保险标的是有生命的特殊财产，业务经营有着与其他类别财产保险不同的特性，加之农业生产方式及可能遭遇的风险均有其特殊性，从而亦作为单独一类财产保险业务来经营。在业务结构方面，农业保险又可以分为各种种植业保险、林业保险和养殖业保险，其具体内容见本书第十八章。

3. 责任保险。责任保险承保的是保险客户的各种民事法律风险，是一种随着法律制度的完善而不断发展起来的保险业务。责任保险的业务结构包括公众责任保险、产品责任保险、雇主责任保险、职业责任保险及各种运输工具第三者责任保险等内容，是一个非常广阔的保险市场，其具体内容可参见本书第十六章。

4. 信用、保证保险。信用、保证保险承保的主要是保险客户的各种商业信用风险，其业务主要包括出口信用保险、国内信用保险、确实保证保险等各种信用、保证保险，具体内容可见本书第十七章。

此外，如果按照国际惯例将保险业划分为寿险与非寿险业务，则财产保险公司的业务经营范围还包括短期性人身意外保险业务和短期性健康保险业务等，即短期性的人身意外保险和短期性健康保险因其业务性质和经营方式与财产保险业务相一致，而被纳入财产保险公司的业务范围。不过，本书为避免与国内人身保险教材内容重复，未将该内容纳入。

第二节　财产保险的产生与发展

在人类社会的发展过程中，各种自然灾害和不幸事故一直是制造灾难和危及人类自身生存的客观因素。经过与灾害事故的长期斗争实践，人们逐步意识到对于各种自然灾害和不幸事故风险，仅仅依靠自身或小范围的协作力量是无法抗拒和克服的，还需要有社会化的机制来分散各种灾害事故风险。于是，根据损失分摊原则和大数法则原理等建立、发展起来的财产保险制度，便成了人类社会抵御各种灾害事故和消化其损失的基本经济制度。人类社会越是向前发展，财产保险也越是成为人们控制或减轻各种灾害事故风险的重要手段。因此，财产保险的产生与发展，首先是因为各种灾害事故风险的客观存在与发展，其次则是社会经济不断发展的结果。本节将从纵向角度对财产保险的产生与发展作简要考察。

一、财产保险的发展线索

包括财产保险与人身保险在内的现代商业保险制度，事实上起源于欧洲国家古老的共同分摊海损制度。从财产保险的纵向发展进程来看，它可以通过图 1－1 来展示。

图 1－1 客观地表现了财产保险的历史发展进程。其中，共同分摊海损制度可以视为财产保险的原始状态；海上保险的产生意味着近代保险制度的产生，而火灾保险的产生则象征着近代保险的发展；工业保险与汽车保险业务的产生与发展，标志着财产保险进入了现代保险阶段；而法律责任、信用、科技保险时代则是 20 世纪以后财产保险走向全面发展的新阶段。

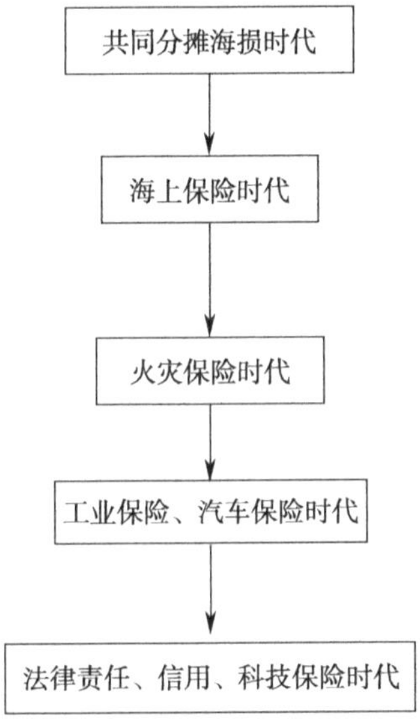

图1－1 财产保险发展进程演示图

二、财产保险在国外的发展

（一）财产保险的原始阶段

如果从起源算起，财产保险的历史可以追溯到几千年以前，共同分摊海损的做法标志着海上保险的萌芽，而以船舶为抵押的借贷制度则构成了海上保险的雏形。因此，可以称共同分摊海损时期为财产保险的原始阶段。

早在公元前2000年前后，地中海沿岸城市的商人就采用了“一人为众，众人为一”的共同分摊海损的方法，这种相互承担风险损失的方法即可以视为财产保险的原始状态。公元前1700多年的汉谟拉比时代，还将这种共同分摊损失的方法载入当时的法典而成为一种法律规范。到公元前916年，在著名的《罗地安海商法》中正式对共同分摊海损作出明确规定：凡因减轻船只载重投弃入海的货物，如为全体利益而损失的，须由全体分摊归还。例如，有5个商人同乘一船贩卖货物，途中遇有暴风雨，为了船货双方的共同安全，船长命令将某一商人的货物抛弃入海，待船安全入港后，该商人的损失应当由5个商人及船东共同分摊。

共同分摊海损的做法，实际上确定了财产保险的两大原理：一是具有同质风险的人构成一个共同的风险集合体，这是财产保险经营的风险结构基础；二是风险损失可以在具有同质风险的人群中进行分摊，“一人为众，众人为一”的思想奠定了财产保险的基本理念。

（二）近代保险阶段

经过漫长的共同分摊海损等的实践，欧洲国家开始出现一些专门从事海事损失保证业务的机构。到14世纪前后，海上贸易和海事损失保证逐渐分成两个经营行业，其中经营海事损失保证业务的人就成了最早的保险人。因此，海上保险在共同分摊海损制度的基础上产生，其根本性变化就是对海上风险保证的业务经营开始走向商业化与专业化，是近代保险业正式产生的标志。迄今发现的最古老的保险单，即是在意大利佛罗伦萨发现的1347年10月23日由乔治·勒克维伦出立的一张海上保险单，它承保了从热那亚到马乔卡的航程保险。15～16世纪时，海上保险在欧洲国家得到了较为普遍的发展；17世纪时，伦敦不仅成为英国保险业的中心，而且成为世界海上保险的中心。在世界保险发展史上占有特殊地位且至今仍然享有崇高地位的劳合社保险人组织，即产生于这一时期，发展至今已有300多年的历史，其对世界保险业的商业化、专业化、制度化起了示范的作用。

与海上保险相比，火灾保险的产生要晚得多。尽管15世纪前后在德国等国家出现过合作社式的火灾基尔特，但火灾保险的真正出现却是在17世纪。其中，1666年发生在英国伦敦的大火灾事件，是直接刺激火灾保险业务在英国乃至欧洲国家产生与发展的重要事件。不过，第一家政府火灾保险机构则是18世纪初期在德国汉堡成立的。作为火灾保险形成阶段中的两个有代表性的国家，英国的经营主体是私人保险组织，实行的是自愿保险；而德国的经营主体却是公营保险机构，并实行强制性火灾保险。

火灾保险的产生与发展，标志着近代保险业进入比较成熟的阶段，这一时代以海上保险与火灾保险的并存发展为主体内容。到18世纪末，火灾保险在欧洲特别是在英国、德国等国家，已经得到了很大的发展，如保险标的由不动产扩展到动产及有关利益，承保风险由火灾扩大到各种自然灾害等，保险单的格式也随之走向规范化；同时，火灾保险在经营实践中还形成了一套成熟的经验，如保险费率的厘定趋向科学并形成了差别费率制，防灾防损得到了保险人的重视，保险代办机构与联合保险形式被应用到火灾保险领域，等等，从而为后来财产保险的健康发展奠定了深厚的基础。

与财产保险的原始阶段相比，以海上保险与火灾保险为代表的近代保险阶段，不仅确立了财产保险的筹资和补偿原则，而且有专门的机构来经营财产保险业务，保险业务经营走向专业化与规范化。

（三）现代保险发展阶段

18世纪，随着工业革命的胜利，机器大生产开始取代手工劳动，物质财富日益增多，以承保工业风险和汽车风险为代表的财产保险业务开始出现并不断发展、壮大，使财产保险由近代保险阶段进入了现代保险阶段。这一阶段与近代保险阶段相比，主要发生了下列显著变化：一是保险公司大量出现，以股份公司形式组织的财产保险公司日益增加，表明了财产保险业务的经营主体走向现代化；二是承保范围急剧扩大，从只保海上运输和建筑物的火灾扩展到一切财产物资和利益；三是保险责任迅速扩大，从只保海上风险和火灾风险扩大到一切自然灾害、意外事故及社会风险、工业风险等；四是保险经营技术和经营手段走向科学化，如大数法则和计算机技术得到广泛应用。因此，这一时期财产保险的传统业务如海上保险、火灾保险等获得了稳步发展，各种工业保险、汽车保险等的出现与迅速发展，加上保险经营技术的成熟，使财产保险从近代保险阶段迈进了现代保险的新纪元。

从工业保险与汽车保险的出现到现阶段，现代财产保险经历了两个非常重要的时期，一是19世纪末责任保险的出现，二是20世纪中叶各种科技保险的出现，这两者均使财产保险获得了重大的、跳跃式的发展。其中，从 19 世纪末到 20 世纪初期，各种责任保险的兴起，标志着财产保险进入了成熟的发展阶段，亦有人称责任保险的发展是整个保险业发展的第三阶段或最高阶段（即财产保险阶段、人寿保险阶段、责任保险阶段），它不仅使财产保险的业务结构由传统的单纯以实体财产为标的转向实体保险和非实体保险（如责任保险、信用保险等）并重，而且还使财产保险具有了与社会文明进步同步并为社会文明进步发展服务的功能。如 19 世纪末产生、20 世纪以后迅速普及的雇主责任保险，就有效地保障了各国劳工的生命与生活权益；公众责任保险与产品责任保险的产生与发展，有力地维护了消费者及公众的权益；尤其是汽车第三者责任保险等在许多国家由自愿保险变成强制保险，更使法律对公众利益的保护落到了实处。因此，责任保险的产生与发展，不仅标志着法律制度的完善，而且推动着社会文明的发展进步。在 20 世纪中叶出现的科技风险保险业务，亦使现代财产保险成为现代科技发展的助推器，并获得了与现代科技同步发展的机会。

时代发展到今天，无论是物质财产还是法律风险与信用风险，人们都能够从财产保险中获得风险保障；无论是航天飞机的发射、深海石油的开发，还是特大型水利枢纽工程、桥梁道路工程的建设，或是家居房屋、家具设施、个人用品等，都能够找到保险的影子，财产保险与责任保险已经成为整个社会经济发展和人们生活中不可缺少的组成部分，财产保险的影响也并不局限于保险业自身，而是与整个社会、经济、科技的发展进步形成了密不可分的关系。

三、财产保险在中国的产生与发展

（一）1949 年以前的中国财产保险

中国的财产保险是随着英国和其他帝国主义的入侵而产生并逐步发展起来的，迄今已有 200 多年的历史（人身保险的产生则要晚得多）。

1805 年，英国东印度公司在广州设立了谏当保险行，这是中国境内第一家具有现代保险意义的商业保险机构，它由英国人达卫森开办、专门承保与英国商人贸易有关的货物运输保险即财产保险业务。此后，外国人在华开设的保险机构逐渐增加。如上海自 1843 年开埠，至 19 世纪 60 年代中期，作为当时全国进出口贸易中心，也成了外国保险人在华的重要据点，著名的外商保险机构即有保字行、保安、保裕、谏当、于仁、扬子、泰安、保宁等，由此可见，外商保险业在华进入了扩张阶段。

在外商保险机构对华扩张的同时，随着洋务运动的兴起，民族保险业亦得以产生并得到发展。据有关史料记载，中国第一家华商保险公司恐系 1865 年左右设立于上海的义和公司保险行。1875 年 12 月 28 日，中国第一家规模较大的船舶保险公司——保险招商局在上海成立；1876 年 7 月，在保险招商局的基础上，设立了专门经营水险业务的仁和保险公司；以后则相继设立了安泰保险公司（1877）、和船栈保险局（1878）、万安保险公司（1881）、上海火烛保险公司（1882）等。其中，由洋务派官僚李鸿章创办的仁和和济和两家财产保险公司，后来合并成仁济和保险公司，成为我国第一家规模较大的船舶和货物保险公司，专门承保有关船舶、货物运输保险业务。与此同时，清政府也先后起草了《大清商律草案》《保险业章程草案》等，这标志着保险立法的出现；另一件重要的史实则是1907年上海九家华商保险公司组成了中国保险史上第一家财产保险同业公会，即华商火险公会，用以与洋商的上海火险公会抗衡。因此，19世纪末到20世纪初是我国民族保险业不断得到发展的时期，上海成为全国的保险业中心。需要指出的是，由于旧中国的人身保险不仅产生要比财产保险晚得多，而且并未得到发展，因此，旧中国的保险发展史基本上是财产保险发展史。这一点与西方国家人身保险大大晚于财产保险的发展进程相符。

不过，尽管华商财产保险公司有了一定的规模，但在旧中国，保险业的命脉始终控制在外资保险公司手中，其中20世纪以前基本上是英国垄断着中国的财产保险市场；进入20世纪直到新中国成立前，则是英、美、法、德、日、瑞士等国的保险公司共同控制着中国的财产保险市场，中国的民族保险业始终未能得到正常的发展，到新中国成立前更因受经济落后、战争不断、政府腐败等因素的影响，几近崩溃。

（二）1949年以后的中国财产保险

1949年新中国成立后，国家首先对旧中国的保险机构和保险市场进行了整顿、改造，并于1949年10月20日成立了当时唯一的全国性、综合性国家保险公司——中国人民保险公司，统一经营全国的各种财产保险业务和少量的人身保险业务。与此同时，外商保险公司纷纷撤离中国，原有的一些华商保险公司在整顿、改造中亦渐消退，一些保险公司将总部迁移到香港等地。因此，中国的保险市场迅速形成由中国人民保险公司独家垄断的局面。

1958年，由于受“共产风”的影响，决策者错误地认为“人民公社化”以后，人们的生老病残和灾害事故都可以由国家和集体包下来，保险在中国已经完成了历史使命，没有继续办理保险的必要了，同年10月在西安召开的全国财贸会议上决定停办国内保险业务。

在国内保险业务停办了20年后，随着执政党将工作重心转移到经济建设上来，1979年国家决定恢复国内保险业务。中国人民保险公司开始在全国设置部分分支机构，同时发展、壮大着保险从业人员队伍。从1980年到1995年，中国的保险业务得到了持续的高速度发展，其中最为显著的标志便是保险业的经营网点和从业人员迅速增加，新疆生产建设兵团保险公司、中国太平洋保险公司、中国平安保险公司等新的保险公司开始出现，保险业务收入每年均大幅度增长，国民的保险意识不断增强，保险日益成为人们在生产、生活中不可缺少的风险保障工具，并进而为中国保险业的进一步发展奠定了基础。但这一发展时期仍然受传统的计划经济的影响，在保险业经营主体上是中国人民保险公司独家垄断经营，财产保险与人身保险处于混合经营状态，保险市场的开拓和业务的承保在很大程度上依靠政府行政权力的干预，等等。

1995年以后，随着我国《保险法》及相关配套法规的颁布与实施，财产保险与人身保险的分业经营成为法定规则，一批新的全国性或区域性财产保险公司进入财产保险市场参与竞争，如华泰财产保险公司、永安财产保险公司、华安财产保险公司等。而进入21世纪后，受经济全球化的影响，中国的财产保险业也迈向综合经营之道，一部分财产保险公司努力将自身打造成为现代化式的保险集团公司，如中国人民保险集团公司、中华联合财产保险公司等的发展就是很好的例证。

此外，一批专业性财产保险公司也相继成立或筹建，如 2001 年 12 月，我国第一家专营出口信用保险业务的政策性保险公司——中国出口信用保险公司在北京成立；2004 年 9 月，第一家农业保险公司——安信农业保险股份公司在上海成立；2004 年11 月，第一家相互农业保险公司——阳光农业相互保险公司在黑龙江省成立；2013 年 11 月，首家互联网保险公司——众安在线财产保险有限公司开业；2016 年 1 月，首家市场化运营的专业信用保证保险公司——阳光信用保证保险股份有限公司成立；2017 年 6 月，首家专业服务于住建及工程领域的相互保险公司——汇友建工财产相互保险社成立；2018 年 1 月，首家专业科技保险公司——太平科技保险股份有限公司成立。这些均表明中国的财产保险业进入了产业化、专业化、市场化发展的新阶段。

第三节 财产保险的特征

财产保险的独立运行与发展，既取决于其肩负的独特职能和一般特征，也取决于其有别于人身保险和政府救灾的特性。

一、财产保险的一般特征

财产保险的一般特征，主要表现在业务性质的补偿性、承保范围的广泛性、经营内容的复杂性、单个保险关系的不等性等方面。

（一）业务性质具有补偿性

保险客户投保各种类别的财产保险，目的在于转嫁自己在有关财产物资和利益上的风险，当风险发生并导致保险利益损失时能够获得保险人的补偿。而保险人经营各种类别的财产保险业务，则意味着要承担起对保险客户保险利益损失的补偿责任。尽管在具体的财产保险经营实践中，有许多保险客户因未发生保险事故或保险损失而得不到补偿，但从理论上讲，保险人的经营是建立在补偿保险客户的保险利益损失基础之上的。例如，某企业将其全部固定资产和物化流动资产投保财产保险基本险，并按照一定的费率标准交付了保险费，当其因保险合同约定的任何保险事故造成经济损失时，这种损失就可以按照合同规定从承保人那里获得补偿。因此，财产保险费率的制定，需要以投保财产或有关利益的损失率为计算依据；财产保险基金的筹集与积累，也需要以能够补偿所有保险客户的保险利益损失为前提。

财产保险业务的这种补偿性，正是其成为独立的新兴产业并与人身保险业务相区别的根本特征。

（二）承保范围具有广泛性

财产保险业务的承保范围，覆盖着除自然人的身体与生命之外的一切风险保险业务，它不仅包容着各种差异极大的财产物资，而且包容着各种民事法律风险和商业信用风险等。例如，大到航天工业、核电工程、海洋石油开发，小到家庭或个人财产等，无一不可以从财产保险中获得相应的风险保障。

财产保险业务承保范围的广泛性，决定了财产保险的具体对象必然存在着较大的差异性，它既表明了可供财产保险承保人选择的市场广阔，也表明了任何保险人要想承保全部的各种类别的财产保险业务均具有相当难度，从而需要保险人根据自己的实力和优势来确定业务主攻方向。因此，保险人在经营财产保险业务时，应当充分注意到承保业务范围的广泛性与各类业务之间的差异性是密切关联的，从稳健经营的原则出发，除非实力特别雄厚，否则便不宜追求业务经营范围的“大而全”，而是应当对所经营的财产保险业务范围主动地加以限制。

（三）经营内容具有复杂性

无论是从财产保险经营内容的整体出发，还是从某一具体的财产保险业务经营内容出发，其复杂性的特征均十分明显。其主要表现如下：

1. 投保对象复杂，既有法人团体投保，又有居民家庭和个人投保；既可能只涉及单个保险客户，也可能涉及多个保险客户和任何第三者。

2. 投保标的复杂。财产保险的投保标的，包括从普通的财产物资到高科技产品或大型土木工程，从有实体的各种物资到无实体的法律、信用责任乃至政治、军事风险，等等。

3. 承保过程复杂。在财产保险业务经营中，既要强调保前风险检查、保时严格核保，又须重视保险期间的防灾防损和保险事故发生后的理赔查勘等，承保过程程序多、环节多。

4. 风险管理复杂。对每一笔财产保险业务，保险人客观上均需要进行风险评估、风险选择或风险限制，并需要运用再保险的手段来分散风险。

5. 经营技术复杂，即要求保险人熟悉与各种类型投保标的相关的技术知识。例如，要想获得经营责任保险业务的成功，就必须以熟悉各种民事法律、法规及相应的诉讼知识和技能为前提；再如，保险人在经营汽车保险业务时，就必须同时具备保险经营能力和汽车方面的专业知识，如果对汽车技术知识缺乏必要的了解，汽车保险的经营将陷入被动或盲目状态，该业务的经营亦难以保持稳定；等等。

可见，财产保险的经营内容具有明显的复杂性，这种复杂性决定了财产保险经营的每一个业务领域均极富挑战性，保险人必须同时具备保险知识和与投保对象相关的各种技术知识。

（四）单个保险关系具有不等性

财产保险是一种商业性业务，它遵循的是市场经济条件下等价交换、自愿成交的商业经营法则。保险人根据大数法则的损失概率来确定各种财产保险的费率（即价格），这就决定了保险人从保险客户那里所筹集的保险基金与所承担的风险责任应当是相适应的，越是竞争激烈的财产保险市场，这种适应性或等价性就越是会得到充分的体现。因此，从总体的保险关系来看，保险人与被保险人的关系是完全平等和等价的。

然而，就单个的保险关系而言，却又明显地存在着交易双方在实际支付的经济价值上的不等现象。一方面，在保险人承保的各种财产保险业务中，每一笔业务都是按照确定的费率标准计算并收取保险费，其收取的保险费通常是投保人投保标的实际价值的千分之几或百分之几，而一旦被保险人发生保险损失，保险人往往要付出高于保险费若干倍的保险赔（补偿）款①，在这种情形下，保险人付出的代价巨大，而被保险人恰恰是所获收益巨大；另一方面，在无数笔财产保险业务中，又有许多被保险人在保险期限内并未发生保险事故或保险损失，保险人即使收取了保险费，也不存在经济赔偿的问题，交易双方同样是不等的。可见，保险人在经营每一笔财产保险业务时，收取的保险费与支付的保险赔款事实上并非是等价的。

正是这种单个保险关系在经济价值支付上的不等性，构成了财产保险总量关系等价性的现实基础和前提条件，同时也促使保险人在经营财产保险业务时，需要对保险客户投保的标的和风险进行选择和限制，以防止保险客户逆选择，力求维护自己的经济利益；而保险客户也会在投保时对投保标的与投保风险进行选择，并总是力求将那些难以避免的风险转嫁给保险公司。财产保险关系的建立，即是保险人与保险客户经过相互协商、相互选择并对上述经济价值不等关系认同的结果。

二、财产保险与人身保险的区别

前已述及，财产保险与人身保险是构成整个保险业的两个独立的部类，它们在经营和运作方面存在着较大的区别。

（一）保险标的的区别

一方面，一般财产保险的保险标的是法人或自然人所拥有的各种物质财产和有关利益，财产保险即是对被保险人体现在这种物质上的利益的保险；而人身保险的保险标的却是自然人的身体与生命。另一方面，一般财产保险的保险标的，无论归法人所有还是归自然人所有，均有客观而具体的价值标准，均可以用货币来衡量其价值，保险客户可以通过财产保险获得充分补偿；而人身保险的保险标的是无法用货币来计价的，保险客户在遭到人身损害时只能通过保险受益，而不可能得到充分补偿（医疗费用是一个例外，因为医疗费用是有客观计价标准的）。

例如，某人投保家庭财产保险，在足额投保的情况下，只要是保险事故造成的财产损失，均可以从保险人处获得足额的经济补偿；换言之，被保险人的保险利益损失通过保险赔款可以得到恢复。而某人投保人身意外伤害保险，其在保险期限内因意外事故导致终生残疾或死亡，无论保险人对其本人或其家属如何赔付，都不能说是足额补偿。再如养老金保险，其是投保人退休前交纳保险费形成的保险金积累，在投保人退休后受领，该养老金就并非是被保险人的价值。

（二）风险管理的区别

在风险管理方面，财产保险主要强调对物质及有关利益的管理，保险对象的危险集中，保险人通常要采用共保、分保或再保险的方式来进一步分散危险；而人身保险一般只强调被保险人身体健康，因每个自然人的投保金额均可以控制，保险金额相对要小得

---

① 根据《现代汉语词典》（2002 年增补本，北京，商务印书馆，956 页）解释，“赔款”是指因自己的行动使他人或集体受到损失而给予补偿，即损坏、遗失别人或集体的东西用钱来补偿；而“补偿”是指抵消损失（2002 年增补本，北京，商务印书馆，100 页）。可见，补偿带有补充性，赔偿带有惩罚性，保险中的“赔偿”，实质上是补偿。但因约定俗成，在保险领域，保险补偿基本上都被称为保险赔偿，本书也就继续沿用此称谓。

多，对保险人的业务经营及财务稳定构不成威胁，从而无须以再保险为接受业务的条件。例如，每一笔卫星保险业务都是风险高度集中，其保险金额往往数以亿元计，任何保险公司要想独立承保此类业务都意味着巨大的风险，一旦发生保险事故，就会给承保人造成重大的打击；再如，飞机保险、船舶保险、各种工程保险、地震保险等，均需要通过再保险才能使风险在更大范围内得以分散，进而维护保险人业务经营和财务状况的稳定。

就财产保险与人身保险整个业务经营过程而言，财产保险公司的风险往往直接来自保险风险，直接业务的风险决定着财产保险公司的财务状况；而人身保险公司的风险却往往来自投资风险，投资的失败通常导致公司的失败。因此，财产保险公司特别强调对承保环节的风险控制，而人身保险公司则更注重对投资环节的风险控制。

此外，在承保风险的选择和控制方面，财产保险与人身保险亦存在着差异。

（三）费率依据的区别

财产保险的保险费率是根据保险对象所面临的各种风险的大小及损失率的高低来确定的，它需要采用大数法则原理；而人身保险的保险费率则以经验生命表为厘定费率的主要依据，同时必须考虑利率水平和投资收益水平。因此，在保险经营实务中，保险费率的厘定是否适当，前者取决于保险人对各种风险事故的预测是否与各种风险事故的实际发生频率和损害程度相一致，后者则取决于保险人对经验生命表、利率水平、投资收益率的推算是否准确。

（四）被保险方获偿权益的区别

当保险事件发生以后，财产保险讲求损失补偿原则，它强调保险人必然按照保险合同规定履行赔偿义务，同时不允许被保险人通过保险获得额外利益，从而不仅适用权益转让原则，而且还适用重复保险损失分摊和损余折抵赔款等原则。而在人身保险中，则只讲被保险人依法受益，除医药费重复给付或赔偿不被允许外，并不限制被保险人获得多份合法的赔偿金，既不存在多家保险情况下分摊给付保险金的问题，也不存在第三者致被保险人伤残、死亡而向第三者代位追偿的问题。

此外还需要指出的是，短期性的人身保险业务虽然保险对象与寿险业务具有一致性，即均是自然人的身体与生命，但在保险经营实践中，其业务性质和经营规则却与一般财产保险相一致。这种一致性包括：一是在业务性质上均具有赔偿性，即保险人在短期性人身意外保险业务或短期健康险业务中承担的是与一般财产保险业务一样的赔偿责任，而非与人寿保险业务一样的受益责任；二是在经营规则上，短期性人身保险业务的财务核算与准备金提存具有一致性，而与人寿保险业务相异；三是在保险费交纳方面，短期性人身保险业务与一般财产保险业务均强调一次性交清，而人寿保险却要求投保人按规定的标准分期顺月交费；四是在保险责任期限方面，短期性人身保险业务与一般财产保险业务一样，保险期限不超过一年，有的业务甚至是一次性保险单（如旅行意外保险），而人寿保险业务的保险期却均是长期性业务；五是在业务的功能上，短期性人身保险只具有保险功能，而人寿保险却兼具保险、储蓄与投资功能。可见，短期性人身保险业务既与人寿保险业务有相似的一面，更与一般财产保险业务具有相通性。在区别财产保险与人身保险业务时，应当充分注意到这一点。

三、财产保险与政府救灾的区别

与财产保险相通的是，政府救灾也对灾害事故造成的损失进行经济上的补偿。如果从历史的角度讲，救灾作为中国古老的灾害补偿措施，已经历了漫长的发展过程，并迄今仍然是必要的灾害补偿制度。然而，作为两种不同性质的灾害补偿机制，财产保险与政府救灾之间又存在着根本区别。

（一）业务性质的区别

财产保险业务是商业性保险业务，即保险公司完全按照市场经济的价值规律、竞争规律并在双方自愿成交的条件下开展业务，保险公司开办财产保险业务的直接目的是为其投资者赢取尽可能丰厚的利润，从而是一种纯粹的企业行为；而政府救灾却是政府依据有关社会保障方面的法律、法规规定开展的灾害补偿性工作，其目的在于帮助遭灾的社会成员度过生存危机期，以安定灾区社会秩序，从而完全是一项社会保障制度和一种政府行为。可见，财产保险与政府救灾虽然客观上都可以为遭灾的社会成员提供经济上的补偿，但两者的性质与直接目的却是不同的。

（二）经办主体的区别

财产保险业务的经办主体，是依照我国《保险法》及相关法律、法规的规定，由国家保险管理机关和工商部门审批的各类财产保险公司，它由投资者集股成立，并接受国家保险管理机关的管理与监督，因此，财产保险业务的经办主体纯粹是与工商企业性质一致的保险企业，它们承担着向政府财政纳税的义务。而经办救灾业务的主体却是政府救灾部门或政府授权的机构，它们直接接受各级政府的财政拨款，承担着政府救济灾民的职责，从而是政府机构序列中的有机组成部分。经办主体的差异及其与政府财政的不同关系，进一步表明了财产保险与政府救灾是两种不同性质的经济补偿制度。

（三）权利与义务关系的区别

在财产保险中，保险公司与保险客户之间是平等的、双向的权利与义务关系，即保险客户若想获得有关财产物资或利益的风险保障，就必须参加有关的财产保险，并按照一定的费率标准向保险公司交纳保险费，保险公司遵循的是保险客户多投多保、少投少保、不投不保的原则。而在政府救灾中，提供救济与接受救济双方的权利义务关系却具有单向性，即政府承担着向遭灾的社会成员提供救济的法定义务，遭灾的社会成员则享受着接受救济的法定权利而无须承担起缴费义务。因此，财产保险体现的是有偿的经济保障关系，政府救灾体现的则是无偿的社会救济关系。

（四）保障内容的区别

在保障内容方面，财产保险除自然人的身体与生命属于人身保险而不保外，可以保障投保人的各种物质损失和利益损失风险，其对投保人的财产及有关利益的保障可以是全面而充分的；而政府救灾虽然也对受灾的社会成员因灾受伤的医疗问题给予有限的救助，但不保障受灾社会成员的其他有关利益，所保障的物品亦有明显限制，仅限于受灾社会成员的吃饭、衣被、住房等生存必需资料。可见，财产保险更能为社会成员提供全方位的风险保险服务。

（五）保障对象的区别

财产保险的保障对象包括任何法人团体和城乡居民家庭或个人，即任何法人团体与城乡居民家庭或个人均可以向保险公司投保并获得相应的风险保障；而政府救灾的保障对象却只限于城乡居民家庭或个人，而将法人团体排除在外。

（六）保障水平的区别

财产保险按照大数法则和损失概率确定保险价格，通过向众多的保险客户筹集保险基金，能够为保险客户提供高水平的风险保障；而政府救灾单纯依靠财政拨款，只能以帮助遭灾的家庭或个人解除灾后生存危机即提供最基本的保障为标准。经济基础雄厚与薄弱之别，使财产保险和政府救灾之间的保障水平出现悬殊的差异。

（七）是否适应灾害发生规律的区别

各种自然灾害与不幸事故的发生是不确定的，在时间上、空间上均存在着不平衡性，如某年发生大灾害，下一年度则不一定发生；某地发生大灾害，另一地方则可能不发生。对此，财产保险通过社会化的保险资金筹集手段，并逐年积累形成日益雄厚的保险基金，完全可以适应各种灾害事故在年度间分布的不平衡，同时通过再保险的手段使各种灾害风险在尽可能大的范围乃至国际范围内得以分散。可见，财产保险是能够适应各种灾害事故不平衡发生规律的。政府救灾却只能通过年度财政预算拨款进行，其救灾预算拨款受政府财力和拨款计划的制约，救灾拨款的有计划性与灾害发生的年度不平衡性显然无法适应，而灾害事故的地区发生不平衡又往往与当地政府的财政实力无直接关联，从而在实践中容易出现救灾工作无法满足需要的现象。

由此可见，财产保险确实是一种科学的风险分散机制与经济补偿制度，应当得到大力发展，并最终成为全体法人团体、城乡居民家庭或个人转嫁各种财产损失风险与法律风险、信用风险等的不可或缺的工具。而政府救灾亦仍然会在国家的社会保障体系中占有相应的地位，因为保险公司的业务性质决定了其总有一部分业务或风险不能承保，总有一部分社会成员尤其是低收入家庭缺乏风险保障，从而仍然需要由政府承担起最起码的灾害保障责任；而从灾后补偿的时间出发，即使是发达国家，遇到大的自然灾害时，也是政府承担紧急救济义务，因为保险公司的理赔需要按照一定的程序进行，从而需要时间。因此，财产保险与政府救灾作为现代社会灾害保障的两个层次，都具有必要性，只不过财产保险制度本身的优越性决定了它应当且可以承担起灾害补偿的主要任务。

第四节 财产保险的职能与作用

一、财产保险的职能

（一）几种不同的理论观点

众所周知，财产保险是适应社会经济发展的客观需要和符合市场经济发展规律的经济补偿制度。然而，在对待财产保险具有何种职能的问题上，却存在着多种主张或观点。概括而言，对财产保险职能的界定主要有以下几种。

1. 单一职能论。该种理论观点认为，财产保险的职能应当且只能是组织经济补偿，即财产保险承保人通过各种保险业务的开办来筹集保险基金，用以补偿保险客户因保险事故造成的保险利益损失，这是财产保险的唯一职能。

2. 双重职能论。该种理论观点认为，财产保险不仅具有组织经济补偿的职能，同时还兼具着筹集资金的职能，二者均是财产保险的职能，从而可以称之为双重职能论。

3. 多重职能论。该种理论观点认为，财产保险的职能是多重的，不仅具有组织经济补偿职能、筹集资金职能，而且也具有分散风险、防灾防损、融通资金、稳定社会等职能，上述职能均是缺一不可的。

4. 主次职能论。该种理论观点认为，财产保险的职能可以分为主要职能与次要职能或基本职能与派生职能，其中财产保险的主要职能或基本职能包括组织经济补偿和分散风险，融通资金、防灾防损等则是财产保险的次要职能或派生职能。可见，主次职能论实质上亦是多重职能论的变种。

（二）组织经济补偿是财产保险的唯一职能

我们认为，职能是事物本质的要求和体现，也是社会分工赋予每一个部门或行业的特定职责及其所要达到的目标。从财产保险的产生与发展实践来看，组织经济补偿是财产保险的唯一职能，理由如下：

1. 财产保险的产生是因为社会需要有专门的行业来承担起组织经济补偿的责任，是社会分工的需要而非其他。

2. 财产保险承保人筹集资金是为了组织经济补偿，并非为筹资而筹资；至于国家的筹资职能，应当是社会分工赋予其他部门的职责。因此，保险部门与其他企业一样，只能承担纳税义务而非肩负筹资职责。

3. 财产保险承保人开展防灾防损是为了自身经济效益和更好地组织经济补偿，防灾防损工作的好坏，关系到赔款支出的多少和能否承担起全部损失补偿职责，并非国家或社会强调保险人承担防灾防损的任务，因为这种任务需要由防汛抗旱部门、消防部门等职能部门来承担。

4. 财产保险人融通资金是为了积聚保险基金、稳定企业财务和应付大灾发生，不存在为融资而融资的职能，因为融资是社会赋予银行、信托业的特有职能。

5. 财产保险的开办，客观上能够起到安定社会的作用，但安定社会绝对不是财产保险的职责或职能，它只能是保险人在经营财产保险业务的过程中产生的一种客观效果，这种客观效果首先要服从于组织经济补偿和为保险业投资者赚取利润。

综上所述，双重职能论与多重职能论或主次职能论混淆了财产保险的目的和手段及效果之间的关系。强调财产保险的单一职能，不仅是财产保险自身性质所决定的，而且是因为任何夸大财产保险职能的理论都只会将财产保险的发展引向歧途。例如，中国过去对保险业（主要是财产保险业务，因为当时人身保险业务非常有限）实行高税收政策，就是在决策者将筹集资金当成保险职能的条件下形成的。当然，强调财产保险的单一职能，并不意味着保险人不能从事筹集资金、融通资金、防灾防损工作，而是必须开展这些工作，以便能够更好地承担起组织经济补偿的责任。因此，财产保险的职能单一化，并不妨碍保险人在履行职能的基础上做好其他工作。

二、财产保险的作用

从共同分摊海损制度到现代财产保险制度，财产保险的发展壮大本身表明了社会经济发展过程中对风险保障需求的不断增长，也表明了财产保险是一种能够对社会经济发展起重要促进作用的制度。具体而言，财产保险的作用主要表现在以下几个方面：

第一，能够补偿被保险人的经济利益损失，维护社会再生产的顺利进行。无论什么国家，无论什么团体，无论城乡居民，都难以完全避免遭受各种自然灾害和意外事故，因此，财产保险在当代社会对各国都是一种必要的经济补偿机制。建立和发展了财产保险制度，就可以通过保险人的工作，对遭灾受损的被保险人进行及时的经济补偿，受灾单位或个人就能够及时恢复受损的财产或利益，从而保障生产和经营持续不间断地进行，有利于整个国民经济有计划、按比例地协调发展。

第二，有利于提高整个社会的防灾减损意识，使各种灾害事故的发生及其危害后果得到有效控制。尽管各种灾害事故是不以人的意志为转移的，是无法完全避免的，但财产保险制度的建立，首先是形成了一支专门从事各种灾害事故风险管理的专业队伍，其次是保险人从自身利益出发也必须高度重视对被保险人的风险管理工作，并积极参与社会化的防灾防损工作。例如，保险人在财产保险经营实践中，通过承保前的风险调查与评估、保险期间的防灾防损检查与监督、保险事故发生后的致灾原因调查与总结等，均会起到良好的防灾减损作用。有的保险人还直接参与社会化的防灾减损活动，或者向减灾部门提供经济上的援助和各种防灾设施等。因此，财产保险的发展，客观上使社会防灾防损的力量得到了壮大和强化，最终使灾害事故及其损害后果得以减轻。

第三，有利于创造公平的竞争环境，维护市场经济的正常运行。市场经济是自由竞争的经济，而各种灾害事故作为不确定的风险因素却往往造成竞争环境的不公平。例如，两家生产同样产品的企业，其产品质量都是优良的，但一家遭灾受损，无法维持正常的生产秩序，另一家未遭灾，则会趁有利时机迅速扩展市场。因此，灾害事故的发生会造成竞争的不公平。如果建立财产保险制度，各企业便可以将平时不确定的风险通过一笔较为公平的保险费转嫁给保险人，这种不稳定因素的消除，使竞争的社会环境更加公平化。依此类推，对于城乡居民家庭和社会成员个人而言，财产保险亦是消除其不确定风险因素的必要机制。因此，财产保险对于市场经济的正常运行有着重要的维系作用。

第四，有利于安定城乡居民的日常生活，稳定社会秩序。随着经济的持续发展，城乡居民的收入水平不断提高，家庭财富也日益增长，如果没有财产保险，贫困的社会成员会因灾陷入更加贫困的境地，富裕的社会成员亦将因灾害而沦为贫困。如果参加了财产保险，城乡居民的财产或利益损失就能够从保险人处获得补偿，从而免除了生产、生活方面的风险之忧，避免了灾后要依靠政府救济、单位扶持、亲友帮助、民间借贷的连锁反应，最终维护灾区社会秩序的稳定和城乡居民生活的正常化。

第五，能够增加就业机会，促进第三产业的发展。一方面，财产保险的发展必然需要不断增设机构和网点，扩充从业人员，从而为社会提供更多的就业岗位和机会，在一定程度上减轻了剩余劳动力的安置压力。如1980年恢复国内保险业务时，全国仅有中国人民保险公司一家公司及其属下的300多个保险分支机构和1 000人左右的从业人员；而截至2019年12月底，全国发展到有240家保险公司，其中14家保险集团公司、1家出口信用保险公司、88家财产保险公司、81家人寿保险公司、8家养老保险公司、7家健康保险公司、12家再保险公司、26家资产管理公司、3家其他公司（农村保险互助社）。[①]另外，还有2 642家保险专业中介机构（其中5家保险中介集团、1 760家保险专业代理公司、496家保险经纪公司、381家保险公估公司），保险兼业代理机构3.2万多家，代理网点22万余家，个人保险代理人900多万人。[②] 而且保险机构、网点与从业人员的增长之势还十分强劲，这对于当前劳动力资源过剩的中国而言，显然是一个重大的贡献。另一方面，中国第三产业在国民经济中所占比重长期偏低，而保险业的发展，其本身就是壮大了第三产业，对于调整国民经济产业结构、完善社会经济的社会化服务体系，均有着直接的、积极的影响。

总之，中国财产保险的发展实践已经表明，它在社会经济发展中占有重要地位，发挥着不可替代的作用，是有功于国、有益于民的朝阳产业，应当得到高素质、高速度、全方位的发展。

【知识链接】

劳合社[③]

1688年，爱德华·劳埃德先生在伦敦塔街附近开设了一家以自己名字命名的咖啡馆。由于劳埃德咖啡馆临近一些与航海有关的机构，如海关、海军部和港务局，因此这家咖啡馆就成为经营航运的船东、商人、经纪人、船长及银行高利贷者经常会晤交换信息的地方。保险商也常聚集于此，与投保人接洽保险业务。后来这些商人们联合起来，当某船出海时，投保人就在一张纸即承保条上注明投保的船舶或货物，以及投保金额，每个承保人都在承保条上注明自己承保的份额，并签上自己的名字，直至该承保条的金额被100%承保。随着海上保险不断发展，劳埃德承保人的队伍日益壮大，影响不断扩大。1774年，咖啡馆的79名商人每人出资100英镑，租赁了皇家交易所的房屋，在劳埃德咖啡馆原业务的基础上成立了劳合社（劳埃德保险合作社的简称，Lloyd's，官方网站网址：http://www.lloyds.com/）。19世纪初，劳合社海上保险承保额已占伦敦海上保险市场的90%。1871年英国议会专门通过一个法案，批准劳合社成为一个保险社团组织，劳合社通过向政府注册取得了法人资格，但劳合社的成员只能限于经营海上保险业务。直至1911年，英国议会取消了这个限制，批准劳合社成员可以经营包括水险在内的一切保险业务。就其组织的性质而言，劳合社不是一家保险公司，而是一个社团组织，它不直接接受保险业务或出

---

① 参见：中国银行保险监督管理委员办公厅．保险机构法人名单（截至2019年12月底）［EB/OL］．［2020－03－24］．http://www.cbirc.gov.cn/cn/view/pages/ItemDetail.html?docId=894968&itemId=863&generaltype=1.

② 参见：中国银行保险监督管理委员办公厅．保险专业中介机构法人名单（截至2019年12月底）．［EB/OL］［2020－03－24］．http://www.cbirc.gov.cn/cn/view/pages/ItemDetail.html?docId=894970&itemId=863&generaltype=12020－03－24；任国省．保险代理人精英化趋势凸显［N］．河北日报，2020－08－06（13）．

③ 许飞琼．财产保险［M］．北京：高等教育出版社，2014：8.

具保险单，所有的保险业务都通过劳合社的会员，即劳合社承保人单独进行交易。劳合社只是为其成员提供交易场所，并根据劳合社法案和劳合社委员会的严格规定对他们进行管理和控制，包括监督他们的财务状况、为他们处理赔案、签署保单、收集共同海损退还金等。劳合社承保人以会员名义对劳合社保险单项下的承保责任单独负责，其责任绝对无限，会员之间没有相互牵连的关系。在 1994 年以前，劳合社的承保人都是自然人，或称个人会员，1994 年以后，劳合社允许公司资本进入该市场，出现了公司会员。

劳合社对保险业的贡献非常大，目前其在全球 200 多个国家和地区开展保险业务。“敢冒最大的风险，去赚最多的钱”一直是劳合社的经营宗旨。自几个世纪之前以航海货物运输保险起家，劳合社开发了世界上多个第一保险单，车险、航空险、航天险等现行的许多保险单都是出自劳合社，劳合社的海上保险单被《1906 年海上保险法》作为法定的保险单，至今仍在全球普遍有效地使用。2019 年，劳合社总保费 359 亿英镑，已付总赔款 230 亿英镑，综合成本率 102.1%，实现税前利润 25 亿英镑，净资产增长 8.6%，达到 306 亿英镑，资本回报率 8.8%。①

2007 年 3 月，劳合社以再保险公司的形式进入中国市场，在中国上海成立全资子公司——劳合社再保险（中国）有限公司，从事非寿险再保险业务。2010 年 5 月，劳合社获中国保险监督管理委员会的批准，在经营原非寿险再保险业务的基础上，扩展经营非寿险直接保险业务。2010 年 10 月，劳合社再保险（中国）有限公司正式更名为劳合社保险（中国）有限公司（简称劳合社中国），以反映公司扩展的营业范围。2014 年 9 月，劳合社中国获批在北京成立分公司。

【复习思考题】

一、名词解释

财产保险　非寿险　无形财产保险　政府救灾　海上保险　劳合社　仁济和保险公司

二、比较题

1. 试比较财产保险与人寿保险。
2. 试比较财产保险与政府救灾。

三、问答题

1. 阐述财产保险的发展历程。
2. 财产保险宏观体系包括哪些内容？
3. 财产保险的主要特征有哪些？
4. 财产保险的职能是什么？

---

① 劳合社发布 2019 年业绩报告［N/OL］.［2020 - 03 - 27］. https：//www.lloyds.com.cn/#/NewsDetail/199.

第二章
财产保险原则

【学习目标】

学习本章时，应掌握财产保险的基本原则，包括诚信原则、保险利益原则、保险赔偿原则（含近因原则和重复保险分摊原则）以及权益转让原则。各个原则的基本内容及在应用中应注意的事项，是财产保险学习的重要内容。

第一节　诚信原则

一、诚信原则的概念

诚信是指诚实可靠、信守诺言，它是各种合同特别是经济合同成立的基础。保险合同因其以不确定的风险为标的，尤其强调诚实、守信，一些著述甚至称保险的首要原则是“最大诚信原则”，以示强调。保险中的诚信原则，即要求保险活动的各方主体在保险合同的订立、履行过程中诚实不欺，重信守诺。

在保险产生之初的海上保险活动中，保险人往往难以对远在外地的保险标的进行核查，只能根据投保人的陈述来决定是否承保，故特别要求投保人诚实可靠，诚信原则遂由此产生。诚信原则的明确表达，最早见于英国《1906 年海上保险法》第十七条：“海上保险契约的基础，系忠诚信实，倘一方不顾绝对的忠诚信实，他方得宣告是项契约失效。”① 后来，这一原则又在海上保险以外的其他保险领域得到广泛应用，成为保险活动的基本原则。

相对于一般商业活动而言，财产保险活动对当事人及相关主体的诚信要求更为严格。这主要是因为：

1. 保险标的由投保人或被保险人所控制，保险人难以全面、及时地了解其状况，唯有依赖投保人或其代理人（如保险经纪人）的如实陈述。

2. 对各种类型的保险标的，投保人或被保险人比保险人更熟悉其风险因素，专业技

---

① 王垂芳. 最新国际商务法规大全［M］. 北京：中国金融出版社，1993.

术和信息的欠缺使得保险人必须依据投保人或被保险人的告知和陈述来确定承保条件。

3. 复杂的保险条款具有一定的技术性，一般投保人不易准确理解，从而亦要求保险人及相关中介人（如保险代理人）在保险活动中履行相应的诚信义务。

4. 保险合同的射幸性要求双方当事人及相关中介人在履行合同的过程中诚实守信。保险人所承保的保险标的，其危险事故的发生是不确定的，就一般险种而言，投保人购买保险仅仅支付了较少的保费，保险标的一旦发生保险事故则保险人所支出的赔付金额将数倍于其收取的保费。这种对价而不等价的合同关系极易引发诈保和惜赔。

二、诚信原则的基本内容

诚信原则的基本内容，既有对投保方（包括投保人、被保险人）的要求，又有对保险方的要求；既包括订立保险合同时的要求，又包括履行保险合同过程中的要求。

（一）诚信原则对投保方的要求

1. 告知。财产保险是以概率论为基础的经济补偿制度，保险人要根据保险标的的具体情况来决定是否承保并确定相应的保险费率，以体现众多投保人分摊损失的公平性。因此，诚信原则中，首先要求投保人或被保险人应尽如实告知义务。投保人在订立保险合同时必须如实陈述有关保险标的的重要事实，不得有任何虚假或遗漏。如投保房屋保险时，投保人应将作为保险标的的房屋的结构、用途、消防设备、周围环境等如实告知给保险人。这些事实都会影响保险人决定是否承保或以何条件承保。

关于投保人的如实告知义务，在各国的保险立法中经历了由无限告知义务到回答告知义务的转变过程。无限告知义务也叫客观告知义务，即投保人对事实上与保险标的的危险状况有关的任何重要情况都负有告知义务。目前，还有少数国家在保险立法中采取这种规定（但在保险业务中对投保人告知义务已有所放宽），多数国家则实行回答告知义务。回答告知义务，也叫主观告知义务，即投保人必须如实回答保险人的询问，对保险人询问以外的问题，投保人则不必告知，而在回答告知义务的规定中，投保人的告知以其所知为限。我国保险立法采取的是回答告知义务，如《保险法》第十六条第一款规定："订立保险合同，保险人就保险标的或者被保险人的有关情况提出询问的，投保人应当如实告知。"另外，该法第五十六条规定，重复保险的投保人应当将重复保险的有关情况通知各保险人。

同理，当财产保险合同成立后，被保险人亦须承担及时、如实告知的义务，如保险标的发生变更或危险增加、保险标的出险等，均应及时告知保险人。

2. 保证。诚信原则中的保证，一般是指投保人或被保险人确认或承诺某一特定事实是否存在、某一特定行为的作为与不作为，如保证船舶适航、保证化学品仓库配备合适的消防器材，等等。

根据保证事项是否已确实存在，保证可分为确认保证和承诺保证。确认保证是投保人对过去和现在某一特定事实存在或不存在的保证，承诺保证则是投保人对某一事实现在存在或不存在并持续至将来或于将来存在或不存在的保证。根据保证存在的形式，它可分为明示保证和默示保证。明示保证表现为在保险合同中明确规定的保证条款。默示保证则是指虽然未在保险合同中明确规定，但根据保险习惯应由投保人或被保险人对某个特定事项予以承担责任的保证。默示保证主要适用于船舶保险等，一般有三项内容：一是船舶适航，二是不变更航程，三是合法航行。

由于保证条款对投保人或被保险人的要求极为严格，如果滥加运用，对投保人或被保险人十分不利，故各国保险法均对保证条款进行了一些限制。首先，保证的内容必须是重要事实。其次，保证条款必须明确载于保险合同内，如果是载于投保单等附件中，保险人应在出具的保险单中加以确认。最后，投保人或被保险人违反保证条款，保险人应向其发出书面通知，方可解除保险合同。

此外，做好保险标的的防灾防损、依法合理索赔等，都是诚信原则对投保方的要求。道德风险甚至保险欺诈的发生，是与诚信原则的要求完全相悖的。

（二）诚信原则对保险人的要求

诚信原则对保险人的要求，主要是保险人在展业和承保过程中应充分、如实地向投保人说明保险条款的内容，特别是关于保险人提供的格式条款、免除保险人责任的条款。同时，要求保险人在保险事故发生后按合同履行其赔付义务。

我国保险法对此有严格规定。如《保险法》第十七条规定："订立保险合同，采用保险人提供的格式条款的，保险人向投保人提供的投保单应当附格式条款，保险人应当向投保人说明合同的内容。对保险合同中免除保险人责任的条款，保险人在订立合同时应当在投保单、保险单或者其他保险凭证上作出足以引起投保人注意的提示，并对该条款的内容以书面或者口头形式向投保人作出明确说明；未作提示或者明确说明的，该条款不产生效力。"《保险法》第十九条规定："采用保险人提供的格式条款订立的保险合同中的下列条款无效：（一）免除保险人依法应承担的义务或者加重投保人、被保险人责任的；（二）排除投保人、被保险人或者受益人依法享有的权利的。"

另外，诚信原则对保险人的要求还体现在以下方面：保险人应提供合理的承保条件，包括当保险标的危险程度明显减轻或保险价值明显减少时应降低、退还部分保险费等；在特定事由出现时应及时行使合同解除权；准确、及时地进行保险赔付；对在办理保险业务中知道的投保人、被保险人或者再保险分出人的业务和财产情况及个人隐私予以保密；保险人应当具有与其业务规模和风险程度相适应的最低偿付能力，保险人的偿付能力报告、财务会计报告、精算报告、合规报告及其他有关报告、报表、文件和资料必须如实记录保险业务事项，不得有虚假记载、误导性陈述和重大遗漏；不得对投保人隐瞒与保险合同有关的重要情况，不得阻碍投保人履行《保险法》规定的如实告知义务，或者诱导其不履行《保险法》规定的如实告知义务；保险人应当按照规定建立对关联交易的管理和信息披露制度，应当按照规定真实、准确、完整地披露财务会计报告、风险管理状况、保险产品经营情况等重大事项等。

（三）诚信原则对保险中介人的要求

在财产保险活动中，保险代理人、保险经纪人和保险公估人亦会直接参与有关保险活动的各个环节，若违背诚信原则，将直接损害保险双方当事人的权益，破坏保险市场秩序。因此，诚信原则作为财产保险的一项基本原则，一般而言，也需要保险中介人遵守。

保险中介人应依法取得执业资格，在核定范围内根据当事人授权或接受当事人委托开展保险代理、保险经纪和保险公估活动，不得有虚假陈述、挪用保险费、截留保险赔款、提供虚假证明等损害投保人或被保险人和保险人利益的行为。我国《保险法》第一百三十一条就规定：保险代理人、保险经纪人及其从业人员在办理保险业务活动中不得欺骗保险人、投保人、被保险人；不得隐瞒与保险合同有关的重要情况；不得阻碍投保人履行《保险法》规定的如实告知义务，或者诱导其不履行《保险法》规定的如实告知义务等。

（四）弃权与禁止反言

在诚信原则的实践中，各国保险法一般都有弃权与禁止反言的规定。前者是指保险人放弃因投保人或被保险人违反告知义务或保证条款而产生的对抗权，保险人一旦弃权，则不得重新主张该项对抗权。禁止反言（也称失权）则是指保险人明知保险合同有瑕疵或投保人或被保险人违反告知义务、保证条款，并因而享有对抗权，却以不正当行为使投保人或被保险人相信保险合同无瑕疵，则禁止保险人反言。换言之，保险人丧失对抗权。我国《保险法》第十六条规定，投保人故意或者因重大过失未履行如实告知义务，足以影响保险人决定是否同意承保或者提高保险费率的，保险人有权解除合同，但是合同解除权“自保险人知道有解除事由之日起，超过三十日不行使而消灭。自合同成立之日起超过二年的，保险人不得解除合同；发生保险事故的，保险人应当承担赔偿或者给付保险金的责任”。“保险人在合同订立时已经知道投保人未如实告知的情况的，保险人不得解除合同；发生保险事故的，保险人应当承担赔偿或者给付保险金的责任”。

构成保险人的弃权必须具备两个要件：首先，保险人必须知道投保人或被保险人有违反告知义务或保证条款的情形；其次，保险人须有弃权的意思表示，无论是明示还是默示。对于默示弃权，可以从保险人的行为中推断——如果保险人知道投保人或被保险人有违反告知义务或保证条款的情形，而作出下列行为的，一般即可视为默示弃权：

1. 投保人有违背按期交纳保险费或其他约定义务的时候，保险人原本可解除合同，但是，如果保险人已知此种情形却仍然收受补交的保险费时，则证明保险人有继续维持合同的意思表示，因此，其本应享有的合同解除权、终止权及其他抗辩权均视为放弃。

2. 在保险事故发生后，保险人明知有拒绝赔付的抗辩权，但仍要求被保险人提出损失证明，而增加其在时间及金钱上的负担，视为保险人放弃抗辩权。

3. 保险人明知投保人的损失证明有纰漏或不实，但仍无条件予以接受，则可视为保险人弃权。

4. 保险事故发生后，被保险人逾期通知保险人，保险人仍表示接受的，则认为保险人放弃对逾期通知的抗辩权。

弃权与禁止反言的限定，可以约束保险人的行为，要求保险人为其行为及其代理人的行为负责，同时，也维护了被保险人的权益，有利于保险双方权利义务关系的平衡。

三、诚信原则的效力

诚信原则对财产保险活动的各方主体均有约束力，如果违背诚信原则，将导致保险合同无效或赋予一方当事人合同解除权。例如，在保险活动中，如果投保人故意或因重大过失违反告知义务，告知有遗漏或不实，足以影响保险人决定是否同意承保或提高保险费率，则保险人有权解除保险合同。我国《保险法》第十六条第四款、第五款规定："投保人故意不履行如实告知义务的，保险人对于合同解除前发生的保险事故，不承担赔偿或者给付保险金的责任，并不退还保险费。投保人因重大过失未履行如实告知义务，对保险事故的发生有严重影响的，保险人对于合同解除前发生的保险事故，不承担赔偿或者给付保险金的责任，但应当退还保险费。"

投保人或被保险人违反保证条款，保险人可解除保险合同，并不负赔偿责任。但目前在这方面也有新的处理方法，比如区分所违反的保证条款的性质，若是违反承诺性保证，保险人对投保人、被保险人违反保证前发生的保险事故可予以赔偿，之后发生的保险事故则不负责赔偿。若是违反确认性保证，除保证事项因非投保人或被保险人的原因而发生变化外，保险人不负赔偿责任。再如区分违反保证条款的原因，如果是由于投保人或被保险人的因素而违反保证，则保险人自其违反保证之日起不负赔偿责任，不退还保险费。如果是由于不可抗力造成投保人或被保险人违反保证，则保险人可以解除保险合同，也可以修改保证条款，增加保险费。

被保险人在未发生保险事故的情况下谎称发生了保险事故，或故意制造保险事故，向保险人提出赔付请求的，保险人有权解除保险合同，并不退还保险费。保险事故发生后，被保险人以伪造、编造的有关证明、资料或其他证据，或者指使、唆使、收买他人提供虚假证明、资料或者其他证据，编造虚假的事故原因或夸大损失程度的，保险人对其虚报部分不承担赔付责任。同时，进行保险欺诈活动（包括虚构保险标的骗取保险金），还要根据情节给予行政处罚或追究刑事责任。

保险人违反诚信原则，因其具体情形不同而有不同的处理。例如，我国《保险法》第十七条、第十九条对免责条款有相关规定，第一百一十六条对保险人违反该法第一百一十六条有罚款、限制业务范围、责令停止接受新业务或者吊销业务许可证等的规定。

保险中介人违反诚信原则的，其行为对保险合同当事人不具有约束力，并且保险中介人要赔偿其给保险合同当事人造成的损失。未取得经营保险代理业务许可证或者经纪业务许可证，非法从事保险代理或经纪业务活动的，监管部门将予以取缔，并给予处罚，构成犯罪的将受到刑事责任追究。

四、诚信原则案例

运输专业户于某购有三辆型号相近的轻型货车从事货物运输，其中一号车由于某本人驾驶，二号车由其雇用的老驾驶员刘某驾驶，三号车则由其持有实习驾照的弟弟驾驶。但三辆车只有两个汽车牌照，牌号分别为03—011296和03—013438，供三辆车轮流使用，而且，只有一号车和二号车投保了车辆损失保险、机动车辆交通事故责任强制保险和商业第三者责任保险。在保险期内的某年2月，三号车在行驶途中与停在公路旁的另一货车相撞，两车均有损失，需修理费6 000余元，当地交通管理部门裁定应由于某货车负全部过失责任。于某当即向保险公司申请索赔，保险公司派员前往查勘，在现场看到挂有03—013438牌照的车辆和对方车辆均有撞伤痕迹，在场的驾驶员刘某也谈了他开车肇事的经过。这次事故损失即属保险责任，似应予以赔付，但经进一步向交通管理部门及周围群众深入了解，方知事故发生在头一天晚上，第二天交警才到现场，所获知的有关事故情况都是依据肇事者口述。群众也反映他们原来见到的驾驶员是个年轻人，脸上有颗痣，不是现在的刘某。针对这些情况，保险公司又派人去于某家中，对其再三启发盘问，始知其移花接木的真相。原来，事故一发生，车主便将二号车的牌照拆下来挂在三号车上，驾驶员也由其弟换成了刘某。基于以上事实，保险公司对其拒赔。可以看出，本案中投保人于某（也是被保险人）违背了诚信原则，在事故发生后更是采取了欺诈行为，保险公司拒赔是完全正确的。

第二节　保险利益原则

一、保险利益的含义及作用

保险利益即可保利益，是指投保人或者被保险人对保险标的具有的法律上承认的利益。我国《保险法》第十二条第二款规定："财产保险的被保险人在保险事故发生时，对保险标的应当具有保险利益。"同时，《保险法》第四十八条规定："保险事故发生时，被保险人对保险标的不具有保险利益的，不得向保险人请求赔偿保险金。"在把握财产保险经营中的保险利益概念时需要注意以下几点：

第一，保险利益是保险合同的客体。在财产保险中，保险标的是作为保险对象的财产及其有关利益。保险关系的建立并不能保证保险标的本身不发生危险，投保的目的在于保险标的遭受损失后被保险人能得到经济补偿，即保险利益能得到保障。

第二，保险利益不同于保险合同利益。保险利益体现的是保险事故发生时被保险人对保险标的所具有的利益关系。该关系在保险合同签订前可以存在也可以不存在，投保人或被保险人与保险人签订保险合同的目的在于保障这一利益的安全。保险合同利益是指保险合同生效后取得的利益，对投保方而言即保险权益，主要是保险金请求权。

第三，投保人在订立财产保险合同时，对保险标的可以不具有保险利益。这是基于财产保险的目的在于补偿被保险人所遭受的损失。如果投保人购买保险时对保险标的没有保险利益，而财产损失时被保险人具有保险利益却又得不到赔偿，这显然是有悖于补偿原则的。因此，不要求投保人具有保险利益而要求被保险人在发生事故时对被保险财产具有保险利益就已经足够了。

强调财产保险的保险利益原则，即要求被保险人在保险事故发生时对保险标的应具有保险利益（这与人身保险中的保险利益原则含义有所不同），主要有以下几个方面的作用：

第一，从本质上将保险与赌博区分开来。赌博行为有悖于社会公共利益，为法律所禁止。保险则是一种以互助为基础的经济补偿制度，它对于补偿经济损失、筹集社会资金、促进社会互助的风气等具有积极的作用。历史上曾有过利用保险进行赌博的行为，但被保险人保险利益原则的确立划清了保险与赌博的本质界限。

第二，可以减少道德风险的发生。保险利益原则要求被保险人对保险标的具有保险利益，保险人的赔付以被保险人遭受经济损失为前提，这就可以防止投保人或被保险人放任、促使其不具有保险利益或仅具有低于保险金额的保险利益的保险标的发生保险事故而谋取保险赔款。

第三，可使危险因素相对稳定。危险因素的变化会直接影响保险关系，而保险利益的变动正是导致危险因素发生变化的一个重要原因。例如在保险期内，投保人甲将自用车辆卖给乙做营业车辆，甲丧失了保险利益，保险标的的危险程度也发生了变化。保险利益原则可以从一个方面使保险标的的危险因素保持相对稳定。

第四，便于明确保险人所承担的财产保险补偿责任。保险利益既然是被保险人对保险标的的权益，那么它就是保险人进行经济赔偿的限额。就是说，被保险人向保险人请求赔偿，不得超过保险利益的金额或价值。

二、构成保险利益的条件

1. 保险利益必须是合法利益。保险利益作为被保险人享有的利益，必须是符合法律、法规，符合社会公共利益，为法律认可并受到法律保护的利益。非法的利益不受法律保护，当然不能作为保险利益，如以非法手段获得的财产均不存在保险利益，走私物品、违禁品等也无保险利益。

2. 保险利益必须是经济利益。财产保险补偿的是具有经济价值并能用货币加以衡量的利益，如所有权、债权、担保物权等，而那些非经济上的损失，如精神创伤、刑事处罚、政治打击等，则不能构成保险利益。

3. 保险利益必须是可以确定的和能够实现的利益。首先，保险利益应该是可以确定的，可以用货币估量其经济价值。有些合法的经济利益标的，无法估量其货币价值，属“价值连城”的无价之宝，如技术资料、公司品牌等，一般不能成为保险标的。其次，保险利益应该是能够实现的，是事实上的利益或客观的利益。保险利益既可以是被保险人对保险标的所拥有的现有利益和直接利益，也可以是期待利益（或称预期利益）和间接利益。

三、保险利益的认定

衡量被保险人对保险标的是否具有保险利益的标志是看被保险人是否因保险标的的损害或丧失而遭受经济上的损失，即当保险标的安全时，被保险人可以从中获益；反之，当保险标的受损时，被保险人必然会遭受经济损失，则被保险人对该标的具有保险利益。在这里，需要注意的是保险标的与保险利益之间的关系。保险利益是建立在保险标的之上的，而不是保险标的本身。保险标的是保险利益产生的前提，保险利益是被保险人基于保险标的的经济利益。

由于各种财产保险承保的标的不同，被保险人享有的保险利益亦各不相同，保险责任范围也有区别。因此，在履行保险合同时，应根据各主要险别的实际情况应用保险利益原则。

（一）狭义财产保险

在狭义财产保险中，下列几种人（包括法人或自然人）对其财产具有保险利益：

（1）财产所有人（包括共同所有人）；

（2）财产受托人或受益人；

（3）对财产安全负责的人，如因寄存、维修、加工等原因对该财产负有保管责任者；

（4）作为抵押物、留置物、典当物的财产的权利人；

（5）承租人。

（二）责任保险

在责任保险中，对可能发生的民事损害依法负有经济赔偿责任的法人或自然人具有保险利益。如机动车车主可能因车辆发生意外而对他人财产或人身造成损害，依法应承担经济赔偿责任，故具有保险利益。

公众责任险：各种固定场所和设施（如饭店、旅馆、影剧院等）的所有人、管理人，对因其场所和设施的缺陷或管理上的过失及其他意外事件导致公众（顾客、观众等）人身伤害或财产损失，依法应承担经济赔偿责任，故具有保险利益。

产品责任险：产品制造商、销售商、修理商对因其制造、销售、修理的产品有缺陷造成用户或消费者人身伤害或财产损失，依法应承担经济赔偿责任，故具有保险利益。

职业责任险：各类专业人员因其工作上的疏忽或过失使他人遭受损害，依法应承担经济赔偿责任，故具有保险利益。

雇主责任险：雇主对雇员在受雇期间因从事工作而患职业病或伤、残、死亡等依法应承担医药费、工伤补贴、家属抚恤责任，故具有保险利益。

（三）保证保险

在保证保险中，享有保险利益的主要有：

（1）因合同对方当事人不履行其应尽义务而可能遭受经济损失者；

（2）因自己的作为或不作为使他人受到损害者；

（3）因雇员的不法行为而遭受经济损失的雇主等。

四、保险利益原则应用中的注意事项

在财产保险实务中，以下有关保险利益原则的事项比较多见，必须注意。

1. 被保险人在投保时对保险标的有保险利益，但出险时已丧失保险利益。其主要原因是保险期间内被保险人将保险标的转让给他人。我国《保险法》第四十九条规定，保险标的转让的，保险标的的受让人承继被保险人的权利和义务。但被保险人或者受让人应当及时通知保险人（货物运输保险合同和另有约定的保险合同除外）。

2. 被保险人死亡时，保险利益可以继承。各国法律大都采取同时移转原则，即被保险人死亡后，财产保险合同仍为继承人之利益而存在。

3. 财产保险合同订立时被保险人对保险标的不具有保险利益但发生保险事故时具有保险利益的，保险人依法承担保险责任。

4. 保险标的或被保险人的其他同类财产在保险地址以外的某地点出险受损，如企业对外加工、分片承包、售后结算、异地储存等情形下，有些财产虽属投保企业但又不在保险地址内，如果订立保险合同时双方对此予以约定，则被保险人具有保险利益；如果双方没有约定，则一般认为被保险人没有保险利益。

5. 关于货物运输保险的保险利益，尤其需要根据实际情况具体考察。这主要是因为：一方面，货物具有流动性，有时是发货人投保，有时是收货人投保或发货人代收货人投保，方式有所不同；另一方面，在有些情形下特别是远距离运输的情形下，可能有多种保险利益同时存在，比如货主对货物有保险利益，船东或承运人因对货损负有责任也有保险利益，面临运费风险的人和中间商也有保险利益等。

五、保险利益案例

某保险公司承保的一辆客货两用汽车，于保险期内的某年 9 月在行驶途中与另一货车相撞发生保险事故，支出修理费 1 万元。保险公司查明，保险合同所载的被保险人为李某，而索赔人却是李某所在的某厂。经了解，该车系某厂所购买，但因当时主管部门未给购车指标，该厂便以驾驶员李某个人名义申请汽车牌照并参加了保险。保险公司认为，由于李某并非该车所有人，投保时又未申报该车产权情况，李某并不因该车受损而遭受经济损失，故对该车不具备保险利益，因此保险公司提出拒赔。该厂不服，于同年 10 月向当地法院起诉，理由是投保人以个人名义投保虽属错误，但保险标的并无任何差异，且已交付了保险费，保险公司承保时亦未提出任何异议，故保险合同应具有法律效力。保险公司在答辩时提出：某厂并非该车的投保人或被保险人，也不具备合同的主体资格，无权向保险公司提出索赔要求。另外，投保人或被保险人不是该车所有人，对该车无保险利益，其投保行为违反了我国的《民法典》《保险法》及保险条款有关规定，故保险合同应属无效。当地法院也认为，原告与被告并没有直接的经济合同关系，立案理由不足，便及时与双方交换意见，动员原告撤诉，并提出本案损失由某厂承担 70%，保险公司赔付 30% 的调解意见，经双方同意后本案终结。实际上，法院的处理并不恰当，理由如下：首先，从被保险人来看，根据《保险法》的规定，李某既不是保险合同的合法主体，在保险标的受损时也不具有保险利益，而且某厂在无购车指标的情况下，由李某个人出面购车、上牌照等均属违法行为，因此，该保险合同应无法律效力，投保人或被保险人无索赔权利；其次，保险合同关系是投保人、被保险人与保险公司之间的权利、义务关系，而原告并非合同当事人，不具备本案诉讼主体资格。因此，法院作出双方各承担部分损失的调解决定，是缺乏法律依据的。

第三节 保险赔偿原则

保险赔偿原则有时也称损失补偿原则。保险赔偿作为财产保险活动的最后环节，是保险双方权利、义务关系的核心内容，是财产保险的经济补偿职能的直接体现。需要指出的是，有关著述将近因原则与重复保险赔偿分摊原则作为单独原则编写，而这两条原则事实上均从属于保险赔偿原则，因此，本书将其统一纳入保险赔偿原则。

一、保险赔偿的一般准则

（一）保险赔偿原则的基本内容

为了保障被保险人的权利，保险赔偿原则首先要求保险人对财产保险责任范围内的事故损失的赔偿必须做到及时、准确、守约。

作为保险活动公平性的重要体现，保险赔偿原则着重强调保险赔偿的条件和范围，即当保险标的发生保险责任范围内的损失时，被保险人有权按照合同的约定，获得保险赔偿，用于弥补被保险人的损失，但被保险人不能因损失而获得额外的利益。其主要内容包括如下几方面。

1. 有损失才有补偿，补偿以损失为前提，而且该损失必须是保险标的在保险期间内、保险责任范围内的损失。

2. 损失补偿有最高额限制。其具体含义包括三个方面：

（1）保险赔偿以不超过实际损失为限。保险人对保险标的实际损失进行经济补偿，使被保险人经济上恰好能恢复到事故发生前的状态。这样，一方面能实现保险的经济补偿职能，另一方面能防止被保险人利用保险渔利，并能减少道德风险的发生。

（2）保险赔偿以不超过保险利益为限。在第二节中已经述及，保险利益表现为被保险人对保险标的所具有的各种不同的经济利益，从数量上考察保险利益可能与保险标的实际价值及事故发生后保险标的实际损失并不相等，而且保险合同所载保险金额亦可能超过实际保险利益，因此，结合保险利益原则与保险赔偿原则，保险赔偿不能超过保险利益。

（3）保险赔偿以不超过保险金额为限。保险金额是保险人承担赔付责任的最高限额，被保险人因保险标的受损从保险人处获得的赔偿，不能超过保险合同载明的保险金额。比如，某商店投保门店商品，合同载明保额为 4 万元。半年以后，因意外事故造成门店商品全损，而此时该商品市价已升至 5 万元，则根据本项原则，保险人只能赔付 4 万元。

坚持保险赔偿原则具有以下意义：

第一，能维护保险双方的正当权益，真正发挥保险的经济补偿职能。保险的基本职能是损失补偿，即对保险合同约定的责任范围和保险金额内的实际损失数额给予赔付。保险赔偿原则正是该职能的具体体现：对被保险人而言，发生保险事故所造成的经济损失必能得到补偿，该原则保证了其正当权益的实现；对保险人而言，在合同约定条件下承担保险赔偿责任的同时，其权益也通过赔偿原则得到了保护，因为赔付不会超过保险利益、保险金额或实际损失这些最高限额。

第二，能防止被保险人通过保险赔偿而得到额外利益，相应地能防止道德风险的发生。保险赔偿原则坚持有损失则赔偿而无损失不赔偿、被保险人因同一损失所获得的补偿总额不能超过其损失总额的精神，使得被保险人不能因索赔而得到超过损失的额外利益，这样就能防止被保险人以取得赔款为目的故意制造损失的不良企图和行为的发生，从而保持良好的社会秩序和风尚。

（二）保险赔偿原则的例外

在财产保险实务中，由于险种和保险条款的不同，应用保险赔偿原则常有以下例外情形：

1. 约定有免赔额的保险，保险赔偿在被保险人实际损失范围内要扣除免赔额。

2. 定值保险，往往以约定保险价值为基础计算保险赔偿金额，而不是以保险标的的实际价值为基础。

3. 重置成本保险，是以被保险人重置重建保险标的所需费用或成本确定保险金额，通常超过原保险标的的实际价值。

4. 被保险人支付的施救费用、查勘费用和有关诉讼费用由保险人承担。具体包括：保险事故发生后，被保险人为防止或减少保险标的损失所支付的必要的、合理的费用，由保险人承担（在保险标的损失赔偿金额以外另行计算，该费用以不超过保险金额为限）；保险人、被保险人为查明和确定保险事故的性质、原因和损失程度所支付的必要的、合理的费用，由保险人承担；责任保险的被保险人因保险事故而被提起仲裁或诉讼的，除合同另有约定外，由被保险人支付的仲裁或诉讼费用以及其他必要的、合理的费用，由保险人承担。

（三）关于实际损失的确定问题

在保险实务中，确定被保险人的实际损失主要有以下方法：

1. 依保险标的市场价格确定实际损失。如果保险标的已被淘汰，则比照类似产品的市价确定实际损失。

2. 按被保险人的实际支出费用确定实际损失。这主要应用于责任保险、信用保险、保证保险中，是指扣除下列费用后的支出：刑事罚金、行政罚款、被保险人因法律规定或与他人约定而支付的费用（除非保险合同有约定）、被保险人没有法律或合同义务而自愿支付的费用。

3. 按恢复保险标的原状所需费用确定实际损失。保险标的遭受部分损失时，以基本恢复保险标的原有形态和效用所需费用为被保险人实际损失。如果保险标的经修复后与原先相比有差异，性能有所提高或降低，则保险赔偿金额应在实际修复费用的基础上予以相应扣除或追加。

4. 以重置成本减折旧确定实际损失。这种方法主要适用于房屋保险、机器保险、汽车保险、家具保险等，因为此类标的的实际损失难以按市场上同类物品的价格来确定，同时，此类标的市价变动较为频繁，而被保险人在此类标的发生损失后通常需要重置。

二、近因及其分析

（一）近因与近因原则

近因即直接促成结果或对结果起决定作用的原因，亦称主因。它不是单纯指最初的原因或最终的原因，而是一种能动有效的原因，这种原因与结果之间有着直接的联系，而且这种原因十分强大有力，以致在一连串事件中，人们在各个阶段可以逻辑地预见下一事件，直到发生意料中的结果。如果有数种原因同时起作用，则近因是导致该结果的起决定作用或强有力的原因。

在财产保险理赔中，要确定保险标的损失是否属于保险责任范围，或者说确定保险标的的损失与承保危险之间是否存在因果关系，需要应用近因原则。因此，近因原则是保险赔偿原则中的重要内容。近因原则的基本含义就是面对损害结果时舍其远因而取其近因，近因属于保险责任则保险人承担赔偿责任，非近因（不论是否属于保险责任）造成的损失则不予赔偿。

（二）近因与赔偿责任的判定

运用近因原则判定保险责任，主要有以下规则。

1. 单一原因造成保险标的损失，如该原因属保险事故，则保险人承担保险赔偿责任，否则保险人可以拒绝赔偿。

2. 多种原因造成保险标的的损失。这种情况较为复杂，可区分为以下四种情形：

（1）如果多种原因均为承保危险，则保险人对保险标的损失负赔偿责任。反之，如果多种原因均非承保危险，则保险人不承担赔偿责任。

（2）多种原因连续发生，如果其中持续起决定作用或处于支配地位的原因属承保危险，则保险人负赔偿责任，否则保险人不赔。在此情况下，后因是前因的结果，最先发生的原因为损失的近因，不外乎这样几种情形：①各原因均为承保危险，保险人负赔偿责任；②前因和后因均为不保危险，则保险人不负赔偿责任；③前因为承保危险，后因为不保危险，保险人负赔偿责任；④前因为不保危险，后因为承保危险，则保险人不负赔偿责任。

1918 年里兰船舶有限公司诉挪威联合火灾保险公司案是一个著名的判例。第一次世界大战期间，被保险人的船舶在驶往哈佛港的途中，被德国潜艇发射的鱼雷击中，船舶严重损伤，但依然驶到了目的港。而港口当局害怕船沉在码头泊位上，遂使其驶往外港。在外港船舶因搁浅而解体沉没。该船只保了一般船舶险而未投保战争险。法院认为，船舶损失的原因是被鱼雷击中而非搁浅，因为该船被鱼雷击中之后始终未脱离危险，从而是一般船舶险的除外责任。

（3）多种原因间断发生，即前因与后因并不连续，后因与前因不相关联，后因不是前因的必然、直接结果，而是新的相对独立的原因。在此情形下，如果后因属保险责任，则保险人对由此造成的损失承担赔偿责任，不属保险责任则不赔。例如，投保人只投保火灾保险而未投保盗窃险，当火灾发生后，部分抢救出的财产放于露天又被盗走，那么，保险人对火灾造成的损失承担赔偿责任，对盗窃损失则不赔。

（4）多种原因同时发生或相对独立，无法确认近因，对此，如果可以依其原因对损失加以划分，则保险人对承保危险部分承担赔偿责任。如果损失无法划分，则一般取决于法官自由裁量，或坚持保险发达国家“可赔可不赔的，坚决赔”的做法。

三、保险赔偿方式

（一）比例赔偿方式

财产保险的比例赔偿方式，即保险人按照保险金额与出险时财产实际价值的比例来赔偿被保险人的损失。其计算公式如下：

赔偿金额[①] = 损失金额 × （保险金额/财产实际价值）

显然，当保险金额与财产实际价值相等，即足额投保时，被保险人的实际损失可以得到完全补偿。如果保险金额低于财产实际价值，即不足额投保，则被保险人的损失将

① 此处赔偿金额不考虑免赔额，下同。

只能得到部分补偿。保险金额不能超过财产实际价值，否则超过的部分无效。如果超额投保，被保险人得到的补偿与足额投保一样，也仅仅是其实际损失。

【例】　被保险财产实际价值为100 000元，损失金额为50 000元，当保险金额不一致时，赔偿金额亦不相同：(1) 当保险金额为80 000元时，是不足额保险，赔偿金额为40 000元；(2) 当保险金额为100 000元时，是足额保险，赔偿金额为50 000元；(3) 当保险金额为120 000元时，是超额保险，赔偿金额为50 000元。

(二) 第一危险赔偿方式

第一危险赔偿方式，实际上是将保险财产的价值分为两部分：第一部分为保险金额部分，此部分损失由保险人负责赔偿；第二部分即超过保险金额的部分，保险人不负责赔偿。其特点就是不论足额保险与不足额保险，保险人都在保险金额以内赔偿被保险人的实际损失。它与比例赔偿方式的区别在于对不足额保险的赔偿金额不同，对被保险人更加有利。

【例】　被保险财产实际价值100 000元，损失金额50 000元，我们可以列表比较在不同保险金额下比例赔偿方式与第一危险赔偿方式的赔偿金额（见表2－1）。

表2－1　　单位：元

赔偿方式 ＼ 赔偿额 ＼ 保险金额	80 000	100 000	120 000
比例赔偿方式	40 000	50 000	50 000
第一危险赔偿方式	50 000	50 000	50 000

(三) 限额赔偿方式

限额赔偿方式，又可称为固定责任赔偿方式。它主要适用于农作物保险，当实际收成达不到事先确定的限额时，由保险人赔偿其差额。其特点是不计损失数额，只补偿收获量不足限额责任的部分，以保障被保险人的最低收成。其计算公式为

$$赔偿金额 = 限额 - 实际收获价值$$

【例】　某保险公司开办水稻收成保险，每亩限额责任定为1 000元。某种粮大户投保1 000亩，受灾后每亩实际收获500元，则保险赔偿金额为（1 000－500）×1 000（亩）=500 000（元）。

此外，还有一种限额赔偿方式叫免责限度赔偿。它是指保险人事先规定一个免责限度（可以是免赔额，也可以是免赔率），只有在损失超过这个限度时才予以赔偿。这种赔偿方式可避免大量小额损失赔案，能减轻保险人工作量，减少赔款支出，并能增强被保险人的防灾防损意识，同时减轻其保费负担。在财产保险实务中，免责限度赔偿可分为相对免赔和绝对免赔，其相同之处是损失不超过免责限度则不赔；其不同之处在于，当损失超过免责限度时，相对免赔方式由保险人赔偿全部损失，而绝对免赔方式下保险人仅赔偿超过免责限度的损失部分。

上述三种赔偿方式中，第一危险赔偿方式对被保险人的补偿程度较高，但相应的保险费率也较高。比例赔偿方式和限额赔偿方式则在减轻投保人的保险费负担和加强投保

人或被保险人自身的防灾防损责任方面有着积极作用。在财产保险实务中，常将比例赔偿方式与免责限度赔偿方式结合起来运用。

四、重复保险赔偿分摊

重复保险赔偿分摊是保险赔偿原则的一个重要方面。与共同保险不同，重复保险是指投保人就同一保险标的、同一保险风险与多个保险人分别订立保险合同，且保险责任期限相同的保险。重复保险是事实上存在的一种现象，其产生原因主要有：投保人的疏忽，追求更大的安全感，企图谋取超额赔款。在重复保险条件下，当保险事故发生之后，若被保险人通过向不同的保险人就同一损失索赔而获得超额赔款，则显然是违背保险赔偿原则的。为了防止被保险人由于重复保险而获得额外利益，财产保险确定了重复保险赔偿分摊原则。重复保险赔偿分摊，指的是在重复保险（一般是指非恶意性质的重复保险，下同）情形下，保险事故发生后，由各保险人分摊被保险人的实际损失。重复保险赔偿分摊原则可以防止被保险人获得的赔偿总额超过其实际损失，它是财产保险所特有的原则。

分摊的方式主要有以下四种。

（一）保险金额比例分摊

我国《保险法》第五十六条第二款规定："重复保险的各保险人赔偿保险金的总和不得超过保险价值。除合同另有约定外，各保险人按照其保险金额与保险金额总和的比例承担赔偿保险金的责任。"因此，比例分摊方法是被承保人广泛采用的一种分摊方式。

【例】 某人先后分别向三家保险公司投保家庭财产保险，保险期限基本相同。甲公司保险金额5万元，乙公司保险金额4万元，丙公司保险金额6万元。在保险期限内该投保人家庭发生火灾，造成财产损失3万元。

按照保险金额比例分摊方式，各保险公司的赔偿责任如下：

甲公司：3×［5/（5+4+6）］=1（万元）

乙公司：3×［4/（5+4+6）］=0.8（万元）

丙公司：3×［6/（5+4+6）］=1.2（万元）

三家公司赔偿金额合计为3万元。

（二）赔偿责任限额分摊

这种分摊方式是以各保险人不考虑重复保险情形下单独应承担的赔偿金额占各保险人单独承担的赔偿金额总和的比例，来确定各保险人的实际赔偿责任。

比如上例中，三家保险公司的赔偿金额依本方式计算如下：

甲公司：3×［3/（3+3+3）］=1（万元）

乙公司：3×［3/（3+3+3）］=1（万元）

丙公司：3×［3/（3+3+3）］=1（万元）

三家保险公司赔偿金额总计为3万元。

（三）出单顺序责任分摊

这种分摊方式是由各保险人按出单顺序在各自保险金额限度内进行赔偿，后出单的保险人仅赔偿超过前一保险人赔偿责任的损失部分，至被保险人的实际损失得到全部补偿为止。

比如上例中，三家保险公司的赔偿金额依本方式计算如下：

甲公司：3 万元

乙公司：0

丙公司：0

三家公司赔偿金额总计为 3 万元。

（四）连带责任赔偿

这种方式是由保险金额比例分摊方式演变而来，即各保险人负连带赔偿责任，被保险人有权向承保的任何保险人请求全部保险赔偿金额，各保险人之间则按保险金额比例分摊方式确定各自责任。

五、保险赔偿案例

【案例 1】　某年 4 月 1 日，某综合服务公司与保险公司签订了企业财产保险合同，承保项目为非商品资金、固定资产和商品及材料，保险金额共计人民币 291 139 元，费率为 2.5‰。合同订立后，综合服务公司在规定期限内一次交清了保险费。同年 10 月 18 日晚，综合服务公司附近一根地下水管破裂，致使其店堂仓库内存放的大量食品受浸污染。清理后，因受浸影响质量的商品必须降价处理，降价损失 3 144.64 元，另一部分经防疫站检查确认不能销售，当即查封销毁，两项损失合计为 29 633.04 元。综合服务公司向保险公司索赔，保险公司以水管破裂不属保险责任范围为由拒赔。法院审理认为，综合服务公司与保险公司订立的企业财产保险合同是合法有效的，该保险条款中属保险责任的“水灾”仅指暴雨和洪水，而综合服务公司的水浸损失系由地下水管破裂造成，不属保险责任范围，故保险公司不需赔付。

【案例 2】　某出租车公司司机驾车载着客人在公路上走错道而欲掉头时，与疾驰而来的某奔驰车相撞，两车上的人和出租车均无损失，但奔驰车却面目全非，经公安交警部门的道路交通事故责任认定：出租车司机负事故主要责任，奔驰车司机负事故次要责任。随后，公安交警部门委托某区交通事故物损评估中心进行勘估。该中心根据事故车辆勘估表，评估奔驰车损失总额近 100 万元，但出租车公司以交通事故物损评估中心未按规定的程序进行评估，其评估结论不具有客观公正性而拒绝接受。奔驰车车主因不能及时得到赔款而将出租车公司告上法院后，出租车公司据理力争，法院便委托该市价格认证中心对奔驰车的损失情况进行了重新评估。得出的结论是：奔驰车的车损修理费用为 59 万余元，并详述了评估依据，附上了价格鉴定明细表。最终法院按市价格认证中心评估的金额，判决出租车公司承担 80% 的责任，判决后原被告双方均未上诉。因出租车公司的肇事车辆已投保了除法律强制的交通事故责任保险（惯称交强险，下同）外的商业第三者责任保险，在整个案件的审理过程中，出租车公司均请保险公司派人参加了旁听，保险合同双方对判决也无异议。同时，保险公司承诺，在被保险人提供奔驰车的修理清单和发票等索赔单证后，可在保险合同的第三者责任险保险的限额内（扣除交强险赔偿额后）对受害方予以直接支付。但在 15 个月的官司期间，轿车的市场价格一跌再跌，奔驰车车主不愿再花五六十万元去修理一辆旧车，因而无法提供修理清单和发票。本案过了法院判决设定的自动履行期未果后，便进入了强制执行期。出租车公司向法院执行官解释："不是出租车公司不付款，而是要有奔驰车的修理发票和清单。因为，保险公司根据修理费用的发票和应该承担的责任，才能代为赔偿。"保险公司也向法院解释："按照保险合同的规定是尽量修复，没有修理清单和发票，对第三者责任项下造成的物损，保险人是无法赔偿的。保险公司经办人还多次请示上级部门，得到的回答仍然是'不能赔偿'。"执行法官也犯了难，判决书并没有提到奔驰车一定要去修理，法院是不能强制受害人去修理的，没有修理就没有发票。

事实上，就本案而言，一方面，法院的判决已解决了交通事故双方的争议，即在事故中发生了多少损失，当事人双方按责论处各自承担多少损失金额。尽管奔驰车损失的计算标准，就是其被修复的费用，但作为被告一方的出租车公司，是不能提出以奔驰车的修理为付款前提要求的，事故当时出租车造成奔驰车多大损失，出租车公司就应该赔偿多大损失。同时，法院也无权在判决中对奔驰车主设定修理的义务。另一方面，根据保险公司的车辆保险合同条款及我国《保险法》第二十二条规定，被保险人在保险事故发生后进行索赔时，应当向保险人提供与确认保险事故的性质、原因、损失程度等有关的证明和资料；应当提供保险单、损失清单、有关费用单据、保险车辆行驶证和发生保险事故时驾驶人员的驾驶证，并提供公安交通管理部门或法院等机构出具的事故证明、有关法律文书（裁定书、裁决书、调解书、判决书等）及其他证明；因保险事故损坏第三者的财产，应当尽量修复，并且在修理前被保险人须会同保险人进行检验，确定修理项目、方式和费用，否则保险人有权重新核定或拒绝赔偿。上述这些规定也是对的，但由于本案进入了司法程序，法院根据价格认证中心确定的修理奔驰车将花费的材料费和人工费的总额进行判决，其基点是客观公正的，而保险公司的人员在审理过程中及判决后，也未向出租车公司提出任何异议。况且，本案中被保险人虽未能提供修理清单和发票，但已经向保险公司提供了市价格认证中心的价格认证结论书和价格鉴定明细表，这实际上比任何一家汽车修理厂的清单和发票都权威。此外，保险人认为资料不完整而要求补充的，同样不能超越被保险人"其所能提供"的范围，这也是《保险法》第二十二条的规定内容，被保险人提供索赔材料的责任是有限的责任。因此，对于本案，保险公司要求以修理为第三者责任保险的理赔前提不能成立，出租汽车公司的索赔材料已经完整，保险公司应予理赔。

第四节　权益转让原则

一、权益转让原则概述

权益转让是指被保险人在其全部或部分损失由保险人按照保险合同予以补偿后，依法应将保险标的所有权和追偿权转让给保险人。权益转让是财产保险特有的原则，在实务中的运用主要是代位追偿和委付。

权益转让原则的意义如下：

第一，可以防止被保险人在一次损失中获得双重或多重补偿，防止道德风险。若保险标的发生损失的原因是由第三者的疏忽、过失或故意行为造成且该损失原因又属于保险责任事故，则被保险人既可以依据法律向第三者要求赔偿，也可以依据保险合同向保险人提出索赔。这样，被保险人因同一损失所获得的赔偿就会超过实际损失额，从而获得额外利益，违背保险赔偿原则。同样，在保险标的发生保险事故而致推定全损时，若保险人全额赔付后被保险人又将保险标的的损余物资进行处理或找回失踪保险标的，其所得的利益亦会超出实际损失。权益转让原则能防止被保险人获得额外利益，这与保险赔偿原则是一致的，权益转让原则实际上是从保险赔偿原则中派生出来的。

第二，可以使被保险人及时得到经济补偿，并促使有关责任方承担事故赔偿责任。与向保险人索赔相比，由被保险人直接向责任人索赔通常需要更多的时间、物力和人力，但是，保险赔偿并不是免除有关责任方的赔偿责任。

第三，可以维护保险人的合法权益。保险人通过代位追偿和标的所有权委付能挽回一部分损失，从而有利于维护保险企业的正当权益。

二、代位追偿

（一）代位追偿的概念

在财产保险中，因第三者对保险标的的损害而造成保险事故，保险人在向被保险人赔偿保险金之后，在赔偿金额范围内享有代位行使被保险人对第三者请求赔偿的权利，此即为代位追偿，或称代位求偿。

广义上的代位权，除了代位追偿权以外，还包括物上代位权。在财产保险中是指保险人在赔偿了全部保险金额后，受损保险标的的相应权利（残余物及相关利益）归于保险人。我国《保险法》第五十九条规定："保险事故发生后，保险人已支付了全部保险金额，并且保险金额等于保险价值的，受损保险标的的全部权利归于保险人；保险金额低于保险价值的，保险人按照保险金额与保险价值的比例取得受损保险标的的部分权利。"

（二）代位追偿权的成立与行使

代位追偿权的成立要件有三项：一是被保险人对第三人享有赔偿请求权，即保险标的损失是由第三人的原因造成的，根据法律或约定，该第三人对保险标的的损失应负赔偿责任；二是保险人对该保险标的损失也负有赔偿义务；三是保险人已支付了保险金。保险人自支付保险金之日起即自动取得代位权，但保险实务中被保险人出立的权益转移证书仅是代位追偿权的证明，而非权益转让的要件。

行使代位追偿权，有下列事项需要注意：

1. 保险人追偿金额以其实际支出的赔偿金额为限，对没有赔偿的部分则不得主张代位权。如果保险人代位追偿所获金额超过其实际支出的赔偿金额，应将超过部分归还被保险人。

2. 除非被保险人的家庭成员或其组成人员故意造成保险事故，保险人不得对被保险人的家庭成员或其组成人员行使代位追偿权。

3. 被保险人不得损害保险人的代位追偿权。根据我国《保险法》第六十一条规定，被保险人在保险人赔付之前放弃对第三者的追偿权，保险人不承担赔偿保险金的责任；

被保险人在保险人赔付之后未经保险人同意放弃对第三者的追偿权的，该弃权行为无效；被保险人故意或者因重大过失致使保险人不能行使代位请求赔偿的权利的，保险人可以扣减或者要求返还相应的保险金。

4. 习惯上，保险人以被保险人的名义行使代位追偿权（各国司法实践普遍认为保险人既可以被保险人的名义，也可以自己的名义行使代位追偿权）。保险人向第三者行使代位追偿权时，被保险人应当向保险人提供必要的文件和其所知道的有关情况。

5. 保险人行使代位追偿权，不影响被保险人就未取得赔偿的部分向第三者请求赔偿的权利。

（三）代位追偿权的放弃

在一定条件下，保险人可以主动放弃代位追偿权。比如被保险人事先与第三人约定意外事故免责，且投保时明确告知保险人，则保险人可在合同中列明放弃对该第三人的代位追偿权。再如，汽车保险的承保人达成碰撞协议，当投保的汽车碰撞受损时，各承保人负责赔偿各自的被保险人，而放弃向对方的追偿权。

三、保险委付

保险委付是指保险标的处于推定全损状态时，被保险人将其所有权及派生的一切权利和义务转移给保险人，而请求支付全部保险金额。它主要适用于船舶保险与货物运输保险等业务。

（一）保险委付的成立条件

1. 保险委付应以推定全损为条件。若保险标的发生实际全损，则无物权可转移，被保险人也无须转移权利即可获得全部赔偿。我国《海商法》第二百四十六条规定，船舶发生保险事故后，认为实际全损已经不可避免，或者为避免发生实际全损所需支付的费用超过保险价值的，为推定全损。货物发生保险事故后，认为实际全损已经不可避免，或者为避免发生实际全损所需支付的费用与继续将货物运抵目的地的费用之和超过保险价值的，为推定全损。

2. 保险委付应就保险标的物的全部提出请求，即委付具有不可分性。但如果保险标的是由可分的独立部分组成，其中仅有一部分发生委付原因，则可仅就该部分保险标的请求委付。

3. 保险委付不得附有条件。例如，船舶发生推定全损，被保险人请求委付，同时又声明，如果船被修复，将返还保险金取回该船。这是法律所禁止的。我国《海商法》第二百四十九条规定，委付不得附带任何条件。即使保险人同意附加条件，法律亦不承认其效力。

4. 保险委付须经保险人承诺方能成立。委付只是被保险人的一种单方法律行为，保险人可以接受委付，也可以不接受委付，但是应当在合理的时间内将接受或不接受的决定通知被保险人。有的国家规定，委付也可依判决而成立。

（二）保险委付的效力

保险委付一经保险人接受，则不得撤回。保险委付的效力，有以下两点需要注意：

1. 保险委付成立以后，保险标的物自发生委付的原因出现之日即转移，而非以保险人接受委付或进行赔付为条件。

2. 保险委付成立以后，保险人对保险标的物的全部权利和义务同时接受。一方面，保险人以所有人的身份获得收益（比如保险船舶的运费、出售残余物），并向负有责任的第三人进行追偿，如所得额超过其支付的赔款，也尽归其所有。另一方面，保险人也要承担与该保险标的有关的一切责任，如油污责任、航道清理费用等。由于这方面的责任往往花费较大，故保险人须仔细权衡得失。有些保险人往往不接受委付，放弃对保险标的的权利而支付与保险金额等同的全部保险赔款。

四、代位追偿与委付的区别

第一，代位追偿以第三者造成被保险人损失为前提，委付则不问损失原因。

第二，代位追偿适用于保险标的全部损失，也适用于保险标的部分损失，而委付只适用于保险标的推定全损。

第三，代位追偿依法律成立，而委付依协议（合同）成立。第三者损害保险标的造成保险事故的，我国《保险法》第六十条规定，保险人自向被保险人赔偿保险金之日起，即在赔偿金额范围内代位行使被保险人对第三者请求赔偿的权利。从法律上说，保险人取得代位追偿权并不需要与被保险人达成协议。委付则不同，委付关系的成立是在保险事故发生后保险人与被保险人达成协议的结果。

第四，代位追偿只是一种纯粹的追偿权，取得这种权利的保险人无须承担其他义务。而保险人在接受委付时，却是将权利和义务全部接受，获得保险标的所有权的同时须承担该标的的相应义务。

第五，在代位追偿中，保险人只能获得保险赔偿金额内的追偿权，而在委付中，保险人则可享有基于该项标的所有权的一切权利。在委付后，保险人处置保险标的而取得的额外利益也由保险人享有，不必返还给被保险人。

五、权益转让案例

运输专业户汤某将一辆货车向当地保险公司投保了车辆损失保险，保额为 15 万元。某年 11 月，该车在一次运输中坠入 50 米下的江中。保险人查勘现场时了解到江水深达 8 米，当地群众均说无法打捞，便同意被保险人汤某的要求，按推定全损结案，并由汤某出具了授权书，办理了公证手续。但赔付之后不久，汤某私自以打捞水中沉尸为由，请吴某将车捞起，并承诺由吴某修好后归其所有，汤某则获得了 3 300 元的售车款。三个月后，保险人间接获悉了这一情况，经调查后依法向当地法院起诉。法院一审判决该车所有权应属保险人，汤某非法收取的 3 300 元应退还给吴某，而吴某占有该车是非法行为，他只能收取保险人付给的合理打捞费及所垫付的修理费。吴某不服，提出上诉。二审仍维持一审判决。

【知识链接】

新中国成立后国内保险史上第一大赔案

2013 年 9 月 4 日下午，SK 海力士半导体（中国）有限公司一车间突然发生火灾，事后调查表明，事故是由于该公司生产车间气体泄漏，引发车间屋顶排气洗涤塔管道的保护层着火。此次事故虽未造成大的人员伤亡，但造成了9亿美元的财产损失。SK海力士公司火灾保险由韩国现代财险、中国人保财险、太平洋财险、大地财险以及乐爱金财险五家公司共同承保。其中，韩国现代财险是首席承保人，承保份额为50%，人保财险份额为35%，其余3家保险公司则各承担5%。根据根宁翰保险公估（中国）有限公司2013年11月18日出具的报告，SK海力士的团体火灾保险（即企财险）共保人的承保额为72.59亿美元，自留额100万美元；营业中断保险承保额为8.29亿美元，自留期限是连续10个工作日。总保费约2 000万元人民币。事故发生后，SK海力士委托达信保险顾问公司专事理赔司法会计鉴定和理赔服务的子公司Marsh FACS（Forensic Accounting and Claims Services）协调整个理赔事宜。这次事故所导致的单一保险赔案成为新中国成立后，国内保险业历史上的最大赔案，甚至是亚洲最大赔案。

资料来源：许翠娟．海力士之殇9亿美元赔付创纪录［J］．保险经理人，2014-04-25.

【复习思考题】

一、名词解释

诚信原则　保险利益　保险赔偿　近因原则　重复保险　代位追偿　保险委付

二、比较题

试比较代位追偿与保险委付的异同。

三、问答题

1. 诚信原则的内容有哪些？
2. 保险利益原则有何作用？
3. 保险赔偿原则有哪些例外？
4. 如何判定近因与保险赔偿责任的关系？
5. 保险赔偿方式有哪几种？
6. 重复保险分摊方式有哪几种？

四、结合财产保险原则分析相关案例

第三章
财产保险合同

【学习目标】

学习本章时，应了解财产保险合同的概念、特征、形式，掌握财产保险合同的构成要素，通过实务掌握财产保险合同从订立到终止的过程及财产保险合同争议的解决技巧。

第一节　财产保险合同概述

一、财产保险合同的概念与法律依据

财产保险合同是保险人与投保人之间订立的关于财产保险关系的建立、变更、终止及双方权利义务关系的一种经济合同。

作为保险双方法律关系的凭证，财产保险合同是规范保险双方行为的直接依据。财产保险活动的全过程，实际上就是保险双方订立、履行保险合同的过程。

在发达的英美保险市场，财产保险合同订立、履行的法律依据，除一般的保险合同法（如1867年英国的《保险单法》、1908年和1930年的德法两国的《保险合同法》等）外，还包括许多相对于各个财产保险领域的单项法律来对合同进行规范，如汽车保险法、住宅保险法、工程保险法、环境污染保险法、洪水保险法、存款保证保险法等。在我国，财产保险合同订立、履行的法律依据，主要是我国的《保险法》《民法典》中有关合同的一般规范及对财产保险合同的专门规范；但海上保险合同由我国的《海商法》进行规范，该法中未规范的才适用《保险法》等法律。

二、财产保险合同的基本特征

财产保险合同除具有经济合同的一般特征外，还具有以下特征：

1. 财产保险合同是损害补偿合同。财产保险合同中保险人承保的是财产及其有关利益，保险人对保险事故造成的被保险人财产损失承担补偿责任，这是财产保险合同在合同性质方面与人身保险合同及其他经济合同的重要区别。

2. 财产保险合同是射幸合同。与等价交换的交换合同相对，射幸合同的当事人一方付出代价所获得的只是一个机会，既可能“一本万利”，也可能“一无所获”。从总体上

讲，保险人收取的纯保险费与被保险人索赔总额是大致相等的，但危险事故的不确定性决定了单个保险合同的射幸性，也就决定了单个被保险人与保险人之间的保险费与保险金的不对等性。这也是财产保险合同与人身保险合同及一般经济合同的重要区别。

3. 财产保险合同是附合合同。一般经济合同是经当事人自愿协商在意思表示一致的基础上产生的。附合合同则是由一方当事人提出合同的主要内容，另一方只是作出取或舍的决定，一般没有商议变更的余地。在财产保险合同中，作为主要内容的保险条款一般是由保险人事先拟订好的，并呈现定型化和标准化的特征，少数业务即使允许投保人在投保时与保险人磋商有关保险内容，但保险关系的最终建立一般仍取决于保险人的意思表示，这就是保险合同的附合性。在我国，随着财产保险招标业务的发展，财产保险也出现了由投保人或招标人出具保险合同的现象，但保险招标合同也是格式合同，具有附合性特征，只是在这种情况下，保险人一般只有接受与不接受的自由，而没有修改或变更保险合同的自由。

三、财产保险合同的种类

财产保险合同可以依据不同的标准进行多种划分。

（一）定值保险合同与不定值保险合同

这是依据保险价值是否预先在保险合同中加以约定为标准进行的分类。定值保险合同是双方当事人事先约定保险价值并在保险合同中载明的保险合同。不定值保险合同则是按保险事故发生时保险标的的实际价值确定保险价值，保险人在保险金额范围内进行赔偿的保险合同。不定值保险合同的优点在于，能消除保险标的价格波动的影响，使被保险人得到充分的补偿，同时避免超额赔偿，减少道德风险。

（二）足额保险合同、不足额保险合同与超额保险合同

这是依据保险金额与出险时保险价值的关系进行的分类。足额保险合同即保险金额与保险价值相等的保险合同，在保险事故发生后按实际损失确定保险金数额。不足额保险合同即保险金额低于保险价值的保险合同，根据我国《保险法》第五十五条的规定，在保险事故发生后，除合同另有约定外，保险人按照保险金额与保险价值的比例承担赔偿责任。超额保险合同即保险金额高于保险价值的保险合同，根据我国《保险法》第五十五条的规定，超过部分无效。同时，《保险法》第五十三条规定，保险期间内保险标的的保险价值明显减少的，除合同另有约定外，保险人应当降低保费，并按日计算退还相应的保费。

（三）特定危险保险合同与一切危险保险合同

这是按保险合同承保的危险进行的分类。特定危险保险合同又称为指定危险保险合同，是指保险人承保一种或几种指定或特定危险的保险合同。特定危险保险合同的保险人一般在保险条款中明确列举出所承保的危险。其中，仅承保一种危险，仅对一种危险事故承担保险赔偿责任的保险合同，为单一危险保险合同。承保数种危险的保险合同，为多种危险保险合同或综合危险保险合同。在实践中，为同时给予被保险人多种保险保障，综合危险保险合同居多，而单一危险合同的数量已日趋减少。

一切危险保险合同是指保险人承保除外责任以外的一切危险的保险合同。一切危险保险合同的保险人在保险条款中不明确列举所承保的危险，而是以除外责任条款的方式来确定不承保的危险，以此界定承保危险的范围。任何未明确列于除外责任条款中的

危险都是承保危险。例如，我国海洋运输货物保险的一切险，它的责任范围除包括平安险、水渍险各项责任外，还负责被保险货物在运输途中由于一切外来原因所致的全部或部分损失。一切险合同的优点在于，它为被保险人提供了较为广泛的保险保障。而且一旦保险事故发生，责任明确，易于理赔，可减少当事人之间的争议。一切危险合同也存在着一些缺点，如对保险标的的具体危险不易区分，由此容易产生投保人对所投保危险的费用分配不合理的情况。

（四）单保险合同与复保险合同

这是依保险人的人数进行的分类。单保险合同是投保人就同一保险标的、同一保险利益、同一保险事故，与一个保险人订立保险合同。复保险合同则是投保人就同一保险标的、同一保险利益、同一保险事故，同时与多个保险人订立保险合同。若与多个保险人订立一份保险合同，为共同保险。若分别与多个保险人订立保险合同，则为重复保险。

（五）个别保险合同与集合保险合同

这是按保险标的的数量及其性质进行的分类。个别保险合同是以一物（人身保险中则为一人）为保险标的的保险合同，又称为单独保险合同。在保险合同中，以个别保险合同居多。例如，大多数投保人都针对单个的财产如一幢房屋、一辆汽车等投保。

集合保险合同是将多个性质相似的保险标的集合在一起，而对每一保险标的分别订明保险金额的保险合同。例如，在船舶险中，可将被保险人的若干艘船集合在一起，针对其共同面临的危险订立一个保险合同。在集合保险合同中，如果保险事故发生，保险人对每一保险标的在其保险金额的限度内按实际损失承担赔偿责任。

实践中还有一种综合保险合同，是指保险人承保的是性质不一定类似的、众多的保险标的，但仅确定一个总的保险金额，而不分别规定保险金额的保险合同。

（六）特定保险合同、总括保险合同与预约保险合同

这是按照保险标的是否确定进行的分类。特定保险合同是指载明的保险标的是特定的、不变动的保险合同。

总括保险合同是指以可变动的多数物的集合体为保险标的的保险合同，例如投保某仓库及其限定数量库存产品的保险合同。

预约保险合同是保险双方事先约定一定条件，在约定期间内，投保人将符合条件的保险标的逐项通知保险人，保险人根据投保人需要分别签发保单。预约保险合同是在实践中随预约保险而产生的，主要适用于运输保险和再保险。它本身并无保险金额之规定，也不必预付保费，实际上只是投保人与保险人之间对长期业务安排的一种协议。故预约保险合同不同于前述各种保险合同，它并不具备实质意义上的保险合同的要件。

（七）主保险合同与附加保险合同

这是按照多份保险合同之间的从属关系进行的分类。主保险合同是指就可单独投保的险别而形成的合同，如机动车辆损失保险合同、普通家庭财产保险合同。附加保险合同是指依附在主保险合同或基本保险合同之上，其成立须以主保险合同或基本保险合同的成立为条件，如玻璃单独破碎险合同只有附加在机动车辆损失保险合同之上才能成立，家庭财产附加盗窃险合同只有附加在普通家庭财产保险合同上才能成立。

（八）原保险合同与再保险合同

这是按危险转嫁层次进行的分类。原保险合同是指保险人与投保人直接订立的保险合同。原保险合同保障的对象是被保险人的经济利益。被保险人将危险转嫁给保险人，由保险人承担其可能的危险损失。该合同是危险的第一次转嫁形式。

再保险合同是指以原保险合同为基础，由原保险人与再保险人签订的将原保险人承担的危险责任部分或全部转嫁给再保险人的保险合同。它是危险的第二次转嫁形式。

（九）有效保险合同与无效保险合同

这是按合同的法律效力进行的分类。有效保险合同是具有法律效力的保险合同。无效保险合同是指不具备合同成立的条件，违反国家法律、法规，法律不予承认和保护，不具有法律效力的合同。

四、财产保险合同的形式

我国《民法典》第四百六十九条规定：“当事人订立合同，可以采用书面形式、口头形式或者其他形式。书面形式是合同书、信件、电报、电传、传真等可以有形地表现所载内容的形式。以电子数据交换、电子邮件等方式能够有形地表现所载内容，并可以随时调取查用的数据电文，视为书面形式。”我国《保险法》第十三条规定：“投保人提出保险要求，经保险人同意承保，保险合同成立。保险人应当及时向投保人签发保险单或者其他保险凭证。保险单或者其他保险凭证应当载明当事人双方约定的合同内容。当事人也可以约定采用其他书面形式载明合同内容。”① 财产保险合同属于应当采用书面形式的合同。在实务中，财产保险合同的形式主要有如下几种：

1. 保险单。保险单简称保单，是保险人与投保人之间就财产保险合同内容签订的正式书面或电子凭证。财产保险单是财产保险合同双方当事人履行合同的依据，必须明确完整地记载保险双方的权利义务内容。实务中，财产保险单多属格式化，由保险人制作、签章，并由保险人或其代理人提交给投保人或被保险人。保险单的形式分纸质保单与电子保单两大类。财产保险单一般是纸质保单，但随着 21 世纪我国互联网保险电子商务的发展，电子保单于 2005 年开始出现并渐成趋势。

2. 保险凭证。从广义上讲，保险凭证应是保险合同形式的统称。但在财产保险实务中，往往将保险合同的一种证明称为保险凭证，它实则是简化了的保险单，又称小保单。保险凭证与保险单具有同等的法律效力，凡保险凭证中没有载明的事项，均以同种类的正式保险单所载内容为准。在保险单以外单独签发保险凭证的做法，主要适用于这样几种情形：（1）货物运输保险业务采取预约保险方式时，可以签发保险凭证，或由有关部门以发货单的一联盖章后代替；（2）多辆汽车由一张保险单承保，但每辆汽车需要有单独的保险凭证随车同行；（3）在团体财产保险中，有时需要给每个被保险人签发单独的保险凭证；（4）在没有全面实施电子化保单的地区，机动车第三者责任强制保险需要保险凭证，以方便交通部门随时检查。此外，我国还有一种联合财产保险凭证，如出

---

① 该法条的本意可能是指保险合同应该为书面合同，但从该法条字面上看，出具保险单等保险凭证是在保险合同成立后保险人应尽的义务，至于合同采用什么形式法律并没有具体规定。当然，保险单等凭证可以成为保险合同。

口货物运输保险凭证，主要用于保险公司同外贸公司合作时附印在外贸公司的发票上，仅注明承保险别和保险金额，其他项目均以发票所列为准。

3. 暂保单。暂保单是保险人签发正式保险单之前出具的一种临时保险凭证。虽然暂保单只载明保险合同的主要内容，但在正式的保险单签发前，暂保单具有与之同等的效力。暂保单未载明的事项，以当事人事先商定的某一保险单的内容为准。暂保单一般在保险人的分支机构接受承保又须请示上司，或保险代理人争取到业务又未办妥保险单的情况下使用。

除以上形式外，经投保人和保险人协商同意，也可以采取其他书面协议形式订立保险合同，如进出口货物保险中的预约保险合同亦是财产保险合同的一种形式。此外，随着保险电子商务的快速发展，保险卡互联网激活、电子邮件、微信、智能合约等形式的财产保险合同也成为合同形式之一。

需要指出的是，在实务中，投保单虽然不是独立的保险合同形式，但仍是财产保险合同的重要组成部分，它是财产保险合同成立的基础。因此，投保人向保险人递交的投保单①代表着投保人要约的意思，一经保险人承诺即成为保险合同的组成部分。合同订明的附件，以及当事人协商同意的有关修改合同的文书、电子邮件、微信、电报和图表，也是合同的组成部分，如批单等。批单（批贴）是保险双方附加在正式的保险凭证上的附贴便条，通常用于对已经印制好的保险单的内容作部分修改，或对已经生效的保险单的某些项目进行变更。

第二节　财产保险合同的主体、客体和内容

财产保险合同作为财产保险法律关系的表现形式，与一般的经济法律关系一样，是由主体、客体和内容三个要素构成的。

一、财产保险合同的主体

财产保险合同的主体是在财产保险合同关系中享有权利和承担义务的人，包括保险人、投保人或被保险人。

（一）保险人

保险人也即承保人，是指与投保人订立保险合同，并承担赔偿保险金责任的各种财产与责任保险公司。保险人应当依法设立，具备法定资格，并在管理机关许可的业务经营范围及地域范围内开展业务。

保险人常以各种经营组织形态出现。因保险经营的特殊性，各国法律都对保险人从业的法律资格（市场准入）作出专门规定。大多数国家规定只有符合国家规定的条件，并经政府批准的法人方可经营保险，但也有少数特例，如英国劳合社的个人会员承保人，是经国家批准，具有完全民事行为能力，符合一定的资产、信誉要求的自然人来作为保险人经

① 《保险法》第十七条规定，订立保险合同，采用保险人提供的格式条款的，保险人向投保人提供的投保单应当附格式条款。

营保险业务的。我国《保险法》第六条规定：“保险业务由依照本法设立的保险公司以及法律、行政法规规定的其他保险组织经营，其他单位和个人不得经营保险业务。”

保险人的基本权利是收取保险费，基本义务则是对合同约定的可能发生的事故因其发生所造成被保险人的财产损失承担赔付保险金责任。

（二）投保人

投保人也即要保人，是指与保险人订立保险合同，并按照保险合同负有支付保险费等义务的法人或自然人。投保人应具备相应的权利能力和行为能力。无行为能力和无完全行为能力的人，签订保险合同应由其法定代理人代理，法人订立保险合同则应由其法定代表人或者法定代表人授权的代表或委托的代理人办理。

民事权利能力是指民事主体依法享有民事权利和承担民事义务的资格。民事行为能力是指民事主体以自己的行为，享有民事权利和承担民事义务的资格或能力。民事权利能力是民事行为能力的前提。自然人的民事权利能力始于出生，终于死亡，其民事行为能力则因年龄和精神状态的不同而有所不同。例如，根据我国《民法典》规定，十八周岁以上的自然人为成年人。不满十八周岁的自然人为未成年人。成年人为完全民事行为能力人，可以独立实施民事法律行为。十六周岁以上的未成年人，以自己的劳动收入为主要生活来源的，视为完全民事行为能力人。八周岁以上的未成年人为限制民事行为能力人，实施民事法律行为由其法定代理人代理或者经其法定代理人同意、追认；但是，可以独立实施纯获利益的民事法律行为或者与其年龄、智力相适应的民事法律行为。不满八周岁的未成年人为无民事行为能力人，由其法定代理人代理实施民事法律行为。不能辨认自己行为的成年人及八周岁以上的未成年人不能辨认自己行为的，为无民事行为能力人，由其法定代理人代理实施民事法律行为。法人的民事权利能力始于设立，终于消灭。其民事行为能力与民事权利能力完全一致。

投保人的基本义务是按约定交付保险费，基本权利则是监督保险人履行保险责任。

（三）被保险人

被保险人是指其财产受保险合同保障，享有赔偿请求权的人。其基本权利即保险利益保障权。保险事故发生后，若被保险人仍然生存，则保险金请求权由被保险人本人行使。若被保险人在该事故中死亡，保险金请求权由其继承人依我国《保险法》及《民法典》继承。在财产保险中，投保人与被保险人一般为同一人。换言之，保险客户从投保到正式与保险人建立财产保险关系时一般称为投保人，待正式签订财产保险合同或与保险人正式建立财产保险关系时即成为被保险人。例外的情况，如团体家庭财产保险，团体充当投保人，每一家庭才是被保险人。在财产保险实务中，被保险人必须是保险事故发生时遭受损害的人或约定保险事件出现时需要经济保障的人。对于存在多个在投保时并不确定的被保险人的情形，可通过订立“多方面适用的保险条款”来确认。如在工程承包的保险合同中，作为原材料的供应商、业主、承包商等，都在不同的阶段对工程中使用的材料具有保险利益，就可以在合同中约定多方面适用的保险条款，确定成为被保险人的条件，凡是适合该条款的人均具有被保险人的地位。

很多保险学教科书将保险人、投保人列为保险合同的当事人，而将被保险人列为保险合同的关系人，并无实际意义。[①] 因为被保险人与投保人一样享有保险合同中的权利，承担保险合同中的义务，同时在订立合同方面，尽管保险合同是由投保人与保险人订立的，但是财产保险的投保人往往与被保险人为同一人，而人身保险中被保险人亦须参与合同的订立，如指定或同意指定受益人等。

与以上保险合同主体相联系的，常有辅助人（或称补助人）介入保险活动，包括保险代理人、保险经纪人和保险公估人，也就是通常所说的保险中介人。它们不是财产保险合同的主体，但对财产保险合同的订立和履行均产生一定的影响。其中，保险代理人通常是指保险人的代理人，即根据保险人的委托，在保险人授权的范围内代为办理保险业务，向保险人收取代理佣金的单位或者个人，它包括专业代理人、兼业代理人和个人代理人。保险代理人根据保险人的授权代为办理保险业务的行为，由保险人承担责任。具备资格的保险代理人，只能在规定的业务范围内，为其注册登记的行政辖区内的保险公司代理保险业务。保险经纪人是基于投保人的利益，为投保人与保险人订立保险合同提供中介服务，并依法收取佣金的单位。因保险经纪人在办理保险业务中的过错而给投保人、被保险人造成损失的，由保险经纪人承担赔偿责任。保险公估人是接受保险当事人的委托，为其办理保险标的的查勘、鉴定、估损等并给予证明，向委托方收取劳务费的人，它与保险代理人、保险经纪人相比，是完全的中介，即并不作为保险人或投保人与被保险人的既定代表，而是接受哪一方的委托即代表该方并为其提供相应的服务。

保险代理人、保险经纪人和保险公估人，均应具备法律法规规定的资格条件，并取得许可证，领取营业执照后方可办理保险业务。保险中介人不是财产保险合同的主体，尽管各种保险中介人对财产保险合同的订立和履行有一定的影响，但他们却不能享有合同中的权利，也不承担合同中的义务。

二、财产保险合同的客体

财产保险合同的客体，是财产保险合同的双方当事人权利义务共同指向的对象。究竟何为保险合同的客体，人们尚有分歧。有认为是保险标的，有认为是保险人向被保险人的保险利益提供保险保障的行为，有认为是保险人给付保险金的行为及投保人交付保险费的行为。事实上，保险合同是一种保障合同，投保人交付保险费及保险人提供保险保障是保险合同主体的权利义务的核心，是权利义务本身，而非保险合同主体的权利义务所指向的对象，不是保险合同的客体。保险合同所保障的也不是保险标的本身，而是基于保险标的所产生的保险利益。换句话说，保险人并不保证保险标的不发生损失，而是在损失发生之后提供经济补偿。而且，在保险标的照常存在的情况下，保险合同会因保险利益的丧失而失去效力。所以，保险合同的客体应该是保险利益。

保险利益的概念、条件与认定等内容，已在第二章作过阐述，这里不再重复。一般

---

① 根据我国《保险法》第十三条“投保人提出保险要求，经保险人同意承保，保险合同成立……”的字面理解，合同双方当事人仅仅是投保人与保险人，而将被保险人排除在外。因此，难免会有一些教科书将保险人、投保人列为保险合同的当事人，而将被保险人列为保险合同的关系人。严格来讲，该法条在对保险合同双方主体的确定方面是不够完整的。

来说，保险利益为特定的被保险人所享有，如果保险标的发生转移，则原保险合同关系随之消灭。但有时保险标的所有权发生转移，新的所有人可不经保险人认可而享有保险合同利益。也就是说，保险利益有时会发生转移。主要有以下几种情形：(1) 继承。财产保险的保险利益可在被保险人死亡后自动转移给其继承人。(2) 让与。主要存在于货物运输保险。(3) 标的物转售。被保险标的物由投保人或被保险人转售给第三人，保险利益可以自动转移给购买标的物的第三人。(4) 破产。财产保险中被保险人破产后，其保险利益转移给破产债权人。对于保险标的转移，我国《保险法》第四十九条明确规定："保险标的转让的，保险标的的受让人承继被保险人的权利和义务。保险标的转让的，被保险人或者受让人应当及时通知保险人，但货物运输保险合同和另有约定的合同除外。因保险标的转让导致危险程度显著增加的，保险人自收到前款规定的通知之日起三十日内，可以按照合同约定增加保险费或者解除合同。保险人解除合同的，应当将已收取的保险费，按照合同约定扣除自保险责任开始之日起至合同解除之日止应收的部分后，退还投保人。被保险人、受让人未履行本条第二款规定的通知义务的，因转让导致保险标的危险程度显著增加而发生的保险事故，保险人不承担赔偿保险金的责任。"

三、财产保险合同的基本内容

财产保险合同的内容，即以保险双方的权利义务为核心的全部记载事项，主要是通过各种保险条款来具体反映。[①] 保险条款有法定条款和任选条款之分。法定条款是根据法律规定必须具备的条款，任选条款则是当事人根据需要协商订立的条款。保险条款还可划分为基本条款和特约条款。基本条款是指保险人制定的标准化保单中的条款，特约条款则是在基本条款之外由当事人特别约定的条款。特约条款包括：(1) 附带条款。是保险同业之间根据实际需要经协议而统一制定的条款，常见于海上保险。附带条款有时也称为协会条款，专指伦敦保险人协会所制定的条款。(2) 保证条款。是指投保人或被保险人保证为某种行为或不为某种行为或者保证某事实存在或不存在的条款。狭义的特约条款即指保证条款。(3) 附加条款。是指在基本条款的基础上，当事人为增加、限制或修改基本条款的内容而制定的条款，也包括批注、附贴批单等形式。

财产保险合同的内容，应当包括以下事项：

1. 保险人名称和住所。

2. 投保人或被保险人的名称和住所。与一般财产保险合同不同的是，在货物运输保险中，保险单可采用指示或无记名式。指示保单除记载投保人姓名外还有"或其指定人"的字样，可由投保人背书转让。无记名式保单则不必记载投保人的姓名，可随被保险货物的转移同时转让给第三人。

3. 保险标的。保险标的即作为保险对象的财产及其有关利益。在财产保险合同中，还应该载明保险标的物的坐落地点。保险标的的范围十分广泛，但就某一具体保险合同来说，有下列情况之一的，不可成为保险标的：(1) 不具有保险利益的（仅指被保险人）；

① 保险公司的保险条款和保险费率等文件，应以中文印制，若因业务需要，可以附用外文文本，但中文与外文发生歧义时，以中文文本为准。

（2）不存在危险的；（3）危险的发生在时间和空间上都已确定的，如施工爆破等；（4）违反法律法规和社会公共利益的，如盗窃来的物品等。

4. 保险责任和除外责任。保险责任是保险人承担赔付责任的危险事项。除外责任是保险人不承担赔付责任的危险事项。保险责任和除外责任通常通过列举或概括的方式予以明确。

5. 保险期间和保险责任开始时间。保险期间（保险合同期限）是保险合同双方约定的合同生效期间。保险责任开始的时间就是保险人对保险责任范围内的损失承担赔付责任的时间范围。保险责任期限内发生的保险事故，保险人予以赔付。保险责任期限以外发生的保险事故，保险人不承担赔付责任。保险期限的确定通常有两种方式：（1）约定一定的时间期限，如半年、1 年，一般从约定起保日的零时至约定到期日的 24 时；（2）约定以某一事件的持续过程为保险期限，如航程、建筑安装工程的工期等。保险责任期限一般根据合同双方当事人的约定来确定。例如，汽车保险合同双方当事人约定，投保人什么时候交保险费，保险人什么时候开始承担被保险汽车损失的赔偿责任，即为保险责任期限的约定。

6. 保险价值。保险价值即保险标的价值，可以由投保人和保险人在签订合同时约定，也可以按照保险事故发生时保险标的的实际价值确定。

7. 保险金额。保险金额即保险人承担赔付保险金责任的最高限额，它也是计算保险费的依据。保险金额不得超过保险价值，否则，超过部分无效。保险金额低于保险价值的，除合同另有约定外，保险人按照保险金额与保险价值的比例承担赔偿责任。在责任保险合同中，因承保的是没有实体的法律风险，故而采用赔偿限额制。

8. 保险费及其支付办法。保险费是投保人支付给保险人使其承担保险责任的经济代价，是形成保险基金的来源。在财产保险合同中，应当明确规定保险费的数额、交付方式和交付时间。

9. 保险赔付办法。保险赔付是保险人的主要义务，是财产保险职能的直接体现。保险合同中应规定保险赔付的程序、赔款的计算、保险赔付的期限等。我国《保险法》规定，保险人收到被保险人的赔付请求后，应当及时作出核定，情形复杂的，应当在三十日内作出核定（合同另有约定的除外），并将核定结果通知被保险人；对属于保险责任的，在与被保险人达成有关赔付保险金额的协议后十日内，履行赔付义务。保险合同对保险金额及赔付期限有约定的，则依合同履行。保险人如未及时履行赔付义务，则除支付保险金外，应当赔偿被保险人因此受到的损失。对不属于保险责任的索赔请求，保险人应当自作出核定之日起三日内向被保险人发出拒赔通知书并说明理由。如果保险人自收到赔付请求和有关证明、资料之日起六十日内，对其赔付保险金的数额不能确定，应当根据已有证明和资料可以确定的数额先予支付，等最终确定赔付数额后，再支付相应的差额。

10. 违约责任和争议处理。违约责任主要体现为对保险人、投保人或被保险人违反约定后须承担的义务的规定。此外，合同中还须明确争议处理方式。

11. 订立合同的时间。注明订立合同的年、月、日，对于保险合同的履行和合同争议的处理，具有十分重要的意义。

在上述事项以外，投保人和保险人可就有关的其他事项作出约定。

值得指出的是，根据我国《保险法》规定，商业保险中关系社会公众利益的保险险种、依法实行强制保险的险种等的保险条款和保险费率，应报保险监督管理机构审批。保险公司拟订的其他险种的保险条款和保险费率，亦应当报保险监督管理机构备案。

第三节　财产保险合同的订立、变更和终止

一、财产保险合同的订立

（一）财产保险合同的订立原则

1. 诚信原则。保险双方诚实守信，是财产保险合同成立的基础。

2. 公平原则。财产保险合同与一般经济合同一样，是双务有偿合同，双方当事人互相享有权利和承担义务，这就要求保险合同的订立在公平的基础上使双方都享有利益。保险人收取保险费（纯保险费和附加保险费），被保险人则获得经济保障。

3. 协商一致的原则。保险合同具有附合性，但这并不妨碍保险双方就有关事项进行平等协商。双方可以对标准保险单中的保险条款进行修改、批注，可以附加特约条款，也可以使用其他合同形式，这样才能使合同体现双方的真实意思。

4. 自愿的原则。商业保险是一种自愿行为，双方当事人不能将自己的单方意愿强加给对方，强制对方投保或承保，任何第三方也不得强制他人订立保险合同。当然，法律、行政法规规定必须保险的除外。

5. 境内投保的原则。在中华人民共和国境内的法人和其他组织需要办理境内保险的，应当向中华人民共和国境内的保险公司投保。

6. 社会公共利益原则。财产保险合同的订立，应遵守法律、行政法规，不得违反社会公共利益，否则，该合同不具有法律效力，并应视具体情形加以处理。

（二）财产保险合同的订立程序

根据我国《民法典》第四百七十一条、第四百七十二条规定，当事人订立合同，可以采取要约、承诺方式或者其他方式。要约是希望与他人订立合同的意思表示，该意思表示应当符合下列条件：一是内容具体确定；二是表明经受要约人承诺，要约人即受该意思表示约束。财产保险合同的订立包括投保人要约和保险人承诺两个步骤。然而，现实的投保单基本上又是由保险人提供的[①]，投保人根据事先印制好的投保单填写相关事项申请投保，再经保险人承保。虽然投保单的格式是由保险人事先印制的，但这并不是说保险人向投保人提供投保单是邀请投保人参加保险的要约，投保人在投保单上签章即为承诺。在法律上，保险人提供投保单应视为要约邀请（即保险人希望投保人向其发出要约的表示），投保人填写投保单并送交保险人，才是具有法律效力的要约行为。

在某种情形下，保险人在收到投保人提交的投保单后，会提出新的承保条件，这时即构成保险人的反要约。如果是投保人要求修正保险基本条款（如分期交费），也可将

① 我国《保险法》第十七条规定，订立保险合同，采用保险人提供的格式条款的，保险人向投保人提供的投保单应当附格式条款。

保险人的答复称为附条件的承诺（如限定交费期限），因为投保人没有选择的余地。

通常，特定保险合同关系的成立都要经过要约和承诺，但在实践中，有一种预约保险的方式，即保险双方预先约定保险责任和保险标的的范围、保险费率等内容，此后即对约定范围内的财产自动承保。这种方式主要适用于进出口货物保险。

（三）财产保险合同的成立与生效

我国《民法典》第五百零二条规定，依法成立的合同，自成立时生效，但是法律另有规定或者当事人另有约定的除外。我国《保险法》第十三条规定："投保人提出保险要求，经保险人同意承保，保险合同成立。保险人应当及时向投保人签发保险单或者其他保险凭证。……依法成立的保险合同，自成立时生效。投保人和保险人可以对合同的效力约定附条件或者附期限。"《保险法》第十四条规定："保险合同成立后，投保人按照约定交付保险费，保险人按照约定的时间开始承担保险责任。"可见，保险合同的成立与生效并不是同一概念。财产保险合同的生效是指合同内容开始对保险双方实际产生约束力，一般是在合同成立时或合同成立后的某一时间。投保人按照约定交付保险费，保险人则按照约定的时间开始承担保险责任。

与人身保险不同，财产保险的保险人可以通过诉讼方式要求投保人支付保险费。

（四）无效保险合同

违反法律、法规所签订的、无法律效力的财产保险合同，称之为无效财产保险合同。如保险公司超出核准的业务范围签订的合同，以及其他欺诈性投保、欺诈性承保（包括因保险人的失察而助长被保险人的欺诈）、胁迫保险、非法代理签订的保险合同等。要注意的是，保险合同的无效与人身保险中的合同失效不同。

根据我国《民法典》的规定，下列合同无效：一方以欺诈、胁迫手段，使对方在违背真实意思的情况下签订的合同；第三人实施欺诈、胁迫手段，使对方在违背真实意思的情况下签订的合同；一方利用对方处于危困状态、缺乏判断能力等情形，致使合同成立时显失公平的合同；违反法律、行政法规的强制性规定而签订的合同；行为人与相对人恶意串通，损害他人合法权益的合同。

无效的财产保险合同从订立的时候起即不产生法律效力，但如果是部分无效，则并不影响其余部分的效力。如超额保险合同，仅超过保险价值的部分保险金额无效；订立合同时保险人向投保人未作提示或未明确说明免责条款的，仅该免责条款无效等。

财产保险合同经人民法院或仲裁机构确认为无效后，正在履行中的应终止履行，尚未履行的不得履行。如其订立和履行中有违法行为或已产生损失后果，应进行相应处理。

二、财产保险合同的变更

在财产保险合同的有效期限内，投保人和保险人经协商同意，可以变更保险合同的有关内容，包括被保险人的名称、地址的变更，保险标的的价值、数量、存放地址、用途、危险程度的变更，保险金额的变更，保险期限的变更，保险责任范围的变更，相应的保险费的变更，以及保险人名称、住所的变更，等等。变更保险合同，应由保险人在原保险单或其他保险凭证上批注或附批单，或者由投保人和保险人订立变更的书面协议。

在实践中，保险合同的主体也会发生变更，也就是保险合同的转让。

财产保险合同的主体变更，主要是被保险人的变更，通常是因保险标的的转让而发生。一般认为，财产保险合同以诚信原则为基础，原则上其主体不得随意更换。当发生保险标的转让时，根据我国《保险法》规定，被保险人或者受让人应当及时通知保险人，但货物运输保险合同和另有约定的合同除外。

保险合同一经转让，原投保人（或被保险人）与保险人的保险关系即告消灭，保险标的受让人与保险人随即建立保险关系，受让人应依合同规定享有原投保人（或被保险人）的权利并承担其义务。

保险合同变更的基本程序如下：首先，由投保人向保险人提出变更申请，告知有关保险合同变更的情况。其次，保险人对变更申请进行审核，并重新核算保险费。最后，若保险人同意变更，则签发批单或附加条款；若拒绝变更，保险人也需通知投保人。

三、财产保险合同的终止

财产保险合同的终止，主要有以下几种情形：

1. 保险期限届满而终止。保险期限届满而无保险事故发生，财产保险合同自然终止，这是最普遍的一种情形。

2. 因履行赔付而终止。保险期限内发生保险事故，保险人支付（或累计支付）赔款达到全部保险金额，则保险合同终止。但保险索赔时效却可延至保险期限届满之后，根据《保险法》第二十六条的规定，非寿险的被保险人或受益人①的索赔时效是自其知道或应当知道保险事故发生之日起两年。

3. 因保险标的灭失而终止。如果保险标的因保险责任以外的原因而灭失，则保险合同终止。

4. 因保险公司终止而终止。保险公司因解散、依法撤销、破产等原因而终止，则财产保险合同相应终止。

5. 因当事人解除而终止。保险合同的解除，是指在保险合同成立后，当事人一方使保险合同提前终止。除我国《保险法》另有规定或者合同另有约定外，保险合同成立后，投保人可以解除保险合同（退保），保险人则不得解除保险合同。

我国《保险法》中规定的保险人解除财产保险合同的条件主要有如下几个：

（1）投保人故意隐瞒事实，不履行如实告知义务的，或者因重大过失未履行如实告知义务，足以影响保险人决定是否同意承保或者提高保险费率的，保险人有权解除保险合同。但对于此种情形的合同解除权，我国《保险法》第十六条分不同情况有具体规定：“……合同解除权，自保险人知道有解除事由之日起，超过三十日不行使而消灭。自合同成立之日起超过二年的，保险人不得解除合同；发生保险事故的，保险人应当承担赔偿或者给付保险金的责任。投保人故意不履行如实告知义务的，保险人对于合同解除前发生的保险事故，不承担赔偿或者给付保险金的责任，并不退还保险费。投保人因

---

① 根据我国《保险法》规定，经营财产保险业务的保险公司经国务院保险监督管理机构批准，可以经营短期健康保险业务和意外伤害保险业务。因在短期健康保险和意外伤害保险中可能涉及受益人，故本书虽是财产保险教材，此处仍保留受益人概念。

重大过失未履行如实告知义务，对保险事故的发生有严重影响的，保险人对于合同解除前发生的保险事故，不承担赔偿或者给付保险金的责任，但应当退还保险费。保险人在合同订立时已经知道投保人未如实告知的情况的，保险人不得解除合同；发生保险事故的，保险人应当承担赔偿或者给付保险金的责任。”

（2）投保人或被保险人在未发生保险事故的情况下谎称发生了保险事故，向保险人提出赔付请求，或者故意制造保险事故的，保险人有权解除保险合同，不承担赔付责任，并不退还保险费。我国《保险法》第二十七条对此有明确规定。

（3）投保人或被保险人未按照约定履行其对保险标的的安全应尽的责任的，保险人有权要求增加保险费或者解除合同。

（4）在合同有效期内，保险标的危险程度有显著增加的，保险人有权要求增加保险费或者解除合同。

（5）保险标的发生部分损失的，除合同另有约定外，保险人可以在赔偿后 30 日内终止合同，但应提前 15 日通知投保人，并将保险标的的未受损失部分的保险费，扣除自保险责任开始之日起至终止合同之日止期间的应收部分后，退还投保人。

当事人主张解除合同的，应当通知对方。合同自通知到达对方时解除。

需要注意的是，我国《保险法》明确规定，货物运输保险合同和运输工具航程保险合同，在保险责任开始后，合同当事人不得解除合同。

第四节 财产保险合同的争议

一、财产保险合同争议概述

财产保险合同争议，是指在财产保险合同的履行中所发生的纠纷，主要表现为催、欠保险费和索赔、拒赔纠纷等方面。

财产保险合同争议的产生，主要有以下几方面的原因：

1. 保险合同是一种非即时清结的合同，保险合同的履行需要一个较长的过程，在保险期限里有关因素会发生较大变化。

2. 投保人或被保险人往往不能准确理解保险条款。

3. 危险事故的鉴定具有很强的技术性，保险人和被保险人对危险事故的性质及损失的程度往往存在分歧。

4. 保险合同是一种不等价的有偿合同，合同双方总是力图为自己谋求较大利益。

5. 保险人及其员工在开展业务中有误导、不理性的行为。

6. 保险中介人活动的不规范性，亦对保险合同的效力有很大影响。

能否及时、合理地处理财产保险合同争议，对规范保险活动，保护保险双方当事人的合法权益，促进保险事业的健康发展，具有十分重要的意义。处理财产保险合同争议，应遵循特别法优于普通法的原则。如我国《海商法》对海上保险有特别规定的，即优先适用《海商法》的规定；《保险法》中没有作出规定的，方适用其他法律。

二、财产保险合同的一般解释原则

财产保险合同的解释，也就是对保险条款的解释，是受理保险合同争议的人民法院或仲裁机构（而不是保险公司）为合理地确定保险合同的内容，依法对保险条款的含义所作的具有法律约束力的说明。

保险合同的解释首先应遵循合同解释的一般原则，即在坚持合法、公平、诚信、互利的基础上根据合同的整体内容和当事人订立合同的目的，对保险合同条款进行解释。另外，保险合同的解释还有以下原则。

（一）文义解释原则

按文义解释财产保险合同，是最一般的解释原则。这是指按照合同文字本身的普通含义进行解释。我国《保险法》第三十条规定，采用保险人提供的格式条款订立的保险合同，保险人与投保人、被保险人或者受益人对合同条款有争议的，应当按照通常理解予以解释。如保险责任中“空中运行物体的坠落”，显然不包括楼板塌落所造成的损失。同时，对特定的字或词还须按特定的文义进行解释（专业解释）。如“暴雨”是指 1 小时内降雨量 16 毫米以上或 24 小时内降雨量 50 毫米以上的雨；再如保险中的“保证”与债权的“保证”并非同一概念。

（二）意思解释原则

意思解释原则即按照合同当事人的真实意思进行解释，也有人称之为意图解释原则。其具体规则如下：

1. 当书面约定的内容与口头约定不一致时，应当以书面内容为准。

2. 根据我国《最高人民法院关于适用〈中华人民共和国保险法〉若干问题的解释（二）》第十四条的规定，保险合同中记载的内容不一致的，按照下列规则认定：① 投保单与保险单或者其他保险凭证不一致的，以投保单为准。但不一致的情形系经保险人说明并经投保人同意的，以投保人签收的保险单或者其他保险凭证载明的内容为准；② 非格式条款与格式条款不一致的，以非格式条款为准；③ 保险凭证记载的时间不同的，以形成时间在后的为准；④ 保险凭证存在手写和打印两种方式的，以双方签字、盖章的手写部分的内容为准。

3. 特约条款的内容与基本条款不一致时，应以特约条款为准。

（三）疑义利益解释原则

在应用前面两条原则不能获得对财产保险合同的正确解释时，可以适用疑义利益解释原则，即对保险条款作有利于非起草方的解释，也就是作有利于被保险人和受益人的解释。我国《保险法》第三十条规定，采用保险人提供的格式条款订立的保险合同，对合同条款有两种以上解释的，人民法院或者仲裁机构应当作出有利于被保险人和受益人的解释。法律规定疑义利益解释原则的目的在于保护非提供格式合同一方的弱势地位，平衡保险合同当事人的利益。

此外，根据我国《民法典》第四百六十六条规定，合同文本采用两种以上文字订立并约定具有同等效力的，对各文本使用的词句推定具有相同含义。各文本使用的词句不一致的，应当根据合同的相关条款、性质、目的以及诚信原则等予以解释。

【例】 在1910年汤普森诉公平火灾保险公司一案中，公平火灾保险公司签发给汤普森的保单要求后者不得将易燃易挥发物品“储存及保管”在投保火险的房屋内，否则将不对其房屋因此所受的损失负责。因汤普森在火炉侧壁放了一小瓶汽油，其房屋着火燃烧并因此遭受损失，遂要求保险公司依保单规定予以赔偿，保险公司则以汤普森违反保单规定“储存或保管”汽油为由而拒绝赔偿。英国大法官Mac Naghten认为，“储存或保管”是两个没有十分精确含义的普通英语单词，对其解释要合乎常理。你在家准备了茶叶招待客人，那么恐怕没有什么人会说你“储存”了茶叶，一小瓶汽油又怎么称得上“储存”呢？于是汤普森讨回了赔款。

三、财产保险合同争议的处理方式

当财产保险双方产生合同争议时，可采取以下方式进行处理：

1. 保险双方通过协商或调解处理其争议。

2. 保险双方可以依据合同中的仲裁条款或事后达成的书面仲裁协议，向仲裁机构申请仲裁。

3. 保险双方没有在合同中订立仲裁条款，事后又没有达成书面仲裁协议的，可以在诉讼时效内向法院起诉。关于管辖权，我国《诉讼法》规定，因保险合同纠纷提起的诉讼，由被告住所地或者保险标的物所在地人民法院管辖。

四、财产保险合同争议案例

【案例1】 某运输专业户何某以其自有的一辆货车向当地保险公司投保机动车辆保险，应付保险费3 180元，但签单时何某身上只有1 000元，经商定先交1 000元，所欠保费10天内交清，保险人签发了保险单。但签单之后，保险人多次催交保费均无结果。最后，保险人声称：如再拖欠，则出险后不负赔偿之责。半月之后，保险车辆肇事，损失3 000多元。投保人向保险人提出索赔，并于当天补交了其所欠保险费，由保险人签收后入账。保险方派人查勘现场后，认为出险属保险事故，本应负赔偿之责，但根据该险种保险条款中“被保险人应在签订保险合同时一次交清保险费”的明确规定，决定拒赔。投保人对此不服，认为保险合同已经成立，即使短交了部分保险费，保险人仍应负赔偿之责。最后，保险方感到自己在承保工作中有缺点，只好同意赔付。在本案中，尽管该险种保险条款规定保险费应在签订合同时一次交清，但保险双方经协商对此作出了分两次交清的变更，这种变更是有效的。投保方违反约定，拖欠保费，保险人本可解除合同，但后来收下第二期保费应视为保险人并未解除保险合同，故理应由保险人承担赔付责任。

【案例2】 某厂一辆货车因行驶里程过长、机件老化，由有关部门批准予以报废，但该厂并未按规定将报废车辆进行报废，而是以3 500元的价格卖给了个体户甲某。甲某则用其他旧车机件重新加以拼装，并通过一定关系经当地交通管理部门年审合格后，又以12 000元的价格卖给运输专业户乙某。乙某当即向保险公司投保了机动车辆保险，保额为3万元。不久，该车失火烧毁，保险人派员查勘估损核定以13 000元将该车修复，但乙某拒不同意，并向法院起诉，要求保险方全额赔付。法院在判决时认为：乙某向保险人投保的货车是用法律和政策所禁止买卖的报废车辆拼装而成的，根据我国《民法典》《保险法》《道路交通安全法》等相关法律条文规定，保险合同无效，保险人对本案不负任何赔偿责任。由本案可见，以不合法的财产作为保险标的，违反法律、法规规定所订立的财产保险合同，是无效保险合同。

【知识链接】

史上最古老的财产保险合同

1347 年 10 月 23 日，意大利商船“圣 · 科勒拉”号要运送一批贵重的货物由热那亚到马乔卡。为了避免在海上遇到风暴损坏该批货物，船长找到了商人乔治 · 勒克维伦，与其订立一张“圣 · 科勒拉”号商船从热那亚至马乔卡的航程风险分担合同。双方约定，船长先存一些钱在勒克维伦那里，如果6 个月内“圣 · 科勒拉”号顺利抵达马乔卡，那么这笔钱就归勒克维伦所有，如果船舶在航海中遇到海难事故，勒克维伦将承担船上货物的损失，且不退回存款。这样，一份在今天看来并不完备的协议就成了世界上第一份财产保险合同。目前，这张具有里程碑意义的保险合同被保存在意大利热那亚博物馆。

【复习思考题】

一、名词解释

财产保险合同　财产保险合同主体　财产保险合同客体　无效保险合同

保险代理人　保险经纪人　文义解释原则　疑义利益解释原则　仲裁　诉讼

二、比较题

试比较财产保险合同与人身保险合同。

三、问答题

1. 财产保险合同有哪些特征?
2. 财产保险合同应具备哪些内容?
3. 订立财产保险合同应遵循哪些原则?
4. 财产保险合同的解除有哪些规定?

四、实务题

某年 8 月 15 日上午，明先生买了一辆新车并在某保险公司投保包括交强险、商业第三者责任保险在内的若干机动车辆保险险种。不巧的是，在当日傍晚，明先生驾驶新车发生撞人致死的意外事故。事后，明先生向保险公司提出理赔要求但遭到保险公司拒赔。保险公司的拒赔理由是“保单次日零时才生效”。明先生随后将保险公司告上法庭。法院认定，依据我国《保险法》第三十条规定，采用保险人提供的格式条款订立的保险合同，保险人与投保人、被保险人或者受益人对合同条款有争议的，应当按照通常理解予以解释。对合同条款有两种以上解释的，人民法院或者仲裁机构应当作出有利于被保险人和受益人的解释。此外，保单上约定的保险责任期间的条款属于格式条款，该格式条款排除了投保人在交清保费到格式条款起保时间段内可能获得期待利益的权利，应认定无效。因此，法院判保险公司败诉。请谈谈你对此案的看法。

第四章
财产保险市场

【学习目标】

学习本章时，应从宏观经济市场观念出发，了解财产保险市场的结构与分类，掌握财产保险险种开发的程序与技术，熟悉并掌握财产保险市场的营销技巧与策略。

第一节　财产保险市场概述

一、财产保险市场及其发展

财产保险市场即是指现实的或潜在的各种财产保险交换活动的总和。一方面，财产保险是社会分工赋予保险公司经营各种财产、利益风险业务的特殊职责的专门行业，财产保险市场是各种财产保险公司开展财产保险业务的场所；另一方面，人们要想转嫁自己的财产或利益风险，也只有通过财产保险市场的交换才能达到目的。因此，研究财产保险问题，必须研究财产保险市场。学习财产保险课程，同样必须掌握财产保险市场知识。

从保险业的历史来看，财产保险市场经历了由小到大、从国内到国际、从简单到复杂的发展进程。在近代保险阶段，财产保险市场实质上只有有限的海上保险与火灾保险业务，并一般局限于一国或一地区的范围之内，保险交换亦主要是在保险机构与保险客户之间直接进行（除英国劳合社市场外），财产保险的市场既小，范围也较窄，关系亦简单直接。进入现代保险阶段后，财产保险业务逐步扩展到一切非人寿保险业务，财产保险交换的内容迅速扩大，财产保险市场日益膨胀，保险交换中亦增加了各种保险中介人和再保险人，整个财产保险市场日益走向国际化，市场关系也日益趋向复杂化。到20世纪以后，保险市场不仅在许多国家成为一个独立的庞大的市场体系，而且在金融市场上占据着十分重要的地位，并对国民经济的发展发挥着重要的作用。

二、财产保险市场的结构

财产保险市场是从事各种财产保险交易的市场，财产保险供给方、需求方、中介方和财产保险险种是构成财产保险市场的四大基本要素。

（一）财产保险供给方

财产保险供给方，是指在保险市场上提供各种财产保险服务的一方，它是由依法定程序成立并获准经营财产保险业务的保险法人组织组成的，它们通过出售各种类型的财产保险服务来满足保险客户的风险转嫁需求，并从各种财产保险业务经营中合法地获取相应的利润。由于保险人（或称承保人，下同）是从事各种保险业务的专业机构，具有管理各种保险风险的丰富经验，其在财产保险市场上亦具有相对主动的地位，并承担着主要的责任。因此，国家保险管理机关对财产保险市场的管理，也主要是通过对财产保险承保人的管理来进行的。

作为财产保险市场的主要构成要素，财产保险供给方不是指单个的保险人，而是指多个保险人共同组成的财产保险卖方市场。越是发达的财产保险市场，构成卖方市场的财产保险保险人就越多，卖方市场的竞争亦越是激烈化。在不同的国家，财产保险保险人的组织形式亦存在着较大的差异。例如，在西方国家，股份保险公司和相互保险公司均是构成财产保险卖方市场的主要保险人组织形式。此外，还有政府保险公司、附设保险公司等组织形式。目前，中国财产保险的保险人的组织形式主要是股份制保险公司，国有保险公司、相互保险公司等的数量极为有限。

（二）财产保险需求方

财产保险的需求方，是指在保险市场上需要转嫁自己的财产或利益风险的法人单位、城乡居民家庭或自然人，它们以保险客户的身份出现，通过向保险人投保，以支付固定的保险费用为代价，来换取有关财产或利益的风险保障。从各国的有关保险法律、法规来看，对财产保险需求方即保险客户并不像对保险人那样严格，任何法人团体、家庭或个人都可以根据自己的需要投保不同的财产保险。各种类型的保险客户共同构成了财产保险市场上的买方市场。尽管在财产保险市场上，保险客户与保险人的法律地位是完全平等的，其交换活动应当是等价交换，但这种平等关系仍然要受到市场供求关系的影响。换言之，在财产保险市场不发达尤其是供给主体极端偏少的条件下，保险客户一般处于弱势地位。在财产保险市场发达尤其是供给主体较多的条件下，保险客户则处于较为有利的地位。

（三）财产保险中介人

财产保险中介人，是指依法成立并从事财产保险代理业务或经纪业务等的法人组织或机构，它在财产保险市场中起着保险人和保险客户之间的联系纽带的作用。其中，代理保险人从事出售财产保险单或处理有关财产保险赔案业务的保险中介人叫保险代理人，它代表的是保险人的利益，并在代理业务中获得相应的佣金或手续费。代理保险客户从事风险转嫁即投保业务的保险中介人叫保险经纪人，它代表的是保险客户的利益，同样通过经纪业务赚取佣金或手续费。此外，还有依法设立的评估机构，如保险公估行、车险评估公司等。

需要指出的是，尽管保险中介人是财产保险市场的构成要素之一，也是财产保险市场的当然主体，但它却对具体的财产保险合同不承担责任，从而并非是财产保险合同的主体。例如，保险代理人在代理财产保险业务时，不能享有对财产保险合同的任何直接权利，也无须承担合同中规定的义务，其权利义务均由保险人与保险代理人之间订立的财产保险代理合同另行规范。保险经纪人的行为亦由保险经纪人与保险客户订立的保险经纪合同进行约束。因此，对保险人而言，选择保险代理人不仅需要按照法律法规规范进行，而且应当以有利于竞争业务和降低经营成本为出发点。

（四）财产保险险种

财产保险市场的存在与发展，离不开财产保险险种。在财产保险市场供、需方之间，交换的只能是财产保险险种。因此，财产保险险种实质上是财产保险市场用以交换的商品，其中保险方是提供或销售这种商品的一方，保险客户是购买这种商品的一方。财产保险市场的供求关系在很大程度上取决于财产保险险种的数量、质量和价格（本章第二节即对财产保险险种进行专门阐述）。

三、财产保险市场的分类

由于财产保险业务的广泛性，财产保险市场客观上可以细分成若干个子市场，每一个子市场均有着自己的特定内容和运行规律。从市场学的角度看，财产保险市场是潜在的保险消费者对财产保险服务的需求总体，任何一家保险公司都无法全部满足所有保险客户在财产或利益方面的风险保障需求。因此，每一家保险公司都应当根据财产保险市场的分类与市场结构的实际情况，结合自己的优势（特长）与实力，有重点地选定某类市场作为自己的业务经营主攻方向。根据不同的条件或依据对财产保险市场进行细分，即是保险人选择市场目标的基础。

（一）按地域范围划分

根据财产保险需求的地域范围，财产保险市场可以划分为城市保险市场和农村保险市场两个子市场。

1. 城市保险市场。城市财产保险市场的业务范围覆盖着所有城镇，即面向城镇居民和企业，以及各种机关、团体、事业单位。由于城市是工业化的产物，是一个国家或地区经济发达程度的代表，财富也较为集中，各种灾害事故尤其是工业事故较多，加之受市场经济规律的制约大，市民的保险意识强，从而对各种财产保险的需求也特别旺盛。保险人经营城市财产保险业务，一般较经营乡村财产保险业务成本低、效益好。因此，越是在财产保险发展初期，城乡经济差别越大，城市财产保险市场就越成为各国保险人首先开拓的市场，其竞争也非常激烈。财产保险越是得到发展，城市财产保险市场就越会得到充分而有效的开辟，因此，财产保险业总是在城市最先由广度经营走向深度经营。

2. 农村保险市场。农村财产保险市场是相对广大的农村区域而言的，这一保险市场的基本特点是以农业生产为主，居民分散，自然风险大，农村居民的保险意识尚需有一个逐步发展的过程。对财产保险承保人而言，经营农村财产保险业务一般需要花费较城镇同类业务更高的成本，而经济效益却可能较城镇业务要低。因此，农村财产保险市场的开辟总是相对滞后于城市财产保险市场。不过，随着保险业的迅速发展，尤其是城市财产保险市场竞争的激烈化和各保险人追逐利润的逐步平均化，农村财产保险市场将会成为保险人关注并努力开拓的市场。同时，农村生产力的不断提高、农村工业化的加速发展和农村物质财富的急剧积聚，也为农村财产保险市场的发展奠定了基础。中国的农村，正在成长为一个不容忽视的、有着巨大发展前途的财产保险市场。

（二）按业务内容划分

不同的业务内容，有着不同的业务组合，其风险性质与经营规则亦会有较大的差异。因此，根据业务内容来划分财产保险的子市场即成为财产保险市场细分的主要形式。一般而言，财产保险市场可以划分为以下四个一级子市场。

1. 财产损失保险市场。该市场包括各种火灾保险业务、各种运输保险业务、各种工程保险业务等，市场交换的是各种有形财产物资的风险与保险。它是历史最悠久、业务最广泛的财产保险市场，在实践中表现为随着经济的发展和财富的增长而日益扩大。

2. 责任保险市场。该市场包括各种责任保险业务，用于市场交换的是各种民事法律风险与保险，从而是随着各国民事法律制度的健全化而逐步发展、壮大起来的财产保险市场，适用于一切法人团体与城乡居民家庭或个人。愈是法制健全的国家，愈是法律意识强的国民，就愈是有发达的责任保险市场。

3. 信用保证保险市场。该市场包括各种信用保险、保证保险业务，用于市场交换的是各种信用风险与保险。它是随着市场经济的发展和商业信用的普遍化而不断发展、壮大起来的又一类财产保险市场。

4. 农业保险市场。该市场包括各种种植业、养殖业保险业务，用于市场交换的是农业生产风险与保险。它随着农业生产的发展而发展，但因受自然条件的制约性大，经营成本较高，在实践中一般表现出滞后发展的规律。

上述财产保险子市场还可以进一步划分为子子市场等。例如，责任保险市场可以划分为公众责任保险市场、产品责任保险市场、雇主责任保险市场、职业责任保险市场和第三者责任保险市场等。农业保险市场亦可以进一步划分为种植业保险市场、养殖业保险市场等。财产保险保险人应当根据自己的优势和市场细分来确定合理的市场取向，争取形成在市场份额分割中占有优势的业务种类，这是求得生存与发展的基础。

（三）按实施方式划分

尽管商业保险强调保险人与保险客户之间等价交换、自愿成交，但由于各国的法律制度和某些具体的保险业务的差异，财产保险市场依然可以根据不同的实施方式而划分为自愿保险市场和法定保险市场。

1. 自愿保险市场。自愿保险市场指保险双方完全凭自己的意愿进行投保或选择各种财产、利益保险并最终完成交换的保险市场，自愿地达成意思一致是这一市场的基本标志。在自愿保险市场上，保险客户完全可以根据自己的需要与可能来选择投保的险种和保险人，保险人也可以根据自己的业务经营范围和承保能力来选择保险客户，每一财产保险合同的订立，均是保险双方经过平等谈判后使保险内容和意见趋向一致的结果。自愿保险市场的特点是保险双方完全自愿，保险关系为双向选择型。由于自愿保险是整个商业保险的本质要求，自愿保险市场也就成为财产保险市场的主体部分，即绝大多数财产保险业务的保险人主要是依靠自愿保险业务来维持生存与发展的。

2. 法定保险市场。法定保险市场指依据有关保险法律制度的规定，强制性约束有关保险交换活动的保险市场。法定保险业务的产生，主要是有些业务的性质较为特殊，它不仅关系到保险客户的利益，更关系到社会公众的利益，国家从维护社会公众利益的原则出发，通过法律的手段来对这类业务进行强有力的干预。一般而言，法定保险市场主要是财产保险中的责任保险，如机动车辆第三者责任保险、雇主责任保险等在许多国家就是法定的保险业务，凡是具有这类风险的保险客户必须依法向保险人投保，否则即被视为违法行为。在具体实践中，法定保险市场可以分为两种情况：一种是有关法律或法规只对保险客户的投保行为进行强制，即只规定保险客户必须投保，但不规定其向哪一家保险公司投保，绝大多数国家的法定保险业务均属于这一类型；二是有关法律或法规对保险双方的投保与承保行为都强制，不仅规定保险客户必须投保，而且规定某保险人必须接受其投保，少数国家采取这种方式。与自愿保险市场相比，法定保险市场因其种类有限而小得多，从而只能是整个财产保险市场的有限组成部分。不过，对于列入法定保险业务范围的保险种类而言，强制性的实施方式却必然使该业务市场得到全面而充分的开拓。

（四）按是否超越国境划分

根据保险业务领域是否超越国境，可以分为国内财产保险市场与涉外财产保险市场。随着经济全球化的发展，保险业的国际化特征亦日益明显，但由于管辖的不同、保险业务涉及的对象不同，国内保险市场与涉外保险市场仍然是两个相对独立的市场。

国内财产保险市场，是一国之内各种财产与责任、信用保险业务交易等的总称。

涉外财产保险市场，则是指保险对象或承保业务超越一国国境的财产与责任保险市场。例如，海上保险、国际航空航天保险、涉外陆上货物运输保险、国际再保险等，其共同特点是保险关系或保险内容及保险风险涉及他国的人、物或事，在经营方面保险人会更多地考虑国际惯例，某些险种的经营还须遵守国际规则。

（五）按竞争程度划分

从国际范围来看，由于各国政府对保险业管制的方针不同、各国市场上的财产保险供给主体数量不同，以及各保险公司提供的险种服务不同等，市场竞争与开放的程度亦有很大差异，从而使不同国家的财产保险市场按竞争与开放程度的不同，亦可作如下分类：

1. 完全竞争型财产保险市场。在这样的市场上，不仅有多个保险人同时经营着财产保险业务，而且各财产保险公司都能够提供同质无差异的保险险种，任何公司都可以自由进出市场。在这种类型的市场上，价值规律发挥着充分的作用，各财产保险公司的成败通过市场竞争来决定，优胜劣汰成为铁的市场法则。

2. 垄断经营型财产保险市场。整个财产保险市场或某一细分市场完全由一家保险公司垄断经营，其他保险公司无法进入。在这种市场类型上，事实上并不存在市场竞争，价值规律不可能发挥作用，保险客户没有选择业务的余地，只能购买垄断公司的险种，而垄断公司则可以获得超额利润。

3. 垄断竞争型财产保险市场。在这种市场类型中，存在着一些处于垄断地位的大公司和大量的小公司，各公司提供着有差别的同类保险服务，进出财产保险市场亦较自由，公司之间的竞争非常激烈，但由于大公司的存在，市场上仍然有较强的垄断势力。因此，垄断竞争型财产保险市场是垄断与竞争并存的市场类型。

4. 寡头型财产保险市场。它比垄断竞争型财产保险市场的垄断程度更高，但又不是由一家保险公司独家垄断市场，而是由少数几家相互竞争的大保险公司展开业务竞争，并主导着财产保险业务的发展。

如果从一国的财产保险市场出发，也可以发现上述类型其实亦可能同时存在，即某些业务领域可能是完全竞争型业务市场，而另一些业务领域却可能是垄断型业务市场。以中国现阶段的财产保险市场而论，一般的火灾保险、运输保险等业务领域是完全竞争开放的，而航空保险业务却由少数几家较大的保险公司通过共保联合体垄断，出口信用保险业务目前主要由中国出口信用保险公司经营。因此，对于各保险公司而言，根据不同业务领域的竞争状况来选择主营业务的方向非常重要。

第二节 财产保险险种

前已述及，财产保险险种是财产保险市场用来交换的特殊商品，它一般以保险单为单位，以保险条款为主要内容，是构成财产保险市场的基本要素。如机动车辆损失保险、家庭财产保险、展览会责任保险等，均是可以独立地用来交换的财产保险产品。保险供给方的市场开拓，保险需求方的风险转嫁，均具体体现在财产保险的险种上。

一、财产保险险种的开发

（一）财产保险险种的开发及其意义

财产保险险种作为保险人为社会提供的特殊商品，是由各保险人设计并面向广大保险客户提供的。因此，开发财产保险险种便成了保险人经营实践中的重要任务。财产保险险种开发是指保险人根据财产保险目标市场的需求，在市场调查和风险评估的基础上，组织设计新的财产保险险种或改造现有险种，用以满足保险客户的风险保障需求，并使自身业务得到巩固和不断扩展的过程。财产保险险种开发的目的，是在满足需求、参与竞争的过程中开拓业务领域并争取更加优良的业务效益，它对于财产保险保险人具有十分重要的意义。

首先，财产保险险种开发是保险人实现经营目标最基本的手段。每一保险人都会有自己的目标市场，每一目标市场又都包括不同的保险需求者，保险人要实现自己的经营目标，必须有能够满足保险客户不同需求的险种，只有具有适销对路的财产保险险种，才能争取更多的保险客户，甚至将潜在的财产保险市场变为保险人现实的业务来源，分割尽可能多的市场份额。因此，开发财产保险险种，努力做到财产保险险种适销对路，是保险人实现自己的经营目标的最基本的手段。

其次，财产保险险种开发是优化险种结构并提高业务经营效益的重要途径。保险人的效益主要包括自身经济效益和社会效益，而这两个效益都需要通过险种的效益来体现。一方面，财产保险险种开发实质上是保险人优化自己的保险产品的过程，它一般根据财产保险市场的发展变化来开发新险种，淘汰或改造旧险种，进而使险种结构达到优化状态，在保险费收入不断增长的过程中实现自己的经济效益。另一方面，财产保险险种的开发又增加了财产保险的市场供给量，使保险客户有更多的选择余地，从而促进社会效益的提高，进而达到提高保险人竞争实力的目的。

可见，保险人应当高度重视财产保险险种的开发，将险种开发摆在市场营销的首位，尽可能地用新险种和适销对路的险种来满足保险客户的风险保障需求。

（二）财产保险险种开发的原则

在财产保险险种开发的过程中，保险人应当遵循下列基本原则。

1. 最大需求满足原则。按照顾客是上帝的市场营销观点，保险人应当调查了解保险客户的需求，将尽可能地满足保险客户对风险保障的需求作为开发财产保险险种的基础。在开发财产保险险种时，既要考虑保险客户的现实需求，又要考虑保险客户的潜在需求；既要考虑保险客户的近期需求，又要考虑保险客户的长远需求；既要考虑保险客户的普遍性需求，又要考虑保险客户的特殊需求。

2. 科学计算原则。险种是财产保险市场上的特殊商品，它能够满足保险客户的需求，为保险人带来业务来源，但若险种的价格不当即保险费率不合理，就可能损害保险人利益或保险客户利益。因此，在险种开发的过程中，必须坚持科学计算的原则，即保险人承保的只是那些可以价值化、数量化的风险保障需求，构成险种价格主体部分的纯费率应力求与损失概率相一致，附加费率则要与险种经营费用率相一致，在维护保险双方合理利益的条件下，力求所开发的险种有适当的利润。

3. 讲求实际原则。由于财产保险的风险差异极大，有的标的风险相当集中，有的标的风险性质特殊，险种开发时必须充分注意，并遵循讲求实际的原则加以处理。任何保险人都要受到自身的经营技术、承保实力、以往经验等的制约，不可能承保一切财产或利益风险保险业务，如果单纯考虑保险客户的投保需求而不考虑自己的实际情况，险种开发可能导致保险人陷入经营危机。因此，保险人在开发财产保险险种时，应当将满足保险客户需求与权衡自己承保实力相结合，以讲求实际为准则。

（三）财产保险险种开发的一般程序

财产保险险种开发的程序，一般包括如下五个步骤。

1. 市场调查。对财产保险市场进行调查与分析，是开发财产保险险种的第一步。在这一阶段，保险人应当以财产保险市场细分理论为指导，以市场营销为直接目标，重点调查下列内容：保险客户的风险保障需求，保险市场上风险保障需求的满足程度，保险客户的保险费支付能力，目前保险市场上是否有同类险种或相似的险种等。市场调查的方法主要有大量观察法、抽样调查法、问询调查法和实验调查法等。市场调查的目的，是为了寻找并明确险种开发的方向。

2. 风险评估。经过市场调查后，即可以对调查得来的资料进行风险归类分析，鉴别可保的风险与不可保的风险、适合公司承保的风险与不适合公司承保的风险。对不可保风险保障需求可以不予考虑，对可保风险则进一步分析其是否适合本公司承保。当确定风险保障需求属于可保风险且属于公司的可保风险时，则可以将其作为公司险种开发的方向。

3. 立项设计。经过风险评估并确定属于公司可保风险后，可以进入险种开发的立项设计阶段。在这一阶段，先是充分论证险种开发的必要性和可行性，对险种开发进行立项；然后主要设计险种的基本内容，包括保险标的、保险责任、保险方式、保险双方的权利与义务等。当险种设计工作完成后，还应当组织有关专家进行鉴定，如果得出肯定的鉴定结论，即可依照有关保险法律、法规的规定，报请国家保险管理机关进行审查、批复。

4. 报批与备案。由于险种是用来在保险人与保险客户之间进行交换的特殊商品，无论是新险种的开发，还是对现有险种的改造，均会涉及保险人与保险客户之间的利益关系，为防止损害保险客户的利益，同时也是规范财产保险市场运作的需要，各国保险法律制度均有对保险人的险种开发进行直接监督、管理的规定。根据我国《保险法》规定，保险人开发新的关系到社会公众利益的财产保险险种，或依法实行强制保险的险种，必须报请保险监督管理机关审查、批准后才能推向保险市场。其他保险产品的保险条款和保险费率，应当根据《中国保监会关于开展财产保险公司备案产品自主注册改革的通知》（保监发〔2016〕18 号）和《中国保监会办公厅关于启动财产保险公司备案产品自主注册平台的通知》（保监厅发〔2016〕60 号）的规定在自主注册平台注册。所有备案产品均以电子化方式报送材料，并在经营使用后按规定报送备案（见表 4－1）。其中，使用示范产品的机动车商业保险产品、农业保险和涉农保险产品（含中央财政保费补贴型、地方财政保费补贴型、非财政保费补贴型农业保险以及涉农保险产品）通过中国银保监会“保险产品电子化报备和管理信息系统”报送。其他产品通过中国保险行业协会“财产保险公司备案产品自主注册平台”报送。保险公司使用的保险条款和保险费率违反法律、行政法规或者国务院保险监督管理机构的有关规定的，不符合保险原理、违背公序良俗、噱头炒作、损害社会公众利益和保险消费者合法权益以及危及公司偿付能力和财务稳健等问题的，一经发现，将严格按照有关法律规定责令停止使用、限期修改，情节严重的，在一定期限内禁止申报新产品。

表 4－1　　财产保险公司保险条款和保险费率备案表

报备单位			
条款名称			
编　　号	（保险机构简称）（备案）〔年份〕　　号	经营区域	
险　　别		险　　种	
开办日期		备案日期	年　　月　　日
保险责任			
责任免除			
保险费率		免赔（率）额	
保险期间		无赔款优待	

续表

备　注			
公司意见	本公司确认已按照监管机关要求报送备案材料，材料完整齐备，请予备案。 （印　章） 年　月　日	监管机关意见	全部备案材料已收到，特此回执。 （印　章） 年　月　日

5. 投向市场。对于必须报批的财产保险险种，当险种通过保险管理机关审查、批复后，保险人即可以将该险种正式投向财产保险市场，有该种保险需求的保险客户则可以向保险人投保。对于仅仅到保险监督管理机关备案的险种，保险人则在上报备案的同时，可将其推向市场。至此，财产保险险种开发的程序始告结束。

（四）财产保险险种开发的基本策略

一般而言，财产保险险种的开发，集中地体现了保险人的市场营销战略，它确定的是保险人根据自身的条件与所处的环境，在一定时期内的业务经营目标和具体发展方向。因此，在开发财产保险险种时，应当讲求组织策略、技术策略、时机策略和险种组合策略。

1. 险种开发的组织策略。有两种组织策略可供选择：一是保险人自主开发财产保险险种，即保险人依靠自己的人力、物力、财力来进行保险市场调查、保险风险评估、险种立项设计等一系列工作。其特点是险种开发中的风险自担，利益独享，能够提高保险人的信誉和市场竞争力；其前提是保险人有专门的险种开发技术人才并建立有相应的险种开发组织机构。二是联合开发财产保险险种，即保险人与保险人之间，或保险人与其他社会机构之间联合进行保险市场调查、风险评估和险种立项设计等工作。其特点是博采众家之长，风险共担，收益共享；其前提则是各有关合作方能够齐心协力。在险种开发的过程中，大、中型保险公司往往有自己的险种开发组织和专门队伍，但对于某些大型险种的开发同样需要吸收其他保险人或社会力量参与；小型保险公司虽然不可能都建立险种开发组织，但也会独立开发一些小型的险种。因此，保险人在采用上述策略时既有侧重点，也有结合点，一切应当以努力降低险种开发成本、提高险种开发的效率为原则。

2. 险种开发的技术策略。根据财产保险险种开发的实践，在险种开发的技术策略方面，有四种策略可供保险人选择：一是创新型策略，即针对财产保险市场空白来开发新险种，该策略既可能产生高效益，也可能面临着未经实践检验的高风险。二是改进型策略，即对其他保险人的有关险种进行改进，再用于投向保险市场，该策略成本较低，且较易为保险客户所接受。三是更新型策略，即保险人根据财产保险市场的发展变化，通过对自己现有险种的相关内容进行更新，以求更适合保险客户的需要。四是引进型策略，即将其他保险人或外地保险人的相关险种原样照搬至本地财产保险市场，该策略几乎不需要成本，在实质上并非是险种开发。概括而言，新的保险公司往往会以引进型策略为主，辅之以改进型策略；老的保险公司则会根据情况与需要采用创新型策略和更新型策略；实力雄厚的保险人则更加注重创新型策略。

3. 险种开发的时机策略。在险种开发的时机方面，何时开发何种险种，同样是有策略的。如有的险种必须尽可能地抢先推出，以便争来市场，树立形象或信誉。有的险种则宜滞后推出，以便能够更加充分地考察其效果，避免不必要的利益损失等。因此，保险人应当根据财产保险市场需求的发展变化和市场竞争形势的发展变化，适时地进行险种开发。

4. 险种开发的组合策略。保险人业务经营的范围与经营目标不同，其险种开发的组合策略也会不同。可供保险人选择的险种组合策略包括：(1) 全面开发型，即全方位地开发财产保险险种，全方位地满足保险客户对财产物资或有关利益的风险保障需求，这种策略一般只能为实力雄厚的大保险公司或保险集团所采用。(2) 类别开发型，即针对保险人主要业务经营范围内的财产保险需求进行同一类别的险种开发，满足对同一类别风险保障有需求的保险客户群体，它兼具有广度与深度相结合的优越性，如开发责任保险市场的各种责任保险险种，或开发财产损失保险市场的各种财产损失保险险种。(3) 有限开发型，即保险人根据自己的特长和优势，集中精力开发某几个险种，专门服务于特定的保险客户群体。如专门开发财产损失保险市场上的各种运输工具保险险种，或各种工程保险险种等。(4) 专一开发型，即保险人的险种开发只注意某一专门保险子市场的需求，并集中性地开发相应的险种，它一般为保险对象专一、标的专一的专业保险公司所采用，如雇主责任保险公司只为雇主用户服务，其险种开发亦必然需要以雇主及其责任为基本标的，开发出雇主责任保险及其各种附加险等险种。因此，在险种开发的组合策略方面，保险人应当根据自己的实力、业务经营范围和财产保险市场的需求状态，选择适合自己的策略，切忌追求“大而全”“小而全”。

二、财产保险险种的价格

（一）险种价格及其影响因素

险种价格是险种作为一种特殊商品的价值体现，是保险客户为每一笔财产保险业务所付出的全部经济代价。在财产保险市场上，险种价格往往是影响交换活动和市场供求关系的最为敏感的因素。因此，险种价格的厘定既是险种开发中的重要内容，也是保险人整个市场营销过程中的重要内容。

从财产保险市场的实际情况出发，影响险种价格的因素主要包括如下几个方面：

1. 损失率。损失率的高低意味着保险风险的大小，从而与险种价格呈正相关关系。因此，在确定险种价格时，应当充分地收集与该险种有关的风险、损失资料，力求使险种价格中的纯费率与损失率趋向一致。

2. 营业费用率。即保险人为组织财产保险业务而花费的管理及业务费用占保险业收入的比率。众所周知，保险公司本身并不创造财富，它只是充当着财产保险市场上保险客户互助活动的专业组织者，所以需要保险客户分摊其业务经营费用。当然，营业费用率与损失率相比，显然要低得多。不同的保险公司的营业费用率亦存在着差异，即管理效率高的保险人的营业费用率低，反之则高。

3. 市场供求状况。市场供求状况即财产保险市场上，当供过于求时，多家保险人的激烈竞争会促使险种价格走势偏低；反之，如果是求过于供，则险种价格可能走势偏高。可见，财产保险的险种价格要受财产保险市场供求关系的影响。

4. 保险税收政策。税收是价格的重要构成部分，当国家对财产保险人征收较高的税收时，险种价格会偏高；反之，当国家采取低税收政策时，险种价格则会趋低。

此外，金融市场的宽松度及由此带来的保险投资收益高低，亦会对险种价格产生直接影响；特定保险业务的特殊意外损失亦会影响到该险种的市场价格的升降；等等。

（二）险种价格的构成

一般而言，财产保险险种的价格是由纯保险费、附加费用、意外附加费用和保险人附加利润等部分组成。

1. 纯保险费。它是险种价格的主体构成部分，是保险人向每个财产保险客户收取的用于补偿保险期内预期赔付费用的现值。在财产保险经营实践中，每笔财产保险业务的纯保险费并非等值于该笔业务的预期赔付款，但所有的财产保险或某一类别财产保险业务的纯保险费收入等值于所有财产保险或某一类别财产保险业务的预期赔付款。

2. 附加费用。它是指保险客户对保险人承担的非理赔费用的一种合理分摊，亦被称为保险人的营业费用，是险种价格构成的必要组成部分。在实行代理业务制的条件下，附加费用的相当部分成为保险人支付给中介人的佣金。

3. 意外附加费用。该项费用是为了适应财产保险风险损失的不平衡性，防止超常巨额赔款导致保险公司破产所必要的自由准备金，属于财产保险经营中的机会成本构成部分。

4. 保险人附加利润。保险人承保各种财产保险业务，目的在于争取良好的投资回报。因此，保险人的预期利润亦是险种价格中的一个重要构成部分。不过，在财产保险业务经营实践中，这一构成部分的大小又主要取决于保险客户对保险公司风险保障服务的需求强度、财产保险市场的竞争状况和公司自己的经营目标等。

当然，险种价格除了上述构成部分外，还应当对保险基金通过投资运营所产生的收益和可能出现的通货膨胀现象等进行通盘考虑。

（三）险种定价方式

险种价格的影响因素和价格构成，是基于一般意义而言的。在财产保险经营实践中，险种的具体价格的厘定还需要根据财产保险市场状况进行确定，在合理定价的基本原则下，可以采用偏低、偏高等定价方式。具体内容将在本章第三节介绍。

三、财产保险险种的效益

财产保险险种的效益是衡量险种生命力和竞争力的基本标志，它包括经济效益与社会效益两个方面。在险种开发和营销过程中，必须注重对险种效益的评估。

（一）财产保险险种的经济效益

财产保险险种的经济效益，一般指险种投放市场后给保险人带来的直接经济效益。其主要评价指标包括保险金额总量、保险费收入、费用支出、保险赔款支出、利润额等。在上述指标中，保险费收入和利润额是两个最为重要的指标。

需要指出的是，根据经济效益原则，在市场经济条件下，任何产品或商品都是有生命周期的，财产保险险种作为一种特殊的商品，亦不例外。财产保险险种的生命周期，是指财产保险险种从设计成功，到推向财产保险市场，经过一定的发展时期，最终因经济效益或社会效益的不良而退出财产保险市场的过程。其中，险种开发是财产保险险种的孕育时期，险种获准投向保险市场是险种的出生时期，险种在市场上正常经营并体现出良好的经济效益是险种的生长期或旺盛期，而险种收益不良或给保险人带来业务亏损最终被保险市场摒弃，则是险种的结束时期。任何险种都存在着生命周期，只不过不同的险种因其市场需求不同、成熟度不同而存在着生命周期长短差异而已。有的险种遭到了财产保险市场的淘汰，有的险种经过改进或更新后又重新焕发出活力。

（二）财产保险险种的社会效益

财产保险险种的社会效益，是指险种投放市场后所产生的受到社会欢迎的程度。它主要包括两个评价标志：满足需求度和社会效应。前者可以从保险客户的投保取向来评价，后者可以从社会对该险种的反响状况来评价。对保险人而言，追求险种的社会效益，是为了更好地追求险种的直接或间接经济效益。同时，保险人还应当以动态的观点去看待险种，因为险种存在的意义在于其能够满足保险客户的需求并为大众所认可，而保险客户的需求又是不断变化的，财产保险险种也应当随之变化。同时，保险客户对财产保险险种的需求的多层次性和多变性，决定了财产保险险种也应当具有多层次性和灵活性，这对于保险人适时根据险种的社会效益状态来评价险种具有重要的意义。

第三节　财产保险市场营销

一、财产保险市场营销的一般意义

（一）财产保险市场营销的定义

财产保险市场营销，就是指保险人为满足保险客户现实的和潜在的需求而进行的险种开发、定价和险种推销与促销活动。具体而言，财产保险市场营销包括如下四个基本要素。

1. 财产保险险种。它是财产保险人进行市场营销的产品。

2. 财产保险推销渠道。它是财产保险人将险种推向财产保险市场的有效途径，包括保险人直销和代理人代销。保险人直销又可以分为外勤人员直销和营业室或营业网点直销；代理人代销包括个人代销、专业机构代销与兼业机构代销。随着电子商务的出现，电子网络销售也在逐步成为财产保险产品营销的渠道之一。目前，我国保险电子商务应用模式在不断丰富，已经形成了 B2B（Business to Business，企业对企业，一种保险公司对销售代理机构的网上交易模式），B2C（Business to Customer，企业对顾客，财险公司直接面对终端消费者的产品销售模式，这是市场上最为普遍的一种销售模式），B2M（Business to Marketing，企业对市场，财险产品供应商对保险中介人的销售模式，类似于

B2B，但 M 是个体保险代理人。目前这个销售模式在市场上比较少见，主要以中国保险服务网・电子商务的车险网上投保为代表）等多种服务模式。值得指出的是，保险电子商务营销首先是基于互联网，从而进行保险销售、理赔和售后服务。保险公司官网（包括手机第三方应用 APP、微信公众号等）均可以被理解为网上保险商城或者网上保险营业厅；而互联网保险中介或者经纪公司更像是保险超市，如京东、淘宝、蚂蚁金服等都是保险销售的渠道。

3. 财产保险险种价格。险种价格是保险客户获取相应的风险保险的经济代价，是影响财产保险市场供求关系的重要杠杆。

4. 财产保险市场促销手段。它是指保险人为进行市场营销而采取的方式、方法的总称。

上述四个要素密切相关，既具有可控性，又具有可变性，它们之间能否配合协调，直接决定着保险人在财产保险市场竞争中的成败。

（二）财产保险市场营销的基本特征

1. 用于市场营销的商品是无形的特殊商品。在财产保险市场营销中，保险人销售的是各种各样的财产保险单，这种保险单虽然兼具有使用价值和价值，但它的价值却主要是根据保险单的规定，通过保险人对风险保障的组织活动即劳务形态表现出来的，从而是一种无形的以风险保障为特定内容的特殊商品。

2. 参与市场消费的是有风险保障需求的特殊客户。财产保险市场上的消费者，都是有着各种灾害事故风险的保险客户，他们的需求即是如何向保险人转嫁这种灾害事故风险，从而决定了财产保险买方市场的需求内容是特殊的。同时，由于灾害事故的种类异常繁多，不同的保险客户又具有不同的风险保障需求，进而要求财产保险保险人能够适应其不同的需求。可见，参与财产保险市场消费的客户是有风险保障需求的特殊客户。

3. 市场营销的目标是追求财产保险的直接或间接利润。保险公司是由投资者投资或集股成立的企业组织，通过开展各种财产保险业务来获取合理利润是投资者的基本目标。因此，财产保险市场营销的目标亦是实现投资者或保险人对利润的合理追求。一方面，保险人会通过市场营销来努力使各种财产保险业务产生直接的保险利润。另一方面，即使在财产保险市场竞争激烈，产生直接的保险利润有困难的条件下，保险人也会努力通过市场营销来扩展业务，进而通过对日益增加的保险资金积累的投资营运来获取利润，此即可以视为财产保险市场营销获得的间接利润。如果财产保险市场营销没有实现上述目标，则保险人的经营必定陷入严重的财务危机甚至走向破产。

4. 市场营销的结果是优胜劣汰。在市场经济条件下，财产保险市场由多个供给方、多个需求者及多个险种构成，供需双方均有选择对方的自由权利，保险人的生存与发展取决于其拥有多少保险客户。谁占有的市场份额大，谁的保险费收入就多，保险基金的积累就雄厚，就能够在全国或局部地区或某一领域保险市场上占有主导地位。反之，就会失去市场，走向萎缩甚至破产。因此，财产保险的市场营销，实质上是保险人经营成败的最高和最后的裁判，其结果只能是优胜劣汰。

此外，财产保险市场营销还具有国际性特征。例如，财产保险中的海上保险和国际航空保险业务，均是直接性的国际性保险业务；国内的许多财产保险业务需要在国际上办理再保险，以便将风险在国际范围内进行分散；外资保险公司进入中国财产保险市场，亦必然带来许多国际上的通行做法；国际上的财产保险条款尤其是诸如劳合社之类的权威性保险人或保险人组织的条款变化，均会对中国财产保险业务的发展产生重要的影响。因此，财产保险是一种国际性的保险业务，财产保险市场营销亦具有国际性特征，这一特征决定了中国的财产保险在市场营销乃至整个发展进程中应当充分考虑国际惯例。

二、财产保险市场营销的一般策略

财产保险市场的营销过程，既是保险人实力显示的过程，也是保险人经营策略竞争的过程，尽管实力愈是雄厚的保险公司就愈是能够在市场营销中获得成功，但若不注意策略，同样会陷入市场营销失败的境地。一些大型保险公司经营陷入困境甚至被迫破产，即表明任何保险公司均须注意市场营销，并恰当地运用市场营销策略。

（一）财产保险的险种策略

在险种策略方面，由于财产保险市场需求是随着物质财富种类的增加和风险的日益多样化而不断发展变化的，保险人的险种也应当是不断发展变化的。例如，在财产保险市场上，传统的家庭财产保险条款因其老化，遭到一部分保险客户的淘汰，其条款不仅被修订过多次，而且衍生出受欢迎的家庭财产综合保险以及集保障、储蓄和投资三种功能于一体的新型投资理财型家庭财产保险和其他多种专项家庭财产保险。机动车辆保险条款已经过多次修订，但迄今仍不能说达到了保险双方满意的程度，表明其仍然需要改进。在现有险种中，许多险种还存在着不合适的内容，风险搭售的现象并不罕见，如西部地区的财产保险业务将台风、海啸等风险责任列为保险责任，南方地区的险种条款中出现冰凌等北方易见的保险责任等，均导致保险客户付出了超额的风险保险费。一些必要的风险保障需求却得不到满足，如中国是多地震国家，以往的险种多将地震风险列为一般除外责任，而国家又未能真正建立起有效而科学的地震保险制度，等等。可见，现有险种与保险客户的需求仍然存在着多方面的不适应性。因此，保险人应当不时根据发展变化了的市场需求情况，在巩固有活力、有竞争力的险种的同时，高度重视开发、设计新险种，改进旧险种，以最大限度地满足保险客户的风险保障需求。险种策略的目标，应当是保持险种对保险客户的吸引力，并在市场营销中形成自己的拳头险种，以拳头险种为支撑，带动其他险种发展，这是实现财产保险市场营销目标的基础。

（二）财产保险推销策略

财产保险推销策略，实质上是指对财产保险的推销渠道和推销方式进行选择，其目的是用最有效和最经济的方式来推销尽可能多的财产保险产品。根据国内外财产保险市场营销的发展状况，保险人直接销售保险产品是财产保险市场营销的主渠道，代理人代理销售财产保险产品则是重要的销售渠道，这一点与人寿保险主要依靠代理人性质的个人营销人员的推销方式是有明显区别的。

在财产保险推销策略方面，需要保险人妥善处理的事件主要包括：（1）合理选择财产保险业务的推销方式，如根据财产保险市场的需要，将保险人直销保险产品和代理人代销保险产品有机地结合起来，将传统保险营销方式与互联网保险营销结合起来；(2) 决定代办业务的种类，根据成本核算的原则确定代理方式和代理佣金；(3) 合理布局财产保险市场营销网点等。

对于推销人员而言，应当精通险种知识，同时善用推销技巧。如知道险种推销的目的、路线，尊重对等礼节，不放过小业务，高度重视老客户、努力开拓新的业务来源等。其具体的推销步骤一般包括：(1) 寻找保险客户即推销对象；(2) 了解保险客户在财产或利益保险方面的需求状况；(3) 根据保险客户可能的风险保障需求来介绍相应的财产保险险种，激发保险客户的购买欲望；(4) 热情回答保险客户提出的问题，消除可能阻碍保险客户投保的因素；(5) 讲定签订保险合同的事情；(6) 努力使保险客户永远选择你的服务。

(三) 财产保险定价策略

从财产保险市场营销的实践来看，在不发达的财产保险市场上，险种定价被看做是见效最快、市场供求和竞争对手行为反应最敏感的部分，即使在发达的财产保险市场上，险种的价格普遍降到了较低的水平上，保险人在定价中仍然可以制定出通过定价来争取竞争成功的策略。因此，险种的价格，在中外财产保险市场上始终是影响财产保险市场营销的一个因素。

财产保险险种定价的策略可以概括为费率规章与弹性定价相结合。换言之，在财产保险市场上，国家保险管理机关或保险行业协会等对财产保险险种的价格会制定出相应的规章费率标准，以规范财产保险市场的价格竞争行为，避免整个财产保险业陷入恶性竞争而难以自拔。在费率规章的指导下，各保险人可以根据具体的业务来采取弹性定价的策略，包括偏高定价、偏低定价、优惠定价、亏损定价等，这些均是保险人较常采用的价格策略。

1. 偏高定价策略。偏高定价是指险种的价格超过其应有的水平，它能够为保险人争取到较高的利润。采取这一策略的基本条件是该险种市场供不应求，即需求大于供给，同时不超出保险客户的承受能力。例如，新险种的开发因市场上无竞争对手，往往采取偏高定价的策略而赚取一定的垄断性利润。一些老险种经过改造后为了给保险客户带来新鲜感，亦可能采取偏高定价策略。但无论在何种情况下，采取偏高定价策略，都应当努力提高保险服务的水平，杜绝为一时之高利而丧失长期利益的现象，使保险客户感到险种价格公平。

2. 偏低定价策略。偏低定价是指险种的价格低于其应有的水平，它能够为保险人争取到较有利的竞争地位。在财产保险市场上，险种价格对保险供求关系的制约作用是较大的，高价格的险种往往影响保险业务的拓展。如 20 世纪 80 年代中后期，国际航天保险市场上因美国“挑战者”号航天飞机爆炸及一系列的航天事故的发生，航天保险市场的险种价格一度由以往的 10% 左右上升到 30%，其直接的后果就是当时的航天保险市场几乎没有了业务来源，因为人们一方面害怕航天风险，另一方面又觉得保险代价太高。反之，低价格的险种却往往有较强的渗透力，在其他条件相当的情况下，低价格即会成为保险客户选择的关键。因此，偏低定价策略实际上是商业交易中薄利多销原则的具体应用。

3. 优惠定价策略。优惠定价是保险人对特殊业务或特殊保险客户采取的一种定价策略，其目的是调动保险客户投保积极性和防损积极性。它主要有：一是统保减收定价策略，即对具有一定业务数量的、一定区域（或单位）内的大保险客户，可以减收一定百分比保险费；二是安全续保优惠定价策略，即对防损工作做得好的老客户在续保时实行减价；三是根据保险客户的信誉和安全管理水平等，给予险种价格上的优惠。此外，对于标的价值与保险风险减小者，保险人也可以在保险期内采取退费的优惠。

4. 亏损定价策略。亏损定价是保险人为某种特殊目的或在市场竞争激烈的情况下采取的一种价格策略。它主要有：(1) 保险人为扩大影响或争取其他财产保险业务而不惜采取对某一业务实施亏损定价的策略；(2) 在竞争激烈的情况下为争取业务、获得保险费收入，不惜以低于险种成本的价格来销售财产保险单，国外许多保险公司的赔付率甚至超过100%，即是亏损定价的直接后果。因此，采取亏损定价策略，需要防止盲目性，即亏损额要有严格的计划及资金弥补来源（如投资收益等），并且能够加以控制，否则，亏损定价将无异于是保险人的“自杀”行为。

当然，在采取上述价格策略时，应当保持险种价格的基本公正和合理性。在维护保险人利益的同时，也要注重维护保险客户的利益，否则，价格策略的使用不当，将不仅无法给保险人带来好处，而且可能导致市场营销的失败。因此，保险人选择险种价格策略必须与当时的市场环境、市场需求和业务的种类、特定的经营目标联系起来，并能够做到驾驭自如。

（四）财产保险促销策略

有了好的险种、合适的推销渠道和合理的险种价格，还需要有有力的促销手段，只有将上述四个要素紧密地结合起来，才能真正全面地实现财产保险市场营销的目标。促销即是保险人采取促进销售财产保险单的措施、方法，它实际上是面向保险客户群体有的放矢地进行社会性的业务推销活动。具体而言，财产保险促销内容包括以下几方面：

1. 人员促销。人员促销即通过保险公司的外勤人员和代理人员直接与保险客户群体进行联系，开展各种财产保险业务销售活动。换言之，人员促销就是人员推销。

2. 公关促销。公关促销即保险人根据自己的经营目标和业务结构，在市场营销的过程中有效地处理对外交流与联系。此时，保险人的公关对象是十分广泛的，如各产业部门、保险客户群体、政府部门、金融部门乃至竞争对手等，都是保险人公关的具体对象。公关促销的方式可以多种多样，如组织各种联谊活动、走访征求意见、参与政府部门和社会化的防灾防损活动、开展财产保险咨询活动等，均能够取得良好的公关效果。

3. 宣传与广告促销。如通过第三者对保险人及其相关的财产保险险种进行宣传介绍，或者由保险人出资在有关大众传媒上进行险种或综合性的保险服务介绍，或者免费向保险客户提供宣传资料，或者在醒目的地方设立宣传图片等，均是宣传与广告促销活动。它能够促使人们进一步认识保险、认识相关的险种，直接起到诱发保险客户投保的效果。

综上可见，采取财产保险促销策略的目的，在于扩大保险人的影响，树立保险人的社会形象，最终推动各种财产保险险种的推销，赢得财产保险市场营销的胜利。

三、财产保险市场的竞争

（一）财产保险市场竞争的意义

财产保险市场的竞争，是保险人为了争取保险客户和财产保险业务的商业性行为。在市场经济条件下，财产保险亦是整个市场的有机组成部分，市场经济的竞争规律必然对财产保险市场竞争产生重大的影响。

财产保险市场竞争的意义，主要表现在：

第一，竞争能够扩大财产保险的业务来源。尽管财产保险的潜在市场需求是客观的，并不因为市场竞争而导致总量增加，但竞争能够促使各保险人充分挖掘财产保险的潜在市场，从而使财产保险的现实市场得到扩大。例如，在中国人民保险公司独家垄断保险市场的20世纪80年代末，尽管财产保险的发展速度与增长规模很快，但全国财产保险的保险费收入亦不过200亿元；在有多家保险公司共同竞争保险市场的条件下，整个财产保险的发展速度与增长规模同样很快。例如，2010年，全国有财产保险公司55家，保费收入为3 895亿元，到2019年底，财产保险公司已经发展到88家，保费收入增至11 649亿元。[①] 可见，市场竞争能够使财产保险的现实市场得到扩大。

第二，竞争能够推动财产保险服务向优质高效方向发展。在缺乏市场竞争的条件下，由于独家垄断保险市场，价值规律和市场的作用无法显露，经营者往往自我感觉良好，险种陈旧，承保方式落后，不仅会损害保险客户的利益，也造成保险人自身效益难以提高。在市场竞争的情况下，任何保险人都必须面向市场，面对竞争，保险客户有了选择业务和保险人的余地，服务质量的好坏成了保险客户十分关注的因素，保险人要想争得保险市场的较大份额，就必须从市场需求入手，从提高服务质量入手，从而使财产保险服务的质量向优质方向发展。同时，市场竞争的实质更是各保险人业务经营效益的竞争，从而迫使保险人必须重视险种效益，进而使整个财产保险的服务素质和效益得到提高。

第三，竞争可以使社会各界对财产保险的需求得到充分的满足。一方面，竞争使保险人充分关注保险客户的各种风险保障需求，从而促进了险种的繁荣；另一方面，竞争使各保险人在险种设计方面能够更多地考虑保险客户的具体需求，风险搭售的现象会得到较好的解决。因此，竞争的直接受益者是保险客户。

第四，竞争给保险人带来的压力可以转化为激励职工的动力。在没有竞争的情况下，保险管理者与职工可以不思进取，助长了职工的惰性。反之，在竞争的情况下，保险企业有了巨大的压力，分配中的平均主义必然被打破，真正的专业人才必然受到重视和重用，而职工要想揽到财产保险业务也必然要付出更多的辛劳，同时亦必然要通过自

---

① 参见孙祁祥等．2013中国保险业发展报告［M］．北京：北京大学出版社，2013；张爽．2019年保险业原保费收入同比增长12.17%［N］，中国银行保险报，2020－02－03.

己的业务实绩来换取自己的报酬。因此，竞争可以促进保险人和从业员工的自我发展与完善。

（二）财产保险市场竞争的内容

财产保险市场竞争的基本内容，可以概括为以下五个方面。

1. 价格竞争。在同一财产保险市场上，相同的保险险种和保障，价格较低的能够赢得较多的保险客户，这是价值规律在财产保险市场上发挥作用的具体表现。价格在财产保险市场竞争中起着调整供求关系，引导保险消费的作用。当然，在财产保险高度发达的情况下，由于险种降到了很低的价位，价格就不再成为市场竞争的主要考虑因素。

2. 险种竞争。由于保险客户对财产与利益的风险保障需求的不断增长和变化，保险险种日益多样化、系列化。新的险种往往会诱发保险客户新的投保欲望，可以给保险人开拓新的市场或业务领域，从而亦是保险市场上十分重要的竞争手段。愈是缺乏广度和深度的财产保险市场，险种的竞争就愈是重要。从我国财产保险市场情形来看，险种的开发正呈现出一些新的变化，这就是旧的险种得到了调整与完善，包括各种责任保险、信用保险、科技保险等在内的新险种不断涌现，整个财产保险市场上的险种供给正在走向日益丰富多样化。

3. 服务竞争。财产保险是向保险客户提供风险保障服务，它包括保前服务、保后服务两个阶段。保前服务通常是无偿的，如保险人员进行保险宣传、辅导保险客户填写投保单等均属此类。保后服务是指签订保险合同后至保险关系终止这一阶段内，保险人对保险客户提供的全部服务，如防损服务、批改保单服务、技术或咨询服务、理赔服务等。在市场竞争激烈并使险种、价格条件趋同的情况下，服务质量直接决定着保险人竞争的结果。优良的服务水平和服务态度，可以赢得更多的保险客户；反之，就会将保险客户推给竞争对手，最终失去保险客户，导致财产保险业务来源枯竭。因此，注重提高保险服务质量，对于任何财产保险公司都具有同样重要的意义。可以预见，在保险市场竞争中，服务竞争作为非价格竞争的主要方式，将成为各保险公司日益关注的焦点。

4. 信息竞争。财产保险新保源的开拓、新险种的开发、老业务的改造等，都离不开保险信息的收集与分析。只有注重信息资源，利用信息资源，才可能在市场竞争中占据主动的地位。因此，愈是管理科学、锐意进取的保险公司，就愈注重各种与财产保险有关的信息资源，并把争取保险信息作为参与市场竞争的一项重要内容。

5. 人才竞争。财产保险市场的竞争，说到底是各种保险专业人才的竞争，因为其他竞争内容都是由保险人员去完成的。因此，保险人要想在市场竞争中取得成功，就必然要重视引进并重用专业保险人才，如精通保险业务管理、险种开发和各种与保险标的密切相关的专业技术人才，均应当成为保险人吸收的重点对象。

（三）财产保险市场竞争的策略

在财产保险市场上，优胜劣汰是铁的市场法则，市场营销的绩效则是公平、公正的裁判。保险人要实现自己的市场营销目标，在市场竞争中取胜，就必须讲求竞争策略。主要包括：

1. 在险种竞争方面，积极开发新险种，做到以新取胜。如根据财产保险市场的风险保障需求，开发设计出保险客户欢迎的新险种；或者对旧的险种进行技术改造，加以完善等，这些均能够赢得保险客户。

2. 在服务竞争方面，强化服务意识，改善服务态度，做到以优取胜。无论在保前还是在保后，保险人及其员工均应当将为保险客户服好务放在至关重要的位置上来加以考虑。国内外财产保险市场竞争的实践表明，以优良的、有特色的服务去争取竞争的胜利是保险人提高竞争力的核心内容。

3. 在保险价格方面，通过加强管理来降低成本，做到以廉取胜。险种价格的竞争是公平的，也是有限度的，它是检验保险人管理效率的基本的标尺。如在同一费率的条件下，有的保险人能够产生较高的利润，有的保险人能够产生一定的利润，有的保险人却无法避免地陷入亏损的困境，其原因必然是管理水平的差异。因此，提高管理效率与管理水平，是降低财产保险经营成本的重要途径，也是降低险种价格、实现以廉取胜的必要条件。

4. 在公关形象竞争方面，努力树立企业的信誉，做到以信取胜和以诚取胜。在经营财产保险业务中，保险人应当严格按照各种财产保险合同的规定，履行自己应尽的义务，树立良好的社会形象。同时，满腔热忱地为保险客户服务，坚决杜绝欺骗性行为和不负责任的行为，将信誉和诚实贯穿于整个业务经营的全过程。

5. 在人才竞争方面，做到培养、重用人才，以人才取胜。在这方面，保险人应当将吸引人才和培养人才相结合，做到不拘一格选人才。国内外的保险市场竞争实践表明，谁拥有了一流的人才，谁就拥有了财产保险市场，只有一流的保险人才才能提供一流的保险服务和创造一流的效率。因此，保险人应当重视员工的在职培训，努力提高员工的知识和技能素质，这是在市场竞争中取胜的法宝。

【知识链接】

离岸保险市场

作为离岸国际金融市场（Off Shore International Financial Markets）的一个组成部分，离岸保险市场是由传统的国际保险市场发展演变而来的，但在很多方面又有别于传统的国际保险市场。离岸保险市场的主要特征是：（1）参与交易的主体是交易所在地的非居民，即对于交易所在地而言，保险人与投保人均为外国居民，这一点使离岸市场区别于国内市场；（2）交易不受交易所在地的金融法规限制，也不受交易双方所在国家或地区的法规限制，双方在遵守国际惯例的基础上进行管理与运营，这一点使离岸市场区别于传统的国际保险市场。由于保险市场按风险承接的环节分为直接业务市场与再保险市场，离岸保险市场也可分为离岸直接业务市场与离岸再保险市场。①

① 周力生．离岸保险市场的形成与发展［J］．上海保险，1997（2）．

【复习思考题】

一、名词解释

财产保险市场　险种　财产保险市场营销　营销策略　价格竞争　服务竞争

二、问答题

1. 财产保险市场有哪些基本特征？
2. 财产保险市场的主体有哪些？
3. 财产保险险种开发包括哪些内容？
4. 财产保险市场营销的基本策略有哪些？
5. 财产保险市场竞争的内容有哪些？

三、实务题

1. 试设计一个新的财产保险险种。
2. 试设计一种新的财产保险市场营销策略。

第五章
财产保险运行

【学习目标】

学习本章时，应掌握财产保险在展业、承保、防灾防损、理赔等环节上的运行程序和具体内容，并能够运用于实践。

第一节　财产保险运行概述

财产保险运行是指财产保险承保人从展业到承保、防灾防损、再保险和理赔的全过程。展业是财产保险经营活动的起点，保险人通过展业可以提高社会公众的保险意识，放大保险需求，使面临同种风险的大量的潜在保险客户能借助保险手段来转嫁风险。保险人的承保能使被保险人的风险转嫁由可能变成现实。防灾防损作为财产保险经营的重要环节之一，有利于减少社会财富的损失，降低保险经营成本，提高财产保险的经济效益和社会效益。通过再保险，可以转嫁保险人自身的经营风险，在相当程度上保证保险人的持续、稳定经营。而通过保险理赔，则使被保险人的财产及有关利益的损失，能在保险责任范围内得到补偿，实现维护社会再生产顺利进行和国民生活安定的目标。

一、财产保险运行的一般规律

财产保险是以财产物资及其有关利益为保险标的的保险，因保险标的与人身保险标的具有本质上的差异，因而财产保险的运行有其自身的规律。

（一）财产保险的展业内容涉及面广

财产保险的险别包括财产损失保险、责任保险、信用保证保险和农业保险，具体的险种则数以万计。财产保险的保险标的，既包括有形的财产物资，又包括无形的法律责任和利益。保险人的补偿既有各种财产损失的补偿，又有民事损害赔偿责任的承担，还有权利人（被保险人）因被保证人（义务人）的信用风险而致损失的补偿以及短期的人身意外伤害保险等。而人身保险尽管分为人寿保险、意外伤害保险和健康保险三大类，但保险对象却是自然人，保险人仅仅对被保险人的生、老、病、死、残等承担相应的保险责任。因此，相对于人身保险，财产保险的展业涉及面更广，内容更复杂，保险人只有对财产保险的相关知识有更深入的了解，才可能为被保险人制订出切实可行的投保方案，才可能吸引更多的投保人投保。

（二）财产保险的核保内容较复杂

核保是指承保人对投保人及投保标的等进行审核，以决定是否承保以及怎样承保的过程。核保是承保的关键，保险人只有全面、认真、细致地核保，才能科学地识别、衡量投保人及投保标的等的风险程度或风险等级，才能科学地作出是否承保的决策。

财产保险与人身保险在核保内容方面，存在着如下差异：

第一，对投保人的审核，财产保险与人身保险大同小异。审核内容都包括投保人具有民事行为能力的状况，投保人的职业性质、信用程度、经济状况如何，有无道德风险出现的可能等。

第二，对投保标的的审核，财产保险与人身保险差异较大。财产保险审核的内容包括：投保财产是否合法财产、是否正处于危险状态；投保财产的主要风险隐患、重要防护部位及防护措施情况；投保财产所处的环境状况（比如，投保的房屋是处于工业区、商业区还是居民区，附近有无易燃易爆的危险源，是否属于高层建筑，消防设施是否完备等）；投保人对投保标的是否制定有各种安全管理措施、各措施以往被落实的情况等。而人身保险的保险标的由于是被保险人的寿命和身体，因此，对人身保险保险标的的审核，主要体现为对被保险人进行年龄、性别、身体状况、个人及家庭成员病史、职业和习惯嗜好、道德风险因素等的审核，以确定被保险人的风险程度，并作出相应的承保或拒保的决定。

第三，对投保金额的审核主要体现于财产保险中。财产保险中有保险价值的概念，保险金额依据保险价值确定，因此也就有了足额保险、超额保险和不足额保险三种情况。对投保金额的审核一般是为了避免超额保险和不足额保险带来的负效应（农业保险中的不足额承保除外），而鼓励足额保险。在人身保险中，没有保险价值的概念，保险金额通常由保险双方当事人协商确定，无论保险金额确定多少，均不能说是超额保险或不足额保险或足额保险，因此，承保人在一般情况下不需要审核投保金额。这一点是财产保险运行与人身保险运行的显著区别。

第四，是否有重复保险是财产保险应该审核的内容。财产保险以补偿被保险人的财产损失为目的，被保险人在保险事故发生后应取得的保险赔偿也仅限于其利益受损害的范围内，即被保险人不能通过保险获得不属于自己的损失补偿部分。因此，承保人在承保时，一般应该审核投保人对保险标的是否有超额保险的同时，还应该审核其是否有重复保险的现象。如果有重复保险，一般不应再予承保。如果要再承保，理赔时就得将保险损失在各承保人之间进行分摊，以保证被保险人不获得额外收益。不过，承保人虽然在理赔时遵循重复保险分摊原则，但从整个承保方来说，其经营成本却大幅度增加。人身保险基于生命、身体的无价性，保险合同双方当事人可自由约定赔付限额，即人身保险是给付性质的“定额保险”，不存在超额保险或重复保险问题，原则上也就不存在不当得利的问题。因此，投保人可以根据自身的经济状况选择购买多份人身保险，多买多保。

（三）财产保险更重视防灾防损

防灾防损是对灾害事故损失的预防和抑制。财产保险的保险人相对于人身保险的保险人而言，更加重视防灾防损工作。因为财产保险的被保险人将财产投保后，往往可能放松对保险标的的安全管理，甚至可能为图谋保险赔款而故意制造保险事故，这就迫使财产保险的保险人必须采取若干措施防止保险事故发生，减少保险财产的损失。而人身保险由于其标的的特殊性，被保险人自己一般不会为了获得保险赔款而制造自残或自杀等事故，即使制造事故也难获赔款，被保险人一般会自觉自愿地爱惜自己的生命和身体。因此，从世界各国的保险实践来看，财产保险运行中，防灾防损显得更加重要。保险人采取的防灾防损措施在财产保险中体现得更加充分。

（四）财产保险更重视分保

一方面，财产保险业务属短期性业务，当保险标的的危险在一定的时间内集中时，财产保险的经营风险是相当大的。另一方面，有的财产保险标的的价值相当昂贵（如卫星、宇宙飞船），损失一旦发生，有可能将保险人推向破产的边缘。为此，保险人需要确认是否有再保险人愿意接受分保来决定是否承保，希望通过分保或再保险的方式来进一步分散危险。而人身保险（寿险）业务是长期性业务，带有一定的储蓄性质，风险较小，实施分保的必要性比非寿险要小，保险人一般是在遇到风险较大的保单后，才办理临时分保。

（五）财产保险的理赔结果是补偿损失

财产保险合同是补偿性合同，无论是财产损失保险还是责任保险、信用保证保险、农业保险，保险人理赔的结果都是对被保险人遭受的保险责任范围内的损失给予经济补偿。而人身保险合同却是给付性合同，它不是对意外事故和疾病、分娩等原因致被保险人的残疾、死亡给予经济损失的补偿，而是按保险合同的规定，在被保险人死亡、伤残、疾病或者达到合同约定的年龄、期限时承担给付保险金的责任。财产保险合同与人身保险合同性质的不同，决定了两者的理赔结果不同，前者是支付赔款、补偿损失，后者是给付保险金。

二、财产保险运行的程序

财产保险运行涉及面很广，可以包括财产保险业务的全过程，即财产保险运行是保险关系不断成立和消灭的连续过程，表现为不断地进行展业、承保、防灾防损、再保险和理赔。因此，展业、承保、防灾防损、再保险和理赔是财产保险运行的五大环节。具体运行程序可用图 5－1 表示。

财产保险运行的五大环节相互联系、相互依赖。展业是财产保险运行的前提和基础，承保是财产保险运行的关键，再保险是财产保险运行的保证（因再保险对财产保险至关重要，故单列为第六章），理赔则直接体现了财产保险运行的宗旨和目的，而防灾防损的结果又直接或间接地作用于各运行环节中。总之，要使财产保险运行稳定高效，就必须从财产保险运行的各环节入手，加强经营管理。

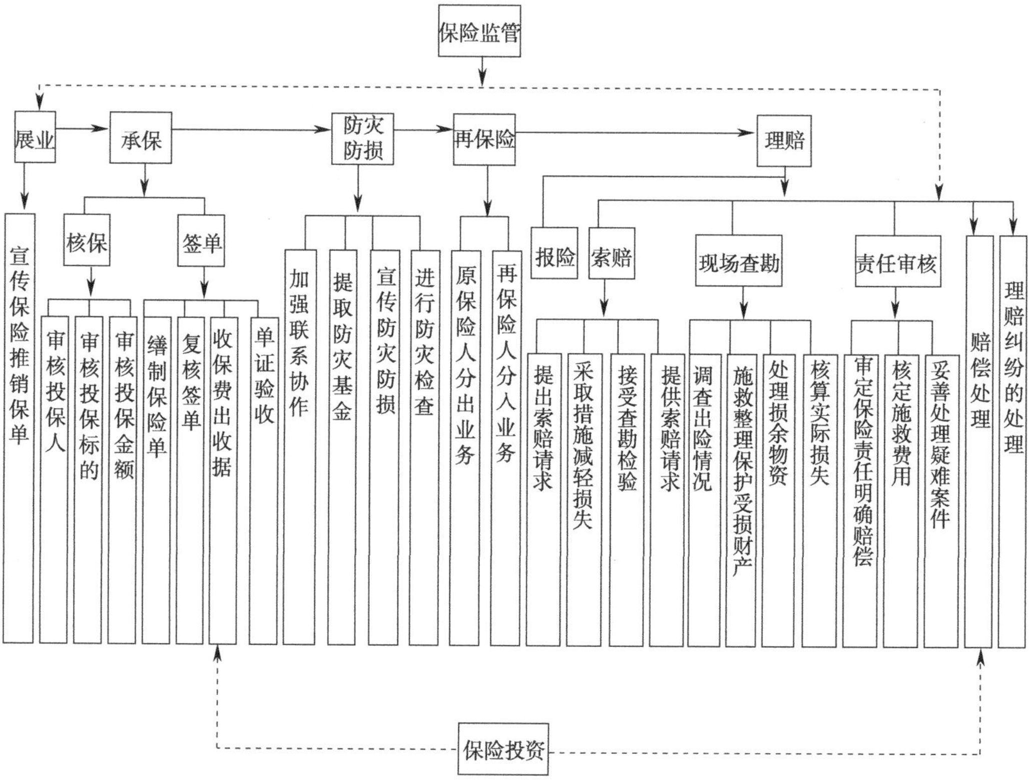

图 5-1　财产保险运行程序

第二节　财产保险展业与承保

一、财产保险展业

财产保险展业，就是指保险人通过保险业务人员运用各种有效的方式与方法将财产保险产品推销给保险消费者的过程。展业是财产保险经营活动的起点，更是财产保险经营的核心环节，是财产保险公司参与市场竞争并最终确立各保险公司特色不可替代的基本路径。因为只有展业成功，保险公司才能使自己的产品——险种真正变成能够满足保险消费者需求的商品，才能真正赢得保险市场份额，并最终从中获得直接的保险经济效益与保险社会效益，实现其对股东及社会的回报。

财产保险展业作为满足保险消费者的消费需求、实现保险公司经营目标的商务活动过程，不仅应当包括保险人在保险流通领域内进行的活动，还应当包括险种进入流通过程之前及流通结束后的相关活动，即包括进行市场调研、根据自身条件选择目标市场、根据保险消费者需求开发相应的保险产品、根据经营成本和市场竞争状况厘定费率、根据市场结构与业务特性选择保险单推销渠道、根据保险业务特性提供相应的售后服务等一系列与财产保险市场有关的业务经营活动。因此，财产保险展业对于保险人来说意义重大。

财产保险展业方式通常可分为保险人直接展业、保险代理人展业和保险经纪人展业三种。

1. 保险人直接展业。保险人直接展业即财产保险公司依靠自己的业务人员去争取业务。这种展业方式适合于规模大、分支机构健全的保险公司以及巨额保险的险种。直接展业因业务人员素质较高，且熟悉各财产保险条款，展业的质量一般都比较高。

2. 保险代理人展业。保险代理人是根据财产保险人的委托，向财产保险人收取代理手续费，并在财产保险人授权的范围内代为办理保险业务的单位或个人。对财产保险人而言，代理人展业是十分经济的展业方式，既可以获得大量的业务，又大大节省了设置机构和雇用人员的费用，因而国内外都广泛设立代理网点，通过代理人来开展保险业务。我国的财产保险代理人有专业代理人、兼业代理人和个人代理人三种形式。

3. 保险经纪人展业。保险经纪人是各国保险市场上联结保险需求与保险供给的另一种中介人，亦是财产保险市场上的重要构成因素。与保险代理人的地位不同，保险经纪人是投保人的代理人，他们从投保人的利益出发，为投保人与保险人订立保险合同提供中介服务，并依法收取佣金（与其他任何行业的经纪人不同的是，保险经纪人的佣金一般由保险公司支付而不是由他们的委托人——保险客户支付）。保险经纪人对财产保险市场和风险管理富有经验，能为投保人量身定做风险管理方案和物色适当的保险人。在国际上，保险经纪人大多集中在大都市，为大企业从事保险活动，从而堪称大企业的保险经理或风险管理人。

二、财产保险核保

核保即根据保险消费者的投保申请书、保险业务人员的报告书等所提供的有关投保人或被保险人、投保标的的相关信息资料，由核保人员进行综合分析，运用数理分析方法，对投保人或被保险人（投保人与被保险人非同一人时，对被保险人更要核保，下同）及其投保标的的危险加以量化，依投保标的的危险程度，作出是否承保以及以何种条件承保的决定。财产保险核保是承保业务中的核心业务，而承保部分又是保险公司控制风险、提高保险资产质量最为关键的一个步骤。保险公司通过建立核保制度，将展业与承保相对分离，实行专业化管理，严格把好承保关，既能使保险人防止投保人或被保险人的逆选择，排除财产保险经营中的道德风险，确保业务质量，实现经营稳定的目的；又能够达到对财产保险中介业务质量进行控制、完善财产保险中介市场的目的。

核保工作的内容主要包括对投保人（或被保险人）、保险标的和保险金额的审核等。

（一）对投保人的审核

投保人是指与保险人签订财产保险合同，并按照合同约定负担和缴纳保险费的一方当事人。一般情况下，签订财产保险合同的投保人即为被保险人，但投保人可以是被保险人本人，也可以是法律所许可的其他人。根据我国相关法律规定，投保人必须具备以下两个条件：第一，投保人必须具有相应的权利能力和行为能力，否则所订立的财产保险合同不发生法律效力；第二，投保人应承担支付保险费的义务，不论投保人为自己利益还是为他人利益订立保险合同，均应承担支付保险费的义务。只有这样，财产保险合同才具有法律上的效力。因此，保险人在核保时，要对投保人是否符合以上条件进行审核。此外，投保人的资信状况、财务状况、风险管理水平等也是影响保险人是否承保的重要因素，保险人同样应对这些因素进行严格审核。例如，对投保火灾保险的团体进行审核，主要审核其法人代表的资格、单位的名称和属性（有企业法人、事业单位法人、机关法人、社会团体法人和其他法人之分）、单位的资产信用情况、单位的安全管理措施或计划、单位的详细地址等。审核后，保险人或者拒绝承保该团体的投保，或者根据风险的大小修改承保条件等。

（二）对投保标的的审核

财产保险投保人投保的标的物既有有形的财产物资，又有与物资相关的利益及民事责任等无形财产，财产保险的保险标的物是相当复杂的。因此，保险人必须对投保人投保的标的物的性质、状态及所处环境等进行严密审核。例如，投保人将机动车辆进行投保，保险人必须对投保人所投保的车辆的合法性、产地、用途或使用性质、类型及型号、价值、行驶区域、吨位或座位、牌照以及机动车辆本身的新旧程度、风险隐患等进行审核。通过对投保人的投保标的物进行审核，保险人可以决定是否与投保人签订保险合同、采用什么样的承保条件（如保险费率水平、保险责任范围、赔偿标准等）进行承保，且可以就承保后如何进行防灾防损，甚至发生保险事故后如何进行理赔等都事先进行通盘考虑。

（三）对投保金额的审核

审核投保金额的目的在于尽可能地使保险财产足额保险，它既可以保证被保险人在损失后获得足额保障，又可以防止超额保险可能诱发的道德风险，还可以避免不足额保险带来的理赔纠纷。因为只有在对投保金额进行审核的基础上，才能使保险金额合理化，只有在保险金额等于保险财产价值时，才成为足额保险，一旦发生损失，被保险人才能得到足额的补偿和充分的保障。相反，如果投保金额小于保险价值，属于不足额保险，则根据我国《保险法》的规定，除合同另有约定外，实行比例责任赔偿方式，保险人按照保险金额与保险价值的比例承担赔偿责任。这样，被保险人得到的补偿通常小于其标的的实际损失额，容易引起保险双方的赔偿纠纷。另外，如果投保金额大于保险价值，属于超额保险，又可能使被保险人在追求额外收益的利益驱动下，故意制造事故，诱发道德风险。因此，保险人在核保时，必须认真审核投保金额，尽量减少不足额保险，力求避免超额保险，争取尽可能合理地确定保险金额。当然，投保人足额投保或不足额投保，是其自行决定的事情，保险人不能采取强迫手段。

三、财产保险签单

财产保险的签单是指保险人经过核保，同意投保人的投保要求，决定承保并签发保险单的行为。签单作为保险人承保的重要步骤，标志着保险人的承诺。财产保险签单的基本程序是缮制保险单、复核签章、收取保险费并出具保险费收据及单证签收等。

（一）缮制保险单

缮制保险单是保险人在接受投保人的投保后填制保险单或保险凭证等手续的程序。保险单或保险凭证是载明保险合同双方当事人权利和义务的书面凭证，是被保险人向保险人索赔的主要依据。因此，保险单质量的好坏往往直接影响财产保险合同的顺利履行。

缮制的财产保险单一般应包括如下三大项内容：

1. 保险合同双方主体：包括投保人、被保险人与保险人的名称和联系地址，保险合同双方当事人的权利与义务等事项必须完整、清晰地载明。

2. 合同事项：包括保险标的、保险责任和免除责任、保险期间和保险责任开始时间、保险价值、保险金额或赔偿限额、保险费以及支付办法、保险金赔偿或者给付办法、违约责任和争议处理等事项必须在保险单中通过通俗易懂的语言或文字表达。

3. 其他事项：如订立保险合同的年、月、日，保险合同的号码，保险合同的变更，保险合同事项以外的特别约定等。

以上内容，均应明确列于保险单上或以保险条款的形式附在保险单上。对于免除责任，根据我国《保险法》第十七条第二款规定，保险人在订立合同时应当在投保单、保险单或者其他保险凭证上作出足以引起投保人注意的提示，并对该条款的内容以书面或者口头形式向投保人作出明确说明；未作提示或者明确说明的，该条款不产生效力。

保险单缮制的最基本要求是：单证相符、保险合同要素明确、数字准确、复核签章、手续齐备。具体而言，保险单的缮制，要求字迹清楚，内容准确，数字计算无误，项目完整，不能任意涂改。对投保多项财产的，要配置保险单附表（或财产清单），粘贴在保险单正副本上，并加盖骑缝章。制单员应在缮制完毕的保险单上签章，并在投保单上注明缮制日期、保单号码。若投保人要求加保附加险，保险人应按有关附加费率计收保险费，并在保险单正本背面加贴有关附加条款及加盖骑缝章。最后，将保险单正副本与收据一并送复核。

（二）复核签章

对财产保险合同单证进行复核是确保承保质量的关键环节，也是保险人承保的必经程序，因此，只有业务素质较高的人才能担当此任。

复核从以下内容着手：缮写或电子输入项目要齐全，保险单与投保单各项内容、数字相符无错漏；保险金额的确定符合规定，分项保额与总保额正确无误；费率选择准确；保险费及大小写正确无误；“特别约定”措辞符合要求等。例如，出口货物运输保险的保险单复核就应该注意如下内容：保险单据是否由保险公司或其委托的代理人出具；投保加成是否符合信用证的规定；保险险别是否符合信用证的规定并且无遗漏；保险单据的类型是否与信用证的要求相一致；保险单据的正副本份数是否齐全；保险单据上的币制是否与信用证上的币制相一致；运输工具、起运地及目的地，是否与信用证及其他单据相一致；如转运，保险期限是否包括全程运输；等等。

复核后，复核员要在保险单正本、副本上加盖业务专用章，复核员及公司经理都应在保单正副本上加盖私章。

（三）收取保险费及出具保险费收据

缮制保险单完毕后，经办人员应该按照保险单上载明的保险费数额填写保险费收据，由投保人凭此收据缴纳保险费。保险公司的财会人员根据保险单及保险费收据，经复核无误后，核收投保人应缴纳的保险费，并在保险费收据上加盖保险公司的财务专用章和财会人员印章。

（四）单证签收

保险公司的复核员在复核签单后，应填制“发送保险单证签收单”一式两份，其中一份自留备查。复核员将保险单正本、保险费收据一联、保险单附表（或财产清单）一份、“发送保险单证签收单”一份及其他有关单证，交给保险公司的相关人员送达（或邮寄）投保人签收，投保人签收完毕后，保险公司作相应备案。

（五）单证管理

单证签收后，有关部门应按要求将各有关单证分发给会计、统计部门及业务部门留存，并在登录“承保登记簿”后，将承保单证装订归档。

值得指出的是，上面的财产保险签单程序是基于传统的纸质保险单。事实上，随着互联网保险电子商务的发展，我国在2005年4月1日第一张电子保单出现后，目前保险公司的绝大部分纸质保险单均已被电子保单取代。电子保单的出现，极大地方便了保险合同双方的买卖交易。

电子保单是指保险公司借助遵循PKI（Public Key Infrastructure）体系的数字签名软件和企业数字证书为客户签发的具有保险公司电子签名的电子化保单。电子保险单的签订过程比较简单，保险消费者可以在任何时候（一天24小时）登录提供保险服务的网站，经过咨询、比较选择等过程，在确定投保险种、被保险人（或受益人）、保险金额、交费方式等事项后，根据保险电子服务页面提供的投保顺序向保险公司发出在线投保申请，保险公司的核保人员则在线进行核保（需要对保险标的进行现场审核的除外）。在审核通过后，投保人通过在线支付系统缴纳保费，随即电子保单数据生成，保险公司则出具加盖有公司电子印章的电子保单。电子保单没有纸质凭证，只有一个保单号，通过保单号，投保人或被保险人可以在保险公司网站或者投保的保险电子商务网站查询、验证，也可以根据需要将制定好的电子保单下载保存或打印，电子保险签单过程即告结束。

四、财产保险招投标

（一）财产保险招投标的概念及意义

财产保险招投标是指通过公开招标、邀请招标、竞争性谈判或询价正式邀请函方式的保险承保活动。财产保险招投标是一套公开、公平和公正的选择行为与竞争机制，其运用于承保环节是对财产保险承保技术的突破和创新。我国财产保险业的招投标行为始于大型工程保险、政府机关机动车辆保险、大型企业财产保险等集团型的保险业务。随着保险市场的逐步发展和保险主体的逐渐增多，财产保险招投标活动领域有越来越广之势。

财产保险招投标活动的开展对于保险合同双方当事人乃至整个保险业的发展具有重

要意义。一方面，通过招投标方式可以节省保险合同双方的成本，如对于保险人来说，通过招投标网或由招标方邀请参加投标活动，可以节省公司自身展业营销财产保险产品的成本；对于投保人或被保险人来说，不但可以节约一定的保险费支出、降低风险转移成本，同时还可以通过招标选择能够为其提供优质服务的保险公司，使其投保标的物的风险得到安全、优质的转移。另一方面，招投标方式能够实现保险资源的优化配置，促进保险业的进一步发展与完善。根据我国的《招标投标法》《反不正当竞争法》《保险法》等有关法律法规规定，保险招投标活动应按照公开、公平、公正的原则进行，因此，财产保险招投标可以促进保险公司在平等条件下进行公平竞争，优胜劣汰，从而实现保险资源的优化配置，促进保险业的进一步发展与完善。此外，通过招投标活动，还可以防止保险业务经营中的腐败行为，促进保险公司提高服务水平，并根据保险消费者的需要开发设计更多的财产保险新产品。

（二）财产保险投标的步骤

保险公司想要承保招标方的投保项目，必须熟悉招标保险项目投标的每一个环节。财产保险投标的步骤一般包括投标前的准备工作、投送保险投标文件、竞标三个环节。

1. 投标前的准备工作。投标前的准备工作主要包括如下四项。

（1）收集保险投标信息。收集保险投标信息即在公开招标方式下，通过国家指定的报刊、信息网络或者其他媒介发布的招标公告，及时准确地掌握国内外保险招标信息，并对招标信息进行甄别筛选，确定公司的投标项目。选定投标项目后，保险投标人即着手进行具体投标资料的准备，这些资料包括保险投标项目资料、公司内部资料和竞争对手资料。

一般而言，保险投标项目资料越全面，投标书制作越合理，中标可能性就越大。例如，对于工程保险招标项目，投标公司既要调查招标机构对采购工程保险的要求，如投保工程的风险保障范围、保险费率的上限、保险赔偿方式、保险费的支付条件等；又要了解并掌握投保工程的性质、范围，施工场地的位置，排水、供电、通信条件、工程的设计等相关资料。保险公司内部资料是指投标公司自身情况的资料，这类资料主要用于招标单位要求的资格审查。保险公司内部资料主要包括公司人员、资产负债表和公司财务状况，公司过去承保或理赔相同或相关保险项目的情况，公司各项规章制度、注册文件，公司的各项证明文件等。竞争对手资料是指也准备参加该保险项目投标的保险公司的有关资料，掌握竞争对手的情况是公司投标能否成功的重要因素。投标公司需对本行业中所有参加过投标竞争或此次可能参加投标竞争的公司有所了解，建立竞争对手档案，包括历次招标中本行业公司投标人数目，每个公司的投标经历，竞争对手的经营情况、承保能力、承保及理赔技术水平等方面。

（2）确定参加投标人员。投标人员要经过特别选拔，一般由保险营销、保险精算、核保理赔、保险律师和管理等各方面的人员组成。这些人员可以从本公司内部抽调，在需要的情况下，还可以从公司外部聘请。投标人员组成的投标小组受投标报价经理领导，其责任是负责投标的组织、投标书的制作、报价的确定和调整等工作，小组成员按专业分工履行职责。

（3）保险投标定价。投标价格的制定是整个保险投标的关键，投标价格的高低直接关系到保险投标的成败，并且对中标后的经营盈亏有着重要的影响。保险投标人报价的目的是在中标的基础上获得最大利润，但报价的高低受中标率、投标公司未来效益、竞争人数和竞争者投标条件的影响。投标人为了追求较高的中标率，须将报价利润限制在一个较低的范围内，但过低又影响未来收益，投标人应该通过寻找未来收益最大值来确定报价的高低。当中标可能性较大时，可以把报价适当调高；当投标竞争人数增加时，中标可能性就小，报价利润可适当调低；当出现一个或数个强有力的竞争对手时，报价也要相应降低。一般地，在承保及服务等保险条件相同的情况下，招标方必然将保险合同授予标价最低者。总之，投标公司的报价高低必须根据竞争人数、竞争对手的报价情况而涨落，以保证最佳的中标概率和最佳的未来收益。

（4）制作保险投标书。投标书即投标文件，是投标人正式参加投标竞争的证明，是承保人向招标方发出的书面报价。投标文件既是招标方考核投标保险公司的承保实力、组织管理水平，确定投保项目价格和确定中标单位的主要依据，又是保险公司中标后组织承保、防灾防损等保险管理的重要文件。投标人承保的质量及竞争能力的大小全部体现在保险投标书中。

保险投标书一般包括投标证明文件和编制的投标文件两大部分。投标证明文件主要包括投标授权书、公司营业证书、公司章程、管理人员名单、资产负债表、再保险机构证明、投标保证金及以往相关保险业务的证明材料等；编制的投标文件是指保险投标人对招标项目的保险保障范围、保险费率、保险服务承诺等问题的详细说明。在制作保险投标书时，一方面要保证投标书符合招标机构对格式、内容等的要求；另一方面要反复审核保险费率、保险费等数据以确保准确无误。此外，投标文件要保证外观整洁，并用统一规格的纸张和精致的文件夹装订成册。

2. 投送保险投标文件。全部保险投标文件编制好后，经校核并签署，投标人将文件依据招标须知的规定，按统一的规格进行分装、密封，并按要求写明收标单位，在投标截止日期之前，送到或寄到招标机构指定的地点，并取得收据。使用邮寄方式时，应考虑邮件的在途时间，确保投标文件在截止日期之前到达。

3. 竞标。开标后，保险投标人为成为中标人而进行竞争称为竞标。在保险招标中，投标人通过公开开标这一程序可以得知众投标人的报价、保险保障范围、保险服务承诺以及保险费率的高低名次。在保险招投标中，低费率并非中标的主要决定因素。只有经过招标机构反复评审，综合多方面因素，方能最后确定中标人。保险投标人可以利用这一时机，施展竞标手段，转变其标书中的不利因素，提高中标机会。

投标保险公司在经过上述步骤后是否能够中标，还需要由评标专家、招标人、中介机构等组成的评标小组对保险投标人的竞标进行评标。评标一般分初评和复评，在初评阶段往往要确定若干中标候选人，通过中标候选人的再竞标情况进行复评。在复评阶段，评标小组成员以匿名方式投票确定最终中标的保险公司。无论是初评还是复评，评标的过程必须遵循公开、公平、公正的原则。

第三节 财产保险防灾防损

一、财产保险防灾防损及其意义

财产保险防灾防损，是指在财产保险运行过程中，保险人自己采取措施或者促使被保险人采取相应措施，消除或减少风险发生的因素，防止或减少风险损失，降低保险成本，提高经济效益的行为。

财产保险防灾防损作为保险经营环节之一，对于社会、企业和个人，以及保险公司自身都具有十分重要的意义。

1. 能减少社会财富的损失，提高财产保险的社会效益。财产保险的基本职能是进行经济补偿。财产保险人的责任在于，当被保险人的投保标的物发生了保险责任范围内的损失时，保险人应该给予经济补偿，使被保险人能迅速恢复生产或安定生活。但是，从社会角度看，经济补偿仍然是消极的，社会财富的损失虽然可以通过保险给予经济补偿，但物质损失毕竟是无法挽回了。尽管不排除财产保险承保人开展防灾防损的目的是为了自身的经济效益，但财产保险防灾防损通过一些防灾防损措施，避免灾害事故的发生或减轻灾害事故所致的财产损失程度也是毋庸置疑的。因此，通过财产保险的防灾防损，可以减少社会财富的损失，保障财产安全，实现财产保险的社会效益。

2. 有利于降低赔付率，提高保险企业的经济效益。自然灾害、意外事故造成社会财富的损失，只要属于保险责任范围，保险人就要支付赔款。灾害事故发生的次数越多，损失程度越多，保险公司的赔付率就可能越高。因此，保险人加强防灾防损，可以在减少社会财富损失的同时，减少自身的赔款支出，降低保险经营成本和赔付率，提高保险企业的自身经济效益，以更低的费用为被保险人提供更优惠、更充分的服务。

3. 有利于降低保险费率，刺激保险需求。根据保险标的的出险频率和损失程度等确定的保险额损失率，是保险费率的主要制定依据。通过保险的防灾防损活动，可以降低风险损失发生的概率，减少风险所致的损失程度，进而减少保险赔款支出，为保险人降低保险费率创造有利条件。因此，搞好财产保险的防灾防损工作，可以在一定程度上减轻投保人的保费负担，刺激投保人对财产保险的自然需求，增大有效需求，并进一步刺激保险人增大供给量，扩大承保面，促进财产保险业务的发展。

二、财产保险防灾防损的措施

财产保险的防灾防损，主要包括预防和抑制灾害损失两大措施。

1. 预防灾害损失，降低损失发生的频率。财产保险进行防灾防损，首先必须采取预防措施，以消除或减少灾害损失发生的原因，降低损失频率。如为蔬菜、瓜果等保险标的喷打农药就属于预防措施，这样能减少病虫害的发生。又如，接到洪汛通知后及时转移保险财产到安全地带，这也属于防损措施。预防措施一般采取于灾害损失发生之前。

2. 抑制灾害损失，减轻损失程度。在采取预防措施后，如果仍然发生了不幸事故，就需要进入防灾防损的第二个环节，即采取抑制措施。抑制措施就是直接面对风险采取措施，以控制灾害的扩大，减轻受损程度。换言之，抑制措施也就是通常所说的施救、整理、保护措施。例如，遇上旱灾，保险公司与气象等相关部门联合开展增雪、增雨作业，以有效缓解旱情，保证农作物的生长，避免或控制旱灾对农作物造成的损失；遇上冰雹灾害，可以根据实际情况，在冰雹即将发生的“重灾区”进行人工防雹作业，以减轻或抑制雹灾带来的损失。

为鼓励被保险人采取抑制措施防灾防损，保险公司通常对被保险人因施救、整理、保护所支付的合理费用予以补偿，但保险公司的补偿以保险金额为限。

抑制措施一般采取于灾害损失发生过程中或发生后，重点在阻止损失蔓延，减轻损失程度。

三、财产保险防灾防损的基本方式

财产保险防灾防损的基本方式主要有三种，即合同方式、法律方式及技术方式。其中，合同方式和法律方式主要是国家乃至保险人促使被保险人防灾防损的方式，而技术方式则主要是指保险人自己围绕防灾防损的有关技术而采取的方式。

（一）合同方式

合同方式是世界保险业进行防灾防损普遍采用的重要方式。在财产保险合同条款中，一般都规定被保险人有安全管理及施救、整理、保护等义务，并规定被保险人若不履行条款规定的有关义务，保险人有权拒绝承担赔偿责任或终止保险合同，这种规定以合同形式促使被保险人在保险期间搞好防灾防损，既保证了保险人的合法权益，又有助于实现防灾防损的社会效益。在财产保险合同签订时，保险人通常根据被保险人的风险防范情况确定适用的保险费率，即为促进防灾防损工作，保险人一般对重视防灾防损工作、有较健全的防灾防损的组织措施、配备了先进的防灾设施的被保险人或者是防灾先进单位，收取较低的保险费，反之，则收取较高的保险费。在财产保险合同续保时，对保险期限内无事故的被保险人，保险人应该实行无事故保费优待，这样既可以鼓励被保险人续保，又能从费率上刺激被保险人重视保险标的的安全、减少风险损失的发生。

（二）法律方式

法律方式是指通过国家颁布有关的法律规定来保证财产保险防灾防损的实施。

法律是国家依照立法程序规定，强制保证执行的行为准则。涉及财产保险防灾防损的法律规定，主要是指保险法律、法规、部门规章及其相关经济法规。如我国《保险法》第五十一条规定：“被保险人应当遵守国家有关消防、安全、生产操作、劳动保护等方面的规定，维护保险标的的安全。保险人可以按照合同约定对保险标的的安全状况进行检查，及时向投保人、被保险人提出消除不安全因素和隐患的书面建议。投保人、被保险人未按照约定履行其对保险标的的安全应尽责任的，保险人有权要求增加保险费或者解除合同。保险人为维护保险标的的安全，经被保险人同意，可以采取安全预防措施。”

（三）技术方式

技术方式是指财产保险公司专门设立防灾防损部门，专职从事防灾防损的技术工作。财产保险防灾防损部门的基本职责包括如下几点：

1. 专门从事财产保险防灾防损的技术研究。保险防灾防损部门要对长期的风险损失资料进行收集、整理、归类，研究风险事故发生的规律，分析损失发生的时间、地点、原因及程度等，开展灾害损失风险评估，建立灾害损失风险数据库和灾害风险管理模型，同时运用各种减灾手段，加强防灾防损的工作，确定财产保险防灾防损的工作重点，克服防灾防损工作的盲目性，为搞好防灾防损提供技术依据。例如，防灾防损部门从公司历年承保的保险标的发生自然灾害和意外事故的一般规律和特点入手，在分析历年火灾、爆炸、暴风和暴雨等事故发生的时间、损失的范围和赔款金额的基础上，不断摸索防灾工作的基本规律，并提出言简意赅、具体实在、可操作性强的防灾防损建议。

2. 在承保前进行风险评估，承保后指导防灾防损，出险后做技术鉴定，以减少事故的发生和不合理的赔款。例如，在灾害来临前，尽快、尽早地上门服务，通知保户做好防灾工作，如转移财产等，或通过发电传和手机短消息，及时预报灾害信息，使保户在灾前做好充分准备，把损失降到最低限度。

3. 保险防灾防损部门要向理赔人员提供技术援助。在发生灾害事故时，防灾防损人员应该及时到现场，从技术上协助财产保险理赔人员确定出险的原因及损失程度等情况，并总结经验教训，提出今后保险人防范风险的建议。

四、财产保险防灾防损的具体内容

（一）加强同社会防灾部门的联系与协作

保险人应建立健全横向协调机制，主动与政府各职能部门密切联系，特别是要与应急、公安、消防、卫生、法律、民政、气象等社会防灾部门建立制度化的合作，整合资源，实现信息共享，从而形成一个强大的社会化防灾防损的网络体系，避免和降低灾害对社会的损害。保险人还应协调保险行业协会建立风险监控网络体系，对防灾防损工作的最新信息予以通报，加强信息的交流和沟通，使保险人能够及时了解防灾防损工作的最新动态，也可以使保险人更有针对性地开展工作。同时将有灾害隐患而又拒不整改的客户在行业内予以通告，以防范全行业的风险。此外，作为社会上专门从事风险管理的主体，保险人还可以利用自身的信息及技术优势，为社会提供各种防灾防损服务，如风险咨询服务、灾情信息服务和安全技术成果推广服务等。

（二）提取防灾基金

保险人应按保费收入的一定比例提取防灾基金，作为财产保险防灾防损的专项费用，资助有关部门开展防灾防损工作，用于添置防灾防损设备或安全奖励等。这是防灾防损工作最有实际成效的重要措施之一。防灾专项基金使用的原则应该是先急后缓，突出重点，统筹安排。具体而言，一是用于重大事故隐患的整改。对投保单位存在的危及安全的重大隐患，又确因资金问题无力整改的，承保公司可以利用防灾基金给予适当的补助，以济急需。二是用于防灾宣传。除了承保公司自身的防灾防损宣传支出外，还可以拨给消防、交通、治安、劳动、卫生等安全监督机关一定的防灾基金，由其宣传或进行有关安全人员的业务、技术培训。三是用于购置必要的防灾防损设备。如有计划有重点地添置一部分检查仪器和特种车辆，为投保单位添置一些必要的防火、灭火器材等。例如美国的一些财产和责任保险公司，为搞好防灾防损，减少社会财富的损失，扩大保险公司的影响，对相关单位资助了汽车和高速公路的安全设计。四是用于奖励在防灾防损工作中作出突出成绩的先进单位和个人。

（三）进行防灾防损宣传、咨询工作

保险人应该大力宣传普及防灾防损知识，通过开辟报纸、网站专栏，送保险防灾防损知识影片、书籍活动，加强与保险消费者及社会防灾防损部门合作等多种方式，不断丰富和完善保险消费者防灾防损教育的形式和内容。同时，发挥行业协会宣传委员会作用，整合行业宣传力量，广泛开展社区性防灾防损宣传、咨询活动，编辑发放防灾防损知识手册，加强防灾防损宣传。同时，在保险展业时，更应强化防灾防损的宣传。既要宣传保险防灾防损的工作和所能提供的安全管理服务，使社会各界意识到保险不仅具有经济补偿职能，还能发挥防灾防损作用，改善保险在社会中的形象；又要宣传被保险人防灾防损的义务，使被保险人明了权利与义务对等的原则，增强对保险标的安全管理的责任心，充分履行自己的应尽义务；还要宣传防灾防损的基本常识及有关的安全法规、法令，以更好地防范风险，提高对防灾防损的认识，并能采取有效措施减少灾害事故造成的损失。总之，保险人应根据不同时期的不同特点，研究制订其宣传计划，并使这项工作制度化，保持工作的连续性。

（四）进行防灾防损措施和安全管理制度的全面检查，提出整改建议

在承保时和承保后，保险人要对保险标的进行检查，了解和熟悉被保险人的基本情况，如保险标的所处的位置、面临的风险状况，被保险人防灾防损的措施、设备，各项安全制度的制定与执行情况等。在检查中，若发现不安全因素和事故隐患，保险企业要向被保险人提出及时整改的建议（如对高层建筑建议安装自动喷水灭火装置）。整改建议应摘录存档，并在提出整改建议后予以复查，确保保险标的安全。保险企业应尽可能通过整顿措施的提出和实施，使一些本来不合格的业务变为可能接受的业务，扩大承保面，消除事故隐患，减少保险财产的损失。

总之，财产保险的防灾防损工作具有十分重要的意义，保险人必须强化这项工作，并将其贯穿于保险经营的各环节。只有真正重视并切实实施防灾防损，建立一套保险人规范运作、投保人严格自控的防灾防损体系，有效地控制风险，才能实现保险业经济效益和社会效益的统一。

第四节　财产保险理赔

一、财产保险理赔及其意义

财产保险理赔是指财产保险公司对被保险人提出的索赔要求，根据保险合同进行处理的行为。

财产保险的理赔工作是财产保险运行的重要环节。在开展查勘定损理赔工作中，保险人应坚持最大诚信原则、公平原则和补偿原则，做到主动、迅速、准确、合理理赔。主动就是要求保险理赔人员对出险的案件，要积极、主动地进行调查、了解和查勘现场，掌握出险情况，进行事故分析，确定保险责任。迅速就是要求保险理赔人员查勘、定损迅速、不拖沓，抓紧赔案处理，对赔案要核准，赔款计算案卷缮制要快，复核、审批迅速，使被保险人能及时得到赔款。准确就是要求从查勘、定损到赔款计算，都要做到准确无误，不错赔、不滥赔、不惜赔。合理就是要求在理赔工作过程中，要本着实事求是的精神，结合具体案情准确定性，坚持按合同办事。优质的理赔工作对加强保险经营管理，提高保险公司的信誉，实现保险经济效益和社会效益具有双重意义。一方面，理赔工作做得好，被保险人的损失才可能得到应有的补偿，保险的职能作用才可能发挥，社会再生产的顺畅运行和人民生活的正常安定才可能得到保障，保险公司的信誉才可能提高；另一方面，通过保险理赔，可以检验承保业务的质量，暴露防灾防损工作中的薄弱环节，便于保险公司进一步掌握灾害事故发生的规律，总结和吸取经验教训，进一步改进和提高保险公司的经营管理工作。

二、财产保险的报险与索赔

（一）报险

保险事故发生后，财产保险的投保人或被保险人应及时通知保险人。出险后及时报案是我国《保险法》第二十一条规定的投保人或被保险人应该履行的义务，目的在于使保险人能够及时对灾害事故及损失情况进行调查取证，准确确定保险赔偿责任，避免被保险人隐匿或销毁证据。同时，便于保险人及时采取措施，防止保险财产损失的扩大。

报险可以采取口头形式，也可以采取书面形式。既可以通过电话、电脑端、微信等报险，也可直接到保险公司或代办点报案。保险合同规定以书面形式报险的，则必须用书面形式通知保险人或其代理人。投保人或被保险人的报险是保险人核赔的依据。报险时，投保人或被保险人应向保险人明确出险的时间、地点、原因及损失程度等有关情况。

为了维护保险人的合法权益，我国的《保险法》第二十一条规定，投保人、被保险人或者受益人知道保险事故发生后，应当及时通知保险人。故意或者因重大过失未及时通知，致使保险事故的性质、原因、损失程度等难以确定的，保险人对无法确定的部分，不承担赔偿或者给付保险金的责任，但保险人通过其他途径已经及时知道或者应当及时知道保险事故发生的除外。

保险公司的财产保险合同条款一般也都明确规定，投保人或被保险人未履行出险通知义务以致损失扩大的，保险人有权拒赔或减少对被保险人的赔款。

（二）索赔

财产保险的索赔是指被保险人在保险事故发生造成保险财产及其有关利益损失时，请求保险人赔偿保险金的意思表示。

按我国《保险法》的规定，财产保险索赔的权利人只能是被保险人。被保险人在财产保险合同中既是保险事故发生时遭受损失的人，又是享受保险合同保障的人。财产保险合同的被保险人在保险期限内死亡，保险索赔权由其法定继承人行使。

在财产保险中，被保险人向保险人索赔的主要程序如下：

1. 提出索赔请求。被保险人在得知保险标的在保险期限内遭受保险风险导致损失后，应在保险索赔时效内，向保险人提出损失赔偿请求。按照我国《保险法》第二十六条的规定，财产保险的被保险人对保险人请求赔偿保险金的权利，自其知道或者应该知道保险事故发生之日起二年不行使而消灭，即财产保险的索赔时效为二年。

2. 采取必要措施减轻损失。保险事故发生后，被保险人采取必要的合理措施减少保险事故的损失，是被保险人的应尽的法律义务。被保险人为防止或者减轻保险标的的损失所支付的必要的、合理的费用，由保险人承担。保险人所承担的费用数额在保险标的损失赔偿金额以外另行计算，但最高不超过保险金额的数额。

例如，某油漆厂熬油漆的锅正处于工作状态时，仪表突然失灵，炉温因此快速上升，此时如果任其发展或只用一些辅助的、不能立即奏效的方法进行处理，就难免出现恶性爆炸事件。在极端危急状态下，工作人员发现后，为防止油漆锅爆炸造成更大的损失，当机立断向锅内投入了冷却剂。炉温降下来了，爆炸避免了，但锅内的半成品却报废了。按保险合同条款规定，在发生保险责任范围内的灾害事故时，为抢救或防止灾害蔓延，采取必要措施而造成的保险财产损失，保险公司予以负责。该案中投入油漆锅内的冷却剂和报废了的半成品，应属于因采取必要施救措施而损失的保险财产，保险公司应在保险金额范围内承担赔偿责任。

3. 接受查勘检验。保险事故发生后，被保险人有义务保护现场，并有义务协助保险人、保险公估人等查勘现场。保险人和被保险人可以聘请依法设立的独立评估机构或具有法定资格的专家，对保险事故进行评估和鉴定，上述机构、专家出具的查勘报告书是被保险人索赔和保险人理赔的重要依据。被保险人应接受并尽力协助查勘检验，以便准确确认保险事故发生的时间、地点、原因、损失程度等。

4. 提供索赔单证。财产保险的被保险人索赔时，应该向保险人提供其所能提供的与确认事故的性质、原因、损失程度等有关的证明和资料。如保险单或保险凭证，已支付保费的凭证，账册、收据、发票、装箱单、运输提单、邮单等有关保险财产的原始单据，保险公估人等有关机构、专家出具的保险事故证明及损失结果证明，索赔清单等。

需要注意的是，投保人、被保险人的报险索赔必须真实，否则将承担相应的法律责任。我国《保险法》第一百七十四条、第一百七十九条明确规定，投保人或被保险人为骗取保险金进行保险欺诈活动，尚不构成犯罪的，依照国家有关规定给予行政处罚，构成犯罪的依法追究其刑事责任。显然，以上法律规定对减少报险索赔中的道德风险，惩处保险欺诈行为，稳定财产保险经营具有重要意义。

三、财产保险的现场查勘

财产保险的现场查勘是保险人理赔的重要环节，是掌握出险情况、处理赔案的重要依据。现场查勘的主要程序是调查出险情况，施救整理和保护受损财产，处理损余物资，核算实际损失等。

（一）调查出险情况

1. 调查出险地点。财产保险的各险种在现场查勘时，都必须认真调查核实出险地点是否与保单要求的地点相符，以确认出险地点的受损财产是否是保险标的或确定是否属于保险人赔偿的责任范围。如团体火灾保险按账面金额全部投保的，凡是属于投保单位账面上的财产，不论存放何处，原则上保险人都应负责，但要查明这些财产是在该单位的仓库、车间，还是加工单位。对按科目投保或估价投保的，若出险地点与投保单位的地址不符，保险人就应该在查明受损财产是否投保以及地址不符的原因的基础上，根据实际情况进行处理。

2. 调查出险时间。财产保险的保险单对保险责任起讫时间都有明确的规定，而且除货运险外，保险期限的规定已具体到起止的年、月、日、时。因为保险期限是确定保险责任的重要时间依据，保险标的出险后，理赔人员现场查勘时必须准确查明出险时间是否在保险责任有效期以内，对出险后才投保或期满后未续保而出险的，保险人不负赔偿责任。保险人对保险起保日或期满日前后出险的，或未及时报案事后补报的，要特别慎重核实，以避免道德风险。对财产保险出险时间的调查，要多方反复了解取证，事故现场的目击者、发现者及附近的群众、投保人所在的单位等，都可以作为调查取证的对象，不能仅听被保险人的一面之词。出险时间的确定应力求准确无误。

3. 调查出险原因。保险人要调查出险的原因是否与被保险人出险通知书上申报的原因相符，搞清楚事故是起源于偶然因素，还是第三者因素所致，或是被保险方的有意促成。如果经调查出险的原因在于投保人或被保险人等有意促成，则属于道德风险的范畴，保险人不予赔偿。如果经调查是第三者因素所致的保险事故，还应该实行代位追偿。如果事故是由于偶然因素引起，就需要进一步调查此偶然因素是否为保险风险。是保险风险引起的损失，保险人应该赔偿。是不保风险或除外责任引起的损失，保险人不负赔偿责任。如保险条款规定火灾损失是保险责任，地震损失是除外责任，则地震引起的火灾所致保险财产的损失，保险人有权拒赔，因为此例中造成保险财产损失的近因——地震是不保风险，根据近因原则，保险人有权拒赔。

需要注意的是，在出险原因尚未调查清楚以前，理赔人员切忌主观武断或草率地断定是否属于保险责任，以免错赔。遇到出险原因难以确定时，要反复调查取证，不要急于下结论。必要时，可请有关部门或专家协助调查分析。

总之，保险人应主要从出险的地点、时间及原因等方面调查出险情况。

（二）施救、整理和保护受损财产

保险理赔人员到达出险现场后，如果灾情仍在蔓延，应立即会同被保险人及公安交警、消防等有关部门共同研究，并采取紧急措施进行救助，尽量减少损失。如火灾对保险财产已构成威胁，就应该及时、有组织、有领导地将物资疏散到安全的地方，防止被火灾波及，并派专人看管疏散物资。如果灾情已经控制，保险理赔人员在完成拍照录像、现场记录等工作后，应督促并协助被保险人立即清理受灾现场，共同研究整理和保护受损财产的措施，防止损失加重。财产保险承保的主要风险是火灾，在火灾后除直接烧损外，大部分是受水渍的损失，保险人对不同种类、品质的物资，要采取不同的处理方式。如应将易燃易爆物品与普通物品分开堆放；对有防水包装的物资与没有防水包装的物资应区别对待，优先处理容易受损的没有防水包装的物资；米、面粉等粮食经水渍后极易膨胀、发热、发酵、发霉等，应依靠粮食管理部门、酿造厂、饲料厂等进行整理拣选、烘燥处理；五金工具类遭水渍后应及时擦干、涂油，以免变色、锈坏；电动机等遭水渍要进行烘燥处理，否则使用时会引起短路等事故。

（三）处理损余物资

保险人在处理损余物资时，要坚持物尽其用的原则，应根据损余物资的可利用程度，实事求是、合情合理地作价折归被保险人。对不需要加工或一时不能处理、修复的受损财产，可以双方协商折价归被保险人自行处理。对能及时加工整理或修复的受损财产，可在修复整理后折价归被保险人，保险人负责有关费用。对受损财产有残值被保险人自己又无法利用的，可以共同协商转售给其他单位，但受损的药品或食物须经卫生防疫部门检验后才能出售。折价没有把握的，可先采取试销的办法，根据试销情况，再合理折价。如被保险人确实无法自行处理或作价过低时，保险公司可收回处理。未经保险公司同意，被保险人不得自行削价出售。对较复杂带有技术性的损余处理，可请有关部门技术人员鉴定。总之，对损余物资的作价要力求公平合理，共同协商，在适当照顾被保险人利益的同时，尽量充分利用受损财产。

（四）核算实际损失

保险理赔人员要根据被保险人提出的索赔清单、财产损失清单所列的各项财产损失金额、费用及原始单证，逐项认真调查、核实损失数额和损失程度，为计算赔款提供依据。对不同的险种，核算实际损失的方法不同。如按个体工商户财产保险条款承保的个体工商户财产，核算损失数额的难度较大，因为此类财产一般缺少明细账册，只有流水账，且多与实物存放一处，可能与财产一起受灾损毁掉，因此，在核损时要充分做好调查工作，广泛收集周围群众的意见，了解损失情况，并可通过盘存未受损财产数额，再以保险金额倒扣的办法确定损失额。又如对大面积出险的种植业保险，应充分依靠党政部门和群众，有组织、有领导地进行，可以组成由乡镇领导、村委会代表、农业技术员和保险公司代表组成的理赔核损小组，实地查勘保险标的的损失情况，尽量避免同一家一户的群众单独处理确定损失。

四、财产保险的责任审核

现场查勘结束后，保险人应根据查勘报告和有关单证进行责任审核。

（一）审定保险责任，明确赔偿范围

保险人进行责任审核，必须对损失清单、各项单证和查勘结果进行认真的审查核实，在确定各种单证的有效性和可靠性的基础上，对以下内容进行审核，以认定保险责任：（1）被保险人的损失财产是否是保险标的；（2）被保险人申报的出险时间和地点是否与查勘实际相符；（3）出险的真实原因是否属于保险风险；（4）保险财产的实际损失程度如何等。审核后确认为保险责任事故的，保险人应予赔偿。而对于未保、漏保或保险期满后未续保的财产损失、灾前残损残次的商品等，保险人不承担赔偿责任。

（二）核定施救等费用

为了减少保险财产的损失，我国《保险法》及财产保险条款都规定：在发生保险事故后，被保险人为抢救保险财产而进行施救、整理和保护工作支付的必要的、合理的费用，保险人负责赔偿。因此，保险人责任审核的内容也就扩大到了审核施救等费用是否必要、合理。

保险人正确核定施救等费用，必须分清已发生和未发生的灾害事故界限，分清必要与不必要的费用，分清直接与间接用于救助保险财产的费用，分清费用支出是否取得实效等。例如，若洪水已发生或确有波及可能，被保险人对保险财产的紧急抢救及搬动费用，由保险人负赔偿责任；若洪水并未波及，事前事后移动保险标的所支出的费用，保险人一般不予负责。如被保险人使用自己的消防设备抢救他人财产而发生的施救费用，保险人衡量赔偿与否的标准是火灾有无波及自身保险财产的可能。可见，保险人支付施救、整理、保护费用，应以发生保险责任范围内的事故为前提，以减少保险财产的损失为目的，以必要、合理为限度，既要避免增大不必要的施救，又要防止赔付过严影响防灾减损。

（三）妥善处理疑难案件

对疑难案件，如确属人力无法抗拒的灾害事故，发生原因又较复杂，条款上亦无明确规定可依的，应实事求是地处理，既不违背条款精神，又要从有利于生产经营出发，认真分析事故的性质、原因及可能产生的影响，权衡利弊，妥善处理，不得草率行事。

五、财产保险的赔偿处理

保险人完成现场查勘和责任审核工作后，对不属于保险责任的，应当在法律规定的期限内向被保险人发出拒绝赔偿保险金的书面通知并说明理由；如果确认属于保险责任，就可以在前面核定的损失额的基础上确定赔偿金额。

在财产保险中，保险赔偿方式主要有四种：比例赔偿方式、第一危险赔偿方式、限额赔偿方式和免责限度赔偿方式（参见本书第二章第三节）。保险理赔人员通常根据不同险种的具体要求，按保险赔偿方式计算出保险人的赔款额。

保险人支付赔款的方式一般有两种：

第一种，对已明确确定了赔款金额，又没有未了事项的，保险人应尽快一次性地全额支付赔款。按照我国《保险法》第二十三条的规定，保险人在与被保险人达成有关赔偿协议后十日内，应当履行赔偿保险金义务。

第二种，对已明确属于保险责任范围，但核赔手续未办妥或尚未核定具体的赔款额的案件，应该对被保险人预付赔款，以及时补偿被保险人的经济损失，尽快恢复生产经营和生活。我国《保险法》第二十五条以法律条文的形式予以保证："保险人自收到赔偿或者给付保险金的请求和有关证明、资料之日起六十日内，对其赔偿或者给付保险金的数额不能确定的，应当根据已有证明和资料可以确定的数额先予支付；保险人最终确定赔偿或者给付保险金的数额后，应当支付相应的差额。"

保险人在赔偿处理时，必须遵守主动、迅速、准确、合法的理赔原则，保障被保险人的合法权益。

此外，赔偿处理时应注意第三者责任的追偿问题。如果是因为侵权的第三者的过错行为使保险财产受到损失的，保险人因为保险事故的发生已经对被保险人履行了义务，则被保险人应当将对第三者的追偿权转让给保险人，并协助保险人向第三者追偿，保险人在赔偿金额的范围内向第三者行使代位追偿权。

六、财产保险理赔纠纷的处理

如果保险人的理赔结果不能为被保险人所接受，保险双方在保险责任的归属及赔偿数额等问题上意见不一致，就会发生理赔纠纷。从财产保险业务经营实践来看，发生纠纷的案件绝大部分都是在理赔环节中发生的。

当理赔纠纷是由于合同条款用语不明确，或保险双方对合同条款的解释、理解不同而引起时，应该按照保险合同解释的原则，即文义解释、意图解释、疑义利益解释等原则进行处理。

保险双方发生理赔纠纷时，应当首先通过协商解决问题；如果双方协商不成，可以通过仲裁或诉讼方式解决。当事人向仲裁机关申请仲裁解决时，争议双方应当达成仲裁协议，没有仲裁协议时，任何一方均可向人民法院起诉，通过诉讼程序解决争端。

【知识链接】

某保险公司发给某物流公司的防灾防损函

夏日将至，我公司服务中心提醒贵公司做好防灾防损工作，具体注意事项如下：（1）防火：请勿将易燃易爆物、胶质物品、塑料制品等遇热易变形、变质物品随意堆积或露天堆放，防止引起火灾、爆炸等事故。（2）防水：请检查建筑物、财产用电线路是否安全，通水管道、消防设施、避雷针等建筑设施是否完好，财物是否处于低洼、临河位置，请根据相关状况做好预防工作，防止洪涝灾害造成财务损失；夏季汛期露天堆放物品请做好转移或保护措施，避免被雨淋引起受潮、霉变等损害。（3）防其他意外。如司机朋友多雨季节请慢行、高温天气请注意避暑，同时避免汽车被暴晒引起自燃；酒后请勿驾车！

【复习思考题】

一、名词解释

财产保险运行　展业　核保　保险代理人　保险经纪人　保险招投标　防灾防损　理赔　索赔

二、比较题

1. 试比较财产保险与人身保险业务运行的异同。
2. 试比较保险代理人与保险经纪人的异同。

三、问答题

1. 财产保险展业应当注意哪些问题？
2. 简述核保的主要内容。

3. 有人说："保险防灾胜于保险理赔。"你对此有何评价？

4. 简述理赔的程序和要点。

四、实务题

某市某公司投保的一辆进口轿车，在黄河公路大桥上行驶时，因下雨路滑，冲坏桥栏坠入黄河。该公司先后三次雇用吊车起吊，前两次分别使用5吨和10吨吊车，不料均因淤泥过多，吊车起重力不够而未能成功，最后雇用了20吨吊车才将轿车吊出黄河。在这起意外事故中，该公司三次雇用吊车的费用近20 000元。问此案中保险公司是否应承担该投保公司三次雇用吊车所花费用的赔偿责任？理由何在？

第六章
财产保险再保险

【学习目标】

学习本章时，应了解再保险的概念、特征与作用，熟悉并掌握临时再保险、合同再保险、预约再保险的合同安排方法，以及比例再保险和非比例再保险的各类业务安排方法和技术。

第一节　财产保险再保险概述

一、财产保险再保险及其特征

再保险是保险人直接保险业务经营的重要环节和经营内容，它是财产保险承保人扩展直保业务承保能力并对其进行风险管理的不可缺少的工具。

再保险亦称分保，是财产保险承保人在原保险（直接保险）合同的基础上，通过签订再保险合同，将其承担的风险和责任，部分转嫁给其他保险人的经营活动，又称为“保险人的保险”。接受风险责任转嫁的一方叫再保险人或分保接受人或分入人，向再保险人转嫁风险责任的一方叫原保险人（直接保险人）或分保分出人。财产保险的再保险业务同财产保险直接保险业务一样，都是对财产保险风险和责任的承担、分散和转移。再保险合同与原保险合同在权利、义务等方面也有许多雷同之处，特别是再保险合同与原保险合同所适用的保险原则，如保险利益原则、最大诚信原则和损失补偿原则等均具有一致性。

然而，财产保险再保险（以下简称财产再保险）也有自己的一些特点。

首先，再保险与原保险转移风险的层次不同。尽管再保险和原保险都是对保险风险的分散和转移，但原保险是对保险风险的第一次分散和转移，承担该风险分散和转移的责任主体是直接承保被保险人的财产损失风险的保险人。财产再保险是在原保险分散风险的基础上对财产保险风险的第二次分散和转移，它对风险的分散和转移更广泛，承担风险分散和转移的责任主体是再保险人。

其次，再保险是独立的保险业务，再保险合同是独立于原保险合同的合同。再保险虽然是在原保险的基础上产生的，且与原保险业务有连续性，但再保险合同却是独立于原保险合同的合同。原保险合同存在于保险人与被保险人之间，是制约和规范保险人与被保险人关系的直接法律依据；而再保险合同仅存在于原保险人与再保险人之间，是制约和规范原保险人与再保险人关系的直接法律依据，再保险合同与原保险的被保险人无关，对被保险人不负任何义务和责任。原保险人的保险业务是否需要再保险，完全由原保险人根据自己对风险责任的承受能力、所承担风险责任的性质和自身经营状况来决定。原保险合同的效力也不因再保险合同而受影响。被保险人发生保险事故时，投保人对再保险人没有索赔权；反过来，再保险人也不能向投保人要求交付保险费。当再保险人不履行赔偿义务时，原保险人不能以此为理由拒绝或迟延履行对被保险人的索赔义务。

再次，再保险双方当事人具有共同利害关系即共命运关系，利益共享，风险共担，分出人有损失，分入人也要分担，分出人有盈利，分入人也会赚钱，因而具有合作性质；而原保险双方当事人的利益是不一致的，被保险人一方获得赔款或给付，保险人一方必然发生支出（遭受损失）甚至亏损。

最后，财产再保险的标的仅仅是财产保险直接业务的承保人承担的责任，具有保险责任一致性与保险责任连续性，因而财产再保险合同都是补偿性合同。

二、财产再保险的承保人

财产再保险的承保人是指接受分保业务的再保险人。再保险人作为再保险的供给者，主要有三种组织形态。

1. 专业再保险人。专业再保险人即依法设立的专门从事再保险业务的保险公司。这类公司本身不从事直接保险业务，而只是从原保险公司那里接受分保业务；同时，亦可以将接受的分保业务再向其他再保险人转分保。包括我国在内的一些国家的专业再保险公司，还通常按照业务性质被划分为财产险再保险公司与人寿险再保险公司，国际上著名的专业再保险公司有慕尼黑再保险公司、瑞士再保险公司、通用科龙再保险公司等。

2. 兼营再保险人。该种再保险公司并非专业再保险公司，而是指能够接受再保险业务的原保险公司。一般而言，经营财产保险业务的公司（如中国人保财险公司、中国太保财险公司、中国平安财险公司）都能够同时经营再保险业务，它们既可以将自己承保的直接业务分给再保险公司或其他保险公司，也可以直接接受其他保险公司的财产保险分保业务。

3. 再保险集团。再保险集团亦称分保集团，它是指多个保险公司根据协议而组成的再保险联合体，参与者按照比例分担直接保险与再保险业务。国际上也形成了一些较大的再保险中心。如英国的伦敦、美国的纽约、德国的慕尼黑、瑞士的苏黎世、法国的巴黎、日本的东京等，均是国际再保险中心。我国保险公司的一些巨额责任业务多通过这些再保险市场进行分保。

三、财产再保险的作用

（一）再保险对分保分出人的作用

1. 分散风险，均衡业务质量。根据大数法则，财产保险人承保标的的风险单位越多，风险的分散就越彻底，保险的财政稳定性就越好。但这里有一个条件，即不仅要求保险标的的性质（特别是损失经验）一致，还要求保险金额大致相等。前者通过承保时的风险选择易于满足，但保险金额却很难限定在某一额度左右。这样，某类业务中有少量保额相当高的承保标的时，将使该类业务的稳定性变坏。而通过再保险，将超过一定额度的责任转移出去，自留的同类业务的保额就实现了均衡化，既未减少所接受的业务量，又达到了提高直接保险业务经营的财务稳定性的目的。

2. 控制责任，稳定业务经营。由于承保风险的偶然性，保险公司各年的赔付率必然呈现一定的波动，造成保险业务经营的不稳定。而通过再保险，在赔付较少的年份，虽然因支付分保费而使盈利有所减少，但在赔付较大特别是巨额赔付的年份，则可减少赔偿金额，从而将自身的责任限定在一定范围，使每年能获得均衡的利润。有鉴于此，很多国家的保险管理当局，为了使财产保险公司的责任控制在一定范围内，对财产保险公司的偿付能力和经营管理，以及是否恰当地安排再保险和再保险人的资信等，都有严格规定。

3. 扩大承保能力，增加业务量。财产保险公司的承保能力受资本和准备金等自身财务状况的限制。资本薄弱的财产保险公司不能承保超过自身财力的大额业务，即使是资本雄厚的保险公司也不敢轻易承保大额业务，这势必影响到保险人的业务来源及业务量。如果有了再保险的支持，保险公司就可以大胆承保超过自身财力的大额业务，从而扩大保险人的业务承保能力和业务量。由于保险公司通过再保险将超过自身财力的部分责任转移了出去，因而它所承担的责任仍控制在正常标准的范围之内。

4. 降低营业成本，提高经济效益。财产再保险可以使分出公司降低经营成本，提高经济效益，这是由于：

第一，再保险使分出公司增加了业务量，保费收入自然增加，而管理费却不会按比例增加。

第二，在发生保险损失时，分出公司可以向再保险人摊回相应的赔款，因而与没办理再保险相比，分出公司减少了赔款支出，从而降低了自身的赔付率。

第三，增加了直接保险人可运用资金。有的国家的保险法规定，保险公司在计算未满期保费准备金时不能扣除营业费用。但保险公司办理比例再保险后，不仅要在分保费中扣存未满期责任准备金（期限为 1 年），而且要取得分保佣金。此外，保险公司在收到直接保险投保人缴纳的保险费和支付再保险费之间有一定的时间差，特别是合同分保，再保险费要在季度末或半年末才支付。这样，分出公司就保持了较多的可运用资金。

分出公司通过再保险一方面降低了经营的业务成本，另一方面又增加了佣金收入（比例再保险）和可运用资金，从而必然增加获利机会，提高经济效益。

（二）再保险对分保接受人的作用

1. 扩大风险分散面。财产再保险人对自己所接受的分保业务，也要寻求风险的分散，争取风险单位的大量化。许多保险公司既是直接承保人，也是再保险接受人，当它接受分出公司分来的同类业务时，无疑扩大了同类业务的风险单位数，风险分散面也就扩大了，特别是业务来自不同地区时，同时也实现了风险在空间地域上的分散。

2. 节省营业费用。相对来说，再保险公司接受分入业务所负担的费用比直接承保业务所负担的费用更少，因为再保险公司不必为招揽业务而到处设立分支机构或代理机构，也不必为处理赔款而培训及设置许多专职理赔人员。此外，再保险可依靠少数几个合同，分入大量的业务，从而节省直接承保费用。

（三）再保险对被保险人的作用

虽然直接保险和再保险没有直接关系，但再保险对原保险被保险人而言，同样有着重要的意义。

1. 加强安全保障，提高企业信用。被保险人在发生保险事故后，虽然一般不能直接向再保险人请求赔款，但保险业务办理再保险后，再保险人必然要承担再保险合同中所约定的分摊赔偿责任。这样，被保险人对保单更加信任，增加了安全感。同时，被保险人由于其保险财产因再保险而获得了第二线保障，也就比较容易得到银行的融资，便利其进行生产经营。

2. 简化了投保手续。在缺乏再保险的情况下，投保人若有大额财产需要投保，可能不得不与多个保险人洽商才能解决风险转移和分散的问题。若保险人有庞大的再保险网络做后盾，投保人只需与一个保险人洽商即可，可节省时间和人力。而且在同一保单下，权利和义务的规定是一致的，若投保人与多家保险公司签订保险合同，内容难免会有出入，容易使被保险人蒙受损失。

除上面列举的作用外，由于财产保险再保险往往是在国际范围内进行的，所以通过再保险业务的开展，可增进对国际保险和再保险市场的了解，便于学习和引进新的经验和技术，提高保险经营管理水平。此外，财产再保险也是国际经济合作的重要手段之一，可为国家创造外汇收入。再保险所聚集的巨额准备金也是国民经济建设的重要资金渠道之一。

第二节　财产再保险合同类型

根据合同时限划分，财产再保险可分为临时再保险、合同再保险和预约再保险。

一、临时再保险

临时再保险是最古老的再保险安排方式，它是财产保险公司根据业务需要将有关风险或责任进行临时分出的再保险安排。临时再保险有如下特点：

第一，对于需要安排分保的某份保单或某个风险单位的保险业务，分出公司和接受公司均有自由选择权。分出公司可以视风险程度和自留能力来决定是否分出，不具强制性。接受公司也可以根据分出业务的质量和承受能力来决定是否接受。所以，临时再保险只对特定保单或特定风险单位的业务有约束力而不对某类业务具有约束力。

第二，临时再保险以个别保单或风险单位为基础。由于临时再保险是对风险或责任的临时分出，所以一般是分出公司对个别特殊保单或风险单位采取的临时处理措施。

第三，临时再保险业务条件清楚，分保费支付及时。临时安排分保，分出公司须将分出业务的具体情况和分保条件毫无保留地告诉接受公司，以便接受公司决定承保与否。不过，因临时再保险逐笔办理，支付保险费也较迅速，从而较有利于接受公司的资金运用，在这一点上对分出公司反而有所不利。

第四，临时再保险业务手续烦琐，时间性强。由于临时再保险是逐笔安排，所以手续烦琐，费用开支也较大。另外，临时再保险只有在接受公司同意接受且分保安排完毕后，分出公司才能承保原保险标的，时间性很强。因此，分出公司必须迅速将业务情况和分保条件告知接受公司，以免贻误时机，影响业务的争取。如果发生了赔案，而原保险业务还没分出去，分出公司就要承担全部责任。

由于临时再保险的上述特点，它在财产保险实务中主要适合于：

1. 新开办的或者不稳定的业务。分出公司新开办的业务，由于业务量少，尚不够条件组织合同再保险，或者对一些虽可以组织合同再保险但业务经营尚不够稳定的业务，运用临时分保方法可以逐步取得经验，为业务的进一步发展创造条件。

2. 合同再保险合同规定的除外责任或不愿置于合同的业务。如航空险再保险合同，有的将劫持险除外。分出公司对这类业务只能安排临时分保。有的业务质量较差，而分出公司出于竞争需要通融承保，但又不愿置于合同再保险，以免影响合同再保险的质量，于是便采取临时分保方法，将承担的这类责任转让出去。

3. 超过合同再保险的限额或需要安排超赔保障的业务。分出公司与接受公司订立的合同分保合同，其承保能力有一定限制（即合同限额），如遇有较大保额的业务，超过合同限额的部分，分出公司就需要运用临时再保险安排分保，以增强其承保能力。分出公司对于已纳入合同再保险的业务，为了本身的安全，或者为了合同再保险双方的利益，也可以对其自留额部分或全部安排临时超赔分保，以减少所承担的责任。

二、合同再保险

合同再保险是分出公司就某类业务与接受公司预先订立合同，分出公司按照合同的规定将有关风险或责任转让给接受公司的再保险安排。由于这种合同再保险合同已将业务范围、地区范围、除外责任、分保手续费、自留额、合同最高限额、账单编制和付费等各项分保条件用文字予以固定，双方的权利和义务均已明确，所以合同再保险亦称为固定再保险。

在财产保险实务中，合同再保险有如下特点：

第一，合同再保险对于分出公司和接受公司在合同再保险业务范围内的内容均具有约束力。合同再保险合同一经双方签订，双方就得共同遵守合同的各项规定，分出公司有义务将合同范围内的业务分出，接受公司有义务接受按合同规定分出的所有业务，原保险人与再保险人双方再无自由选择的权利。

第二，合同再保险一般是不定期或者期限较长的再保险，分保条件比较优越。由于合同再保险的合同是预先签订的，在实务中通常不定期限或者期限较长，其业务也比较多，分保条件往往较临时再保险优越，从而对再保险双方都有利。

第三，合同再保险以分出公司某种险别的全部业务为基础。凡是该类业务，包括来自分支机构、代理机构的业务，分出公司必须全部纳入合同进行分保，不能挑选，以避免分出人的逆选择，同时也便于简化手续。这与临时再保险只限于某一笔业务或某个风险单位的情况完全不同。

合同再保险适用于各种形式的比例和非比例再保险方式。

三、预约再保险

预约再保险是介于合同再保险与临时再保险之间的一种再保险安排，其特点如下：

第一，预约再保险对于接受公司具有合同再保险性质，对分出公司则具有临时再保险性质。分出公司就某类业务与接受公司签订了预约再保险合同后，对自己手里的该类业务可自由选择办理或不办理分保，但对接受公司来说没有挑选余地，凡是分出公司分出的属于预约再保险范围内的业务，必须接受，如同接受合同再保险分出业务一样。

第二，预约再保险较临时再保险手续简便。分出公司根据自己的业务需要，可以随时决定将合同范围内的某些业务纳入合同，接受公司没有讨价还价的余地，这就比临时再保险逐笔安排再保险简便，也节省了时间。

第三，接受公司对预约再保险的业务质量不易掌握。特别是那些由经纪人安排订立的预约分保合同业务，更难了解。

第四，预约再保险业务的稳定性较差。分出公司往往是将稳定性好的业务自留，而将稳定性较差的业务分出，以稳定自己的经营，获得较大收益。

预约再保险与合同再保险相比，有许多不同之处。例如，预约再保险佣金较少，也没有盈余佣金；预约再保险的保险期限较短，常为 1 年；预约再保险的应用范围较小，常用于某一特定风险；在支付再保险费时，没有留存保费准备金的规定。

在财产保险实务中，预约再保险一般适用于火险和水险的比例再保险方式。分出公司如有大额业务，超过合同分保限额的保额可以运用预约再保险来安排。

第三节　财产再保险责任安排

根据财产再保险的分保责任的安排方式，再保险分为比例再保险和非比例再保险。

一、比例再保险

比例再保险是以保险金额为基础来确定分出公司自留额和接受公司分保责任额的再保险业务类型。在比例再保险中，分出公司的自留额和接受公司的责任额都表示为保额的一定比例，该比例也是双方分配保费和分摊赔款的依据。

比例再保险主要有三种，即成数再保险、溢额再保险与成数溢额复合再保险。

（一）成数再保险

1. 成数再保险的概念及基本操作。成数再保险是指原保险人将每一风险单位的保险金额，按约定的比率向再保险人分保的方式。按照这种再保险方式，不论分出公司承保的每一风险单位的保额大小，只要是在合同规定的限额之内，都按照双方约定的比率来分担保险责任，每一风险单位的保险费和发生的赔款也按双方约定的固定比率进行分配和分摊。因此，这种再保险方式的最大特点是绝对化的、按比例的再保险，也是最简便的再保险方式。在实务中，成数再保险的分出责任可以由一家接受公司全部接受，也可以由多家接受公司共同接受，一般没有限制，各个再保险人接受的份额也不必相同。

由于成数再保险对每一风险单位都按一定比例分配责任，故在遇到巨额风险责任时，原保险人和再保险人承担的责任仍然很大。因此，为了使承担的责任有一定范围，每一份成数再保险合同都按每一风险单位或每张保单规定一个最高责任额（即合同限额），分出公司与接受公司在这个最高责任额中各自承担一定的份额。

【例】　有一成数再保险合同，每一风险单位的最高限额规定为500万元，自留责任（也叫自留成分）为45%，分出责任为55%（即55%的成数再保险合同），则合同双方的责任分配如表6－1所示。

表6－1　　成数分保责任分配表　　单位：万元

保险金额	自留责任45%	分出责任55%	其　他
80	36	44	0
200	90	110	0
500	225	275	0
600	225	275	100

本例中，第四笔业务保额600万元，超过了最高责任限额，分出公司在该合同项下只能安排500万元再保险，余下100万元保额需寻求其他方式处理，否则将复归分出人承担。

2. 责任、保费和赔款的计算。

【例】　某分出公司组织一份海上运输险的成数分保合同，规定每艘船的合同最高责任限额为1 000万美元，分出公司的自留额为20%，即200万美元，分出责任额800万美元，即80%。假定在该合同项下有五笔业务，每笔业务的保额、保费收入和赔款情况及其计算如表6－2所示。

表6－2　　成数分保计算表　　单位：万美元

船名	总　额　100%			自　留　20%			分　出　80%		
	保险金额	保费	赔款	自留额	保费	自负赔款	分保额	分保费	分摊赔款
A	200	2	0	40	0.4	0	160	1.6	0
B	400	4	10	80	0.8	2	320	3.2	8
C	600	6	20	120	1.2	4	480	4.8	16
D	800	8	0	160	1.6	0	640	6.4	0
E	1 000	10	0	200	2	0	800	8	0
总计	3 000	30	30	600	6	6	2 400	24	24

成数分保的分出额有时要分给若干家接受公司，每家接受公司接受的责任为合同最高责任限额的一定比例（或分出总额的一定比例），一旦各公司承担的责任的百分比确定，则保费和赔款就按相应百分比来计算。

3. 成数再保险的优点与缺点。成数再保险的优点在于：一是成数再保险合同双方的利益具有一致性，即成数再保险对每一风险单位的责任均按保险金额由分出和接受公司按比例承担，不论业务良莠、大小，不论经营结果是盈是亏，双方利害关系均一致，因此，成数分保合同很少发生争执。二是手续简化，节省人力和费用。从前述计算实例可以看出，采用成数分保，保额、保费分配、赔款分摊都很简单，分保实务和分保账单编制的手续简化，从而可以节省人力、时间和管理费用。

对分出公司来说，成数再保险的缺陷主要有二：一是缺乏弹性。它虽然手续简便，但按固定比例分配保额，便失去了灵活性，质量好的业务不能多留，质量差的业务也不能少留，这样，往往不能满足分出公司获得准确再保险保障的需求。对于分入公司来说则比较有利，因为这恰恰避免了逆选择。二是不能均衡风险责任。由于成数再保险的每笔业务的保险金额均按固定比例变动，分出人对于危险度高低、损失的大小无法加以区别并作适当安排，因而它不能使风险责任均衡化，也就是说，原保险保险金额高低不齐的问题依然存在。虽然合同通常有最高责任额的限制，但这只能起到防止责任累积的作用，而且有了该最高责任的限制，对于超过限额的部分，还需另作其他再保险安排。

4. 成数再保险的运用。成数再保险的上述特点，决定了它比较适合于：

（1）新创办的公司。

（2）新开办的险种。

（3）汽车险、航空险。其出险频率高，赔款频繁，成数再保险可发挥其手续简便、双方共命运的优势。

（4）保额和业务质量比较平均的业务。如粮食运输及其运输船舶保险业务。

（5）各类转分保业务。

（6）由于成数再保险条件优惠，在国际保险中往往用做再保险业务交换，争取回头业务。

（7）属于同一保险公司系统的母公司和子公司之间，以及集团内部分保，为简化分保手续，一般也采用成数分保方式进行分保。

此外，成数再保险还可与其他再保险方式混合使用。

（二）溢额再保险

1. 溢额再保险的概念及基本操作。溢额再保险是分出公司对每一风险单位的保额确定一个自留额，而只将保额超过自留额的部分即溢额，分给再保险人承担，并分别按照自留额和溢额对保额的比例来分配保费和分摊赔款的再保险业务方式。

溢额再保险与成数再保险的共同之处是：都以保额为基础来确定分保关系，自留额与分出额都表示成保额的一定比例关系。但它们的区别在于：溢额再保险的自留额是一个确定的自留额，不随保额的大小而变动，也就是说，它对保额的比例因保额不同而变动。而成数再保险的自留额表现为保险金额的固定百分比，随保额的大小而变动。

【例】 某溢额分保的自留额确定为40万元，每笔业务或每个风险单位保额超出40万元的部分（溢额）便分给接受人。现有三笔业务，保额分别为40万元、80万元和200万元。则第一笔无须分保，第二笔要分出40万元，第三笔则要分出160万元。溢额与保险金额的比例即为分保比例。本例中第二笔业务的分保比例为50%，第三笔分保比例为80%。

在溢额再保险中，自留额是厘定再保险限额的基本单位，超过自留额的部分即溢额通常是以自留额的一定倍数（再保险中称为线数）来限定的。

【例】 某溢额再保险合同的限额（容量）为20线，则一线的责任为再保险限额的5%。假定自留额为100万元，则合同限额或合同容量即为2 000万元。溢额再保险线数的确定要根据原保险人的业务内容和自留能力（如平均保额大小及其与平均自留额的关系、最高保额的大小与自留额的关系、巨额标的承保状况等）综合考虑。

由于承保业务的保额增加或由于业务的发展，分出公司有时需要设置不同层次的溢额。依次称为第一溢额、第二溢额等。当第一溢额的分保限额不能满足分出公司的业务需要时，则可组织第二甚至第三溢额、第四溢额。

2. 溢额再保险责任、保费分配和赔款分摊的计算。了解了溢额再保险的危险单位、自留额、线数和合同的限额及其关系，以及溢额分保比例之后，计算各自责任、保费和赔款分摊就比较容易了。

【例】 某海上货运险溢额分保合同，危险单位按每一条船一个航次划分，自留额为10万美元。第一溢额合同限额为10线，第二溢额合同限额为15线，原保险人承保了四条船（船次），有关责任、保费和赔款的计算如表6－3所示。

表6－3 分层溢额分保计算示意表 单位：美元

总额	保险金额	A轮50 000	B轮500 000	C轮2 000 000	D轮2 500 000	共　计
	总保费	500	5 000	20 000	25 000	50 500
	总赔款	0	10 000	20 000	100 000	130 000
自留责任	自留额	50 000	100 000	100 000	100 000	
	比　例	100%	20%	5%	4%	
	保　费	500	1 000	1 000	1 000	3 500
	分摊赔款	0	2 000	1 000	4 000	7 000
第一溢额	分保额	0	400 000	1 000 000	1 000 000	
	分保比例	0	80%	50%	40%	
	分保费	0	4 000	10 000	10 000	24 000
	分摊赔款	0	8 000	10 000	40 000	58 000
第二溢额	分保额	0	0	900 000	1 400 000	
	分保比例	0	0	45%	56%	
	分保费	0	0	9 000	14 000	23 000
	分摊赔款	0	0	9 000	56 000	65 000

3. 溢额再保险的特点。溢额再保险的特点主要是两点：

（1）可以灵活确定自留额。对分出公司来讲，可根据自己不同的业务种类、质量和性质灵活确定自留额，这不论在业务的选择上，还是在节省分保费支出等方面，都具有优越性。分出公司在第一溢额外，尚可洽定第二、第三溢额，对大额业务的处理也有较大弹性。虽然如此，接受公司由于不必顾虑逆选择，且在合同容量较大时，业务量也较多，接受公司可经常保有稳定的业务来源。

（2）比较烦琐费时。例如水上货运险，办理溢额再保险时，要根据业务单证按每条船、每一航次进行登卡登记和管理限额，并计算出不同分保比例以及按该比例逐笔计算分保费，如发生赔款，也得一笔笔按不同比例分摊。在编制分保账单和统计分析方面也比较麻烦。

二、非比例再保险

非比例再保险是一种以赔款作为再保险双方当事人确定责任基础的再保险业务方式。当分出公司的赔款超过一定标准或额度时，其超过部分由接受公司负责，直至某一标准或额度。由于这一特点，一般又称为超过损失（赔付）再保险。从概念可知，非比例再保险合同有两个限额，一是分出公司根据自身财力确定的自负责任额即起赔点，二是接受公司承担的最高责任额。

非比例再保险有多种方式，其中以超额赔款再保险和赔付率超赔再保险最具代表性，运用最多。

（一）超额赔款再保险及其运用

超额赔款再保险简称超赔分保，对原保险人因同一原因所发生的任何一次损失，或因同一原因所导致的各次赔款的总和，超过约定的自负赔款责任额时，其超过部分由接受公司负责到一定额度。在实务中超赔分保又有险位超赔分保和事故超赔分保之分。

1. 险位超赔再保险。险位（风险单位）超赔再保险是以每次保险事故中每一风险单位所发生的赔款来计算自负责任额和再保险责任额。若一个风险单位赔款总金额不超过自负责任额，全部损失由分出公司赔付；若一个风险单位总赔款金额超过自负责任额，则超过部分由接受公司负责到约定限额。

关于险位超赔在一次事故中的赔款计算，有两种情况：一是所有发生损失的风险单位都按合同分摊赔偿责任，没有险位限制；二是每次事故中的损失，接受人负责摊赔的险位有限制，一般为险位限额的2～3倍，即每次事故接受公司只摊赔2～3个风险单位的损失。

【例】　有一超过100万元以后的900万元的火险险位超赔分保合同，在一次保险事故中有3个风险单位受损，每个风险单位损失150万元。如果对每次事故中的受损风险单位无限制，则赔款分摊如表6－4所示。

表6－4　　险位超赔的赔款分摊　　单位：元

风险单位	发生赔款	分出公司承担赔款	接受公司承担赔款
Ⅰ	1 500 000	1 000 000	500 000
Ⅱ	1 500 000	1 000 000	500 000
Ⅲ	1 500 000	1 000 000	500 000
共　计	4 500 000	3 000 000	1 500 000

但假如每次事故有风险单位限制，例如，险位限额的2倍，则赔款分摊方式便如表6-5所示。这种情况，由于接受公司只承担了两个风险单位的赔款，所以第三个风险单位的损失由分出公司自己负责。

表6-5　（限额）险位超赔的赔款分摊　单位：元

风险单位	发生赔款	分出公司承担赔款	接受公司承担赔款
Ⅰ	1 500 000	1 000 000	500 000
Ⅱ	1 500 000	1 000 000	500 000
Ⅲ	1 500 000	1 500 000	0
共　计	4 500 000	3 500 000	1 000 000

在有险位限制的情况下，若发生损失的风险单位损失额不等，则依合同约定方式计算摊赔额。

2. 事故超赔再保险。事故超赔再保险是以一次灾害事故所发生的赔款总和来计算分出公司自负责任额和接受公司分保责任额的。这种再保险方式以一次事故、群体风险所导致的总赔款为基础，不管列入摊赔的保单数目有多少，保额有多大，其目的是保障一次事故造成的累积保险责任得到分摊，常用于巨额和巨灾风险的再保险，故又称为异常灾害再保险。事故超赔分保的最高责任额依当事人的协议而定，通常依起赔点的大小、业务内容与密集程度以及过去赔款的经验等情况来决定。如果起赔点太高，即自负责任额度太大，则分出公司的赔款责任必然过大；若起赔点太低，即自负责任额度定得太低，则可能使接受公司责任过分沉重，再保险费也很高昂。于是，便产生了分层再保险的安排，即将整个超赔保障数额分成若干层，便于不同的再保险人接受。这样，每一层的再保险额度虽然不高，但各层次额度累计会达到很高的金额，且各层的接受公司责任额不致过分沉重，保费也相对低廉，对分保双方都有利。

在这种分保合同中，第一层的起赔点就是分出公司的自负责任额。第二层的起赔点或称基数为第一层自负责任额与该层再保险责任额的合计。第三层起赔点则为第二层起赔点加上第二层再保险责任额之和，以下各层类推。

【例】　某保险人安排一超过500万元以上、由接受公司负责至1亿元的巨灾事故超赔再保险合同，分为四层安排如下：

第一层：超过500万元以上的500万元；

第二层：超过1 000万元以上的1 500万元；

第三层：超过2 500万元以上的3 000万元；

第四层：超过5 000万元以上的5 000万元。

第一层接受人承担500万元的赔款责任，第二层接受人承担1 500万元的赔款责任，第三层接受人承担3 000万元的赔款责任，第四层接受人承担5 000万元的赔款责任，累计1亿元。

事故超赔再保险，涉及一次事故的划分。在实务中，有的巨灾事故如台风、洪水、地震等，在合同中对一次事故用时间长短来界定，有的还有地区范围规定。例如台风、飓风、暴风雨连续48小时算一次事故，地震、洪水连续72小时算一次事故。洪水还规定地理上的界限，如以河谷或分水岭划分。

3. 超额赔款再保险的运用。超额赔款再保险在火灾保险、海上保险、意外伤害保险等方面都被广泛运用。

在火灾保险方面运用主要出于两个方面的考虑：一是弥补比例再保险之不足，二是防备异常灾害损失。例如大火、风暴、地震等灾害损失，这些异常灾害往往涉及面广，损失惨重，运用成数再保险不能分散其风险责任，而如果单独运用溢额再保险，以风险范围为单位自留，势必使自留的风险单位增多，很不安全。

在海上保险方面运用，是为了避免全损、共同海损、单独海损等巨大损失，直接保险人通过这种超额赔款再保险获得再保险保障。货物运输险，原来大多采用成数或溢额再保险，但现在由于业务量增加很快，采用超额赔款再保险方式的明显增长。船舶险方面，也因船只日益大型化和保额庞大而不得不采用超赔分保来分散承保风险。

在人身意外伤害保险方面运用，尤其在汽车险和责任险方面，已经出现了没有超赔再保险不行的现象。

（二）赔付率超赔再保险

1. 赔付率超赔再保险的概念。赔付率超赔再保险是在某特定期间内（通常为1年），分出公司某一特定部门业务的赔付率超过约定自负责任的标准时，超过部分的赔款由接受公司负责一定的额度。接受公司的责任额度有一最高限度，以赔付率表示，同时还有一定金额限制。由于这种再保险可以将分出公司某一年度的赔付率控制于一定的标准之内，所以对分出公司而言，又有停止损失再保险（或损失中止再保险）之称。

【例】　某分出公司就某类业务安排赔付率超赔再保险，赔付率在60%以下由自己负责，接受公司负责超过60%的赔款直至125%。合同期内各年业务经营和分保情况，如表6－6所示。

表6－6　　**赔付率超赔分保计算表**　　单位：美元

年份	保费收入总额	赔款总额	赔付率（%）	分出公司自负责任	接受公司应负责任额	其他
Ⅰ	2 000 000	1 200 000	60	1 200 000	0	0
Ⅱ	2 400 000	1 800 000	75	1 440 000	360 000	0
Ⅲ	1 600 000	2 080 000	130	960 000	1 040 000	80 000

2. 赔付率的计算。赔付率是赔付率超赔再保险的中心问题，在实务中，通常采用以签单年度的净保费收入与同一年度赔款净额之比，作为该年度赔付率，即

$$赔付率=\frac{赔款净额}{年净保费收入}\times 100\%$$

其中：

$$\begin{aligned}年净保费收入 &= 毛保费+加保费-退保费-佣金\\ &\quad -再保费支出-保费税款-盈余佣金\end{aligned}$$

赔款净额 = 发生赔款(包括理赔及诉讼费用) - 收回的赔款 - 摊回的再保险赔款

赔付率超赔再保险常以 3 ~ 5 年为合同期限，但赔付率须每年计算。由于要按签单年度的会计账计算，则要等各签单的责任全部满期后才能精确计算，因此习惯上要延续两个年度于第三年底加以调整。但由于仍免不了有未决赔款要进行估计，且有些赔案不能在短期内全部解决，致使再保险的赔付率确定要迁延数年，合同内通常要约定最终决算年限，一般为 5 年。

3. 赔付率超赔再保险的运用。赔付率超赔再保险的功能在于，当分出公司的承保业绩在某年突然变化而遭受严重打击时，将亏损控制在分出公司的财力等各方面条件所能承受的范围之内，它是保险人在安排成数、溢额再保险和超额赔款再保险后，为进一步稳定业务经营而安排的再保险。

对于小额损失集中、发生损失频率高的保险业务，采用这种再保险方式比较多。因为小额损失多，若采用超赔再保险，则起赔点要定得特别低，但这势必支付大量再保险费。因而最经济而简便的办法是安排赔付率超赔再保险，既节省保费，又保障自己不致发生严重亏损。

赔付率超赔再保险在农作物保险方面运用较多。在有的国家，企业自保较为普遍，但为防范重大火灾发生使企业财务发生困难，这些自保公司均要购买赔付率超赔再保险予以保护。

（三）复合再保险

在财产保险实务中，各类再保险安排方式经常被相互配合运用，以取得分散风险、转移损失、节省再保险费的最佳效果。例如，成数溢额复合再保险，溢额超赔成数超赔复合再保险，超赔成数复合再保险等。

第四节　财产再保险合同条款

财产再保险合同不同于直接保险合同，它没有标准格式，无论是比例再保险还是非比例再保险合同的条款一般都需要双方当事人共同商议。合同内容（再保险双方当事人的权利和义务）是通过合同条款体现出来的。合同条款又因再保险的安排不同而有异。当然也有一些条款是在各类再保险合同中通用的。下面对再保险合同条款作简要介绍。

一、共同条款

1. 业务范围条款。条款载明分保合同的标的，即分出人承担的哪些险种的责任（限于同一险种的业务还是包括几个险种的业务）转移给接受人；什么样的业务，以什么形式纳入的业务；除外责任及其加贴的除外条款详细内容。

2. 地区范围条款。无论是分保还是转分保业务，都须有地区的约定。例如在再保险合同中规定，凡是分出公司（包括其分支机构和代理机构）经营的某一类业务全部纳入分保范围，而不论业务来自什么地区。当然，在再保险合同中，也可以明确规定将分出公司（包括其分支机构和代理机构）经营的某一地区的某一类业务除外。

3. 错误和遗漏条款。该条款规定再保险缔约双方不能因为另一方在工作中发生了错误、遗漏或延迟而推卸其对另一方原应承担的责任。只要发生的错误、遗漏或延迟不是故意造成的，就不影响再保险合同的有效性。

4. 保护再保险人利益条款。一般情况下，再保险合同缔约双方都遵守最大诚信原则，但当接受公司对合同的经营发生怀疑或发生争执需要进行查账时，分出公司应允许接受公司指派代表进行检查。例如，条款规定："一切有关本合同的账册、登记本、记录单证和文件，在任何时候均可由接受公司所授权的代表进行检查。"

二、比例再保险合同的特有条款

1. 再保险费率条款。比例再保险业务的费率一般都是按原保单上规定的费率办理，所用货币也与原保单一致。

2. 分保佣金条款。分保佣金也称为再保险手续费，是成数和溢额分保实务中的重点内容之一，它是接受公司根据分保费数额支付给分出公司的一定费用，用于分担分出公司为招揽业务及业务经营管理等所产生的费用开支。如分出公司调查风险、签发保单、处理赔款等所适当支出的费用，接受公司对此并无任何支出，故以佣金的方式负担一部分。

对于分保佣金，分出公司和接受公司双方都很重视。就接受公司而言，赔款、佣金及费用为其三大支出项目，佣金支出的大小对将来利润有直接影响。就分出公司而言，各种佣金的收入可否补偿其分出业务的承揽成本，与收益密切相关。同此，再保险合同双方当事人应在合同中明确佣金的给付办法。

计算分保佣金一般用佣金率表示，实际运用的佣金率主要有以下两种。

（1）固定佣金率。分保佣金率经合同规定后固定不变，即分保佣金率不受直接保险业务赔付率高低的影响。这种方法的优点是佣金数量的计算较为简单。其缺点是，在合同业务经营的结果即使出现亏损时，分入公司也必须按照合同规定的比率支付分保佣金，而不能有所减少。而在合同业务经营有较多的盈余时，分入公司也自然要按照合同规定的比率支付较多的佣金。这对分入公司是不公平的。

（2）浮动佣金率。又称递增分保佣金率，按照赔付率的高低来调整佣金率，使得分保佣金在一定限度内与合同的赔付率具有直接的关系。实际做法是：规定一个最低佣金率，当赔付率逐渐下降时，佣金率逐渐提高，但不超过最高佣金率。由于每个业务年度经营的实际结果事先无法预料，因此，接受公司通常在期初按约定的临时佣金标准先支付给分出公司，到年度终了时再按赔付率所对应的实际佣金进行调整。

【例】　有一分保合同，规定接受公司付给分出公司的分保佣金，临时先按分保费的32.5%计算，之后以每一业务年度的赔付率为依据，按相应的浮动佣金进行调整。当赔付率超过65%时，佣金为32.5%，赔付率每降低1%，佣金增加0.5%，最高佣金为42%。列示如下：

赔付率低于46%，佣金率为42%

赔付率46%～47%，佣金率为42%

赔付率47%～48%，佣金率为41.5%

赔付率 48% ~49%，佣金率为 41%

赔付率 49% ~50%，佣金率为 40.5%

……

赔付率 64% ~65%，佣金率为 33%

赔付率 65% 以上，佣金率为 32.5%

3. 盈余佣金条款。盈余佣金是在再保险合同业务有盈余时，接受公司按其年度利润的一定比率支付给分出公司的佣金，也称为利润手续费或纯益手续费。盈余佣金的给付是为了鼓励分出公司谨慎地选择所承保的业务，并加强承保管理。因此，在采用固定分保佣金制的合同中，通常有纯益佣金条款。但如果采用浮动分保佣金，由于已包含了纯益佣金的因素，所以一般不再运用纯益佣金条款。

4. 再保险费准备金条款。为确保再保险人能依约履行义务，原保险人将应付再保险费的一部分留存一定期间，以备将来之需。留存的这笔款项，称为再保险费准备金。

原保险人提存准备金的数额一般为应付再保险费的 35%、40% 或 50%，而以 40% 最为普遍。准备金是从每季度应付的再保险费中提留的，每季度办理一次，至第四季度止，其合计达全年总保费的一定比率（如 40%）。留存准备金的期限为 12 个月，至第二年第一季度，归还上年第一季度提存的准备金（及其利息），同时提存新的年度再保险费准备金。

5. 未了责任转移条款。比例再保险都涉及未了责任转移问题，所以必须用条款明确未了责任转移的方法和内容。

（1）未了责任及其解决办法。当分保合同终止时，接受公司所有分入业务的未满期部分为未了责任。解决这部分未了责任通常有两种办法。第一种是自然满期方式。再保险合同结束后的一定时期，如三年或五年后，所有保单都满期获赔付之后，才结束该分保合同的账务。第二种是结清方式。随着分保合同的终止，接受公司对每笔分保业务的责任也同时终止，未满期责任的保费，应退回分出公司，以解除其未了责任。

（2）未了责任转移的内容。一是未到期保费转移，二是未决赔款转移。具体的转移方法合同由条款具体规定。一般来说，未到期保费比较准确的计算方法是：逐张保单按其未到期的天数与 365 天的比例计算，即

$$未到期保费 = (未到期天数 \div 365) \times 保费$$

但为了简便起见，采用较多的是按保费的一定百分比（如 35% 或 40%）来计算未到期保费。

未决赔款的转移一般是按实际未决赔款的 90% 或 100% 计算。

三、非比例再保险合同的特有条款

（一）最后净赔款条款

最后净赔款条款的设立是为了明确原保险的标的发生损失后，作为非比例再保险合同项下分出公司与分入公司分摊责任对象的赔款，应该是分出公司在此合同项下分摊赔款前承担的最后净赔款（有些书采用“最后净损失”一词）。它是分出公司在此合同项下分摊赔款前的其他赔案的理赔工作已经全部结束时，分出公司对于本非比例

再保险合同项下的损失事故所应承担的赔款和相关费用的总额，只有分出公司所承担的最后净赔款超过合同规定的分出公司的自负责任额时，分入公司才对超过的部分承担赔偿责任。

对于不同的非比例再保险形式，最后净赔款有不同含义，对于险位超赔再保险，它是按险位超赔再保险合同项下的各个险位分别计算的最后净赔款。对于事故超赔再保险，它是按事故超赔再保险合同项下的各次事故分别计算的最后净赔款。对于赔付率超赔再保险，它是按赔付率超赔再保险合同项下一年内全部赔款计算的最后净赔款，但无论是哪一种非比例再保险合同项下的最后净赔款，都等于分出公司的赔款总额加上处理赔款有关的法律费用和其他费用，减去足以减少分出公司赔款的各种收入，如残值，向第三者追回的款项，以及此前从其他分入公司摊回的赔款。

（二）净自留成分条款

净自留成分条款就是用来规定分出公司的最后净赔款究竟是哪一个层次合同的净赔款。它的含义是：分出公司的最后净赔款应是其净自留成分内的净赔款。

净自留成分是超赔分保合同实际启动前分出公司的自负责任。在超赔分保合同项下由分入公司所承担的赔款，必须是超赔分保合同实际启动前（利用超赔分保合同条件划分分出公司和分入公司的实际赔款责任前）分出公司所承担的净赔款（最后净赔款）超过分出公司自负责任额的部分。分出公司自负责任额是划分分出公司与分入公司赔款责任的界限。在分出公司的自负责任额已经由超赔分保合同确定下来的条件下，超赔分保合同实际启动前分出公司所承担的净赔款（最后净赔款）的确定，是划分分出公司与分入公司实际赔款责任的前提。问题是分出公司所承保的业务在超赔分保合同实际启动前可能没有分出，也可能已经分出甚至是数次分出，在不同的情况下分出公司的最后净赔款该如何确定。

【例】　分出公司承保了一笔火险的直接保险业务，保险金额为 1 000 万元，在合同有效期内发生净赔款 300 万元；假定分出公司与分入公司签订了一份超赔再保险合同，合同的基本条件为超过 100 万元以后的 400 万元。如果在超赔分保合同实际启动前没有其他分保合同存在，从而分出公司没有将这笔业务向其他分入公司分出，则其净自留成分为这笔业务的全部保险金额 1 000 万元。已经发生的净赔款 300 万元就是最后净赔款。按照超赔再保险合同的规定，这 300 万元的赔款中的 100 万元由分出公司自已负责赔偿，200 万元由分入公司负责赔偿。

（三）任何一次事故条款

无论是险位超赔再保险，还是事故超赔再保险，都与一次事故有关。就最后净损失条款而言，险位超赔再保险和事故超赔再保险的最后净损失，都应该是一次事故中的净赔款，只是二者所涉及险位的数量不同罢了。因此，在合同中都以条款明确定义何谓“一次事故”，这对于划分合同双方当事人的责任和计算其各自应分摊的赔款数额十分重要。

灾害事故发生后很可能会持续或长或短的时间，涉及或大或小的范围，由灾害事故所造成的损失也会随着灾害事故持续时间的延长和范围的扩大而增加，这就使得任何一次事故及其损失的边界往往很难加以确认。为了解决这一问题，在非比例再保险实务中，常常用“时间条款”对任何一次事故从时间上加以确定，或者从地理方面加以划定。例如：

1. 对飓风、台风、暴风、暴雨、冰雹等，规定不超过 48 小时或 72 小时为一次事故。

2. 对洪水、地震、海啸、火山爆发等，规定不超过 72 小时或 168 小时为一次事故。洪水将涉及很大的区域，故另有地区的规定，通常以河谷或分水岭为划分同一洪水区域的依据。

3. 对罢工、暴动等，规定不超过 72 小时为一次事故。由于罢工、暴动可能同时在大小不同的区域发生，因此，对一次事故通常也有区域范围的限制。如规定发生在同一市、镇、村辖区内的罢工、暴动不超过 72 小时者为一次事故。

如果事故的持续时间超过上述的规定，则分出公司可以将其划分为两个或多个损失事故。各次事故在时间上不能重叠。

（四）责任恢复条款

责任恢复是非比例再保险的一个重要特点。责任恢复是指在发生分入公司的赔款从而使其分保责任限额减少后，分出公司为了重新获得充分的再保险保障，将分入公司的分保责任恢复至原有的额度。

【例】 有一个超过 100 万元以后的 100 万元的超赔分保，其分保责任额为 100 万元。现发生了 140 万元的损失，超赔再保险的分入公司赔付了 40 万元，使分保责任额由 100 万元减少至 60 万元。如有责任恢复的规定，则可将分保责任额仍恢复至原有的额度即 100 万元。

如果分入公司分摊的一次赔款已经等于 100 万元，则恢复一次责任意味着使分入公司的责任限额由零重新恢复至 100 万元。如果分入公司分摊的一次赔款为 40 万元，则恢复一次责任意味着使分入公司的责任限额由 60 万元重新恢复至 100 万元，即此后发生巨额赔款，分入公司所承担的一次赔款不能超过 100 万元。但由于在分入公司第一次赔款发生后实际恢复的责任只是 40 万元（分入公司已付赔款部分），故恢复一次责任所增加的 100 万元责任额可在 1 年内（因财产保险的保险期限多为 1 年）做数次赔款后的责任恢复，只是各次实际恢复的责任总额不超过 100 万元即可。在 1 年内，分入公司所承担的赔偿责任总额不超过 200 万元。

一般情况下，由于责任恢复实际上增加分入公司的责任，因此，责任的恢复通常要以分出公司增加对分入公司的再保险费的支付作为条件。由于恢复责任时合同尚未到期（尚未到年底），分出公司只应负责增加支付恢复责任日至合同到期日这个期间的再保险费，所以，其加缴的再保险费的数量应根据年再保险费与尚未到期日占全年天数的比率计算。

【例】 有一个超过 50 万元以后的 100 万元的事故超赔再保险合同，合同期限为 1 年（从 1 月 1 日至当年 12 月 31 日），规定一次责任恢复。假定分入公司全年分入的再保险费为 3 万元。当年 2 月 28 日分入公司分摊赔款 40 万元。在恢复一次责任的前提下，分出公司应追加的再保险费为

$$3\times(40\div100)\times(10\div12)=1\text{（万元）}$$

在再保险实务中，也有不考虑尚未到期的天数和分入公司分摊赔款的金额，而按分入公司全年的再保险费收入和合同中约定的固定比率加缴再保险费的。

（五）指数条款（或通货膨胀条款）

这里的指数指的是物价指数。指数条款的订立主要是为了在通货膨胀情况下，公平分保合同双方的责任。非比例再保险合同项下的赔款往往会迁延数年，由于通货膨胀的影响，因而非比例再保险合同常发生使再保险人责任增大的不公平现象。由于超赔分保接受人的责任是以赔款超过规定的数额为基础，这样，通货膨胀使实际赔款额增大时，增大的后果将主要由再保险接受人承担（如果增大后的赔款仍在自留责任内，则再保险人不受影响）。例如，有一个超过5万美元以后的7万美元的超赔合同，现发生损失5万美元，如该赔案当年解决，接受人不必承担赔款。但由于该赔案数年后才解决，由于此间有20%的通货膨胀，该案赔款额便上升为6万美元，如果合同上没有指数条款，接受人就要分摊1万美元赔款。

为了公平起见，非比例再保险合同中均订有指数条款。指数条款是指再保险合同生效时与赔款时货币价值的不同，要以通货膨胀指数来重新核算和调整双方的赔款数额，使赔款受币值影响的高涨部分由分出人和接受人共同分摊。其主要内容大致如下：

1. 接受人的责任额与分出人的自负赔款额，应维持在合同生效日或双方约定之日为基准的一定的货币价值关系。在以后任何时间内所赔付的赔款，均用该基准货币价值关系来重新核算。货币价值关系以指数予以表示，故接受人应负责的赔款额与分出人的自负赔款额，均按指数上升或下降的比例增减。

2. 同一案件分次赔款时，对于每一次赔款，均应按当时的指数计算，至全案最后解决后，将各次计算所得汇总，以求自负赔款的平均指数。

在指数条款中，还要说明所采用的指数。由于按指数调整比较麻烦，所以在通货膨胀率增幅较小时，也可不予调整，合同中一般要规定一个不调整的标准（如规定赔付时的通货膨胀率与合同生效时的通货膨胀率相比较，若在10%的幅度之内，则无须调整）。

【例】　有一个赔款超过60万元以后的150万元的责任险超赔分保合同，现有赔款100万元，赔付时的物价水平比合同生效时上升了40%。

（1）如没有指数条款，分保接受人应赔付的金额为

$$100-60=40\text{(万元)}$$

（2）如有指数条款，则应按通货膨胀率40%调整为

$$\text{自负额}=60\times140\%=84\text{(万元)}$$

$$\text{责任额}=150\times140\%=210\text{(万元)}$$

$$\text{分保接受人应赔付额}\ 100-84=16\text{(万元)}$$

（六）汇率变动条款

如分保合同项下，所遭受的损失不是合同所表示的货币，而是其他货币时，由于兑换率的变动，可能会有货币兑换率方面的风险。为了使合同责任限额保持较为稳定的水

平，合同往往有汇率变动条款，规定如有其他货币的损失时，有关分出人的自负额和接受人的责任额按合同起始日或商定日期的兑换率折算成某种货币来计算，而不受兑换率变动的影响，以减少货币兑换的风险。

【例】 有一份超过 50 万美元以后的 100 万美元的超赔再保险合同，但所遭受的损失是 40 万英镑。有关接受人的责任，按合同规定计算如下：

（1）按合同起始日英镑兑美元的兑换率为 1:1.60，将分出人的自负额和接受人的责任额由合同所表示的美元折算成英镑，即为超过 31.25 万英镑以后的 62.5 万英镑。

（2）按上述英镑计算，接受人的责任为：

损失金额	40 万英镑
自负额	31.25 万英镑
接受人的责任额	8.75 万英镑

（3）按分出人损失赔付日的兑换率 1:1.56，将接受人的责任 87 500 英镑再折算成美元，计 136 500 美元。

如果合同所规定的自负责任和超赔责任是单一货币，而当发生同一赔案时包含有多种不同的货币，则应根据不同的汇率将各种不同的货币换算成合同规定的货币后，再按各种货币所占的比例分摊赔款。

【例】 有一份超过 50 万美元以后 100 万美元的超赔再保险合同，条款规定用美元结算。但所遭受的损失是 3 种货币：美元 50 万，加拿大元 60 万，英镑 30 万。在合同起始日汇率分别为加拿大元兑美元 1.4:1，英镑兑美元 1:1.6，损失发生时的汇率为加拿大元兑美元 1.39:1，英镑兑美元 1:1.56。在这种情况下，根据汇率变动条款，有关接受人责任的计算方法如下：

（1）先按合同起始日各种货币对美元的汇率，将分出人的自负额和接受人的责任额分别经折算后由各种货币表示。

按合同起始日的汇率计算，分出人的自负额和接受人的责任额为：

超过 70 万加拿大元以后的 140 万加拿大元

超过 31.25 万英镑以后的 62.5 万英镑

（2）将各种货币业务的损失，按上述合同起始日的汇率折算成美元，从而求得各种货币业务的损失在全部损失中所占的比例。

各种货币业务损失	汇率	美元	所占比例
美元 50 万		50 万	36%
加拿大元 60 万	1.4:1	42.8571 万	30%
英镑 30 万	1:1.6	48 万	34%
共计		140.8571 万	100%

（3）按各种货币业务损失折合成美元后占全部损失的比例，计算出分出人的自负

赔偿责任金额和接受人的分摊赔偿责任金额，如表6－7所示。

表6－7 各种货币业务分出人和分入人分摊赔偿额的计算

各种货币业务损失所占的比例	分出公司自负责任金额	损失金额	接受人分摊赔偿责任金额
美元36%	50×36%＝18（万美元）	50万美元	50－18＝32（万美元）
加拿大元30%	70×30%＝21（万加拿大元）	60万加拿大元	60－21＝39（万加拿大元）
英镑34%	31.25×34%＝10.625（万英镑）	30万英镑	30－10.625＝19.375（万英镑）

（4）按分出人赔付日的兑换率计算出接受人应赔付的总美元金额。

超赔责任金额	兑换率	美 元
32万美元		32万
39万加拿大元	1.39:1	28.0576万
19.375万英镑	1:1.56	30.225万
共计		90.2826万

90.2826万美元是接受人所应承担的赔偿金额。

【知识链接】

伦敦再保险市场

伦敦再保险市场主要包括劳合社再保险市场、伦敦保险承保人协会再保险市场、伦敦再保险联营组织（集团）、伦敦保险与再保险市场协会。伦敦再保险市场是世界再保险市场提供巨灾风险保障的中心，已经形成了伦敦超赔再保险市场，专门为地震、洪水等巨灾损失提供全面、稳妥的保障。同时，航空航天保险及能源等保险的承保能力有60%以上集中在伦敦再保险市场。在伦敦再保险市场成交的业务中，外国业务的比重非常高，以劳合社为例，美国的业务占60%，其余40%中的大部分业务来源于世界100多个国家和地区的2 000多个保险公司，只有少部分业务来源于本地，这在其他再保险市场中极为少见。

【复习思考题】

一、名词解释

再保险　临时再保险　合同再保险　预约再保险　成数再保险　溢额再保险
险位超赔再保险　事故超赔再保险　赔付率超赔再保险

二、比较题

1. 试比较直接保险、共同保险与再保险的异同。
2. 比例再保险与非比例再保险有何异同？

三、问答题

1. 再保险对财产保险公司有何重大意义？
2. 临时再保险与合同再保险各适用于哪些财产保险业务？
3. 成数再保险与溢额再保险各有什么利弊？
4. 事故超赔再保险与赔付率超赔再保险各有什么特点？
5. 非比例再保险合同中订立指数条款和汇率变动条款有何意义？

21st Master Series Century

下 编

财产保险经营实务

第七章
团体火灾保险

【学习目标】

学习本章时，应熟悉火灾保险的概念与团体火灾保险的基本特征；掌握财产保险基本险、财产保险综合险、机器损坏保险、利润损失保险等火灾保险险种的内容及其经营实务，掌握团体火灾保险各经营环节中的风险控制方法与技巧。

第一节　火灾保险概述

一、火灾保险的概念

火灾保险简称火险，是指以存放在固定场所并处于相对静止状态的财产及其有关利益为保险标的，由保险人承担被保险财产遭受保险事故损失的经济赔偿责任的一种财产损失保险。

火灾保险在产生之初，保险人只承保被保险人单一的火灾风险，后来随着火灾保险的发展和保险客户对保险风险扩张的需求而不断扩大着风险责任，进而发展到可以承保各种自然灾害与多种意外事故。尽管火灾保险的承保风险责任在不断扩大，但它承保存放在固定场所并处于相对静止状态下的财产物资这类标的却未改变，因此，火灾保险作为一种历史上的险种名称便沿用至今。也正是如此，对火灾保险不能只从字面上理解，它既非只承保火灾，亦非承保全部火灾（除外责任造成的火灾损失，保险人不负责赔偿）。

二、火灾保险标的及承保的主要风险

（一）火灾保险的标的

火灾保险的标的主要是各种不动产和动产。不动产是指不能移动或移动后会引起性质、形状改变的财产，包括土地及土地的附着物。但土地一般没有保险的必要，所以火灾保险承保的主要是土地附着物，以房屋为主，还包括其他建筑物及附属设备。动产则是指能自由移动且不改变其性质、形态的财产。火灾保险承保的动产范围很广，包括各种生产资料、生活资料及其他商品，如机器设备、原材料、在产品等生产资料；家用电

器、家具、服装等生活资料；商店里准备出售的各种商品等。

（二）火灾保险承保的主要风险

1. 火灾保险承保的基本风险。

（1）火灾。火灾指在时间或空间上失去了控制的燃烧所造成的灾害。构成火灾责任必须同时具备三个条件：①有燃烧现象，即有热、有光、有火焰；②偶然、意外发生的燃烧；③燃烧失去控制并有蔓延扩大的趋势。由此可见，财产保险中的火灾责任不是指仅有燃烧现象的情况。例如，在生产或生活中有目的的用火，有控制的点火焚烧等都属于正常燃烧，不属于火灾责任；因烘烤、烫、烙造成焦煳变质等损失既无燃烧现象又无蔓延扩大趋势，也不属于火灾责任。但是，如果发生燃烧并失去了控制而蔓延扩大，就构成了火灾责任。

（2）雷击。雷击指由雷电造成的灾害。雷击的破坏形式分为两种：①直接雷击，即由雷电直接击中保险标的造成损失，属直接雷击责任；②感应雷击，指由于雷击产生的静电感应或电磁感应使屋内的绝缘金属物体产生高电位放出火花引起的火灾，导致电器本身的损毁，或因雷电的高电压感应，致使电器部件的损毁，属感应雷击责任。

（3）爆炸。爆炸有两种形式：①物理性爆炸，指由于液体变为蒸汽或气体膨胀，压力急剧增加并大大超过容器所能承受的极限压力，而发生的爆炸。如锅炉、液化气罐爆炸等，此类爆炸事故的鉴别，以法定的相关鉴定部门出具的鉴定为准。②化学性爆炸，指物体在瞬息分解或燃烧时放出大量的热和气体，并以很大的压力向四周扩散的现象，如火药爆炸。因物体本身的瑕疵、使用损耗或产品质量低劣以及由于容器内部承受负压（内压比外压小）造成的损失，不属于爆炸责任。

2. 火灾保险承保的其他风险。

（1）暴雨。暴雨指每小时降雨量达 16 毫米以上，或连续 12 小时降雨量达 30 毫米以上，或连续 24 小时降雨量达 50 毫米以上。

（2）洪水。山洪暴发、江河泛滥、潮水上岸及倒灌致使保险标的遭受浸泡、冲散、冲毁等损失都属洪水责任。规律性的涨潮、自动灭火设施漏水以及在常年水位以下或地下渗水、水管爆裂造成保险标的损失，不属于洪水责任。

（3）台风。台风指中心附近最大平均风力 12 级或以上，即风速在 32.6 米/秒以上的热带气旋，是否构成台风应以当地气象站的认定为准。

（4）暴风。暴风指风速在 28.3 米/秒，即风力等级表中的 11 级风。我国保险条款的暴风责任通常扩大至 8 级风，即风速在 17.2 米/秒以上即构成暴风责任。

（5）龙卷风。这是一种范围小而时间短的猛烈旋风。陆地上平均最大风速一般在 79 ~ 103 米/秒，极端最大风速一般在 100 米/秒以上。是否构成龙卷风以当地气象站的认定为准。

（6）雪灾。因每平方米雪压超过建筑结构荷载规范规定的荷载标准，以致压塌房屋、建筑物造成保险标的损失，为雪灾保险责任。

（7）雹灾。因冰雹降落造成的灾害。

(8) 冰凌。冰凌即气象部门称的凌汛，春季江河解冻时期冰块漂浮遇阻，堆积成坝，堵塞江道，造成水位急剧上升，以致冰凌、江水溢出江道，蔓延成灾。陆上有些地区，如山谷风口或酷寒致使雨雪在物体上结成冰块，成下垂形状，越结越厚，重量增加，由于下垂的拉力致使物体毁坏，也属冰凌责任。

(9) 泥石流。泥石流指山地大量泥沙、石块突然暴发的洪流随大暴雨或大量冰水流出。

(10) 崖崩。崖崩指石崖、土崖受自然风化、雨蚀、崖崩下塌或山上岩石滚下，或大雨使山上沙土透湿而崩塌。

(11) 突发性滑坡。突发性滑坡指斜坡上不稳的岩体、土体或人为堆积物在重力作用下突然整体向下滑动。

(12) 地面突然塌陷。地面突然塌陷指地壳因为自然变异，地层收缩而发生突然塌陷。此外，对于因海潮、河流、大雨侵蚀或在建筑房屋前没有掌握地层情况，地下有孔穴、矿穴，以致地面突然塌陷所致保险标的损失，也在保险责任范围以内。对于因地基不牢固或未按建筑施工要求导致建筑地基下沉、裂缝、倒塌等损失，不在保险责任范围以内。

(13) 飞行物体及其他空中运行物体坠落。凡是空中飞行或运行物体的坠落，如空中飞行器、人造卫星、陨石坠落，吊车、行车在运行时发生的物体坠落都属于本保险责任。在施工过程中，因人工开凿或爆炸而致石方、石块、土方飞射、塌下而造成保险标的的损失，保险人可以先给予赔偿，然后向负有责任的第三者追偿。建筑物倒塌、倒落、倾倒造成保险标的的损失，视同空中运行物体坠落责任。如果涉及第三者责任，可以先赔后追。但是，对建筑物本身的损失，不论是否属于保险标的，都不负责赔偿。

第二节　团体火灾保险及其基本特征

一、团体火灾保险的意义

团体火灾保险是以法人团体的财产物资及有关利益等为保险标的，由保险人承担火灾及有关自然灾害、意外事故损失赔偿责任的财产损失保险。

在国外，团体火灾保险通常直接用火灾保险的名称；国内的各种保险学书籍乃至一些保险公司，通常用以往的企业财产保险取代火灾保险的名称。然而，企业财产保险从理论上讲似乎不能包括非企业法人的财产保险在内，加之企业财产保险这一险种在我国早已被财产保险基本险、财产保险综合险所替代，因此，本书采用团体火灾保险的称谓。

在团体火灾保险经营实践中，工商企业构成了主要的保险客户群体。凡是有工商营业执照、有健全的会计账册、财务独立核算的各类企业都可以投保企业财产保险，其他法人团体如党政机关、工会、共青团、妇联、科研机构、学校、医院、图书馆、博物馆、电影院、剧场以及文化艺术团体等，也可投保团体火灾保险。至于个体工商户，包括小商小贩、夫妻店、货郎担、家庭手工业等个体经营户，不属于团体火灾保险范畴，只能以家庭财产的投保人投保。因此，团体火灾保险强调的是保险客户的法人资格。

团体火灾保险在财产保险中占有重要地位，是财产保险的主干险种。从微观上讲，团体火灾保险业务的发展直接影响到整个财产保险业务的发展，影响保险企业的自身经济效益，该险种效益的实现会带动财产保险公司总体效益的实现。从宏观上看，团体火灾保险对火灾等灾害事故造成的财产损失及其有关利益损失给予经济补偿，保证了社会再生产的持续进行和国民经济的正常运转，实现了保险的社会效益。

二、团体火灾保险的基本特征

团体火灾保险的基本特征可以从团体火灾保险的保险标的、承保财产地址、承保风险等方面体现出来。

（一）保险标的是处于相对静止状态的财产

团体火灾保险的标的主要是各种固定资产和流动资产，这些标的（如厂房、机器设备、原材料等）相对固定地坐落或存放于陆地上的某个位置，从而既与处于水上和空中的标的（如水险的标的——船舶或货物，航空保险的标的——机身及其责任等）相区别，又与处于运动状态的标的（如运输工具险和货物运输保险的标的）相区别，从而形成了团体火灾保险独有的特征。

与其他保险的险种相比，团体火灾保险的标的更为复杂、多样。各种形式的固定资产和流动资产都可能成为团体火灾保险的保险标的，如房屋及其他建筑物和附属装修设备、机器及设备、工具、仪器和生产用具、管理用具及低值易耗品、原材料、半成品、在产品、产成品等，而其他保险的保险标的则相对较为单一。

（二）承保财产地址不得随意变动

在团体火灾保险中，强调保险标的必须存放在保险合同中列明的固定处所，除因火灾等风险威胁，为安全起见可将屋内财物暂时运移他处外，被保险人在保险期间一般不能随意变动保险标的的存放地，否则，保险人可以不负赔偿责任。这主要是因为团体火灾保险标的所处地点不同，风险的大小也不同。因此，在一般情况下，承保财产地址的变动须经保险人同意，并在原保单上批注或附贴批单方可进行。

（三）承保风险不断扩大

最初的火灾保险只承保单一的火灾风险，并只保火灾所致的直接损失，不保间接损失，后来扩大到与火灾相关的雷击、爆炸等风险。随着火灾保险业务的发展及人们对火灾保险保障范围的需求增大，火灾保险的承保风险又逐渐扩大到承保各种列明的自然灾害、意外事故，甚至扩展到承保利润损失等间接损失。团体火灾保险始终将火灾作为保险人承保的主要风险，同时，其承保风险又在不断扩大。在团体火灾保险经营中，必须充分地注意到这一点，并做好各种保险风险的防灾防损工作。

（四）以法人团体为投保单位

团体火灾保险与家庭财产保险相比，虽然同属于火灾保险，但在投保单位上差异很大。团体火灾保险以法人团体为投保对象，而家庭财产保险则是以城乡居民个人及其家庭为投保单位。

此外，团体火灾保险的标的结构、承保风险及费率厘定等较为复杂，核保、核赔难度较大。

第三节　团体火灾保险的基本内容

一、适用范围

团体火灾保险适用于一切企事业单位和机关团体。具体而言，其适用范围如下：

1. 企业。团体火灾保险主要适用于企业。只要是工业、农业、商业、物资、建筑、交通运输业、饮食服务业等从事生产、流通或服务性活动的企业，无论何种具体的组织形式，都可以将其财产投保团体火灾保险。

2. 事业单位。主要有各类学校、科研院所、医院、文化艺术团体，以及各种社团组织（如学会、协会、非营利性基金会）等，因其拥有一定的财产，并面临着火灾及其他灾害事故的威胁，从而也需要参加团体火灾保险。

3. 机关团体。包括行政机关、司法机关、立法机关，以及政协组织、党派组织、工会组织、妇联组织、共青团组织等，这些机关团体均拥有或管理着有关财产，同样面临着财产损失的各种风险，从而也可以投保团体火灾保险。

二、保险标的

（一）可保财产

可保财产是保险人可以承保的财产。团体火灾保险的对象是存放在固定地点且处于相对静止状态中的财产。团体火灾保险可承保的财产包括属于被保险人所有或与他人共有而由被保险人负责的财产、由被保险人经营管理或替他人保管的财产、其他具有法律上承认的与被保险人有经济利益关系的财产。

从财产的形态来看，团体火灾保险承保的财产可分为固定资产和流动资产等，其表现形式如下：

1. 房屋及其他建筑物和附属装修设备。包括正在使用、未使用或出租、承租的房屋；房屋以外的各种建筑物，如船坞、油库、围墙以及附属在房屋建筑物上的较固定的设备装置，如卫生设备、空调机、门面装潢等。

2. 机器及设备。机器及设备即具有改变材料属性或形态功能的各种机器设备，如各种机床、电炉、电焊机、铸造机以及各种工作机器等，还有与机器不可分割的设备，如机座、传导设备等。

3. 工具、仪器及生产用具。工具、仪器及生产用具即具有独立用途的各种工作用具、仪器和生产用具，如切削工具、模压器，检验、实验和测量用仪器及达到固定资产标准的包装容器等。

4. 管理用具及低值易耗品。管理用具及低值易耗品即办公、计量、消防用具以及其他经营管理用的器具设备，工具、玻璃器皿以及在生产过程中使用的包装容器等不能作为固定资产的各种低值易耗品。

5. 原材料、半成品、在产品、产成品或库存商品、特种储备商品。如各种原料、材料、燃料、备品备件、物料用品、副产品、残次商品、样品、展品、包装物等。

6. 账外及已摊销的财产。账外及已摊销的财产即已摊销或已列支而尚在使用的财产，如简易仓棚、边角、余料、不入账的自制设备、无偿移交财产、已摊销的低值易耗品等。

此外，建造中的房屋、建筑物和建筑材料、交通运输工具及设备等，也属于团体火灾保险的可保财产。若已投保工程保险、运输工具险等险种，则不须投保团体火灾保险。

（二）特约可保财产

特约可保财产是指必须经保险双方当事人特别约定，并在保险单上载明才能成为保险标的的财产。特约可保财产可以分为三类。

1. 市场价格变化较大，保险金额难以确定的财产。如金银、珠宝、钻石、玉器、首饰、古币、古玩、古书、古画、邮票、艺术品、稀有金属等财产，投保时须经双方特别约定。但对经营上述财产为主业的团体，则只要保险双方协商投保，并就承保事宜签订正式保险合同即可，无须再行特约。

2. 价值高、风险较特别的财产。如堤堰、水闸、铁路、道路、涵洞、桥梁、码头等，这些标的价值较高，虽不易发生火灾，但有洪水、地震等风险。若投保人要求投保此类财产，保险人应对其安全状况实地查勘，一经同意承保，必须在保单上特别注明，并把保险金额逐项填写清楚。

3. 风险较大，需提高费率的财产。如矿井、矿坑内的设备和物资。承保此类财产，主要是为了满足某些行业的特殊需要。承保时，必须经保险双方特别约定，在保险单及明细表上载明，并视风险状况加收保费。

（三）不保财产

不保财产是保险人不予承保的财产。团体火灾保险的不保财产主要包括：

1. 不能用货币衡量其价值的财产或利益。如土地、矿藏、矿井、矿坑、森林、水产、资源及文件、账册、图表、技术资料、电脑资料等。

2. 不是实际的物资，容易引起道德风险的财产。如货币、票证、有价证券等（有保险公司将其列入特约附加承保）。

3. 承保后与有关法律、法规及政策规定相抵触的财产。如违章建筑、危险建筑、非法占用的财产等。

4. 不属于团体火灾保险的承保范围，应投保其他险种的财产。如未经收割或收割后尚未入库的农作物，在运输过程中的物资，领取执照并正常运行的机动车，牲畜、禽类和其他饲养动物等。

三、保险金额与保险价值

团体火灾保险的保险金额一般分项确定，主要分为固定资产与流动资产两大类，其中固定资产还要进一步按固定资产的分类进行分项，每项固定资产仅适用于该项固定资产的保险金额。

（一）固定资产保险金额与保险价值的确定

固定资产是指企事业单位、机关团体或其他经济组织中可供长期使用，并在其使用过程中保持原有物质形态的劳动资料和消费资料。确定固定资产的保险金额一般有以下几种方式。

1. 按照账面原值确定。账面原值是指在建造或购置固定资产时所支出的货币总额，可以保险客户的固定资产明细账卡等为依据。

【例】　某厂购进一台机器，购进价为 100 000 元，包装费为 1 000 元，运杂费为 3 000 元，安装费为 10 000 元。按账面原值确定保额，则

$$保险金额 = 100\ 000 + 1\ 000 + 3\ 000 + 10\ 000 = 114\ 000(元)$$

2. 按照重置价值确定。重置价值即重新购置或重建某项财产所需支付的全部费用。按重置价值确定保额，可以使被保险人的损失得到足额的补偿，避免因赔偿不足带来的纠纷。但此方式可能诱发道德风险。

3. 按照账面原值加成数确定。在保险双方协商一致的情况下，在固定资产账面原值基础上再附加一定成数，使之趋近于重置价值。此方式适用于投保标的的账面原值与实际价值差额较大的情况。

4. 按投保时实际价值协议确定。在团体火灾保险中，固定资产的保险金额也可以依据投保时投保标的所具有的实际价值或公估（评估）后的市价由保险双方协商确定。

固定资产的保险价值一般按出险时的重置价值确定。

（二）流动资产保险金额与保险价值的确定

流动资产是指在法人团体的经营活动过程中，经常改变其存在状态的那些资产项目。一般而言，法人团体的流动资产通常分为物化流动资产与货币形态的流动资产，前者表现为原材料、在产品、半成品、产成品及库存商品等；后者表现为现金、银行存款等。保险人通常只承保物化流动资产，对非物化流动资产不承担保险责任。因此，在承保时还需要区分流动资产的结构与形态。

法人团体的流动资产的结构与形态经常处于变动之中，任何一个时点上的物化流动资产均不一定等于出险时的物化流动资产。对此，保险人通常有如下两种保险金额确定方式供投保人或被保险人选择：

1. 由投保人或被保险人按最近 12 个月的账面平均余额确定。最近 12 个月账面平均余额是指从投保月份往前推 12 个月的流动资产的账面余额的平均数。据此确定流动资产的保险金额，可实现保险金额与物化流动资产价值在时间分布上的相对接近。流动资产的账面余额应当按取得时的实际成本核算。

2. 由投保人或被保险人自行确定。如投保人或被保险人可以按最近 12 个月任意月份的账面余额确定保额，也可以按最近账面余额（即投保月份上月的流动资产账面余额）确定保额。

此外，账外财产和代保管财产可以由投保人或被保险人自行估价或按重置价值确定保额。

流动资产的保险价值一般是按出险时的账面余额确定。

四、保险费率

团体火灾保险的保险费率一般以每千元保额为计算依据，费率的表达形式为千分

率（‰）。

（一）厘定费率的主要因素

团体火灾保险的费率主要根据被保险财产的种类、占用性质、地理位置，按危险性的大小、损失率的高低、保险责任范围、保险期限和经营管理费用等因素确定。在厘定团体火灾保险的费率时，主要应考虑以下因素：

1. 建筑结构及建筑等级。建筑结构是指建筑物中由承重构件（梁、柱、桁架、墙、楼盖和基础等）组成的体系，用以承受作用在建筑物上的各种负荷。房屋及其他建筑物的建筑结构不同，其强度、刚度、稳定性和耐久性会有较大差异，因而遭遇风险的频率和风险发生后的损毁程度也会有区别，如钢筋水泥结构的建筑物要比砖木结构的建筑更能抵御火灾及其他灾害。建筑等级是根据建筑结构划分的建筑物的等级。房屋的建筑等级一般可以分为三等：

（1）一等建筑。屋架、内外墙、地坪、楼坪、扶梯用钢筋水泥、砖石或钢铁构造，屋顶用水泥、砖瓦、铁皮、石棉、沥青或铺满石屑的油毛毡平顶所构造。

（2）二等建筑。屋架、地坪、楼坪、扶梯用木料构造，外墙主要用砖石、水泥或其他不易燃烧的材料构造，屋顶用砖瓦、铁皮、石棉、沥青或铺满石屑的油毡平顶构造。

（3）三等建筑。建筑结构次于二等建筑的房屋为三等建筑。

建筑等级不同，风险状况也不同，如一等建筑的风险损毁程度明显地低于二等建筑和三等建筑。既然建筑结构及建筑等级影响到房屋及其他建筑物的风险概率及其损毁程度，保险人在制定团体火灾保险的费率时，就应该充分考虑建筑结构及建筑等级的影响，制定出更加科学、合理的费率。

2. 占用性质。占用性质是指建筑物的使用性质。不同类别、不同风险性质的财产存放于同一建筑等级的建筑物中，风险程度会有很大差别，如特别危险品的风险程度就大大高于金属材料。制定团体火灾保险费率时必须考虑建筑物占用性质，并根据占用性质及其相应的风险状况实行分类级差费率。

3. 承保风险的种类。团体火灾保险承保的风险不仅有火灾，还有其他多种灾害事故。一般而言，承保的风险种类越多，保险人承担的责任越大。本着权利义务对等原则，承保风险的种类越多，保险费率越高；承保风险的种类越少，保险费率亦越低。如我国财产保险公司一般采用的《财产保险基本险条款》和《财产保险综合险条款》，作为团体火灾保险的表现形式，在厘定费率时，就考虑了承保风险的种类这一因素：《财产保险基本险条款》仅承保火灾、爆炸、雷击、飞行物体及其他空中运行物体坠落四种风险；《财产保险综合险条款》则既承保以上风险，又承保暴雨、洪水、台风等多种风险。因此，财产保险综合险的费率几乎全部高于财产保险基本险的费率。

4. 地理位置。保险标的所处的地理位置不同，风险及其损失的情况也会不同。如我国南方的城市砖木结构建筑较多，火灾的发生相对频繁。又如江河沿岸遭洪水的可能较大，沿海城市常遭台风袭击，而内陆城市则无台风之患等。因此，保险人应根据地理位置的不同，厘定出有差别的费率。

此外，还应在具体确定保险费率时考虑被保险人的防火设备、保险标的所处的环境、交通状况等的影响。在实际工作中，一般以表定费率为基础，根据具体的风险情况等因素，在一定的浮动范围内确定费率。

（二）保险费率的分类

团体火灾保险的保险费率采用分类级差费率制，可以分为工业险、仓储险和普通险三大类，每类又按占用性质及风险大小等确定不同档次的费率。

1. 工业险费率。从事冶炼、制造、加工等生产的工厂，适用工业险费率。工业险费率的档次按原材料性质、工艺操作及其风险状况确定，风险程度越高，费率越高。

2. 仓储险费率。凡是储存大宗物资的，不论存放处所为仓库、露堆、敞棚、油槽、储气柜、地窖、趸船等，都适用仓储险费率。仓储险费率以储存物资本身的种类及其风险程度为依据，划分为不同的费率档次。

3. 普通险费率。除工业险、仓储险以外的其他行业适用普通险费率。普通险费率根据投保单位的工作性质及其风险状况确定费率档次。

表 7－1 即为某保险公司团体火灾保险业务费率分类。

表 7－1　团体火灾保险业务费率表

类别	号次	占用性质	费率（‰）		
			基本险	综合险	一切险
工业类	1	第一级工业	0.45	1.20	2.40
	2	第二级工业	0.75	1.50	3.00
	3	第三级工业	1.20	1.80	3.50
	4	第四级工业	2.00	3.00	4.00
	5	第五级工业	2.65	4.80	6.00
	6	第六级工业	3.50	6.00	8.00
仓储类	7	一般物资	0.40	1.10	2.00
	8	危险品	1.20	2.25	6.00
	9	特别危险品	2.25	3.75	8.00
	10	金属材料、粮食专储	0.30	0.75	1.50
		石油专储	2.00	3.00	5.00
普通类	11	社会团体、机关、事业单位	0.40	1.20	2.00
	12	综合商业、综合服务业、商贸、写字楼、展览馆、体育场所、交通运输业、牧场、农场、林场、科研院所、住宅、邮政、电信、供电高压线路、输电设备	1.20	1.80	2.50
	13	石油化工商店、液化石油供应站、日用杂品商店、废旧物资收购站、修理行、文化娱乐场所、加油站	1.86	2.25	3.00
	14	集贸类市场、商城	2.50	4.00	5.50

表 7－1 中的危险品及工业类别的划分原则见表 7－2。此外，财产保险公司一般还附设有附加险种及附加费率，表 7－3 即为以表 7－1 为基础的附加险费率。

表 7－2　　危险品[①]和特别危险品分类表

类别	品　名
危险品	二级易燃液体、二级易燃固体、二级遇水燃烧物体、二级自燃物品、助燃气体、二级氧化剂、土包装的棉花、植物纤维、破布、碎纸、毛线以及各种废料
特别危险品	爆炸品、一级易燃液体、一级遇水燃烧物体、一级自燃物品、易燃物体、一级易燃固体、散包的棉花、植物纤维、破布、碎纸、毛线以及各种废料
备注	以上分类表根据交通运输部公布的《危险货物运输规则》（JT/T 617）订定，易燃液体、易燃固体、遇水燃烧物体、自燃物体、氧化剂，属于一级的为特别危险品，属于二级的为危险品，爆炸品为特别危险品。压缩气体及液化气体为两类。易燃气体为特别危险品，助燃气体为危险品
工业险级别划分原则	
一级工业	1. 以钢铁为原材料的金属冶炼、铸造业及各类重型机械、机器设备制造，钢铁制品，部分纯钢铁制品等工业 2. 耐火材料、水泥、砖石制品等工业
二级工业	1. 一级机械零件制造修配工业 2. 以金属为主要原材料，兼用少量塑料以及非金属材料的机械零件制造、修配工业 3. 兼有少量喷烘漆等工艺的五金零件制造修配工业
三级工业	1. 以部分金属或一般物资为主要原材料的食品及副食品、轻工、塑料制品、电子、电器、电机仪表、日常生活用品等工业 2. 生产过程比较安全、危险性小的日常化学品工业
四级工业	1. 以竹、木、皮毛或一般危险品进行化合生产，在生产过程中有一定危险性的工业 2. 棉、麻、丝及其制品；塑料、化纤、化学、医药等制造加工工业 3. 以油脂为原料的轻工业 4. 文具、纸制品工业
五级工业	1. 以一般危险品及部分特别危险品为主要原材料进行化合生产、制氧、挥发性化学制剂以及塑料、染料制造等工业 2. 大量使用竹木、草为主要原材料的木器家具、竹器、草编织器制造工业及造纸工业 3. 油布、油纸制品工业
六级工业	1. 以特别危险品如赛璐珞、磷、醚以及其他爆炸品为主要原材料进行化合生产的工业 2. 燃料工业

①危险品是指具有爆炸、易燃、毒害、感染、腐蚀或放射性等危险特性的物质或物品。一般分为以下九大类：爆炸品；压缩气体和液化气体；易燃液体；易燃固体、自然物品和遇湿易燃物品；氧化剂和有机过氧化物；毒害品和感染性物品；放射性物品；腐蚀品；杂类。上述各类又可分为若干项。

表 7－3　财产保险附加险费率

附加险＼主险	基本险（‰）	综合险（‰）
附加雪灾、冰凌保险	0.5	※
附加泥石流、崖崩、突发性滑坡保险	10.0	※
附加雹灾保险	基本险费率的20%	※
附加暴雨、洪水保险	2.7	※
附加暴风、龙卷风保险	1.0	※
附加地面突然塌陷保险条款	0.5～1.0	※
附加水暖管爆裂保险	0.5～1.2	0.5～1.2
附加海潮保险	0.5～1.0	0.5～1.0
附加自燃保险	10～20	10～20
附加盗窃保险	1.0～3.0	1.0～3.0
附加机器设备损坏保险	5.0～10	5.0～10
附加现金、有价证券盗窃、抢劫保险	6.0～10	6.0～10.0
附加罩棚、露堆财产保险	10.0	10.0
附加输油管道损坏保险	1.0	1.0
附加广告牌保险	7.5	15.0
附加橱窗玻璃破碎保险	1.0	1.0
附加锅炉、压力容器损失保险	4.0～7.0	4.0～7.0
附加盐池覆盖塑料薄膜特约保险	10.0	10.0
附加装潢险	8.0～20	8.0～20
附加建筑物室外附属设施暴风、龙卷风、暴雨保险	50.0	50.0
附加砖瓦特约保险	5.0	5.0
附加计算机及其附属设备保险	6.0	6.0
附加金银珠宝、首饰抢劫、盗窃特约保险	6.0～10	6.0～10
附加地裂缝险	※	0.5～1.0
附加“三停”损失保险	※	1.0～5.0
附加铁路机车车辆保险	※	3.0～5.0
附加场内起重、运输机械保险	※	5.0

注：1. 附加水暖管爆裂保险费率：一般行业为0.5‰；化工、仓储行业为1.2‰。
2. 附加铁路机车车辆保险费率：机车为5‰；其他车辆为3‰。

在此基础上，各地保险监管部门和保险机构还可以根据当地的实际情况，在一定的范围内实行费率浮动。

（三）标准费率与短期费率

团体火灾保险一般以一年为期，标准费率表是年费率表。年费率通常由保险人根据前述分类按照不同投保对象的风险大小确定不同的等级，具体可见各财产保险公司团体火灾保险的承保费率表。

短期费率则是根据标准费率的一定比率来确定的，它一般适用于以下两种情况：一是保险期限不足一年的火灾保险业务，二是被保险人中途退保。对保险期限不足一个月的，按一个月收费。

我国实施的短期费率表参见表7－4。

表7－4　财产保险短期费率表

保险期限（月）	1	2	3	4	5	6	7	8	9	10	11	12
按年费率（%）	10	20	30	40	50	60	70	80	85	90	95	100

五、保险赔偿

在团体火灾保险中，保险标的发生保险责任范围内的损失，保险人可采取分项计赔、比例赔偿的办法，即按照被保险财产的不同种类及其投保时确定保险金额的方法不同而采取不同的赔偿计算方式。赔偿金额的计算应对固定资产与流动资产加以区别。

（一）固定资产赔偿金额的计算

固定资产的赔偿需要分项计算，在具体赔偿时分为如下两种情况：

1. 全部损失。如果发生保险责任范围内的损失属于全部损失，无论被保险人以何种方式投保，都按保险金额予以赔偿。受损财产的保险金额低于出险时重置价值的，其赔款不得超过该项财产的保险金额；但倘若受损财产的保险金额高于重置重建价值，其赔偿金额以不超过出险时的重置重建价值为限。

2. 部分损失。如果固定资产的损失是部分损失，其赔偿方式为：凡按重建重置价值投保的财产，按实际损失计算赔偿金额；按账面原值投保的财产，如果受损财产的保险金额低于重置重建价值，应根据保险金额按财产损失程度或修复费用占重置重建价值的比例计算赔偿金额；如果受损保险财产的保险金额相当于或高于重置重建价值，按实际损失计算赔偿金额。以上固定资产赔偿应根据明细账分项计算，其中每项固定资产的最高赔偿金额分别不得超过其投保时确定的保险金额。

（二）流动资产赔偿金额的计算

流动资产赔偿金额的计算分为如下两种情况：

1. 全部损失。受损财产的保险金额等于或高于出险时账面余额的，其赔偿金额以不超过出险时账面余额为限；受损财产的保险金额低于出险时账面余额的，其赔款不得超过该项财产的保险金额。

2. 部分损失。受损保险标的的保险金额等于或高于账面余额，按实际损失计算赔偿金额；受损财产的保险金额低于账面余额，应根据实际损失或恢复原状所需修复费用，按保险金额占出险时账面余额的比例计算赔偿金额。

$$\text{赔款}=\frac{\text{保险金额}}{\text{出险时账面余额}}\times\text{实际损失或受损财产恢复原状所需修复费用}$$

第四节　团体火灾保险的险种

一、财产保险基本险

财产保险基本险，是以投保人存放在固定场所并处于相对静止状态下的财产为保险标的，承担财产面临的基本风险责任的保险，它是我国团体火灾保险的主要险种之一。

（一）保险责任

财产保险基本险对火灾、雷击、爆炸、飞行物体及其他空中运行物体坠落造成的损失负责赔偿。

此外，保险标的的下列损失，也属于财产保险基本险的责任范围：

1. 被保险人拥有财产所有权的自用的供电、供水、供气设备因保险事故遭受破坏，引起停电、停水、停气以及造成保险标的的直接损失。

2. 在发生保险事故时，为抢救保险标的或防止灾害蔓延，采取合理的必要措施而造成保险标的的损失。

（二）除外责任

在财产保险基本险中，通常将下列原因造成保险标的的损失，列为除外责任，保险人不予赔偿：战争、敌对行为、军事行动、武装冲突、罢工、暴动；被保险人及其代表的故意行为或纵容所致；核反应、核子辐射和放射性污染；地震、暴雨、洪水、台风、暴风、龙卷风、雪灾、雹灾、冰凌、泥石流、崖崩、滑坡、水暖管爆裂、抢劫、盗窃等。

下列损失也属于财产保险基本险的除外责任范围：保险标的遭受保险事故引起的各种间接损失；保险标的本身缺陷、保管不善导致的损毁；保险标的的变质、霉烂、受潮、虫咬、自然磨损、自然损耗、自燃、烘焙所造成的损失；由于行政行为或执法行为所致的损失以及其他不属于保险责任范围的损失和费用。

二、财产保险综合险

财产保险综合险与财产保险基本险一样，也是我国团体火灾保险业务的主要险种。在保险金额、保险价值和赔偿处理等内容上，与财产保险基本险相同，只是在保险责任和除外责任方面存在区别。

（一）保险责任

财产保险综合险的责任范围较财产保险基本险要广泛得多。一般而言，由于下列原因造成保险标的的损失，保险人在综合险项下均负赔偿责任：

1. 火灾、爆炸、雷击。

2. 暴雨、洪水、台风、暴风、龙卷风、雹灾、冰凌、泥石流、崖崩、突发性滑坡、地面突然塌陷。

3. 飞行物体及其他空中运行物体坠落。

（二）除外责任

财产保险综合险对下列原因造成保险标的损失，不予赔偿：战争、敌对行为、军事行动、武装冲突、罢工、暴动；被保险人及其代表的故意行为或纵容所致；核反应、核子辐射和放射性污染。

此外，保险人对下列损失也不负责赔偿：保险标的遭受保险事故引起的各种间接损失；地震所造成的一切损失；保险标的本身缺陷、保管不善导致的损毁；保险标的的变质、霉烂、受潮、虫咬、自然磨损、自然损耗、自燃、烘焙所造成的损失；堆放在露天或罩棚下的保险标的以及罩棚，由于暴风、暴雨造成的损失；由于行政行为或执法行为所致的损失以及其他不属于保险责任范围的损失和费用。

三、机器损坏保险

机器损坏保险主要承保工厂、矿山等保险客户的机器本身的损失，保险人对各类安装完毕并已转入运行的机器设备因人为的、意外的或物理性原因造成的物质损失负责。该险种既可单独投保，也可作为财产保险基本险或综合险的附加险投保。

与其他火灾保险险种相比，机器损坏保险产品具有如下特点：（1）承保的基本上是人为风险损失；（2）所保的机器设备，无论新旧，一般均按重置价值投保，即按投保时重新换置同一厂牌或类似型号、规格、性能的新机器的价格投保；（3）一般要求一个工厂，一个车间的机器全部投保；（4）机器损坏保险因机器运行期间的事故多、风险大，费率高于普通财产保险；（5）有停工退费的规定。

（一）保险责任

在机器损坏保险中，保险人通常负责被保险机器及其附属设备因下列原因造成的直接损失：

1. 原设计方或安装方及原材料设备提供方责任期限届满后由于设计、制造或安装错误、铸造和原材料缺陷而发生的事故损失。

2. 合格的工人或技术人员由于缺乏经验，技术不善，疏忽，过失行为引起操作错误造成的损失。

3. 离心力引起的断裂损失。

4. 超负荷、超电压、碰线、电弧、漏电、短路、大气放电、感应电及其他电气原因造成的损坏损失。

5. 存放气（液）体的容器在无化学反应的情况下，由于物理性爆裂而引起的机器设备及容器本身的损坏。

6. 在发生以上各项列明的灾害事故时，为了减少保险财产损失而进行施救保护工作所支出的合理必要费用。

值得指出的是，由于保险客户投保机器损坏险的目的不仅在于保险，还在于获取保险人的防损服务，因此，保险人提供防损技术服务是该险种的重要内容，防损费用甚至可能超过赔款。

（二）除外责任

机器损坏保险对下列原因造成的保险标的损失，一般不予赔偿：

1. 机器设备运行必然引起的后果，如自然磨损、氧化、腐蚀、锈蚀、孔蚀、锅垢等物理性变化或化学反应。

2. 各种传送带、缆绳、金属线、链条、轮胎、可调换或替代的钻头、钻杆、刀具、印刷滚筒、套筒、活动管道、玻璃、磁、陶及钢筛、网筛、毛毡制品、一切操作中的媒介物（如润滑油、燃料、催化剂等）及其他各种易损、易耗品。

3. 被保险人及其代表已经知道或应该知道的被保险机器及其附属设备在保险合同生效前已经存在的缺点或缺陷。

4. 根据法律或契约应由供货方、制造人、安装人或修理人负责的损失或费用。

5. 由于公共设施部门的限制性供应及故意行为或非意外事故引起的停电、停气、停水。

6. 火灾、爆炸等意外事故，地震、海啸、雷电、风灾、暴雨、洪水等自然灾害。

7. 被保险人及其代表的故意行为或重大过失。

8. 战争、类似战争行为、敌对行为、武装冲突、恐怖活动、谋反、政变、罢工、暴动、民众骚乱。

9. 其他没有列入保险责任范围内的损失。

（三）保险金额和保险费率

机器损坏保险一般根据各类机器的重置价值确定保险金额，即重新换置同一厂牌或相类似的型号、规格、性能的新机器设备的价格，包括出厂价格、运输保险费、税款、可能支付的关税以及安装费用等。

如果机器设备价格增长较快，被保险人应主动将价格变动通知保险人，以便及时调整保额，避免不足额保险。被保险人如果中途另外添购新机器，应立即通知保险人，以便及时承保。

机器损坏保险的费率是根据每一类机器以往几年的损失情况以及被保险人的经营管理水平、产品的可靠性及用途等确定的。同其他财产保险相比，机器损坏保险的损失率较高，因此该险种的费率也相对较高。

此外，保险期间如果发生停机事件，保险人可以根据实际情况退还相应金额的保险费。

（四）保险赔偿

1. 全部损失。在投保的机器设备发生全部损失后，只要在保险责任范围内且属于保险损失，保险人即按损失当时机器的市价赔偿，但以保额为限。如有残值应从赔款中扣除。

2. 部分损失。当投保标的发生部分损失时，保险人按机器的修理费用赔偿。即在受损机器可以修理的情况下，保险公司赔偿将受损机器修理恢复至损失以前原状所需的修理费用，包括修理工作的费用、置换部件的费用、拆装及重装费用、一般运输费、关税及其他保险人同意支付的费用等。保险公司不负责属于平时维修保险机器的费用，也不负责在修理过程中改型和改造机器设备的费用。

四、利润损失保险

利润损失保险又称为营业中断保险，是指对企业（被保险人）因物质财产遭受自然灾害或意外事故等导致损毁后，在一段时间内停产、停业或营业受影响的间接经济损失及营业中断期间发生的必要的费用支出提供保障的保险。例如，某餐馆发生重大火灾后至少一段时间内无法继续营业，在不能营业的这段期间内，因没有开业而不能正常盈利。但是，餐馆可以通过提前购买利润损失保险，将利润损失风险转移给保险公司。在国际保险市场上，利润损失保险既有使用单独保单承保的，又有作为前述团体火灾保险的附属保单承保的。我国保险人一般将利润损失保险作为财产保险的一项附加险承保。

传统的财产保险只对保险责任造成的直接物质损失提供保障，对因物质损毁而引起的间接损失，如因停产、减产、营业中断而产生的利润损失则不负赔偿责任。利润损失保险作为传统财产保险的一种附加和补充，必须依附于财产保险的基础，而且所承保的风险必须与财产保险一致，如火灾、爆炸、自然灾害等风险。因此，投保人只有在投保了财产保险的条件下，才能投保利润损失保险。同时，只有在被保险财产遭受保险事故造成损失并获得保险赔偿的前提下，保险人才会对因此种物质损失引起的利润损失负赔偿责任。由此可见，利润损失保险是对传统的财产保险不予承保的间接损失提供保险。也就是说，利润损失保险承保由于火灾和自然灾害或意外事故造成被保险人的被保险财产受损，在被保险财产从受损到恢复至营业前状态这一段时期内，因停产、停业或营业受到影响，被保险人遭受的利润损失和受灾后营业中断期间所需开支的必要费用等间接经济损失。

（一）保险责任

利润损失保险以附加险种的形式出现，只有保险损失的原因与基本险种的承保风险一致，保险公司才负责赔偿因此引起的营业中断损失。

利润损失保险主要承保保险责任事故引起的利润损失及营业中断期间仍需支付的必要费用等间接损失，从而打破了财产保险只承保直接损失责任的传统做法。其保险责任可以扩展到因其他相关单位（如供应商、销售商等）遭受同样风险使被保险人停业、停产造成的利润损失。

（二）保险赔偿期限

在利润损失保险经营实务中，保险人应当充分注意其保险赔偿期限与保险期限的区别。保险期限是指保险单的起讫期限，保险人负责承保保险有效期内发生的灾害事故；保险赔偿期限则是指在保险期限内发生了灾害事故后到恢复正常生产经营的一段时期。利润损失保险只负责保险赔偿期内所遭受的损失，即由保险双方当事人，事先估计企业财产受损后要恢复原有的生产经营状况所需要的时间（如从财产受灾之日起三个月，半年或一年等），商定赔偿期限。

（三）保险金额

利润损失保险的保险金额一般按本年度预期毛利润额确定，即根据企业上年度账册中的销售额或营业额、本年度业务发展趋势及通货膨胀因素等估计得出。如果赔偿期限为一年以内，保额为本年度预期毛利润额；若赔偿期限在一年以上，则保额按比例增加。

（四）保险赔偿

利润损失保险既赔偿毛利润损失，又承担营业中断期间支付的必要费用。

毛利润损失 =（标准营业额 − 实际赔偿期内的营业额）× 毛利润率

其中：标准营业额是指上年度同期的可比营业额；实际赔偿期内的营业额是指从损失发生之日起到安全恢复生产经营为止的营业额，实际赔偿期以保险赔偿期限为限；毛利润率是指上年度的毛利润额与营业额之比。

保险人赔偿毛利润损失时，一般按以上公式计算，并可根据本年度的业务发展趋势和通货膨胀因素适当调整营业额和毛利润额。营业中断期间支付的必要费用主要是指企业为减少营业中断损失而支付的合理费用，如商场遭火灾后继续营业而租用他人房屋的租金；为加快修建被焚毁的厂房，要求建筑工人加班工作而支付的加班费。但是，营业费用的增加额不能超过若不支出该费用而造成的毛利润损失额。

此外，利润损失保险一般都规定了免赔额，由被保险人自己承担一部分损失。

五、其他附加险

附加险又称特别约定险，是指不属于保险责任范围内的或除外责任中不保的责任，另经被保险人与保险人双方协商同意后，特别约定负责的一种保险。为适应投保人的某些特殊需要，保险人可以在团体火灾保险基本险种的基础上加费特约承保各种附加险，如盗抢险、露堆财产保险、矿下财产保险、橱窗玻璃意外保险以及前述的利润损失保险。

（一）盗抢险

盗抢险指被保险人存放在保险单所载明的保险地址室内的保险财产，由于遭受经公安部门确认的盗窃、抢劫行为而丢失，从案发时起的规定时间后（一般为三个月），被盗抢的保险财产仍未查获而导致的直接损失由承保公司负责赔偿的保险。

在团体火灾保险中，盗抢风险一般不属于承保责任范围，盗抢险也不能单独承保，而只能以团体火灾保险基本险种附加盗抢险的形式存在。投保了附加盗抢险后，凡是值班保卫制度健全的单位，存放在保险地址室内的保险标的，因遭受外来的、明显的盗抢行为所致的损失，并报公安部门立案的，保险人承担赔偿责任。但监守自盗属除外责任。

（二）露堆财产保险

投保人对符合仓储规定的露堆财产要求保险人特约承保时，可以在团体火灾保险基本险种的基础上加费后以附加险形式投保。经特别约定后，承保的露堆财产因遭受暴风、暴雨所致的损失，保险人负责赔偿。但被保险人对其露堆财产的存放必须符合仓储及有关部门的规定，并采取相应的防护安全措施，否则，保险人有权拒赔。

（三）矿下财产保险

对矿井、矿坑内的设备和物资，经保险双方特别约定，可以在保单上以加贴“矿下财产保险特约条款”的方式承保。保险人对保单上列明的自然灾害、意外事故以及因瓦斯爆炸、冒顶塌方、提升脱钩和地下水穿孔等原因而致的矿下财产损失，承担赔偿责任。

（四）橱窗玻璃意外保险

商业企业的橱窗玻璃可以在团体火灾保险的基础上，以附加险的形式特约承保意外破碎责任。凡是承保的橱窗玻璃（包括大门玻璃、柜台玻璃、样品橱窗玻璃等）因碰撞、外来恶意行为所致的玻璃破碎，以及因玻璃破碎而引起的橱窗内陈列商品的非盗窃损失，保险公司负责赔偿。

除以上附加险外，堤堰、水闸、涵洞保险，破坏性地震保险，水暖管爆裂保险、盐池覆盖塑料薄膜保险、油田保险等，都可以在团体火灾保险基本险或综合险的基础上以附加险形式特约承保。

第五节　团体火灾保险的风险控制

一、风险控制概述

风险控制是指风险管理者在风险分析的基础上，采取各种措施控制风险，避免或减少风险所致损失的方式。换言之，风险管理者在对各种风险损失识别、衡量的基础上，通过采取各种风险控制措施，力图在损失发生前消除各种隐患，降低损失发生的概率，减少损失发生的原因和实质性因素；或者在损失发生时，积极施救，降低损失程度。

风险控制的目标在于以最小的成本获得尽可能大的风险控制效果。通过实施风险控制，可以最大限度地减少企业面临的风险及损失，提高生产力，保证生产经营活动的顺利进行。

风险控制的主要措施是回避风险和控制损失。回避风险是指考虑到风险损失的存在或有可能发生，主动放弃或拒绝实施某项可能引起损失的方案，以避免损失的发生。该方式能在风险事件发生前完全消除某一特定风险可能造成的损失，使损失概率为零。控制损失是风险管理中最积极、主动的处置风险方式，它是指通过减少损失发生的机会或降低损失发生的严重性来处理风险。损失控制的基本点是预防损失和减少损失。损失控制还包括对意外事故的原因分析，以全面系统地探寻引起损失事件的各种原因，采取各种有针对性的措施，从根本上减少或消除损失。

除以上两种风险控制措施外，风险管理者还可以采取分离、分散和转移等方式实施风险控制。分离是将一定数量的风险单位分离开（如一个企业将全部存货等量放于十个相距很远的仓库中，以分离风险）。分散是增加企业控制下的风险单位的数目（如出租汽车公司扩大其车队的规模，分散风险）。转移则是通过转移财产活动、转移风险本身及风险的财务转移，实现对风险的控制。

团体火灾保险的风险控制将以上风险控制措施贯穿于保险经营的各环节，并从展业承保、保险期间和理赔中分别体现出来。

二、展业承保中的风险控制

在展业承保中，保险人要在调查分析本地区社会经济发展情况和风险状况、各系统所属单位的基本情况、财产情况及保险情况的基础上实施风险控制。

（一）验险承保

1. 查验保险标的。保险人应查清保险客户的房屋结构、占用性质、建造时间、建造质量、使用年限以及是否属于危险建筑；查清机器设备的坐落地点，流动资产中存货的存放地点；查清仓储物资是否符合国家规定的存放标准，危险品存放地点是否符合安全要求；查清供电、供热、供气、供油等系统是否处于正常状态；查清全部危险部位、危险程度以及财产是否处于严重危险状态；查清安全设施器材是否齐备有效，安全组织、安全制度是否健全等；对资产较多和技术复杂的保险客户，可聘请有关技术专家协同检验标的。只有在充分掌握保险标的情况的基础上，才可能衡量风险的大小，对风险大的标的，保险人应不予承保，或规定严格的承保条件，以回避或减少风险损失。

2. 抄录资产负债表，争取足额保险。保险人应将保险客户资产负债表中确定保险的固定资产项目的账面原值、流动资产中存货上月末的账面余额或投保前推 12 个月的账面余额抄录下来。其他投保财产项目按可查账簿或估定价格抄录。在抄录资产负债表的基础上，合理确定保险金额。凡有健全会计账簿的独立核算单位，应该争取可保会计科目全部足额投保。既要尽可能避免不足额投保引起的不足额保障，又要真正避免超额投保可能引发的道德风险。

（二）费率浮动

为促进投保单位加强安全管理，减少风险损失，提高保险效益，保险人可以实行浮动费率，以奖优罚劣。

根据一些保险公司在团体火灾保险实践中的做法，投保单位在下列情况下可以享受费率减成优惠：

1. 有专用机动消防车辆及完整的器材装备，消防组织健全，以及主要车间或主要物资储存处配有自动灭火、自动报警设备的，可按规定费率享受消防优惠 10%。

2. 对投保资产在 1 亿元以上的大型企业，可视其安全管理状况及生产、工艺设备，现代化程度，费率可在 10% ~30% 幅度内给予优惠（如同时享受统保、消防优惠，合计不得超过 30%）。

3. 凡是基本险享受费率优惠减成的，则附加险同时享受同一费率优惠。

投保单位在下列情况下，保险人应提高费率：

1. 投保单位最近三年平均赔付率超过 60%，可以在其费率档次的基础上上浮 20%。

2. 投保单位有不符合安全规定的财产，确因生产需要，短期内不能改进的，应在 10% 幅度内加收保费。

3. 对赔款超过投保单位历年所交保费总和的，应在下年度续保时，在 30% 幅度内上浮费率。如果上浮费率、加收保险费的当年无赔款，在次年续保时一般降为原规定费率。

（三）加强宣传被保险人义务和防灾防损知识

按我国《保险法》和相关财产保险基本险、综合险条款规定，被保险人应履行以下义务：（1）如实告知义务，即如实回答保险人就保险标的或者被保险人的有关情况提出的询问；（2）遵守国家有关部门制定的保护财产安全的各项规定，有按整改通知消除隐患的义务；（3）需变更保险合同时，有及时通知并申请办理批改手续的义务；（4）在合同有效期内，保险标的的危险程度有增加时，被保险人有及时通知保险人的义务；（5）保险标的遭受损失时，有抢救、保护受损保险财产并立即通知保险人、协助查勘的义务等。保险人在展业承保时，应切实加强对被保险人义务的宣传，使被保险人充分明了如果不履行义务，保险人将有权拒绝赔偿。

同时，保险人应加强防灾防损知识的宣传。一方面，应宣传消防条例和其他安全法令，促使被保险人贯彻执行。保险公司应结合本地区以往灾害事故资料及赔款典型案例，宣传事故的危害性及应吸取的经验教训，以提高被保险人的认识，有效地控制风险。另一方面，要宣传防灾防损的基本常识，使被保险人提高防范风险的能力，在事故发生后能采取有效措施减少灾害事故造成的损失。

三、保险期间的风险控制

（一）加强防灾检查

保险人既可以配合各级政府的防灾部门（如公安消防部门、防汛部门）和企业的主管部门进行防灾的一般检查，又可以聘请专家和技术人员进行重点检查，有条件的保险公司还可以单独对保险客户进行防灾防损检查。

防灾检查的要点是：被保险人执行国家有关安全、消防等规定的情况；生产经营过程中存在的主要的不安全因素和事故隐患；消防器材的配备、使用、保管和分布情况；易燃易爆物品的管理、使用情况等。通过防灾检查，可以了解保险标的的风险状况，促使被保险人加强安全管理。

（二）处理隐患

在防灾检查中，发现不安全因素和隐患，保险人应及时向被保险人提出切实可行的整改建议，并将整改建议摘录存档。对重大事故隐患企业一时无法解决的，保险公司可以与其主管部门联系，疏通渠道，促使其尽快整改。对被保险人可以自己解决的不安全因素和事故隐患，在提出整改建议后，还要进行复查，以保证安全生产。被保险人应根据整改建议实施整改，消除事故隐患。否则，保险人有权加收保险费或解除保险合同。

四、理赔中的风险控制

理赔环节是保险人实施风险控制的最后一道防线。在团体火灾保险业务的理赔中，可以从以下方面来控制风险。

（一）承担施救费用

在团体火灾保险中，保险事故发生后，被保险人为防止或者减少保险标的的损失所支付的必要合理的费用由保险人承担。保险人赔偿施救费用时，一般是在保险标的的损失以外另行计算，以最高不超过保险金额为限。若受损保险标的按比例赔偿时，则该项费用也按与财产损失赔款相同的比例赔偿。以上规定既能促使被保险人积极施救，防止或减少损失，又不至于使保险人的赔付过多，从而符合保险双方权利义务对等的原则。

（二）扣除残值

残值是指被保险财产受损后尚有经济价值的残留部分。团体火灾保险通常规定，保险标的遭受损失后的残值协议作价归被保险人，并在保险人支付的赔款中予以扣减，以使被保险人不能获得多于损失的补偿。这种规定的执行有助于避免被保险人通过保险谋取额外利益的企图，控制道德风险的发生。

（三）实行免赔率（或免赔额）

免赔率（或免赔额）是保险人按保险合同规定免于承担赔偿责任的比率（或数额）。团体火灾保险的保险人可以根据厂房、机器设备等固定资产的性质、新旧程度、保养和使用情况，以及风险大小来确定免赔率或免赔额，以促使被保险人降低风险，实现保险人转移小额风险、提高经济效益的目的。

【知识链接】

世界上第一家专业火灾保险公司

1666 年 9 月 2 日，位于伦敦市中心的皇家面包店突然起火，大火蔓延至全城，燃烧了五天五夜，市内 448 亩的地域中 373 亩成为瓦砾，占伦敦面积的 83.26%，13 200 户住宅被毁，财产损失 1 200 多万英镑，20 多万人流离失所，无家可归。在经历了这场灾难之后，1667 年，牙医兼房地产投机商尼古拉·巴蓬在伦敦开办个人保险，专门经营住宅火险。后经发展，1680 年，巴蓬医生和他的四个朋友出资 4 万英镑，开办了世界上第一家火灾保险营业所，后更名为凤凰火灾保险公司，即世界上第一家专业火灾保险公司。该公司按房屋的种类、结构、价值、租金及其他风险因子分别计收保险费，成为今日差别费率的始祖，巴蓬本人也被誉为“现代火灾保险之父”。①

【复习思考题】

一、名词解释

火灾保险　团体火灾保险　火灾　爆炸　账面原值　重置价值　机器损坏保险　利润损失保险

二、比较题

1. 试比较财产保险基本险与综合险之异同。
2. 试比较团体火灾保险的可保财产、特约保险财产和不保财产。

三、问答题

1. 团体火灾保险有何基本特征？
2. 如何确定团体火灾保险的保险金额？如何计算固定资产和流动资产的赔款？
3. 团体火灾保险的费率是怎样规定的？
4. 在团体火灾保险中保险人应如何实施风险控制？

① 参见许飞琼. 财产保险［M］. 北京：高等教育出版社，2014；大火烧出的现代火灾保险业［N］. 中国保险报，2007-12-04.

四、实务题

某厂的总资产为2 190万元，该厂仅将价值350万元的房屋投了保，机器设备及流动资产均未投保，投保的财产仅占总资产的16%。在保险期限内该厂遭受火灾，工厂损失了32万元，其中房屋损失20万元，设备损失12万元。在救火抢险中还支出了施救费5 736元。问保险人是否应该对该次事故中工厂的财产损失和施救费用全额赔偿？保险人应支付多少赔款和施救费？为什么？

第八章
家庭财产保险

【学习目标】

学习本章时，应了解城乡居民家庭面临的各种风险及可供转嫁的风险，熟悉并掌握家庭财产保险业务的基本特征与主要险种的经营实务，同时掌握家庭财产保险中的风险控制办法。

第一节　家庭财产保险及其基本特征

一、家庭所面临的风险与保险

（一）家庭所面临的风险

家是人生的港湾，安全性是家庭成员对家的第一需求。然而，家又是一个充满着各种潜在风险的地方。各种灾害事故同样威胁着城乡居民的人身财产安全，一些发生在家中的灾害事件甚至还损害着来家做客的亲友，等等。可见，家庭并非平静的港湾，它事实上面临着各种潜在的风险，一旦风险发生，必然导致家庭财富减少，生活水平下降，甚者会造成倾家荡产的严重后果。因此，家庭同样需要重视风险管理，并需要利用保险的方式来转嫁自己的各种风险，城乡居民家庭所面临的风险可以用图 8－1 表示。

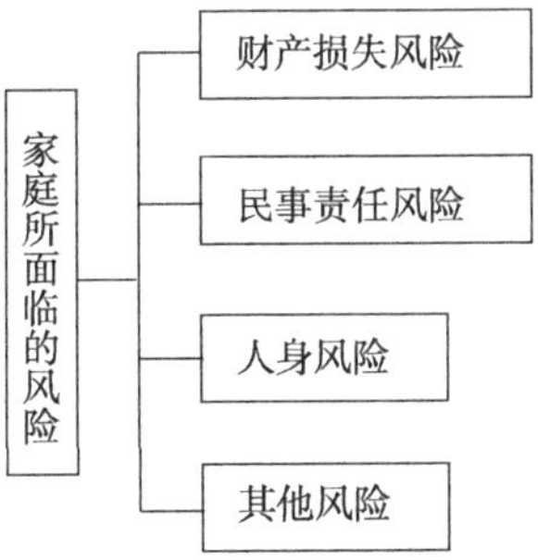

图 8－1　城乡居民家庭所面临的风险

如图 8－1 所示，城乡居民家庭面临着四类潜在风险，这些风险的具体内容包括如下几方面：

1. 财物损失风险。家庭与各企事业团体一样，也面临着各种自然灾害与意外事故的威胁，如地震、洪水灾害会造成住房损毁，火灾会烧毁室内财物，交通事故可能毁坏私人的交通工具，私人财物还面临着被盗的风险等。

2. 民事责任风险。在一个法制健全的社会里，民事责任风险是家庭面临的又一类现实风险。家庭民事责任风险来源于三个方面：一是家庭成员的个人侵权行为会导致受害者的索赔，如小孩玩火引起邻居家火灾、骑自行车撞伤他人等，均是一种侵权行为，行为人或行为人的监护人均须对损害后果负法律赔偿责任。二是家庭的静物责任，它是指家庭所有或管理的静物发生意外而导致他人财产损失或人身伤亡而依法应负的损害赔偿责任。如阳台上的花盆掉下砸伤了行人、住宅因施工缺陷倒塌而连带损害邻居住宅等，屋主均须对他人的损失负法律赔偿责任。三是动物责任，它是指因家庭或家庭成员饲养的各种动物伤害他人财物或人身而依法应负的法律赔偿责任，如家庭饲养的狗咬伤他人即属于家庭动物责任，法律规定狗的饲养者应当对伤者负赔偿责任。再如客人到来后因住宅内的意外灾祸而受害，作为主人在法律上依然负有法律赔偿义务，这种赔偿虽然依照中国以往的传统不会发生，但在市场经济条件下却可能迫于来自保险人等的压力而对主人提起诉讼。如 A 到朋友 B 家中做客，因食物中毒而不得不住院治疗，花去了巨额医疗费，当 A 向他的健康保险承保人提出索赔时，保险人可能在依照健康保险合同赔偿后，通过权益转让而获得向 B 的追偿权。除非 A 自认倒霉并自己承担所有的医疗费用，否则，B 就必然会因需要承担 A 的医疗费用而遭受经济损失。可见，家庭中的民事责任风险是客观存在的。

3. 人身风险。家庭中的人身风险是指各种灾害事故可能造成家庭成员意外伤亡的风险。它的来源一般可以分为三个方面：一是室内风险，即出现在住宅内的灾害事故，如火灾、液化气罐爆炸、触电事故、意外跌倒等，均可能造成家庭成员的伤亡。二是室外风险，即源于住宅外部的风险，如邻居火灾波及、各种自然灾害等，往往是家庭成员无法控制的风险。三是工作中的风险，即家庭成员在职业工作中遇到的风险，如工伤事故、职业病等。当然，工作中的风险通常由工伤社会保险或强制性的雇主责任保险来解决。

4. 其他风险。除上述三类风险外，家庭客观上还面临着诸如信用风险等在内的其他风险，如个人投资失败、个人借贷无法回收等，这些风险同样直接威胁着家庭生活的稳定。

（二）面向家庭的保险

前述分析表明，家庭面对的风险是多方面的，任何家庭虽然并不必然成为各种风险的受害者，也不必然不会成为各种风险的受害者，因为各种灾害事故发生的不确定性决定了它并不特别地喜欢某一部分人，也不会对另一部分人特别厌恶。因此，每一个家庭客观上均可能成为各种风险的受害者，从而需要寻求有效的风险管理对策。一般而言，加强家庭内部的风险管理，平时小心防范，外出注意安全，做好安全防盗工作等，均是城乡居民通常采取的风险管理措施。毫无疑问，这些措施都是必要的，但无论做得多好，均只能减少风险而不会消灭风险，这基于两个原因：一是有些风险是人力不可抗的风险，如自然灾害等。二是任何防范措施都不可能是十全十美的。尽管家庭储蓄也能够补偿损失，但风险损失的不确定性却往往给家庭计划造成重大的甚至是无可挽回的冲击。因此，利用保险方式来转嫁风险便成为越来越多家庭的时尚选择，它能够将家庭面临的许多风险及事先无法确定的风险损失转化为一笔固定的、数额较低的日常开支，从而成为确保家庭生活稳定、安全可靠的重要保证。

面向家庭的保险其实是一个庞大的系列。从保险人开出的险种清单来看，适合家庭的保险至少包括如下三类：

1. 家庭财产损失保险。包括属于火灾保险范畴的普通家庭财产保险、私人交通工具保险、住宅建筑及装修工程保险、种植业与养殖业保险等若干具体险种，上述保险的共同目的就是保障投保人或被保险人在家庭物质财富上的利益不受约定的保险风险损失。

2. 家庭或个人责任保险。包括住宅责任保险、户外责任保险、运动责任保险、个人医疗责任保险等若干具体险种，上述保险为城乡居民家庭或个人转嫁各种民事损害赔偿责任风险提供了途径。

3. 家庭成员人身保险。包括意外伤害保险、医疗（健康）保险、人寿保险等，这些保险为家庭成员的安全、健康与养老等提供着经济保障。在此，除人寿保险外，短期意外保险与短期医疗（健康）保险尽管其保险标的为人的身体和生命，但因其特性，财产保险公司也可以经营。因此，国际上多将短期意外保险和短期医疗（健康）保险与各种财产和责任保险业务统称为非寿险。

此外，还有家庭成员个人信用保险等。

由此可见，面向家庭的保险服务项目众多，城乡居民只要根据自己的需要加以选择，即可以购买到自己满意的保险服务。不过，按照保险业务种类的划分，私人机动交通工具、种养业、民事责任等分别属于运输工具保险、农业保险、责任保险等范畴，一般在另外相应的章节阐述，而人身保险则有专门的教科书介绍，本章只阐述属于火灾保险范畴的家庭财产保险。

（三）家庭财产保险

家庭财产保险（以下简称家财险）是面向城乡居民家庭并以其住宅及存放在固定场所的物质财产为保险对象的保险，它属于火灾保险范畴，强调保险标的的实体性和保险地址的固定性。

家财险的开展不仅能够为财产保险人带来新的业务来源，而且通过对那些遭遇灾害事故损失的家庭的经济补偿，可以维护城乡居民生活的安定。家财险的另一层意义还在于，它的开展和普及程度标志着国民的保险意识水平，并能够带动其他财产保险业务的发展。因此，保险人不能因为家财险业务的分散而忽视家财险市场的开拓，相反应当重视家财险业务。

二、家庭财产保险的基本特征

在家财险业务经营中，其保险标的、承保地址、保险责任等与团体火灾保险均具有相似性：一是保险标的都属于具有实体的财产物资。二是都要求存放在固定的处所。三是保险人承保的风险均包括若干自然灾害与意外事故，可以附加承保盗窃风险等。但作为一类独立的火灾保险业务，家财险仍具有鲜明的特色。

（一）业务分散、潜力巨大

家财险的保险对象是城乡居民，而城乡居民尤其是农村居民居住分散，除少数城镇居民可以通过其所在单位或社区统一投保家财险外，绝大多数居民的家财险都需要保险人或其代理人通过展业获取或由居民自愿到保险公司的销售网点投保，每一个家庭都是保险人的一个展业对象，每一个家庭都可能成为被保险人，千千万万个家庭组成了家财险市场，家财险是一种非常分散的业务。

不过，中国家财险面对的却是一个有 4 亿多个家庭的潜在市场，业务虽然很分散，但发展潜力却很大。如果承保率达到 50%，即意味着有超过 2 亿个保险客户和 2 亿多笔业务来源。又如果保险人再深度经营，提高家财险的承保额，并以此为基础扩大其他类别的保险服务，则家财险业务将在整个财产保险业务中占据非常重要的地位。

（二）额小量大、成本偏高

尽管随着我国经济的持续发展和人民生活水平的不断上升，城乡居民家庭的物质财富积累在日益增长，但与其他保险的单笔业务量相比，家财险就显得有限。除房屋外的每一笔家财险业务的保险金额都不会很大，少则几万元，多则几十万元，所收取的单笔保险费一般很少。而保险人处理的家财险赔案虽然赔付金额较小，但赔案的数量却会很多。

家财险的业务分散性和单笔业务的额小量大，带来的必然是保险经营成本的增加，即保险人若要收到与团体火灾保险相似的家财险保险费，需要付出更多的人力、物力与财力，这使得家财险的经营成本表现出偏高的特点，这正是一些保险人不太愿意集中力量开拓家财险市场的原因。

当然，从保险市场及家居房屋商品化的发展趋势出发，家财险市场肯定会进一步引起保险人的关注并得到持续发展。因为其他类别的财产险业务作为财产保险市场竞争的前期焦点，必然因价格竞争而趋向低利化，市场供给的饱和状态将迫使保险人开拓家财险市场。同时，家财险的成本偏高特点其实并非无法改变，如推行社区统保方式、互联网保险等可以降低展业成本，规定免赔额可以减少小额赔付案件，进行家财险的深度开发可以扩大业务量进而使平均经营成本得以减少等，均是保险人可以尝试的办法。

（三）风险结构有特色

对家庭而言，其各种财产均面临着各种自然灾害和意外事故造成损失的风险。换言之，团体火灾保险承保的风险在家财险中同样存在。但从家财险的经营实务出发，除火灾外，作为社会风险的盗窃也是家庭财产面临的最主要的风险。

根据一些保险人的承保经验，可以给家庭财产的风险结构作如下客观排列：一是从发案数量划分，火灾与失窃通常被列为家庭财产面临的主要风险，其次是室内意外事故，再次是自然灾害。二是从单案损失额划分，火灾与地震、洪水、风灾则成为家庭财产损失最主要的致因。此外，家财险中的道德风险即骗赔现象也不罕见，是值得保险人警惕的重要领域。

（四）风险管理有特色

家财险的风险管理在实务中表现出下列特色：一是不仅重视对投保人所在地区的自然环境风险调查，而且需要重视对投保人所在地区的社会环境尤其是治安状况的调查。二是重视盗窃索赔案的控制与居民自治组织或社区的作用，如要求被保险人在家财失窃后取得当地公安机关的证明等，即让公安机关在履行自己职责的同时起到防范被保险人道德风险及事后追回保险财产进而减少保险人的损失的作用。三是家财险因额小量大，危险不似团体火灾保险、工程保险、运输工具保险那样集中，从而并不必然以再保险为分散风险、控制风险的手段。因此，家财险的风险管理主要体现在日常经营中。

（五）赔偿方式有特色

在我国的家财险实务中，一般采用第一危险赔偿方式来处理家财险索赔案。第一危险赔偿方式是将被保险人的财产的价值视为两个部分，投保的一部分为保险金额部分，也是保险人应当负责的第一损失部分；超过的另一部分则为第二部分，应当由被保险人自己负责。当发生家财险损失案件时，无论足额投保与否，凡在保险金额限度内的保险标的损失均由保险人负责赔偿；凡超过保险金额的损失均由被保险人自己负责。而在其他财产保险业务中，如果被保险人是不足额投保，则无论全损还是部分损失，只能按照保险金额占财产实际价值的比例分摊损失。由此可见，对家财险采用第一危险赔偿方式显然有利于被保险人，因为保险金额越低，损失的可能性就越大。家财险实务中每案几百元或上千元的案例较多，表明被保险人的家庭财产损失风险最多的是万元以内，真正导致倾家荡产的灾害事故并不多见。

当然，采用第一危险赔偿方式也有不利的一面，即难以提高保险客户的投保金额，最终导致保险人在无形中丧失一部分保险市场。如某市居民投保家财险的比率达到80%，家财险的承保率几近饱和，但户均保险金额只有 5 万元，仅相当于户均物质财产价值的10%左右，这种情形就只能算家财险业务经营有广度而无深度。如果户均保险金额能够提高到 10 万元，则意味着该市家财险业务扩大了一倍，且经济效益会更好。

在国外，保险人通常将第一危险赔偿方式与比例赔偿方式相结合，以促使保险客户提高自己的投保金额。例如，在英国的火灾保险中，最常见的一种承保方式被称为 75%分摊或特别分摊，即如果保险金额低于投保财产实际价值的 75%，发生保险损失时适用比例赔偿方式；当保险金额达到投保财产实际价值的 75%时，发生保险损失时则适用第一危险赔偿方式。这种方式既较好地维护了被保险人的权益，也促使保险客户考虑适度提高投保金额以求获得第一危险赔偿方式的待遇，值得我国财产保险界借鉴。

第二节　家庭财产保险的基本内容

一、适用范围

前已述及，家财险适用于我国城乡居民家庭或个人，以及外国驻华者个人及其家庭成员。凡属于城乡居民家庭或个人、外国驻华者个人及其家庭的自有财产、代他人保管财产或与他人共有的财产，都可以投保家财险。

在开展家财险业务时，应当注意如下两点：

1. 家财险可以接受个人投保，承保个人财产。如现行家庭财产公证制，将一个家庭内部（主要是夫妻双方）成员的财产具体到个人，其既可以以个人名义投保，也可以以家庭名义投保。

2. 对于个体工商业者及合作经营组织，包括个体劳动者、手工业者、小商小贩、合伙经营等生产、经营用的厂房、工具、器具、原材料、商品等，即使是属于城乡居民家庭或个人所有，一般也不能投保家财险，而是另行投保个体工商户和合作经营组织财产保险。

二、险种结构

在财产保险经营实务中，家财险客观上由多个险种共同构成。

根据家财险承保的标的不同，它可以分为房屋保险和其他财产保险两大类。前者如贷款抵押房屋保险、农房保险、房屋装潢保险等，后者如普通家财险、家用电器保险等。

根据家财险承保的责任范围，它可以分为综合家财险和单一家财险两类。综合家财险是指由保险人在一张保险单中承保被保险人多项保险标的、多种风险责任的保险，如保险市场上流行的普通家庭财险综合保险、个人财产综合保险等。单一家财险是指由保险人在一张保险单中承保被保险人某一种（类）财产或某一种风险责任的保险，如液化气罐保险、家庭治安专项保险、家用电器专项保险等。

根据家财险承保业务的独立与否，它可以分为家财险主险和附加险两类。主险是以保险合同为依据的承保业务，一般表现出独立性、综合性特征。附加险却只能依附于主险之上，它不能独立承保，且一般属于主险不保的某一项除外风险或不保财产。在家财险经营实务中，主险是为了满足大众化的风险转嫁需求，而附加险种则是为了满足保险客户的特别需求，它们共同构成家财险系列，供投保人自主选择。

三、保险标的

（一）可保财产

在家财险的经营实务中，凡是坐落在保险单所载明的固定地点，属于被保险人自有或代保管或负有安全管理责任的财产，可以投保家财险，它们的共同特点是处于被保险人的直接控制之下。具体而言，家财险的可保财产包括如下项目：

1. 房屋及其附属设备。房屋是指投保人用于居住、生活的处所，房屋的附属设备是指固定装置在房屋中的冷暖卫生设备、照明设备、供水设备等。

2. 生活资料。包括衣服、行李、家具、文化娱乐用品、家用电器、非机动交通工具等。

3. 农民的农具、工具和已经收获的农副产品。不过，拖拉机、农业机械等需要另行投保专项险种。

4. 与他人共有的前述财产。共有是指财产的所有权主体有两个或两个以上，与他人共有并由其负责的财产可以投保家财险。

5. 代保管财产。代保管财产即受他人委托，代其保管并负有维护其安全责任的前述财产。但从事生产、经营的个体工商业者，如洗染店、寄售店、修理店、服装加工店、代购代销店、私人旅馆小件寄存等，代他人加工、修理、保管的财产，不在家财险中代他人保管财产之列，从而不能纳入家财险中承保。

6. 租用的财产。它是指以付出一定租金为代价而使用他人的财产，如租用房屋、家具、电器等。

（二）不保财产

对于下列财产，家财险一般不予承保：

1. 个体工商户和合作经营组织的营业器具、工具和原材料等，保险人通常将其作为单独承保的内容，但经过保险人同意也可以纳入家财险承保范围。

2. 正处于危险状态的财产。如危房、处于常年警戒水位以下的财产、洪水来临即将淹没的财产等。

3. 价值高、物品小，出险后难以核实的财产或无法鉴定价值以及无市场价值的财产。如金银、首饰、珠宝、货币、有价证券、票证、邮票、古字画、文件、技术资料等，一般不能被列为家财险的保险标的。但有的保险公司为了满足保险客户的需要，也将上述项目中的有些内容纳入保险标的的范围。

4. 生长期的农作物，应当投保专门的农业保险。

5. 机动车辆，应当投保机动车辆保险及其第三者责任保险。

6. 运输中的货物，应当投保货物运输保险等。

此外，还有保险人认为不适合在家财险中承保的其他家庭财产。

四、责任范围

（一）保险责任

家财险的基本责任范围与团体火灾保险综合险的保险责任范围相似，主要承保火灾、爆炸、雷击和其他各种自然灾害，空中运行物体坠落，外来建筑物和其他固定物体倒塌，以及发生上述灾害事故时为防止灾害蔓延采取的必要措施所造成的保险财产损失及施救过程中支付的合理费用等。

上述保险责任与团体火灾保险中的同类责任意义相同，此处不再重复解释。

需要指出的是，各保险公司开办的家财险有时尽管险种名称一致，但责任范围却会有所不同。

（二）盗窃风险

前已述及，盗窃风险是城乡居民家庭或个人财产面临的一项主要风险，许多保险客户投保家财险的目的是为了转嫁其面临的盗窃风险。然而，由于盗窃风险是严重的社会风险，以往的实践经验表明，保险人对家财险的赔付也主要是盗窃风险所致。因此，保险人与保险客户都十分重视对盗窃风险的承保与投保。

在家财险经营实践中，保险人对盗窃风险的承保通常有两种处理方式：一是将其作为家财险的基本责任予以承保，即将盗窃风险列为一般家财险中的保险责任；二是将其从一般家财险的基本责任范围剔除，列为特约或附加责任，由投保人选择投保。

随着盗窃责任导致的赔款不断增长，一些保险人更重视将该项责任作为家财险主险的附加责任，凡需要在投保家财险的同时加保盗窃责任的保险客户，还需要与保险人特别约定才能获得这类风险保障。不过，多数城乡居民在投保家财险时，通常都会加保盗窃风险。

（三）家庭责任风险

家庭责任风险是指家庭成员由于过错，或者在法律特别规定的场所不问过错，违反法律规定的义务，以其作为或不作为的方式对他人的身体及财物造成损害并依法应负的经济赔偿责任风险。例如，骑自行车撞伤了行人，骑车者应承担被撞者的医药费、误工工资等损失赔偿责任；由于自来水龙头没关好导致水溢到楼下住户家中，损坏了楼下住户家的财产，致害人要承担经济赔偿责任。随着法律对私有财产神圣不可侵犯和个人价值观念的体现，家庭责任风险会日益扩大，人们投保家庭责任保险的需求也将日益高涨。在实务中，作为一项保险业务，家庭责任保险可以由若干具体险种组成。在西方国家，该险种大部分是独立险种，而在国内，大部分保险公司则将该险种作为家庭财产保险的附加险，进行打包销售。

（四）除外责任

家财险中的除外责任，通常有如下项目：

1. 战争、军事行动、暴力行为、核子辐射和核污染等。
2. 被保险人或其家庭成员、寄居人员等的违法、犯罪或故意行为。
3. 地震及其次生灾害所造成的一切损失。
4. 电机、电器、电气设备因使用过度和超负荷、碰线、弧花、走电、自身发热等原因造成的本身损失。
5. 堆放在露天的被保险财产，以及用芦苇、油毛毡、麦秆、帆布等材料作为外墙、房顶的简陋房屋、棚，由于暴风、暴雨或雪灾所造成的损失。
6. 虫蛀、鼠咬、霉烂、变质和家禽的走失、失窃或死亡等所致的损失。
7. 被保险财产在违章建筑、危险建筑内发生的保险事故的损失。
8. 其他不属于保险单上载明的保险责任范围内的损失和费用。

（五）责任期限

家财险采用定期保险方式，但保险责任期限又可以分为如下两类：

一类是与团体火灾保险等财产保险业务一样，为一年期保险业务，即从约定起保日期的零时起至期满日期的24时止，到期可以续保，另行办理投保手续。

另一类是多年期保险业务，即保险人可以同时规定几个保险期限，由被保险人加以选择确定，如两年期、三年期、五年期，某些公司经营的贷款抵押房屋保险的责任期限甚至可达十年、二十年、三十年，表现出了经营的灵活性与选择性。

五、保险金额与保险费率

（一）保险金额

家财险保险金额的确定一般有两种方式：一是由投保人根据其财产（如房屋）的实际价值自行估价确定，但对于不能分类估价的财产（如室内财产等）可按各大类财产在保险金额中所占比例确定。如中国人保财险公司目前销售的普通家庭财产保险险种条款中就规定：房屋及室内附设设备、室内装潢的保险金额由被保险人根据购置价或市场价自行确定，室内财产的保险金额由被保险人根据当时实际价值分项自行确定，不能分项的财产则按各大类财产在保险金额中所占的比例即家用电器及文体娱乐用品占40%（农村占30%）、衣物及床上用品占30%（农村占15%）、家具及其他生活用具占30%、农村农机具等占25%的方式确定。二是保险人提供以千元为单位设置的保险金额档次，投保人可以根据自己的需要自主选择，多投多保、少投少保，如10 000元、50 000元、100 000元等。

在家财险经营实务中，保险金额的确定需要注意如下事项：

1. 由于家庭财产一般无规范的账目可查，且财产的品种、质量和新旧程度差别很大，因而保险金额的确定也往往难以做到准确，这与团体火灾保险及其他财产保险有很大区别。因此，在投保人自行估价时，仍应强调以其财产的实际价值为依据，且以购置该财产时的支出（或在扣除其折旧后的净值）为依据确定。

2. 由于家财险通常采用第一危险赔偿方式承保，投保人很少足额投保，往往根据自己的财产多寡和保险人设置的保险金额档次选择投保，因此，家财险中的保险金额通常是一个整数，它在实务中与投保人实际拥有的家庭财产不一定相符，这是家财险特有的现象。同时，保险人对家财险采取第一危险赔偿方式承保，并不等于对任何家庭财产都是如此，在实务中仍然可以对部分家庭财产选择采用比例赔偿方式或将比例赔偿方式与第一危险赔偿方式相结合。

3. 与团体火灾保险相似，家财险也应强调在财产保险单上分项确定保险金额，分项越细，保险金额就会越接近财产的实际价值，就越有利于保险人控制风险，从而越有利于处理保险索赔案件。因此，家财险中应当摒弃承保中不分项的传统做法，在承保时至少将投保人的投保标的按房屋及其附属设备、家用电器、其他自有生活资料和非机动交通工具、代他人保管或与他人共有的财产等分项承保，分项确定保险金额，待发生保险事故损失时再分项计算赔款。

（二）保险费率

家财险的保险费率是计算并收取家财险保险费的直接依据，而它又是依据家财险损失率等因素厘定的。在家财险实务中，保险费率的确定通常要考虑如下三项因素：

1. 房屋建筑物结构与等级。由于被保险人居住的房屋结构与质量等级及其危险程度，不仅决定着房屋建筑物自身的风险大小，而且对存放在室内的各种物质财产的安全具有重大的影响，因此，房屋建筑物的结构等级往往被保险人看成是决定家财险保险费率的主要因素。房屋建筑物的结构等级愈高，则意味着家庭财产损失的风险愈小，保险费率自然会低；反之，则保险费率会高。

2. 家庭财产的结构及其本身的危险。随着城乡居民家庭物质财产的增多和结构的日益复杂化，来自室内财产物资的损失风险也在不断增加，不同的家庭财产结构必然会存在着不同的风险。因此，保险人需要重视投保人的财产结构，如家用电器的多寡与导致损失的风险往往存在着正相关的关系等。

3. 社会治安状态。盗窃风险是家财险中的主要风险，如果一个城镇或乡村或社区的社会治安优良，盗窃事件必定极少，被保险财产面临的风险亦会减少，保险人的家财险效益亦会提高。反之，城镇或乡村或社区的社会治安不好，盗窃事件必然增加，被保险财产面临的盗窃风险也会成倍增加，从而会使保险人付出更多的赔款。因此，保险客户所在城镇或乡村或社区的社会治安状况如何，亦应当成为确定家财险费率的重要依据。

此外，根据统保优惠的定价原则，对于统一投保的团体家财险，保险人通常还会给予保险费率的优惠。

综上所述，制定家财险的保险费率时，不仅应当考虑保险客户的房屋建筑结构及其等级，还应考虑其财产结构及其危险、社会治安状况等因素。

由于不同地区的家财险风险不一，保险费率在地区之间也存在着较大的差异。一般而言，家财险保险费率通常按房屋结构等级分为不同的档次，如果将盗窃风险列入基本保险责任范围，保险费率从3‰到5‰不等。如果将盗窃风险作为附加责任，则基本险的保险费率还会降低，但若被保险人加保盗窃风险，则还要再加上盗窃责任的附加费率。

第三节　家庭财产保险险种

前已述及，家庭财产保险是由若干险种组成的财产保险险别，在实务中主要可以分为四类：一是房屋保险，如面向乡村居民的农房保险，面向城镇居民的房屋保险等；二是室内财产保险，如普通家财险、家用电器保险等；三是家庭或个人责任保险，如住宅责任保险、运动责任保险等；四是其他专用财产保险，如家用煤气罐保险、水管爆裂保险等。

为进一步阐述家财险，本节选择有代表性的部分家财险险种予以介绍。

一、普通家财险

普通家财险是保险人专门为城乡居民开设的一种通用型家财险险种，它曾经是保险人面向城乡居民家庭提供的唯一险种，现在则变成了家财险险种中的一种主要险种，其他家财险种基本上都是在普通家财险的基础上衍生出来的业务。因此，普通家财险具有基础地位。

与团体火灾保险不同的是，受第一危险赔偿方式的影响，普通家财险的保险金额并不一定代表投保人投保标的的实际价值，而是在发生家财险赔案时充当保险人赔偿的最高限额。普通家财险的保险期限一般为一年，但也有两年、三年等多年期业务。

二、房屋及室内财产保险

房屋及室内财产保险大致包括如下三类：

一类是指一般的房屋保险。此类房屋保险目前大多数保险公司均纳入普通家庭财产保险系列之内。

二类是除房屋外还包括室内财产的保险。该险种由一个主险（如房屋保险、火灾保险）和若干个附加险（如盗窃险、地震险、住宅责任保险等）组成。这种以房屋及室内财产等为主而扩展承保被保险人的多种风险的保险，具有其他家财险所缺乏的综合性、全面性，可选择性亦更大，从而代表了家庭财产保险的一个新的发展方向。

三类是贷款抵押房屋保险。贷款抵押房屋保险即保险公司将个人或家庭以抵押贷款方式购买的商品房为保险标的而推出的险种。该类险种除了对因自然灾害或人为事故等原因造成抵押房屋的损失以及为抢救房屋财产支付的合理施救费用，保险人负责赔偿外，有的还规定因意外伤害事故所致房屋抵押贷款人死亡或伤残，而丧失全部或部分还贷能力，造成连续三个月未履行或未完全履行个人房屋抵押借款合同约定的还贷责任的，保险人也承担全部或部分还贷责任。需要说明的是，被保险人购房后，装修、改造或其他原因购置的、附属于房屋的有关财产或其他室内财产，一般不在该保险范围内。但是，该类别险种有的对有关责任进行了扩展承保，如因保险房屋受损而要临时租房而发生的租金费用、搬迁费用、清理费用等均可特约扩展得到补偿。

三、定期还本家财险

定期还本家财险又称家财两全险，是兼具家财保险和满期还本双重性质的家庭财产保险业务，它是在普通家财险的基础上产生的又一种较受保险客户欢迎的家财险险种。定期还本家财险的主要特点如下：

1. 利息抵充保险费。在定期还本家财险业务实践中，保险人并不直接向投保人收取保险费，而是以被保险人缴纳的保险储金所生利息充当保险费收入，并按保险单满期后的应得利息的贴现值记账。因此，尽管保险人的保险费来源于被保险人所缴纳的保险储金，但又直接产生于存入储金的金融机构或融资机构。

2. 定期还本。定期还本即被保险人在参加保险时缴纳保险储金，当保险期满时，无论是否发生过保险赔款，该保险储金均如数退还给被保险人，从而体现了其他财产保险业务所没有的满期还本性质。

3. 保险期限多样化，既有一年期业务，也可以根据保险双方的约定开展三年期、五年期甚至八年期业务。有的保险人为方便保险客户，还规定只要被保险人不取回保险储金，保险合同便持续有效。定期还本家财险演变为长效还本家财险，这是其他财产保险业务所没有的。

在定期还本家财险保险期间，若被保险人发生保险损失，保险人承担的赔偿责任与普通家财险相同，从而完全体现了其保险性质。

四、团体家财险

团体家财险是以团体为投保单位、以该团体的职工为被保险人并承保其家庭财产的家财险业务。它是为了适应企事业单位和其他法人团体为职工统一办理家财险及附加盗窃险的需要而实行的一种承保方式。

团体家财险的特点可以概括为以下几点：

1. 投保人与被保险人在形式上发生了分离，但保险关系仍然仅仅存在于保险人与被保险人之间。在团体家财险中，投保人既可以是职工所在单位，也可以是职工个人，而被保险人却只能是职工本人及其家庭。在这种承保方式下，投保人与被保险人被允许形式上分离，但也应当看到，这种承保方式的目的在于方便被保险人集体投保并让其享受优惠费率，同时也是为了降低家财险的经营成本，它并不改变保险合同关系仅仅存在于保险人与被保险人之间的事实。因此，团体家财险并未改变财产保险的根本性质。

2. 团体家财险要求投保单位的职工全部统一投保。保险人在承保时，以投保时约定月份发放工资时的职工名册为准确定被保险人的人数，凡中途调出、调入者，均应办理批改手续或加保手续。投保财产坐落地址以附列的地址清单上被保险人填报的地址为准，投保财产以被保险人住址中的财产为限。对于居住在单位的单身职工和家住农村的职工，均应附列地址和保险金额。

3. 在保险金额确定方面，团体家财险的保险金额由投保单位统一确定，即所有被保险人的保险金额是一致的。同一家庭有两个或两个以上职工参加团体家财险的，其保险金额可以合并计算。

4. 团体家财险有利于节约经营成本，适用优惠费率。单位统一投保能够省去保险人的大量展业承保工作，既方便并满足了投保单位的需要，又节约了保险人经营家财险业务的成本，从而为降低费率奠定了基础。保险人对团体家财险往往在同等条件下给予费率优惠。

不过，团体家财险的开办有可能导致一户多保的现象。如一户有多人参加工作，或单位投保的同时职工自己也投保，就有可能出现一户多保或重复保险的现象。对此，保险人在实务中应当坚持总的赔偿金额以不超过其实际损失为限的原则，对非恶意的重复保险则坚持重复保险分摊原则。

五、家用燃气综合保险

家用燃气综合保险是指经燃气公司验收，同意使用燃气设备、燃气器具的民用燃气（包括管道煤气、天然气和罐装液化石油气）用户，在保险期间内，由于家用燃气使用过程中引起的火灾和爆炸造成自住房屋及其室内附属设备；室内装潢；家用电器和文体娱乐用品；衣物和床上用品；家具及其他生活用品；燃气灶、燃气热水器、燃气用表、燃气管道和液化石油气罐等保险标的损失，以及保险事故发生后，被保险人为防止或减少保险标的的损失所支付的必要的、合理的费用，保险人依照保险合同的约定负责赔偿。同时，因保险事故导致被保险人及其家庭成员或其组成人员以外的第三者的人身伤亡或财产损失及相关费用，依据相关法律应由被保险人承担的经济赔偿责任，保险人依照保险合同的约定也负责赔偿。但是，除一般火灾保险的除外责任外，被保险人及其家庭成员或其组成人员未经煤气/天然气公司同意，擅自拆卸、安装燃气设备，或在使用过程中违反燃气器具安装和使用的有关安全规定；燃气管道及附属设施在进行维修或调试；因燃气事故导致的被保险人及其家庭成员或其组成人员的人身伤亡等的损失、费用和责任，保险人也不负责赔偿。

六、投资保障型家庭财产保险

随着投资型保险的不断创新，集保障性、储蓄性、投资性于一身的投资型家庭财产保险险种也开始出现并得到迅速发展。此类险种既能使被保险人获得家庭财产保险保障，还能使投保人收回保障金本金并确保获得高于银行同期存款利率的投资回报。甚至有的险种还规定，产品的收益会随银行同期利率的调整而同幅度调整并分段计算，同时具有随时退保赎回功能。

七、附加盗抢险

在家财险经营中，基于不同的保险客户对风险保障的需求不同，保险人通常会设置若干附加险供投保人自主选择，而附加盗抢险是其中最重要的附加业务。

附加盗抢险是指在家财险主险的基础上专门以被保险人可能遇到的盗抢风险为承保责任并由保险人承担被盗抢财产损失的一个附加险种，它虽然不能作为独立业务承保，但因盗抢是家庭财产面临的主要风险，也成为多数家庭投保时必然选择的保险。因此，附加盗抢险在家财险中占有重要地位。

保险人在经营附加盗抢险业务时，需要把握如下事项：

1. 盗抢责任是指保险房屋及其室内附属设备、室内装潢和存放于保险合同所载明保险地址室内的保险标的，由于遭受外来人员撬、砸门窗，翻墙掘壁，持械抢劫，并有明显现场痕迹，且经公安部门确认的盗抢行为所致丢失、损毁的直接损失，从案发时起三个月后，被盗抢的保险标的仍未查获，保险人按照保险合同约定负责赔偿。

2. 保险标的因无明显痕迹的盗窃行为、窗外钩物行为所致的损失，保险标的因门窗未锁而遭盗窃所致的损失，保险标的因被保险人的雇佣人员、同住人、寄宿人盗窃所致的损失，保险人不负赔偿责任。

3. 投保便携式财产（手提电脑、电子记事本、摄像机、照相器材、收音机、录音机、CD 机、VCD 机、DVD 机）的，必须分项列明财产名称和保险金额，否则保险人不承担赔偿责任。

4. 保险人承担损失赔偿责任后，被保险人应将权益转让给保险人，破案追回的保险标的应归保险人所有；被保险人如愿意收回被追回的保险标的，其已领取的赔款必须退还给保险人，保险人对被追回保险标的的损毁部分按照实际损失给予补偿。

5. 被保险人在遭受保险责任范围内的盗抢损失后，应当保护好现场，并及时向当地公安机关报案，在 24 小时内报告保险人。取得公安部门的证明且经过 3 个月等待期仍然未破案，是被保险人向保险人索赔被盗抢财产损失的重要条件。

八、附加家庭第三者责任保险

家庭第三者责任保险是一种以全体家庭成员（一般指长期同住在一起的家庭成员）为被保险人，以被保险人在其所居住的住所，使用、安装或存放其所有或租借的财产时，由于过失和疏忽造成第三者的人身伤亡或财产的直接损毁，在法律上应由被保险人承担民事损害赔偿责任为保险标的的保险。在我国保险市场上，该险种大部分属于家庭财产保险的附加险，因此，有时将该险种又称为家庭财产（综合）保险附加第三者责任保险。

在实际承保中，保险人一般根据被保险人的要求和自己的经营能力对被保险人的第三者责任作有选择或有限制的承保。

此外，一些保险公司还销售家养宠物责任保险附加险。凡是因被保险人合法拥有的宠物造成第三者的人身伤害或财产的直接损失，依法应由被保险人承担的经济赔偿责任，均可以通过该险种的投保而得到补偿。

九、其他家财险

除上述险种外，保险人还可以根据投保人的要求开设一些专项保险业务。在这方面，目前财产保险市场上主要有以下产品。

1. 家用电器用电安全保险。该险种主要承保家庭或个人的家用电器由于供电线路遭受自然灾害和意外事故的袭击、供电部门或施工失误及供电线路发生其他意外事故致使电压异常而引起家用电器的直接损毁。家用电器用电安全保险既可以单独承保，也可以作为家庭财产保险的附加险进行承保。

2. 水暖管爆裂损失保险。该险种主要承保因高压、碰撞、严寒、高温造成被保险房屋内水暖管爆裂本身损失及被保险房屋内的保险财产遭受水浸、腐蚀的直接损失，保险人将按合同的规定负责赔偿。本保险一般作为家庭财产保险的附加险进行承保。

3. 租金收入损失保险。该险种主要在主险合同（如普通家庭财产保险、房屋保险等）载明的保险财产坐落地址上的被保险人在保险合同生效时已出租（以书面租赁合同为准）的居所（必须具有当地合法的房屋租赁许可证），因本保险主险责任范围内的原因遭受损失而不能继续出租，保险人依附加险合同约定在赔偿限额内赔偿被保险人的租金收入损失。

4. 房屋装潢保险。该险种专门承保私人住宅装修期间的风险，既可以单独承保，也可以纳入房屋保险范围或作为房屋保险的附加险承保。

此外，有的保险人还开办了附加门、窗、锁恶意破坏损失保险，附加现金、金银珠宝盗抢保险，附加银行卡被盗用损失保险等业务。

第四节　家庭财产保险的风险控制

保险人在承保家庭财产保险业务时，其风险并非单纯来自保险风险，同时也来自非保险风险，如道德风险与逆选择风险，以及保险客户因对保险事项或索赔程序不了解致使发生不应有的纠纷等，均可能给保险人带来非正常的人力、物力与财力损失。因此，重视家财险中的风险控制尤其是家财险中的道德风险的控制，力求业务经营的财务稳定，是保险人应当追求并实现的目标。

一、承保中的风险控制

承保是家财险业务经营的第一个环节，是保险人选择风险的关键，承保质量的好坏直接关系到家财险业务经营绩效的好坏。因此，保险人在承保家财险业务时，需要采取下列措施来控制风险。

1. 如实做好展业宣传，让保险客户明了保险人的险种内容与保险责任。例如，告诉保险客户哪些财产可以投保，哪些财产或风险不能在家财险项下获得保险保障，保险人对重复保险的处理原则是什么，索赔有哪些程序，等等。保险人的展业宣传工作实际上是在维护消费者的险种知情权的同时，也尽量避免承保后大量出现非保险事故或非保险损失的索赔和纠纷，是对保险双方均有利的风险预防措施。

2. 做好风险调查与评估。家财险的风险调查内容主要包括保险客户的房屋建筑物结构及等级状况，当地社会治安状况，当地居民生活水平及其家庭财产结构、数量状况，家庭人口结构情况，户均保险金额情况，以往赔偿记录及损失率情况等，根据这些情况对当地家财险市场的风险进行评估，以此作为确定业务方向、保险费率和控制风险的主要依据。

3. 在投保人投保时，保险人应要求投保人如实填写投保标的的实际情况，包括种类、价值及存放处所，以及投保风险、有无附加险等，并对保险标的进行一定程度的限制。如对于体积小、价值高或不易确定价值或价值昂贵的标的，可列为不保财产或特约可保财产单独进行处理。

4. 在承保时，保险人应当将投保标的的分项及其相应的保险金额等载明，实行分项承保和分项确定保险金额，并不允许分项保险金额相通使用，以便有效地控制保险赔款。同时，明确保险地址、保险风险范围、保险责任期限等，作为保险双方履行合同的直接依据。

5. 推行第一危险赔偿方式与比例赔偿方式相结合的承保方式。通过这种方式可促使投保人提高投保金额，使承保基础得以扩大，并使赔款得到一定程度的控制。因此，在承保环节确定赔偿方式十分重要。

6. 重视代理人的作用。尽管财产保险业务中对代理人的依赖不如人寿保险，但家财险业务作为与人寿险业务同样具有分散性特点的保险，需要发挥代理人的作用，如要求代理人进行保前验险，对所承保的业务进行把关，确保业务的承保质量等。

7. 在进行互联网销售保险时，应重视业务信息安全、营销模式带来的风险，同时注意互联网家财险产品开发风险、操作风险等的防范。

二、保险期间的风险控制

在保险期间，保险人对家财险的风险控制措施主要有：

1. 开展防灾防损检查。开展防灾防损检查即通过对被保险人的财产进行定期或不定期的风险检查来控制风险。一方面，加强治安管理检查，如督促被保险人加强安全防盗措施。对于单位或社区统一投保的，还应当督促单位或社区物业重视对被保险人家庭财产风险的管理，如在居住小区建立门卫制、陌生客人进出登记制和配备监控录像设施等。安全管理工作的加强可以使某些风险得以消除。另一方面，加强防火安全检查，如房屋中的火源是否得到控制，易燃、易爆物品是否远离火源，家用电器等是否能够按规则操作，电线是否保持了较好的绝缘性，农房中的炉灶与柴草是否安置妥当，城镇宿舍区是否配备有消防设施等，针对薄弱环节提出整改意见。除治安检查与防火检查外，对临江、临河、临湖、临水库的房屋建筑物，还应当注意防汛检查等。

2. 加强防灾防损宣传。例如，在居民区设置防灾防损宣传栏，印刷并向保险客户派发防灾防损宣传资料，介绍火警电话、报警电话和一些临灾抢险技巧，以及以往的典型家财险赔案等；保险人还可以通过保险服务热线电话、微信公众号防灾防损信息推送等提供防灾防损宣传服务。

3. 参与社会化的防灾防损活动。如协助中小学校、社区对中小学生、社区居民开展防火、防盗教育，支持公安部门开展消防工作和治安管理工作，在这方面，一些保险人通过向消防部门捐献消防车等对防灾防损起到了很好的作用。在英国，保险公司的经费甚至是消防当局最主要的财政来源。可见，保险人参与社会化的防灾防损，既是有益于社会公众的事情，同时也使自己从中获得减灾减损的直接回报。

通过上述措施的采用，一方面能够使一些可能发生的风险得以避免，另一方面也会形成全社会的防灾防损意识，并增加社会成员的减灾防灾知识等。可以肯定，保险期间对风险的有效管理，将使家财险的风险得到一定程度的控制。

三、理赔中的风险控制

家财险赔案面广量大，保险人事实上很难做到像对待团体火灾保险或其他财产保险业务那样每案必进行现场查勘，所以容易出现漏洞，是值得加强的风险控制环节。家财险理赔环节风险控制的目标是依法理赔，维护保险双方的合法权益。风险控制的主要内容是堵塞漏洞，防止道德风险。

一般而言，保险人在理赔环节中，对家财险风险的控制可以采取如下一些措施。

1. 对被保险人的索赔进行例行审查。包括受损标的是否属于保险标的，损失的原因是否属于保险责任范围，损失是否发生在保险责任期限，损失清单是否符合实际状况等。

2. 进行现场查勘。尽管保险人难以做到对家财险索赔每案必进行现场查勘，但对某些重要案件仍然应当查勘损失现场，如对损失原因有怀疑的、损失特别大的、损失标的性质特殊的赔案，保险人就不能光凭被保险人或有关部门的索赔报告及单证处理赔案，而是应当到保险损失现场进行实地查勘，以便掌握第一手材料，合理、合法地处理好赔案。

3. 借助有关部门与专家的力量。如对于失窃赔案，要求被保险人向当地公安机关报案，索赔时要求被保险人出具公安部门、所在单位或居委会的证明材料，这些部门即起到了一定的把关作用。同时，也为公安机关破案并做好社会治安管理提供线索，如果失窃财物被公安机关破案追回，还可以直接减轻保险人的损失。再如火灾案件，可以由消防部门出面调查案情；对水灾案件，可以由防汛专家进行调查；对于电器或电路事故，可以由电工帮助进行调查；等等。通过借助某些部门与专家的力量，既能够避免家财险中的道德风险，又可以维护保险双方的合法权益，从而是理赔环节中控制风险的重要措施。

4. 合理计算赔款。在计算赔款时，首先应当考虑承保方式，即区别第一危险赔偿方式与比例赔偿方式，以及两者相结合的赔偿方式。其次，除房屋全损不计损余价值外，其他受损财产均应当考虑保险标的的损余价值，并合理折价抵给被保险人，在赔款中予以扣除。对于有免赔额的，应扣除免赔额。对于损失原因中既有除外风险又有保险风险且无法明确划分的，亦应当通过协商来划分赔偿责任。此外，在赔款计算中，还应掌握新的赔新价、旧的赔旧价原则，考虑受损标的的使用年限等。对按市场价估计的损失索赔案，一般以恢复原状为原则。对同样规格、牌号的财产不论其价格调高调低，均统一按受损时的实际价值计算赔款，且以不超过分项保险金额为限。对于一户多保的，其总赔偿金额仍应按实际价值计算，以不超过总保险金额和实际损失为限。

5. 坚持贯彻权益转让原则。当被保险人的财产损失是由第三者造成且应当由第三者负责赔偿时，被保险人向保险人提出索赔，只要是保险责任范围内的损失，保险人可以先行赔偿，但应当向责任方实行代位追偿。当被保险人的保险标的因失盗造成损失，在保险人赔偿后被盗财产经破案追回时，保险人应当追回已经付出的赔款，或要求被保险人退出被盗财物。换言之，被保险人要么选择保险人已经支付的赔款而放弃已经追回的被盗财产，要么选择破案追回的财产而放弃保险赔款（保险人对因被盗造成财产受损的维修费负责），两者只能择其一。

此外，保险人还应当严格理赔手续与程序，堵住理赔环节中的各种漏洞。

【知识链接】

美国的房屋保险

美国的房屋保险一般分以下三种。

1. 业主产权保险（Owner's Title Insurance）。业主产权保险用来向买方保证待售房的产权，而且卖方确实拥有待售房的产权，同时也保证该待售房没有任何隐藏的风险（包括文件中不正确的签字，伪造、欺骗、欺诈，登记错误，房屋的侵占，没有记录在案的特殊的土地使用权和通行权，违反建筑规范，测量图错误或不合法的测量图，律师造成的错误、失职和欺骗，未缴纳的地税或地方改造费，注册在产权上无效的贷款等）；投保金额是房子的买价，保费一般由卖方来付。业主产权保险通常是一次性费用，合同一直有效，但不能过户给他人。

2. 房屋保险（Home Insurance）。不论购买的是新房还是二手房，买主都应购买房屋保险，以保障业主在遭遇意外或突发的灾难时，经济上的损失得到补偿。所有贷款机构也都会要求在保单上附加房屋保险条款。房屋保险通常包括以下项目：受灾后赔偿给业主或按揭银行的部分；物业建筑物（包括房屋本身、围墙、车房、车道、泳池等）；私人财物（家具、电器、书籍、收藏、文件等）；修复期生活开支（因灾难不能使用自家宅院，及在修复期间的额外生活花费），以及业主责任险。

3. 地震保险（Earthquake Insurance）。该保险的赔偿责任包括地震、战争、核能意外、洪水灾害等造成的损失，主要是房屋保险的附加险。但地震保险限制较多，如提供保障的房屋必须用于居住，商用、工业用房都不在保障范围；如果一个家庭拥有 2 套以上住房，那么在单独购买了另一份地震保单的基础上才享受保险保障。此外，一张地震保单可以选择为家居用品、房屋以及生活必需开支等提供保障，其中家居用品包括家具、电器以及衣物等，一般保险金额的选择范围从 5 000 美元到最高 10 万美元不等。美国房地产有 70% 的地震险是在西岸的加利福尼亚州出售的（加利福尼亚州法律规定保险业者必须提供地震保险），投保地震险，可在一般保险条款下列出包括地震险，或专门设立投保地震险一项。一栋价值 20 万美元的房屋，每年的地震保险费约需 400 ~600 美元，几乎相当于屋主正常的普通房屋保险费。在地震极少发生的地区，地震险的保险费则相对便宜。

【复习思考题】

一、名词解释

静物责任　家庭财产保险　房屋保险　投资保障型家财险　附加盗抢险
家庭第三者责任保险

二、比较题

1. 试比较家财险与团体火灾保险的异同。
2. 试比较普通家财险与还本家财险的异同。

三、问答题

1. 居民家庭一般面临着哪些风险？
2. 影响家财险保险费率的因素有哪些？
3. 如何理解附加盗抢险？
4. 你对我国家财险的发展有何看法？

四、实务题

某人投保家财险及附加盗窃险，保险金额为500 000元。在保险期间，失窃照相机1台，价值10 000元。被保险人向公安部门报案，并持有效单证向保险人索赔。保险人经过3个月等待期支付其赔款。但支付赔款两个月后，经公安部门破案，追回了该被保险人失窃的照相机，并由被保险人领回，其损坏部分花费修理费500元。保险人得知情况后，要求被保险人退回保险赔款或将照相机送交保险人，被保险人拒绝，遂成纠纷。问该案应如何处理？依据何在？

第九章
机动车辆保险

【学习目标】

学习本章时，应了解机动车辆保险的基本特征，熟悉车辆损失保险、机动车交通事故责任强制保险、商业第三者责任保险及各种附加险的主要内容，掌握机动车辆保险的风险控制途径。

第一节 机动车辆保险及其基本特征

一、机动车辆保险的概念和意义

机动车辆保险（以下简称车险）一般是指以汽车、拖拉机、摩托车等各种车辆为保险标的的运输工具保险。它不仅是运输保险中最主要的险别，也是整个财产保险中最重要的业务来源。在我国，车险主要包括车辆损失险（以下简称车损险）、机动车交通事故责任强制保险（以下简称交强险）、商业第三者责任保险（以下简称三者险）。车险是我国非寿险业务中的第一大业务，占有举足轻重的地位。

车险除了具有财产保险的一般作用外，还具有以下特殊的意义。

1. 有利于减少交通事故的发生，促进交通安全。保险公司通过实行无赔款优惠费率制，设立防灾基金，配合交警部门开展交通安全的宣传、竞赛及检查等措施，可以促使车险的被保险人提高安全行车的自觉性，增强责任心，注意安全行车，减少交通事故。

2. 有助于维护社会公众利益和社会安定。在一般的财产损失保险中，保险人通常维护的仅仅是被保险人的经济利益，从而投保与否完全取决于保险客户的意愿。而在机动车辆相关责任保险尤其是交强险的实施过程中，投保人参加保险并交付保险费通常被视为其应尽的义务，保险赔款亦以受害人的索赔权限为限，并最终由被保险人之外的受害方受益。这既解决了被保险人的赔付困难，又保障了受害人的经济利益，还可以避免致害人车祸致人伤残后再碾伤者致死的、灭绝人性的事件发生。因此，机动车辆相关责任保险有助于维护社会公众（特别是受害人）的利益，促进社会的安定。

3. 有利于促进汽车工业及其相关行业的发展。中国是世界上最大、最有潜力的汽车消费大国，机动车辆保险的出现在一定程度上解除了消费者对使用汽车过程中可能出现的风险的后顾之忧，提高了消费者购买汽车的欲望，扩大了对汽车消费的需求。因此，机动车辆保险对汽车工业及其相关行业的发展会起到有力的促进作用。

4. 有利于相关法规的实施。我国颁发的《民法典》《道路交通安全法》《最高人民法院关于审理人身损害赔偿案件适用法律若干问题的解释》《最高人民法院关于审理道路交通事故损害赔偿案例适用法律若干问题的解释》等多部法律、法规均有专门的保障机动车辆事故后受害方权益的规定。但在交通事故中，若致害人无赔偿能力，即使受到了法律的制裁，受害人仍然不能按照法律规定得到其应当得到的经济补偿，其结果就是使相应的民事赔偿法律规定成为一纸空文。然而，如果致害车辆的使用者投保了相关的机动车辆责任保险，则只要车祸属于保险责任事故范围，受害人的合法权益就可以从承保人那里获得保障，相关法律制度也就得到了贯彻实施。

二、机动车辆保险的基本特征

1. 保险标的流动性强，风险大，行程不固定，常异地出险。车险的保险标的是在陆地上处于运动状态的各种车辆，流动性很大；同时，由于陆上运行条件错综复杂，路况不一，加上人车混行和各种车辆混行，机动车辆发生交通事故的风险相当大，出险的概率大大高于处于静止状态的财产。此外，机动车辆的运行路线又往往不固定，以致许多车祸经常发生在非保险合同签订地或非被保险人所在地。因此，该险种的保险标的及其风险很难为保险人所控制，并给机动车辆保险的承保与理赔带来诸多不便。

2. 业务量大，投保率高，符合风险分散原则。世界各国（特别是发达国家）机动车辆的存量和增量都较大，我国的各种机动车辆总量也在逐年增加，而且还会随着社会经济的发展而持续增长。由于机动车辆在运行中的风险极大，以千万计的机动车辆就构成了业务量极大的保险市场，而对机动车辆第三者责任保险投保的法律强制，则使得这一市场能够得到充分的发掘。因此，相对于其他财产保险而言，车险的标的数量众多，可以大量承保，投保率与承保率都较高，符合风险分散的原则。

3. 保险赔偿有特殊规定。在一般的财产损失保险中常有如下规定：保险金额是保险人承担赔偿责任的最高限额，保险人的赔偿额之和小于或等于保险金额；保险标的遭受部分损失经保险人赔偿后，其保险金额相应减少；保险赔款之和只要等于保险金额，保险责任就终止，无论是否保险期满。在车险条款中则规定，当保险车辆部分损失一次赔款金额与免赔金额之和等于保险金额时，车损险的保险责任才终止；第三者责任事故赔偿后，无论每次事故赔款是否达到保险赔偿限额，保险责任继续有效，直至保险期满；如果在投保交强险的同时，投保了三者险，交强险先于三者险赔付。可见，保险赔付的这些特殊规定使机动车辆保险明显区别于其他财产损失保险。

第二节　车辆损失保险

我国的车险一般分为主险和附加险。主险主要有车损险、第三者责任保险（含交强险）、车上人员责任险、全车盗抢险四个独立的险种，投保人可以选择投保全部险种，也可以选择投保其中部分险种。附加险则是在购买上述主险后选择投保的其他相关保险产品，如玻璃单独破碎险、自燃损失险、发动机涉水险等。附加险不能独立投保，附加险条款与主险条款相抵触之处，以附加险条款为准；附加险条款未尽之处，以主险条款为准。本节分析车损险。

一、保险标的

1. 家庭自用车。家庭自用车指在中华人民共和国境内（不含港、澳、台地区）行驶的家庭或个人所有，且用途为非营业性运输的客车。

2. 非营业用汽车。非营业用汽车指在中华人民共和国境内（不含港、澳、台地区）行驶的党政机关、企事业单位、社会团体、使领馆等机构从事公务或在生产经营活动中不以直接或间接方式收取运费或租金的自用汽车，包括客车、货车、客货两用车。

3. 营业用汽车。营业用汽车是指在中华人民共和国境内（不含港、澳、台地区）行驶的用于客、货运输或租赁，并以直接或间接方式收取运费或租金的汽车。

4. 特种车。特种车包括四小类：（1）油罐车、气罐车、液罐车、冷藏车。即各类装载油料、气体、液体等专用罐车，或装有冷冻或加温设备的厢式车辆；（2）用于牵引、清障、清扫、清洁、起重、装卸、升降、搅拌、挖掘、推土等的各种专用机动车；（3）装有固定专用仪器设备，从事专业工作的监测、消防、医疗、电视转播等的各种专用机动车；（4）集装箱拖头。

5. 挂车。挂车指其设计和技术特性需由机动车牵引才能正常使用的一种无动力的道路车辆。例如，没有机动性能，需用机动车拖带的载重车、平板车、专用机械设备车、超长悬挂车等均属于挂车。挂车主要是附加在货车上并用于装运货物的车辆，是货车的组成部分，在机动车辆保险中一般须对挂车加以注明。

6. 拖拉机。拖拉机是指在中华人民共和国境内（不含港、澳、台地区）行驶的轮式拖拉机（包括轮式收割机）。

7. 摩托车。摩托车是指在中华人民共和国境内（不含港、澳、台地区）行驶的，以燃料或电瓶为动力的各种两轮、三轮摩托车、电动车和残疾人专用车。

二、责任范围

（一）保险责任

车损险的保险责任，主要包括以下八个方面：（1）碰撞、倾覆、坠落。（2）火灾、爆炸。（3）外界物体坠落、倒塌。（4）雷击、暴风、暴雨、洪水、龙卷风、冰雹、台风、热带风暴。（5）地陷、崖崩、滑坡、泥石流、雪崩、冰陷、暴雪、冰凌、沙尘暴。（6）受到被保险车辆所载货物、车上人员意外撞击。（7）载运被保险车辆的渡船遭受自然灾害（只限于驾驶人随船的情形）。（8）发生保险事故时，被保险人或其允许的合法驾驶人为防止或者减少被保险车辆的损失所支付的必要的、合理的施救费用，由保险人承担；施救费用数额在被保险车辆损失赔偿金额以外另行计算，最高不超过保险金额的数额。

（二）除外责任

下列五大类别，不论任何原因造成被保险车辆的任何损失和费用，保险人均不负责赔偿。

1. 事故发生后，被保险人或其允许的驾驶人在未依法采取措施的情况下驾驶被保险车辆或者遗弃被保险车辆逃离事故现场，或故意破坏、伪造现场、毁灭证据。

2. 驾驶人有下列情形之一者：（1）饮酒、吸食或注射毒品、服用国家管制的精神药品或者麻醉药品。（2）无驾驶证，驾驶证被依法扣留、暂扣、吊销、注销期间。（3）驾驶与驾驶证载明的准驾车型不相符合的机动车。（4）实习期内驾驶公共汽车、营运客车或者载有执行任务的警车、载有危险物品的机动车或牵引挂车的机动车。（5）学习驾驶时无合法教练员随车指导。（6）驾驶出租机动车或营业性机动车无交通运输管理部门核发的许可证书或其他必备证书。（7）非被保险人允许的驾驶人。

3. 被保险车辆有下列情形之一者：（1）发生保险事故时被保险车辆行驶证、号牌被注销的，或未按规定检验或检验不合格。（2）被扣押、收缴、没收、政府征用期间。（3）在竞赛、测试期间，在营业性场所维修、保养、改装期间。（4）被利用从事犯罪行为。

4. 下列原因导致的被保险车辆的损失和费用：（1）地震及其次生灾害。（2）战争、军事冲突、恐怖活动、暴乱、污染（含放射性污染）、核反应、核辐射。（3）人工直接供油、高温烘烤、自燃、不明原因火灾。（4）被保险车辆被转让、改装、加装或改变使用性质等，导致被保险车辆危险程度显著增加，且被保险人、受让人未及时通知保险人。

5. 其他损失和费用：（1）因市场价格变动造成的贬值、修理后因价值降低引起的减值损失。（2）被保险车辆全车被盗窃、抢劫、抢夺、下落不明，以及在此期间受到的损坏，或被盗窃、抢劫、抢夺未遂受到的损坏，或车上零部件、附属设备丢失。（3）自然磨损、朽蚀、腐蚀、故障、本身质量缺陷。（4）车轮单独损坏，玻璃单独破碎，无明显碰撞痕迹的车身划痕，以及新增设备的损失。（5）发动机进水后导致的发动机损坏。（6）遭受保险责任范围内的损失后，未经必要修理并检验合格继续使用，致使损失扩大的部分。（7）投保人、被保险人或其允许的驾驶人知道保险事故发生后，故意或者因重大过失未及时通知，致使保险事故的性质、原因、损失程度等难以确定的，保险人对无法确定的部分，不承担赔偿责任，但保险人通过其他途径已经及时知道或者应当及时知道保险事故发生的除外。（8）被保险人对被保险车辆因保险事故损坏进行修复前，没有会同保险人检验，协商确定修理项目、方式和费用，导致保险人无法确定实际损失。

三、保险金额

确定车辆损失险的保险金额一般有以下三种方式：

1. 按新车购置价确定。新车购置价是指保险合同签订地购置与被保险车辆同类型新车（含车辆购置税）的价格。

2. 按投保时的实际价值确定。实际价值是指同类型车辆市场新车购置价减去该车已使用年限折旧金额后的价格。其中，折旧按月计算，不足一个月的部分不计折旧；最高折旧额一般不超过投保时被保险机动车新车购置价的80%。

3. 由投保人与保险人协商确定。但保险金额不得超过同类型新车购置价，超过部分无效。

车损险的保险金额可以由投保人和保险人选择以上方式之一确定，也可以根据保险合同的规定采取其他方式确定。

在保险期间，被保险人在下列情况下可以要求调整被保险车辆的保险金额：因增减设备、车辆修复后明显增值、车辆价格大幅度变动等原因需要调整保险金额。被保险人提出调整保险金额申请时，保险人经查实可以通过批改原有保险合同，使被保险车辆的保险金额得以调整。

四、保险费率及保险费

（一）影响保险费率确定的因素

确定车损险保险费率的主要因素有两大类：一是从车因素，即与机动车辆相关的风险因素，如机动车辆的性质、种类、行驶区域及品牌等；二是从人因素，即与驾驶人员相关的风险因素，如驾驶人员的性别、年龄、驾驶年限、安全记录等。具体而言，则包括如下几类：

1. 车辆使用性质。按使用性质分类，车辆可以分为营业车辆和非营业车辆。车辆使用性质不同，风险状况亦不同。从事营业的车辆受利益驱动，风险一般较高，而非营业用途的车辆风险相对较低。因此，车损险对营业车辆和非营业车辆采用不同的保险费率。

2. 车辆种类。从上述车损险的保险标的可知，车损险的车辆包括各种客车、货车、特种车、拖拉机、摩托车、挂车等。其中，客车又可以按座位分类（如以6座及20座为标准划分），货车又可以按吨位分类（如以2吨及10吨为标准划分）。车辆种类不同，标的的价值及风险状况就存在差异，保险费率也就不同。

3. 车辆的产地。车辆按产地划分，可分为进口车和国产车两大类，并可细分为整车进口的车辆，主要零配件由国外进口、国内组装的套牌车辆，外资及合资企业生产的车辆等。保险人在确定车损险的费率时，一般根据车辆因产地不同带来的价值差异而采用不同的费率。

4. 车辆使用区域。车辆使用区域即按照车辆使用地区的地理环境、道路状况、治安状况等不同而采用不同的费率。如按照全国各省、市不同的行政区划制定区域性基准费率，实行地区之间价格的针对性和差异化，进一步体现基于各地风险水平的费率差异化特征。

5. 车辆品牌。车辆品牌即根据国内外不同的机动车辆品牌来制定车损险的保险费率，如都是6座以下的客车，奥迪、别克、红旗、比亚迪、特斯拉等不同品牌，其车损险的费率系数不同。

6. 驾驶人员特征。驾驶人员特征即主要根据被保险车辆驾驶人员的各种风险因素，如年龄、性别、驾驶年限、婚姻状况、职业、安全行驶记录等来确定机动车辆的保险费率。

（二）保险费

车损险的保险费一般根据上述因素计算，具体包括以下两部分。

1. 机动车损失险标准保费。由基本保险费和保险金额乘以适用费率两部分组成，其计算公式为

机动车损失险标准保费 = 基本保险费 +（保险金额 × 费率）

2. 机动车损失险保（签）单保费。在标准保费的基础上，根据被保险车辆的性质、种类、行驶区域及品牌、被保险人及驾驶人员的特征等因素制定的相关系数来计算的最终投保人或被保险人应缴纳的车损险保费。其计算公式为

机动车损失险保（签）单保费 = 机动车损失险标准保费 × 系数1 × 系数2 × …

在车损险中，保险费的计算不仅要考虑保险金额和保险费率，还要考虑基本保险费及不同影响因素所对应的不同计费系数（系数一般由各家保险公司根据投保车辆上年度的理赔情况及保险公司车险承保政策等自行制定），这是车损险的重要特征。例如，如果连续在同一家保险公司投保的被保险机动车在上一保险年度或连续保险年度内无赔款，续保时可享受相应的无赔款优惠费率系数。此外，车损险销售方式不同，其保险费率也有所不同，营业部门销售、代理人销售、互联网销售、电话销售的保险费率有高低之分。

五、保险赔偿

在保险期间，当被保险车辆发生保险事故遭受损失时，保险人依照保险合同承担相应的赔偿责任。被保险车辆因保险事故受损后，应当尽量采取修复的方式。在修理前，被保险人应当会同保险人检验、确定修理项目、修理方式和修理费用。否则，保险人有权重新核定或拒绝赔偿。

车损险的具体赔偿款一般按以下方法进行计算。

1. 全部损失。其公式为

赔款 =（保险金额 − 被保险人已从第三方获得的赔偿金额）×（1 − 事故责任免赔率）×（1 − 绝对免赔率之和）− 绝对免赔额

2. 部分损失。被保险车辆发生部分损失，保险人按实际修复费用在保险金额内计算赔偿：

赔款 =（实际修复费用 − 被保险人已从第三方获得的赔偿金额）×（1 − 事故责任免赔率）×（1 − 绝对免赔率之和）− 绝对免赔额

3. 施救费。施救费是指为保护、施救被保险车辆而支出的直接的、必要的合理费用。如果被施救的财产中，含车险合同未保险的财产，一般应按车险合同被保险车辆财产的实际价值占总施救财产的实际价值比例分摊施救费用。

4. 免赔额。在进行车损险赔款计算及支付时，保险人一般会根据车损险保险合同的约定进行相关免赔额的扣除。免除的具体规定如下：

（1）被保险车辆一方负次要事故责任的，实行5%的事故责任免赔；负同等事故责任的，实行10%的事故责任免赔；负主要事故责任的，实行15%的事故责任免赔；负全部事故责任或单方肇事事故的，实行20%的事故责任免赔。

（2）被保险车辆的损失由第三方造成的，如果无法找到肇事的第三方，则实行 30% 的绝对免赔。

（3）因违反安全装载规定导致保险事故发生的，保险人不承担赔偿责任；违反安全装载规定，但不是事故发生的直接原因的，增加 10% 的绝对免赔。

（4）投保时指定驾驶人，保险事故发生时为非指定驾驶人使用被保险车辆的，增加 10% 的绝对免赔。

（5）投保时约定行驶区域，保险事故发生在约定行驶区域以外的，增加 10% 的绝对免赔。

（6）如投保人与保险人在投保时协商确定绝对免赔额的，在实行免赔率的基础上增加每次事故绝对免赔额。

此外，被保险人已经从第三方取得损害赔偿的，保险人进行赔偿时，相应扣减被保险人从第三方已取得的赔偿金额。保险人未赔偿之前，被保险人放弃对第三方请求赔偿权利的，保险人则不承担赔偿责任。被保险人故意或者因重大过失致使保险人不能行使代位追偿权利的，保险人可以扣减或者要求返还相应的赔款。

第三节　机动车辆第三者责任保险

交通事故导致的人员伤亡事件在我国乃至全世界均是排在首位。21 世纪以来，我国城乡每年发生道路交通事故平均约 20 多万起，每年因车祸丧生的人数高达 10 万人左右，因车祸受伤者更是高达几十万人，直接经济损失年均数以百亿元乃至上千亿元计。由此可见，机动车辆的第三者责任风险是巨大的，对公众的人身与财产安全构成了严重的威胁。正是为了维护公众的利益，机动车辆第三者责任保险在许多国家成为法定保险业务。

2004 年 5 月 1 日起，我国《道路交通安全法》正式实施，其中一项重要内容就是对机动车辆第三者责任实施强制保险，即机动车辆所有者或管理者必须购买第三者责任保险。2006 年 3 月 21 日国务院令第 462 号发布《机动车交通事故责任强制保险条例》①（以下简称《交强险条例》）。2006 年 6 月 28 日，中国保监会向社会公布《机动车交通事故责任强制保险条款》（以下简称《交强险条款》）。《交强险条例》与《交强险条款》均于 2006 年 7 月 1 日起实施。从此，我国机动车辆第三者责任强制保险的制度便正式建立起来了。

但在法律强制之外，我国还存在机动车商业第三者责任保险。本节将简要介绍两者的基本内容。在学习本节时，还应当结合本书第十六章责任保险的相关内容。

---

① 《机动车交通事故责任强制保险条例》修订状况：根据 2012 年 3 月 30 日国务院令第 618 号《国务院关于修改〈机动车交通事故责任强制保险条例〉的决定》第一次修订；根据 2012 年 12 月 17 日国务院令第 630 号《国务院关于修改〈机动车交通事故责任强制保险条例〉的决定》第二次修订；根据 2016 年 2 月 6 日国务院令 666 号《国务院关于修改部分行政法规的决定》第一次修正；根据 2019 年 3 月 2 日国务院令 709 号《国务院关于修改部分行政法规的决定》第二次修正。

一、交强险的基本内容

交强险即机动车交通事故责任强制保险的简称。根据《交强险条例》第三条规定，它是指由保险公司对被保险机动车发生道路交通事故造成本车人员、被保险人以外的受害人的人身伤亡、财产损失，在责任限额内予以赔偿的强制性责任保险。由于交强险是政府通过立法形式强制实施的保险项目，其内容具有一定的特殊性。

（一）保险合同主体与保险保障对象

1. 保险合同主体。交强险保险合同主体包括投保与承保双方。根据《交强险条例》第二条规定，在中华人民共和国境内道路上行驶的机动车辆所有人或管理人应当投保交强险。因此，交强险的投保人可以是机动车辆的所有者，也可以是其管理者。投保人可以是自然人，也可以是法人。如果机动车辆所有人、管理人未按照规定投保交强险，公安机关交通管理部门将扣留机动车，同时通知机动车所有人、管理人依照规定投保，并处应缴纳交强险保险费的两倍罚款。交强险合同成立后，投保人也可以成为被保险人。被保险人是受交强险保险合同保障的人，即他们是被保险机动车辆发生交通事故导致第三者受损而依法应承担责任、依交强险合同享有保险金请求权的人。承保人即保险人，是经营交强险保险业务时收取保险费和在保险事故发生后负责赔付保险金的人，通常是指依法成立且有经营交强险资格的保险公司。在投保人投保交强险时，被选择的保险公司不得拒绝或者拖延承保。此外，如果没有违反《交强险条例》及《道路交通安全法》等相关法律、法规，交强险合同双方在合同签订后均不得解除合同。

2. 保险保障对象。根据《交强险条例》，交强险的保险保障对象是被保险机动车致害的交通事故受害人，但不包括被保险机动车本车人员及被保险人。交强险的保障内容包括受害人的人身伤亡和财产损失。

（二）责任范围

1. 保险责任。交强险的保险责任通常是指被保险人或其允许的合格驾驶人在使用被保险车辆的过程中发生道路交通意外事故，致使第三者遭受人身伤亡或财产的直接损毁，依法应当由被保险人支付的赔偿金额，保险人依照我国的《道路交通安全法》《交强险条例》《交通险条款解释》以及保险合同的约定给予赔偿。根据2008年2月实施的第二版交强险条款，承保人的责任限额（即每次保险事故的最高赔偿金额），全国统一定为12.2万元人民币。在12.2万元总的责任限额下，仍实行分项限额赔付，具体为死亡伤残赔偿限额11万元、医疗费用赔偿限额1万元和财产损失赔偿限额2 000元。[①] 上述赔偿限额是在有责非故意的情况下，如果被保险人在道路交通事故中不承担责任，则交强险赔偿

---

① 死亡伤残赔偿限额是指被保险机动车发生交通事故，保险人对每次保险事故所有受害人的死亡伤残费用所承担的最高赔偿金额。死亡伤残费用包括丧葬费、死亡补偿费、受害人亲属办理丧葬事宜支出的交通费用、残疾赔偿金、残疾辅助器具费、护理费、康复费、交通费、被抚养人生活费、住宿费、误工费，被保险人依照法院判决或者调解承担的精神损害抚慰金。医疗费用赔偿限额是指被保险机动车发生交通事故，保险人对每次保险事故所有受害人的医疗费用所承担的最高赔偿金额。医疗费用包括医药费、诊疗费、住院费、住院伙食补助费，必要的、合理的后续治疗费、整容费、营养费。财产损失赔偿限额是指被保险机动车发生交通事故，保险人对每次保险事故所有受害人的财产损失承担的最高赔偿金额。

限额为：死亡伤残赔偿限额 1.1 万元、医疗费用赔偿限额 1 000 元、财产损失赔偿限额 100 元。但根据 2020 年 9 月 2 日中国银保监会研究制定的《关于实施车险综合改革的指导意见》，自 2020 年 9 月 19 日起，将交强险总责任限额从 12.2 万元提高到 20 万元，其中死亡伤残赔偿限额从 11 万元提高到 18 万元，医疗费用赔偿限额从 1 万元提高到 1.8 万元，财产损失赔偿限额维持 0.2 万元不变。无责任赔偿限额按照相同比例进行调整，其中死亡伤残赔偿限额从 1.1 万元提高到 1.8 万元，医疗费用赔偿限额从 1 000 元提高到 1 800 元，财产损失赔偿限额维持 100 元不变。[①]

2. 除外责任。根据交强险合同，保险人不负责赔偿的情况可分为两大类。第一类是保险人在交强险保险责任限额范围内先垫付后可追偿的除外责任。[②] 包括：（1）驾驶人未取得驾驶资格或者醉酒造成交通事故而产生的抢救费；（2）被保险机动车被盗抢期间肇事后所发生的抢救费；（3）被保险人故意制造道路交通事故而发生的抢救费。[③] 对于上述符合规定的人身伤害抢救费用，保险人在医疗费用赔偿限额内垫付，而对于其他任何费用保险人不负责垫付。保险人垫付的抢救费用，在垫付后保险人有权向致害人追偿。第二类是保险人承保的交强险不负责赔偿和垫付的除外责任。它们包括：（1）因受害人故意造成的交通事故的损失；（2）被保险人所有的财产及被保险机动车上的财产遭受的损失；（3）被保险机动车发生交通事故，致使受害人停业、停驶、停电、停水、停气、停产、通信或者网络中断、数据丢失、电压变化等造成的损失以及受害人财产因市场价格变动造成的贬值、修理后因价值降低造成的损失等其他各种间接损失；（4）因交通事故产生的仲裁或者诉讼费用以及其他相关费用。

（三）保险费率与保险期限

1. 保险费率。根据《交强险条例》规定，交强险实行统一的保险条款和基础保险费率。国务院保险监督管理机构按照交强险业务总体上不盈利不亏损的原则审批保险费率，并监管保险人对保险费率进行适时调整。目前，交强险费率按机动车种类、使用性质分为家庭自用汽车、非营业客车、营业客车、非营业货车、营业货车、特种车、摩托车和拖拉机八种类型。投保 1 年期交强险的，根据《机动车交通事故责任强制保险基础费率表》中相对应的金额确定基础保险费；投保保险期限不足 1 年的交强险，按短期费率系数（如投保 6 个月，保费为基础费率的 60%；投保 9 个月，保费为基础费率的 85% 等）计收保险费，不足 1 个月按 1 个月计算。此外，根据每位投保人（或被保险人）的交通事故和交通违章记录以及各保险公司的经营情况，交强险实行费率上下浮动制。因

① 中国银行保险监督管理委员会网站，中国银保监会关于印发实施车险综合改革指导意见的通知［N/OL］.［2020-09-03］. http://www.cbirc.gov.cn/cn/view/pages/ItemDetail.html? docId=926452&itemId=925&generaltype=0.

② 垫付是指对于不属于保险合同约定的赔偿保险金的情形下，为了及时抢救道路交通事故受害人，保险人代致害人暂时支付应由其自行承担的抢救费用的情形，保险人对于此部分费用有权向致害人追偿。

③ 抢救费用是指被保险机动车发生交通事故导致受害人受伤时，医疗机构对生命体征不平稳和虽然生命体征平稳但如果不采取处理措施会产生生命危险，或者导致残疾、器官功能障碍，或者导致病程明显延长的受害人，参照国务院卫生主管部门组织制定的交通事故人员创伤临床诊疗指南和国家基本医疗保险标准，采取必要的处理措施所发生的医疗费用。

此，交强险的最终保险费可用如下计算式表示：

交强险最终保费 = 交强险基础保费 ×(1 + 与道路交通事故相联系的浮动比率)

2. 保险期限。除国家法律、行政法规另有规定外，交强险合同的保险期间为一年，以保险单载明的起止时间为准，但有下列情形之一的，投保人可以投保短期交强险：(1) 境外机动车辆临时入境的；(2) 机动车辆临时上道路行驶的；(3) 机动车辆距规定的报废期限不足1年的；(4) 国务院保险监督管理机构规定的其他情形。

(四) 交强险实务

1. 投保与续保。机动车辆所有人和管理人在购买交强险时，一般可有选择性地向国内获准办理交强险的保险公司投保。每辆机动车只需投保一份交强险。投保时应如实填写投保单，并提供行驶证、驾驶证等单证的原件或复印件。签订交强险合同时，承保人不得强制投保人订立商业保险合同及提出附加其他条件的要求。投保人也不得在保险条款和费率之外，向承保人提出附加其他条件的要求，而且投保人应当一次性支付全部交强险保费。在保险费一次性缴清后，保险人方可出具保险单和保险标志。保险合同双方一般均不得随意解除交强险合同（《交强险条款》有规定的除外）。交强险合同期满时，投保人应当及时续保，并提供上一年度的保险单。

2. 索赔与理赔。在被保险车辆发生道路交通事故时，被保险人应及时通知承保公司，并积极协助承保公司进行现场查勘和事故调查。随后，由被保险人向承保的保险公司申请赔偿保险金。如果发生有与保险赔偿有关的仲裁或诉讼时，被保险人应当及时书面通知保险公司。承保公司应当自收到赔偿申请之日起1日内，书面告知被保险人需要向承保公司提供的与赔偿有关的证明和资料。承保公司应当自收到被保险人提供的证明和资料之日起5日内，对是否属于保险责任作出核定，并将结果通知被保险人。对不属于保险责任的，应当书面说明理由。对属于保险责任的，保险公司必须严格遵守《交强险条例》中有关理赔时限的规定，及时赔付。在理赔过程中，保险公司必须严格执行中国保险行业协会制定的《交强险理赔实务规程》和《交强险互碰赔偿处理规则》，遵循“直接向受害人支付赔款的规定”、“满限额提前结案处理机制”和“无责财产赔付简化处理机制”等的规定，对涉及两家以上保险公司的理赔案件，要依照互碰规则，明确各自责任，不得相互推诿。对于轻微交通事故，鼓励当事人采取“互碰自赔”、在线处理等方式进行快速处理。

二、商业第三者责任保险

(一) 责任范围

1. 保险责任。三者险的保险责任是被保险人或其允许的合格驾驶员在使用被保险车辆过程中发生意外事故，致使第三者遭受人身伤亡或财产的直接损毁，依法应当由被保险人支付的赔偿金额，保险人依照《道路交通安全法》、《交强险条例》及保险合同的规定，对于超过交强险各分项赔偿限额以上的部分负责赔偿。在理解三者险的保险责任时，应注意把握以下七个方面：

(1) 损害事故的发生必须是由被保险人或其允许的合格驾驶员引起的，包括被保险人雇用的以及将车辆借给他人使用的合格驾驶员。

(2) 损害事故必须是非故意行为所致的意外事故。

（3）损害事故发生于车辆的使用过程，即被保险车辆在使用过程中若发生保险责任范围内的意外事故，保险人承担损失补偿责任。

（4）保险人只承担损害事故造成的直接损失补偿责任，即被保险车辆发生意外事故时，直接造成的第三者人身伤亡以及财产损失由保险人在保险合同限额内负责，对于间接损失保险人不予以补偿。

（5）保险人负责赔偿的是法律上应由被保险人承担的经济损失赔偿责任。对于不应该由被保险人承担的那一部分经济损失，以及对于交通事故的发生被保险人所应承担的刑事责任、行政责任，保险人不给予承担或补偿。

（6）保险人对依法应由被保险人承担的经济赔偿责任不是无条件的赔偿，而是按保险合同的有关规定赔付。

（7）保险人赔偿的范围通常是交强险保障范围以上的部分。

2. 除外责任。三者险的除外责任除了包括前述车损险的除外责任外，还包括以下几项损失：

（1）第三者、被保险人或其允许的驾驶人的故意行为、犯罪行为，第三者与被保险人或其他致害人恶意串通的行为导致的损失。

（2）被保险机动车被转让、改装、加装或改变使用性质等，导致被保险车辆危险程度显著增加，且被保险人、受让人未及时通知保险人情况下导致的损失。

（3）第三者财产因市场价格变动造成的贬值，修理后因价值降低引起的减值损失。

（4）被保险人及其家庭成员、被保险人允许的驾驶人及其家庭成员所有、承租、使用、管理、运输或代管的财产的损失，以及被保险车辆上财产的损失。

（5）被保险人及其家庭成员、被保险人允许的驾驶人及其家庭成员、本车车上人员的人身伤亡。

（6）停车费、保管费、扣车费、罚款、罚金或惩罚性赔款，以及律师费、未经保险人事先书面同意的诉讼费与仲裁费等。

（7）超出《道路交通事故受伤人员临床诊疗指南》和国家基本医疗保险同类医疗费用标准的医疗费用。

（8）精神损害抚慰金。

（9）应当由交强险赔偿的损失和费用。

（10）保险事故发生时，被保险车辆未投保交强险或交强险合同已经失效的，对于交强险责任限额以内的损失和费用。

（11）其他不属于保险责任范围内的对第三者的经济赔偿责任，保险人也不负赔偿责任。

（二）保险赔偿办法

1. 赔偿限额。三者险与其他责任保险一样，没有保险金额，只有赔偿限额，赔偿限额是保险人赔偿的最高限额。三者险的每次事故最高赔偿限额，一般由投保人根据不同车辆种类选择确定。比如，某保险公司三者险承保的家庭自用车就包括了 6 座以下、6 ~ 10 座和 10 座以上三类，各类车按照 5 万元、10 万元、15 万元、20 万元、30 万元、

50 万元、100 万元、500 万元的档次进行了最高赔偿限额的划分。为了更加有利于满足消费者风险保障需求，更好发挥经济补偿和化解矛盾纠纷的功能作用，有的保险公司将三者险责任限额从 5 万～500 万元档次提升到 10 万～1 000 万元档次。

2. 赔偿责任的划分。三者险的赔偿较车损险的赔偿要复杂一些，因为它涉及第三者的切身利益，因此，必须首先依法划分责任，然后才是保险赔偿问题。根据我国《道路交通安全法》规定，交通事故责任分为全部责任、主要责任、同等责任、次要责任四个等级。全部责任是指交通事故完全由一方当事人的违章行为造成的交通事故责任；主要责任是指当事人违章行为在交通事故中作用大的交通事故责任；同等责任是指当事人违章行为在交通事故中作用基本相当的交通事故责任；次要责任是指当事人违章行为在交通事故中作用小的交通事故责任。如果上述责任属于保险责任范围，则保险人应当在赔偿限额内承担赔偿责任；否则，即使被保险人被裁定有责任，保险人也可以依照责任免除条款而不予承担赔偿责任。

3. 赔偿处理。被保险车辆发生第三者责任事故时，按我国《道路交通安全法》《保险法》规定的赔偿范围、项目和标准以及保险合同的规定，在保险单载明的赔偿限额内核定赔偿金额。具体赔偿方式有两种类型：

（1）当（依合同约定核定的第三者损失金额－机动车交通事故责任强制保险的分项赔偿限额）×事故责任比例≥每次事故赔偿限额时：

赔款 = 每次事故赔偿限额 ×(1 － 事故责任免赔率) ×(1 － 绝对免赔率之和)

（2）当（依合同约定核定的第三者损失金额－机动车交通事故责任强制保险的分项赔偿限额）×事故责任比例＜每次事故赔偿限额时：

赔款 =（依合同约定核定的第三者损失金额－机动车交通事故责任强制保险的分项赔偿限额）×事故责任比例 ×（1－事故责任免赔率）×（1－绝对免赔率之和）

上述约定计算赔款类型的免赔率的规定与前述车损险相同。即保险人根据被保险机动车一方在事故中所承担的责任比例，在符合赔偿规定的金额内实行绝对免赔率，免赔率高低的确定一般是：负全部责任的免赔 20%，负主要责任的免赔 15%，负同等责任的免赔 10%，负次要责任的免赔 5%。此外，发生保险事故时，被保险机动车辆实际行驶区域超出保险合同约定区域的；或违反安全装载规定的；或投保时指定驾驶人，保险事故发生时为非驾驶人使用被保险机动车辆的，一般增加 10% 的绝对免赔率。

在上述第三者责任事故赔偿过程中，若被保险机动车辆还有其他保障相同的保险存在，不论是否由被保险人或其他人以其名义投保，也不论该保险赔偿与否，保险人按赔偿限额的比例分摊赔偿责任。保险人在履行赔偿义务后，对受害第三者的任何赔偿费用的增加，保险人不再负责。此外，如果被保险人自行承诺或支付受害人赔偿金额，保险人一般有权重新核定或拒绝赔偿。

需要指出的是，保险人对被保险人给第三者造成的损害，可以直接向该第三者赔偿。同时，被保险人怠于请求的，第三者有权就其应获赔偿部分直接向保险人请求赔偿。此外，受害的第三者获得的保险补偿不能取代其按照我国《社会保险法》《劳动法》《劳动合同法》等法律应当从所在单位享受的社会保险等待遇。

第四节　机动车辆其他保险

机动车辆保险的车损险、交强险和三者险只承保了被保险人的车辆本身和第三者责任，且在保险责任范围方面有诸多限制。对于保险客户而言，还有许多风险未能转嫁，因此，为满足不同投保人的需要，保险人在机动车辆保险中亦开办了除上述三类保险外的其他保险，如车上人员责任险、全车盗抢险以及其他各种附加保险和特约保险。

一、车上人员责任险

车上人员责任险是指以被保险人或其允许的合法驾驶人在使用被保险机动车过程中发生意外事故，致使车上人员遭受人身伤亡为保险标的的责任保险。车上人员责任险可以作为主险单独购买，也可以作为附加险购买。在作为附加险投保车上人员责任险时，必须先行购买三者险，即只有在投保了三者险的基础上，才可投保车上人员责任险。

（一）保险责任与除外责任

1. 保险责任。车上人员责任险的保险责任包括：投保了车上人员责任险的机动车辆在使用过程中，发生意外事故，致使被保险车辆上所载人员的人身伤亡，依法应由被保险人承担的经济赔偿责任，以及被保险人为减少损失而支付的必要合理的施救、保护费用，保险人在保险单所载明的该保险赔偿限额内计算赔偿。

2. 除外责任。车上人员责任险的除外责任与前面所介绍的车损险、三者险基本相同。此外，下列人身伤亡损失，保险人一般不负责赔偿：一是被保险车辆正常行驶时车门没有完全闭合或车门闭合过程中造成的车上人员伤亡；二是车上人员疾病、分娩、自残、殴斗、自杀行为导致的伤亡以及车上人员在车下遭受的人身伤亡；三是违法、违章搭乘人员的人身伤亡；四是超出《道路交通事故受伤人员临床诊疗指南》和国家基本医疗保险同类医疗费用标准的费用部分；五是应当由机动车交通事故责任强制保险赔付的损失和费用；六是由被保险人承担的车上人员伤亡精神损害抚慰金。

（二）保险赔偿

1. 赔偿限额。车上人员责任险不确定保险金额，只规定赔偿限额。车上人员责任险每人的最高赔偿限额由被保险人和保险人在投保时协商确定。投保乘客座位数按照被保险机动车的核定载客数（驾驶人座位除外）确定。

2. 赔偿处理。当发生车上人员责任保险事故时，保险人按我国《保险法》《道路交通安全法》《民法典》等国家有关法律规定的赔偿范围、项目和标准以及保险合同的约定，在保险单载明的赔偿限额内核定赔偿金额。保险事故造成车上人员人身伤亡发生的医疗费用，保险人按照《交通事故人员创伤临床诊疗指南》和国家基本医疗保险的标准核定医疗费用。对每座受害人的赔偿金额不超过保险单载明的每次事故每座赔偿限额，对乘客的赔偿人数以核定乘客座位数为限。在赔偿时，每次赔偿根据被保险车辆驾驶员在事故中所负责任，实行 20% 至 5% 的绝对免赔率。

二、全车盗抢险

与车上人员责任险相同，全车盗抢险既可以作为机动车辆保险的主险投保，也可以作为附加险投保。作为附加险时，被保险人在投保了车损险的基础上，才能投保全车盗抢险。

（一）责任范围

1. 保险责任。全车盗抢险的保险责任包括两项：一是被保险车辆（含投保的挂车）全车被盗窃、被抢劫、被抢夺，经县级以上公安刑侦部门立案证实，满二个月未查明下落的，保险人予以赔偿；二是被保险车辆全车被盗窃、被抢劫、被抢夺后受到损坏或车上零部件、附属设备丢失需要修复的合理费用，保险人负责承担。

2. 除外责任。被保险人的下列损失，保险人不承担赔偿责任：

（1）被保险车辆不是全车遭盗抢，仅车上零部件或附属设备被盗窃、被抢劫、被抢夺、被损坏。

（2）被他人诈骗造成的全车或部分损失。

（3）全车被盗窃、被抢劫、被抢夺期间，被保险车辆肇事导致第三者人员伤亡或财产损失。

（4）被保险人因违反政府有关法律、法规被有关国家机关罚没、扣押的损失。

（5）被保险人因与他人的民事、经济纠纷而致被保险车辆被抢劫、被抢夺。

（6）租赁车辆与承租人同时失踪。

（7）被保险人及其家庭成员、被保险人允许的驾驶员的故意行为或违法行为造成的全车或部分损失等。

（二）保险金额

全车盗抢险的保险金额一般由保险人和被保险人在被保险车辆的实际价值内协商确定。当被保险车辆的实际价值高于购车发票所载价值时，以购车发票金额确定保险金额。

（三）保险赔偿

对于全车盗抢险，保险人根据被保险人提供的索赔单证，按以下规定赔偿。

1. 被保险车辆全车损失的，按保险合同载明的保险金额赔偿，即

$$赔款 = 保险金额 \times (1 - 绝对免赔率之和)$$

全车盗抢险一般实行 20% 的绝对免赔率。但一些保险公司还有其他免赔率规定，如：被保险人未能提供机动车行驶证、购车原始发票、车辆购置税完税证明（车辆购置附加费缴费证明）或免税证明的，每缺少一项，增加 0.5% ~1% 的免赔率；缺少车钥匙的增加 5% 的免赔率。投保时指定驾驶人，保险事故发生时为非指定驾驶人使用被保险机动车的，一般增加 5% 的免赔率；投保时约定行驶区域，保险事故发生在约定行驶区域以外的，一般增加 10% 的免赔率。

2. 被保险车辆部分损失的（被保险车辆全车被盗窃、被抢劫、被抢夺后受到损坏或车上零部件、附属设备丢失需要修复的），按实际修复费用赔偿，但最高不得超过全车盗抢险的保险金额。

3. 保险人赔偿后，如被盗抢的被保险车辆找回，应将该车辆归还被保险人，同时收

回相应的赔款；若被保险人不愿意收回原车，则车辆的所有权益归属于保险人。

三、自燃损失险

自燃损失险是车损险的附加险，被保险人只有在投保了车损险的基础上，才能加保自燃损失险。

（一）责任范围

1. 保险责任。投保了自燃损失险的机动车辆在使用过程中，因该车电器、线路、供油系统发生故障及运载货物自身原因起火燃烧，造成被保险车辆的损失，以及被保险人在发生自燃事故时，为减少被保险车辆损失所支出的必要合理的施救费用，保险人在保险单该项目所载明的保险金额内，按被保险车辆的实际损失计算赔偿；发生全部损失的按出险时被保险车辆实际价值在保险单该项目所载明的保险金额内计算赔偿。

2. 除外责任。自燃损失险的保险人对下列原因造成的损失，不负责赔偿：被保险人在使用被保险车辆过程中，因人工直接供油、高温烘烤等违反车辆安全操作规则造成的损失；因自燃仅造成电器、线路、供油系统的损失；运载货物自身的损失；被保险人的故意行为或违法行为造成被保险车辆的损失。

（二）保险金额与保险赔偿

自燃损失险的保险金额由投保人和保险人在被保险车辆的实际价值内协商确定。

自燃损失险的每次赔偿一般实行 20% 的绝对免赔率。

四、车身划痕险

车身划痕险是车损险的附加险，已投保车损险的车辆方可投保车身划痕险。

凡是投保了车身划痕险的被保险人，在保险期间内，被保险车辆发生了无明显碰撞痕迹的车身表面油漆单独划伤损失，保险人根据保险合同的规定按实际损失负责赔偿。但被保险车辆的下列损失，保险公司一般不负责赔偿：

（1）被保险人或驾驶人的故意行为造成被保险车辆的损失。

（2）他人因与被保险人或驾驶人及其家庭成员发生民事、经济纠纷造成被保险车辆的损失。

（3）被保险车身表面自然老化、损坏。

（4）其他不属于保险责任范围内的损失和费用。

在保险事故发生后进行赔偿时，车身划痕险每次赔偿一般均实行 15% 的绝对免赔率；在保险期间内，如果赔偿金额累计达到赔偿限额时，其保险责任终止。

五、玻璃单独破碎险

玻璃单独破碎险是车损险的附加险，已投保车损险的车辆方可投保玻璃单独破碎险。

投保了玻璃单独破碎险的机动车辆在使用过程中，发生本车玻璃单独破碎，保险人按实际损失计算赔偿。投保人在与保险人协商的基础上，自愿按进口挡风玻璃或国产挡风玻璃选择投保，保险人根据其选择承担相应的保险责任。

在玻璃单独破碎险中，保险人对下列损失不承担赔偿责任：灯具、车镜玻璃破碎；被保险人或其驾驶员的故意行为，以及安装、维修车辆过程中造成的破碎。

六、发动机涉水损失险

发动机涉水损失险是车损险的附加险，已投保车损险的车辆方可投保。

在保险期间内，投保了本附加险的被保险机动车在使用过程中，因发动机进水后导致的发动机的直接损毁，保险人负责赔偿；发生保险事故时，被保险人为防止或者减少被保险机动车的损失所支付的必要的、合理的施救费用，也由保险人承担，但最高不得超过保险金额的数额。发动机涉水损失险的每次赔偿均实行15%的绝对免赔率，且不适用主险中的各项免赔率、免赔额约定。

七、无过失责任险

无过失责任险是三者险的附加险，投保人要想加保该项保险，必须先投保三者险。

投保了无过失责任险的机动车辆在使用过程中，因与非机动车辆、行人发生交通事故，造成对方人员伤亡和财产直接损毁，被保险车辆一方无过失，且被保险人拒绝赔偿未果，对被保险人已经支付给对方而无法追回的费用，保险人按我国《民法典》《道路交通安全法》《道路交通事故处理程序规定》和出险当地的道路交通事故处理规定标准在保险单所载明的保险赔偿限额内计算赔偿。无过失责任险的每次赔偿均实行20%的免赔率。

八、不计免赔特约险

根据现行有关规定，被保险人在投保了车损险或三者险、车上人员责任险、盗抢险的基础上，才能投保不计免赔特约险。当车损险或三者险等基本险的保险责任终止时，不计免赔特约险的保险责任同时终止。

办理了不计免赔特约险的机动车辆发生保险事故造成损失，对其在符合赔偿规定的金额内按相应基本险（车损险、三者险等）条款规定计算的免赔金额，保险人负责赔偿。

不计免赔特约险对于各附加险项下规定的免赔金额，保险人不负责赔偿。

九、车载货物掉落责任险

车载货物掉落责任险是三者险的附加险。

投保了车载货物掉落责任险的机动车辆在使用过程中，所载货物从车上掉下致使第三者遭受人身伤亡或财产的直接损毁，依法应由被保险人承担的经济赔偿责任，保险人在保险单所载明的保险赔偿限额内计算赔偿。但对被保险人及其家庭成员的人员伤亡、财产损失以及驾驶员的故意行为或车上所载气体、液体泄漏所造成的损失，偷盗、哄抢、自然损耗、本身缺陷、短少、死亡、腐烂、变质造成的货物损失等不予承担赔偿责任。

根据车载货物掉落责任险一般规定：车载货物掉落责任每次事故的赔偿限额由被保险人与保险人在投保时协商确定。车载货物掉落责任险的每次赔偿一般实行20%的绝对免赔率。

十、车辆停驶损失险

车辆停驶损失险是车损险的附加险。

投保了车辆停驶损失险的机动车辆在使用过程中，因发生基本险（车损险）所列的保险责任事故，造成车身损毁，致使车辆停驶，保险人按以下规定承担赔偿责任：

（1）部分损失的，保险人在双方约定的修复时间内按保险单约定的日赔偿金额乘以从送修之日起至修复竣工之日止的实际天数计算赔偿。

（2）全车损毁的，按保险单约定的赔偿限额计算赔偿。

（3）在保险期限内，上述赔款累计计算，最高以保险单约定的赔偿天数为限。

车辆停驶损失险的保险人对下列停驶损失不负责赔偿：车辆被扣押期间的损失；因车辆修理质量不合要求，造成返修期间的损失；被保险人及其驾驶员拖延车辆送修或修复时间的损失。

车辆停驶损失险的赔偿限额以投保人与保险人投保时约定的赔偿天数乘以约定的赔偿金额为准，但此保险的最高约定赔偿天数一般为60天。

十一、新增加设备损失险

在投保了车损险的基础上，被保险人可以投保新增加设备损失附加险。在此，新增加设备是指被保险车辆出厂时原有各项设备以外，被保险人另外加装的设备及设施。

新增加设备损失险的保险金额依据新增加设备的实际价值确定。

投保了新增加设备损失险的机动车辆在使用过程中，发生基本险（车损险）所列的保险责任事故，造成车上新增加设备的直接损毁，保险人在保险单该项目所载明的保险金额内，按实际损失计算赔偿。

在赔偿处理中，新增加设备损失险的每次赔偿均实行绝对免赔率，即根据被保险车辆驾驶员在保险事故中所负责任，一般实行20%～5%的绝对免赔率。

十二、其他

由于机动车辆的风险种类繁多，除了上述基本险、附加险和特约险外，各保险公司还各自推出了与机动车相关的其他保险产品，如机动车提车保险、修理期间费用补偿险、代步机动车服务特约险、更换轮胎服务特约险、拖车服务特约险、法律费用特约险、交通事故精神损害赔偿责任险等。但是，这些产品的买卖基本上不是以附加的形式形成保险合同，就是以特别约定的方式形成保险合同。因此，在此必须提醒的是，在机动车辆保险中，主险合同、附加险合同、特约险合同的法律效力是不同的，特约险高于附加险，附加险高于主险。附加险合同未尽事宜，以主险合同为准；特约险合同未尽事宜，以主险合同或附加险合同为准。

第五节　机动车辆保险的风险控制

从车祸产生的原因看，主要有驾驶员行车状况不良或违章驾驶及其他人为因素、车况不好、路况不佳、自然灾害和意外事故的影响等。因此，在机动车辆保险的各个经营环节，保险人都应该加强对风险的控制。

一、展业承保中的风险控制

（一）保前调查

机动车辆保险的保险人应在承保前调查掌握所辖区域内机动车辆和承保车辆的历年

交通事故发生频率、事故规律和出险情况、赔付情况等，以便对机动车辆保险的风险大小作出较为准确的评估，划分出等级，并以此作为开展机动车辆保险业务的基本依据。

（二）承保检验和审核

机动车辆保险的保险人应在承保时注意以下问题：(1) 审核投保人和被保险人的年龄、性别、性格、人品、驾驶技术、驾龄、违章情况、出车祸的次数等。(2) 验证。检验车辆行驶证是否与投保标的相符，是否经公安车辆管理机关办理年检；核实投保车辆的合法性。(3) 验车。检验车辆的牌照号码、发动机号码是否与行驶证记录一致，是否配备消防、防盗设备；确定车辆的新旧程度；核实车辆的使用性质、种类、产地、使用年限及其他状况。在检验和审核的基础上，保险人可以根据被保险人及其车辆的风险状况，决定承保与否以及承保条件。

（三）合理确定保险金额或赔偿限额

为减少道德风险，保险人要将车损险及其附加险的保险金额控制在被保险车辆及其相关设备的实际价值以内；由于与机动车辆相关的各种责任事故可能导致的损害后果及由此引起的索赔事先难以预料，保险人应该在三者险及其附加险条款中合理确定赔偿限额，以限制自己承担责任的最高限额。

（四）明确规定免赔率或免赔额

在机动车辆保险条款中明确规定免赔率或免赔额，免赔率或免赔额以下的损失保险人一律不赔，由被保险人自己承担，这可以促进被保险人安全行车，减少车祸事故的发生。

（五）尽可能地对团体投保的车辆实行统一承保，以符合大数法则，分散风险

对于实行招投标方式的车辆保险业务，在进行投标时，应尽可能考虑到该笔业务的风险与公司的风险承受能力，不能为求中标而无条件地降低承保费率。

（六）明确规定并宣传投保人和被保险人应尽的义务和权利

一方面，保险人应该在机动车辆保险条款中明确规定投保人和被保险人的义务，如投保人对被保险人和被保险车辆的情况应该履行如实告知义务，应该履行保险合同约定的按期缴纳保险费的义务；被保险人及其驾驶员应该履行维护及保养被保险车辆，使其保持安全行驶技术状态的义务；应该履行被保险车辆转让等的通知义务及发生保险事故后的施救义务等。同时，保险人还应该主动、积极地向投保人以及被保险人宣传法律、法规规定和合同约定的投保人和被保险人的各项义务及其违反义务应承担的法律后果，以促使其履行义务。另一方面，保险人还应该在保险条款中明确规定并大力宣传投保人和被保险人的权利（如无赔款续保实行优惠费率制），使被保险人增强对保险人的信任感，并为获得相应的权利而自觉加强对保险标的的责任意识。

（七）根据风险状况实行差别费率

保险人可以根据被保险人及其车辆的风险状况，采用不同的费率档次，风险高则费率高，风险低则费率低。一方面，继续实施并完善无赔款续保优惠费率制度。为促使被保险人及其驾驶员安全行车，保险人应当在《车险合同》中明确规定无事故续保优惠的条件或标准。一般而言，凡被保险车辆在上一年保险期限内未发生交通事故或未发生事故，续保时可以享受无事故减收保险费优惠。在此需要注意如下事项：一是被保险车辆

在保险期间（指 1 年期而不包括短期保险）没有发生事故；二是被保险车辆在保险期满时办理续保；三是被保险人的投保车辆不止一辆时，无事故优惠可以分别按车辆计算；四是优惠金额一般为本次续保险种应交保险费的 10% ~30%；五是上年度投保的车损险和三者险或附加险中有任何一项发生过事故赔款的，被保险人不能在续保时享受无事故续保优惠；六是上年度无事故的被保险机动车辆，如果续保的险种与上年度不完全相同，无事故优惠以险种相同的部分为计算基础；七是如果续保的险种与上年度相同，但保险金额不同，无事故优惠以本次保险金额对应的应交保险费为计算基础。如果机动车辆连续几年无事故，可以根据无赔款的年限在续保时享受无赔款减收保险费10% ~50% 的优惠。总之，无事故续保优惠是保险人调动被保险人安全行车及续保积极性的一个有效手段，在经营实务中应当加以很好的运用。另一方面，在机动车辆保险的费率制定中更充分地考虑从车因素、从人因素和从地因素。在确定费率时，既要考虑被保险车辆的类型、新旧程度、使用性质、使用年限、配件的价格、修理难度、防盗设施等状况，又要考虑投保人和被保险人的年龄、性别、性格、驾龄、违章情况，出车祸的次数及资信品格等情况，还要考虑被保险车辆的主要行驶区域等因素，并根据车辆、人及地区因素的不同风险状况实行不同档次的保险费率。

二、保险期间的风险控制

在机动车辆保险期间，尽管被保险车辆具有流动性强、异地行驶等特点，保险人要开展风险控制较火灾保险要难得多，但仍然可以从以下方面入手。

（一）保险人独立开展的风险控制

1. 定期或不定期地对被保险车辆（尤其是对出租汽车等风险大的被保险车辆）进行风险检查，对发现的不安全因素及隐患提出明确的整改建议，与被保险人定期沟通有关车辆的信息，把握风险发生的规律等。

2. 建立车辆档案，督促被保险人及其驾驶员按照有关规定参加年检年审，并对被保险车辆进行例行保养、定期保养和季节保养及相关的维护工作等。

3. 印发有关交通规则和交通事故的资料，使被保险人及其驾驶员时刻记住有关交通规则，并吸取前车之鉴。

4. 办理机动车辆保险的再保险，实现机动车辆保险的稳健经营。

（二）保险人参与社会化的风险控制

由于机动车辆本身所具有的特点，保险人在保险期间对被保险车辆的风险控制还需要通过参与社会化的风险管理来得到强化。

1. 协助公安交通管理部门加强对驾驶员的教育。在道路交通事故中，由于驾驶员违章行驶原因导致的交通事故占事故总数的多数，这一规律表明驾驶员是交通事故中的主要责任者。因此，提高驾驶员的职业道德、思想水平和技术素质等很有必要，而通过协助公安交通管理部门加强教育，能够达到这一目的。

2. 开展交通安全活动和交通安全检查。一方面，保险人可以协助甚至推动公安交通管理部门开展交通安全活动，如“交通安全月活动”“百日安全行车活动”，又如，定期或不定期地进行道路交通安全法律法规及相关知识的宣传，使被保险人及其驾驶员甚至行人牢固树立安全意识，熟悉我国《道路交通安全法》，掌握道路交通安全知识等。另一方面，保险人还可以通过派人参与或拨付防灾费用等方式，配合公安交通管理部门开展交通安全检查工作，制止各种违章行为。

3. 开展社会化的交通安全宣传活动。如组织交通安全活动晚会，开展交通安全图片展览，促使有关单位召开交通安全会议，推动中小学校加强对中小学生的交通安全教育等，以树立全民交通安全意识，进而达到减少交通事故、降低保险赔款的目的。

三、理赔中的风险控制

理赔是机动车辆保险中的最后环节，也是保险人进行风险控制的最为重要的环节。在这一环节中，保险人主要通过规范索赔程序、做好出险查勘工作、认真审核责任、合理计算赔款和严格代位追偿等措施来控制风险。

（一）规范索赔与理赔手续

被保险车辆发生保险事故后，被保险人应当立即向事故发生地公安交通管理部门报案，同时尽快通知保险人。在被保险人索赔时，应要求其向保险人提供保险单号码、保险险别、机动车行驶证、购车原始发票、出险时间、出险地点、出险原因、事故证明、事故结案书、损失清单和各种有关费用单据等，并保证所提供的单证完全真实可靠；在保险人理赔时，应当严格机动车辆保险理赔人员的责任、程序和手续，加强管理，防止漏洞发生。

（二）做好出险查勘工作

为控制损失及道德风险，减少骗赔案，避免保险人的不当赔付，必须做好出险查勘工作。保险公司业务人员接到被保险人报案后，应迅速做好查勘准备，并尽快赶赴事故现场，会同被保险人及有关部门进行现场查勘工作。应尽可能坚持双人查勘，尽量查勘第一现场，认真调查取证，据实详细填写出险查勘记录。

查勘时应从以下方面控制风险。

1. 查勘的主要内容是：查明出险的时间（如是否在保险有效期内，对接近保险起讫期间出险的案件应特别慎重查实）及地点；查明出险的车型、车号；查实车辆的使用性质；查清驾驶员姓名、驾驶证号码、准驾车型；查明出险的原因（应说明是客观因素还是人为因素，是车辆自身因素还是受外界影响，是严重违章还是故意行为或违法行为）等。

2. 施救及保护。对事故尚未控制住或被保险车辆及人员尚处于危险之中的，保险查勘人员应主动协助被保险人及有关部门，采取积极的施救、保护措施，避免损失及伤害扩大。

3. 确定损害情况。保险查勘人员应查清受损车辆、货物及其他财产的损失程度，查明各方人员的伤亡情况。

4. 对重大赔案要绘制事故现场草图。保险查勘人员绘制的事故现场草图要反映出事故车的方位、道路情况及外界影响因素。

5. 做好询问记录。对较重大复杂的或有疑问的损案，保险查勘人员应走访有关现场的见证人或知情人，弄清真相，做好询问记录，记明询问日期和被询问人地址，并由被询问人过目签字。

6. 拍摄现场照片。为便于赔付及减少事后的纠纷，保险查勘人员应对事故现场进行现场拍摄，既要有反映现场全貌的全景照片，又要有反映受损车辆牌照号码及受损部位的近景照片，还应对照片附简要说明。

（三）认真审核责任

保险人应当根据被保险人的各种索赔材料，结合现场查勘报告等，进行认真的审核。审核的主要内容包括：保险单及各种有关单证的法律效力，发生事故的车辆是否是被保险车辆，事故发生时间是否在保险有效期间，事故原因是否确实属于保险责任范围，有无交强险、特约或附加责任，被保险人在索赔时是否具有保险利益，有无批注或批单，被保险人是否尽到了其应该尽到的义务等。

如果上述问题都得到了肯定的答案，则可以进入赔偿环节；否则，需要进一步审核及调查，乃至拒赔。

（四）合理计算赔款

当保险人经过查勘及审核确定应该承担赔偿责任时，应当按照本章前面所述车损险、交强险、三者险及其各种附加险的保险赔偿方式，根据投保人实际投保的机动车辆保险的具体险种，合理进行赔款计算。

由于碰撞是机动车辆保险承保的主要风险，而碰撞一般又会涉及车辆损失及第三者责任，因此，保险人在理赔时要特别注意碰撞事故的赔款处理问题。在机动车辆保险中，许多赔案是车辆与车辆之间的互撞等造成的，这样，就必然要涉及责任划分与赔款计算问题，它比被保险车辆在非碰撞事故情况下的赔款计算要复杂一些，即首先要划分责任，然后在此基础上计算赔款。

（五）严格实施代位追偿权

在机动车辆保险中，由于碰撞是主要风险，许多保险赔案都涉及第三者责任方，从而存在着向责任方追偿的问题。根据我国《保险法》的相关规定，因第三者对保险标的的损害而造成保险事故的，保险人根据被保险人提出的书面赔偿请求，按照保险合同约定予以部分或全部赔偿。但是，保险人自向被保险人赔偿保险金之日起，在赔偿金额范围内代位行使被保险人对第三者请求赔偿的权利；被保险人已经从第三者取得损害赔偿的，保险人赔偿保险金时，可以相应扣减被保险人从第三者已取得的赔偿金额。在交强险中，如果保险人先行垫付有抢救费用，根据《交强险条例》与《交强险条款》及交强险合同的规定，该笔抢救费可以向致害人进行追偿。

保险人在行使代位追偿权时，应当注意以下几点：

1. 保险事故发生后，保险人未赔偿保险金之前，由于被保险人未经保险人同意放弃对第三方的请求赔偿的权利或因被保险人的过错致使保险人不能行使请求赔偿的权利的，保险人不承担赔偿保险金的责任或者相应扣减保险赔偿金。

2. 保险人向被保险人赔偿保险金后，被保险人放弃对第三者请求赔偿的权利的，该行为在法律上无效。

3. 除被保险人的家庭成员或者其组成人员故意造成保险事故以外，保险人不得对被保险人的家庭成员或者其组成人员行使代位请求赔偿的权利。

4. 在保险人向第三者行使代位请求赔偿权利时，被保险人应当向保险人提供必要的文件和其所知道的有关情况。

坚持代位追偿，目的在于让第三方依法承担其应当承担的损害赔偿责任，同时维护保险人的合法权益。

总之，保险人在机动车辆保险中要实施风险控制，就应该从经营的各个环节入手，加强管理。

【知识链接】

汽车全险

所谓“全险”并非是一个险种，仅仅是对购买险种比较多、保障比较全面的汽车保险的俗称。一般包括汽车全部主险险种与若干附加险险种。但即便投保了汽车所有的险种，各险种理赔时也都存在一定的免责条款，保险公司是不可能全赔的。作为汽车保险消费者，购买车险的基本原则是：按需购买，量力而行。

【复习思考题】

一、名词解释

机动车辆保险　车辆损失保险　第三者责任保险　交强险　车上人员责任险
全车盗抢险　自燃损失险

二、比较题

1. 试比较机动车辆保险与火灾保险的异同。
2. 试比较车辆损失险与三者险的异同。
3. 试比较交强险与三者险的异同。

三、问答题

1. 机动车辆保险的赔付及保险费的计算有何特点？
2. 为什么许多国家对机动车辆第三者责任保险采取强制保险方式？
3. 影响机动车辆保险费率确定的因素有哪些？
4. 如何确定机动车辆保险的保险金额？
5. 机动车辆保险应该如何进行风险控制？

四、实务题

李某有一汽车，向保险公司投保了车损险、交强险及车上人员责任险（保险金额比交强险低）。某日，小张乘坐李某驾驶的汽车拐弯时，从车上摔倒在地并被李某车辆所伤，后经抢救无效死亡。这起交通事故经交警大队认定，司机李某负事故的全部责任。李某依法在向小张的家属赔偿了 30 万元后，要求承保公司在交强险限额内赔偿遭拒，遂将该承保公司诉至法院。请分析此案。

第十章
船舶保险

【学习目标】

学习本章时，应熟悉船舶保险的一般特征，掌握沿海及内河船舶保险的实务知识和技巧，同时结合海上保险一章了解其他相关的船舶保险知识。

第一节　船舶保险及其基本特征

一、船舶保险及其作用

（一）船舶保险的概念

船舶保险是指以各种船舶、水上装置及其碰撞责任为保险标的的保险。它作为传统财产保险业务的重要险种，既是运输保险的主要险种之一，更是水险业务的主要来源之一。本章的船舶保险专指沿海及内河船舶保险业务。

在保险业发展史上，船舶保险具有独特的地位，最初的海上保险业务即是主要以船舶所遇到的海上风险为保险责任的。由于船舶航行在海上，遭遇各种自然灾害和意外事故的可能性比陆地运输工具更大，且危险比较集中，很多情况下非人力所能控制，因此，船舶所有人对航行中的风险保障需求更加迫切，从而使得以船舶为主要标的的保险业务成为商业保险业发展史上的重要内容。

在上述概念中，各种船舶是船舶保险的主要标的，但船舶保险中又必须注意如下几点：

1. 各种水上装置也可以纳入到船舶保险的范畴，并按照船舶保险的相应条件承保。因此，船舶保险的实际内容比其名称要大一些，如海上石油开发中的钻井平台虽然不是船舶，亦可以投保船舶保险（也可以单独列入石油开发保险）。

2. 建造或拆除中的船舶一般不纳入船舶保险的范畴。在船舶保险实务中，一般只承保建成并投入使用即航行的各种船舶及海上装置。建造中的船舶与拆除中的船舶因其处于建造或拆除之中，其价值未最后确定，尤其是船舶建造与船舶拆除中的风险与船舶航行中的风险存在着很大的差异，因此，保险人通常不把建造或拆除中的船舶纳入普通船舶保险范畴。在有关著作中，将建造、拆除中的船舶纳入建安工程保险范畴，这主要是考虑到船舶建造工程与建筑工程、安装工程等具有性质相似、承保方式相似等共同特点，它们都存在着建设或拆除工期，其价值属于递增或递减型，保险金额均须待建造或拆除工期完工后才能最终确定，保险费都有一个承保时收取、期满时多退少补的现象，主要风险都局限于建设或拆除工地或现场等。因此，本书仍将建造或拆除中的船舶的保险列为船舶建造与拆除保险，并将该内容纳入建安工程保险一章阐述。本章所述的船舶保险是除建造或拆除中的船舶外一切船舶的保险业务。

3. 根据船舶运行的水域，通常划分为境内船舶保险与远洋船舶保险，其中远洋船舶保险通常需要遵循有关国际公约，从而在历史上就属于海上保险的当然内容。因此，本章亦只论国内船舶保险，即在沿海及内河航行的船舶的保险，而将从事远洋运输的船舶列入海上保险一章专门阐述。

（二）船舶保险的作用

第一，有利于船东转嫁风险，稳定经营。由于船舶在航行中存在着各种风险，船舶价值又较高，航运公司如果不办理船舶保险，随时都有可能遇到船舶损失的危险。因此，船舶保险首先是满足了船东转嫁风险的需求，对稳定航运公司的生产经营等具有重要作用。

第二，在发生海损事故后有利于对外交涉。船舶发生海损事故后，按照国际惯例，一般由保险人出面处理，受害方大多不愿接受航运公司本身的赔偿处理，而乐意接受保险公司的赔偿。在船舶发生事故后，保险人能以最快的速度安排赔偿，既可以使船东避免扣船及由此引起的船期损失，又可以节省银行担保费用。同时，保险人出面处理海事既有较丰富的经验，又有各种专家顾问可供联系和咨询，仲裁也有法律依据。因此，船舶保险有利于对外交涉，维护船东的利益和信誉，且不会影响船东与各方面的关系。

第三，有利于促进安全航行。保险公司承保的船舶众多，经历的海事也多，对承保的船舶会相应提出各种合理建议，配合有关部门和航运公司做好防灾防损工作，从而起到促进船舶航行安全和航运业发展的作用。

第四，有利于加速船舶的更新换代。我国内河航行的船舶，船龄一般较大，参加保险后，如果修理费用接近船舶保险的保险金额，可以按推定全损处理，将残船委付给保险人，保险人按船舶保险的保险金额补偿被保险人，被保险人可利用此笔资金重新购置新船。此外，保险人在承保船龄长的船舶时，也往往采取较高的费率标准，从而使船东为取得优惠费率而重视加速船舶的更新换代。

二、船舶保险的基本特征

（一）承保船舶在保险期间整个过程的风险

在承保期间，被保险船舶虽然是以航行为主要标志，并必然需要以航行中的风险为主要承保风险，但船舶在停泊期间也存在着多种风险。因此，船舶保险承保的是整个承保期间的风险，其中既有水上风险，也有港口风险，还有碰撞风险等。

（二）船舶保险提供着财产、责任和费用三类保障

在一般财产保险中，财产损失保险与责任保险通常是分开的，如机动车辆保险就由

车损险和三者险等险种构成，而在船舶保险中，虽然也有附加责任保险，但主险却通常是单一的，同时承保被保险人的船舶本身损失、碰撞责任（即第三者责任）和有关费用三类保障，保险客户不必另行办理投保手续或加贴批单等。

在财产损失方面，船舶保险承担着对船舶本身及其附属设备、燃料、供给等的保险。在法律责任方面，船舶保险单中承保着碰撞责任，有时还承保着油污费用责任以及运输合同中规定的承运人责任等。在费用方面，船舶保险不仅承保着施救费用与独有的救助费用责任，而且还可以承担或附加承担运费、租金、船员工资、营运费用、保险费等保险责任。因此，人们通常说船舶保险是一个保险金额承担着三类分别以保险金额为最高限额的责任，它明显有利于保险客户转嫁风险。

（三）风险控制较为复杂

船舶航行于水上或海上，它不仅具有机动车辆的流动性特点，而且具有发生海损事故后无法保留现场痕迹的特点。这就使得一方面，保险人无法随时掌握被保险船舶的运行状态；另一方面，当保险事故发生以后，保险人很难积极介入，主要是凭港航监督机构或港务监督机构等来处理。

（四）保险标的具有特性

为了确保船舶在各种条件下的安全和正常航行，一般要求船舶具有良好的航行性能，这些航行性能包括浮性、稳性、快速性、适航性、抗沉性等。船舶可以安全地在江河湖库和海洋上航行，靠的就是船舶自身所具有的这些特性。

1. 浮性。在一定的装载情况下，船舶具有在水中浮态漂浮的能力。

2. 稳性。在一定外力作用下，船舶发生倾斜，当外力消除后船舶具有自动恢复原来平衡状态的能力。

3. 快速性。船舶消耗较小的功率而能达到较高的航速的特性。

4. 适航性。船舶在风浪海面上有适度而不过度的摇摆性能。其基本内容包括：一是船体本身及机械设备符合适航的要求，二是人员配备和易耗物品（燃料、给养、消防、救生器材等）达到应当达到的要求，三是具备装运运输合同指定的货物的能力。此外，船舶的适航能力还要受到航行水域限制，如在平流中航行的船舶驶入急流，亦被视为不适航；反之，则可以视为适航。船舶的适航性是船舶保险的默示保证，是被保险人必须遵守的基本要求。

5. 操纵性。根据驾驶员的意图，船舶具有保持航向和改变航向的能力。

6. 抗沉性。船舶在一个舱或几个舱进水的情况下，仍能保持不至于沉没和倾覆的能力。

7. 拟人性。每一艘船舶都有国籍、呼号和专门名字等。

船舶保险的保险标的所具有的上述特性，是其他任何保险标的都不具备或不能完全具备的，从而亦是船舶保险的一个重要特征。

三、船舶保险的分类

根据不同的标准，船舶保险可以作如下分类：

1. 根据保险标的的状态，可以分为一般船舶保险、船舶建造保险和拆船保险等，本章只讨论一般船舶保险。

2. 根据保险标的的种类，可以分为普通船舶保险、渔船保险等，它们的经营原理与原则相同，但具体条款会有差异。

3. 根据保险责任期限，可以分为定期船舶险和航次船舶险。前者为 1 年期保险，最短不能少于 3 个月。后者则以一个航次为一个保险责任期限，最多不得超过 30 天，在任何情况下的最长保险期限不得超过 90 天。

4. 根据保险责任范围，可以分为船舶保险全损险和船舶保险一切险。在船舶保险中，由于基本保险单承担的责任范围广泛，附加险并不似货物运输保险或机动车辆保险等发达，但仍然有一些附加险可供被保险人选择投保。

本章阐述的船舶保险专指沿海及内河船舶保险，同时亦不包括船舶建造险与拆除保险等，但一些基本原理及规则如适航性要求、共同海损分摊、救助费用，以及有关海损事故如碰撞与碰撞责任、搁浅、触礁、沉没等，却与海上保险中的同一概念完全可以通用。

第二节　船舶保险的基本内容

作为一类独立的财产或运输工具险别，沿海及内河船舶保险（以下均简称为船舶保险）虽然较其他险别在险种结构上简单一些，但内容仍然十分丰富，并需要专门的航运专业知识。

一、适用范围

根据我国各主要保险公司的现行做法，船舶保险适用于经过合法登记注册从事沿海、内河航运业务的各种团体单位、个人所有或与他人共有的机动船舶与非机动船舶，以及股份制航运企业和合资企业、外商独资企业所有或租用的机动船舶与非机动船舶，即一切船东或船舶使用人都可以利用船舶保险来转嫁自己的风险。不过，投保的船舶必须有港航监督部门签发的适航证明和按规定配备持有职务证书的船员，从事客、货运输的船舶还必须持有营业执照等。

此外，对于石油钻井船、渔船等，一般有独立的船舶保险条款予以承保。对建造中的船舶或拆除中的船舶，则要求另行投保船舶建造保险与拆船保险，并按照工程保险的一般规则来经营。

二、保险标的

船舶保险承保的主要标的是在中华人民共和国境内（包括沿海与内河）从事水上运输业务的各种民用船舶。民用船舶自古以来就是人类的主要交通运输工具，按照不同的依据可以划分为不同的种类。如按航行区域，可以划分为内河船舶、沿海船舶。按造船材料，可以分为木船、钢铁船、铝合金船、玻璃钢船和水泥船等。按使用用途，可以划分为运输船舶、渔船、工程船舶、工作船舶和特种船舶。此外，还有水上装置，虽然不能算是船舶，但仍然可以视为船舶承保，如钻井平台等。

在船舶保险经营实务中，保险人一般以船舶的用途为依据进行划分。

1. 运输船舶。它又可以分为专门载客的客船和专门载货的货船（如干货船、散货船、集装箱船、载驳货船、滚装船、液货船、化学品船等），以及客货两用船和顶推、拖带运输船舶（如拖带船、驳船、渡船等）。

2. 渔业船舶。渔业船舶指专门用于渔业生产即捕捞、加工、运输渔业作业的各种船舶。

3. 工程船舶。工程船舶指为了某种水上或水下工程而设计建造，并装有为完成某种特定工程任务的成套机械设备的各种船舶。

4. 工作船舶。工作船舶通常指为航行进行服务工作或其他专业工作的船舶，如趸船等。

5. 特种船舶。特种船舶指有特殊用途的各种船舶，包括滑行艇、水翼艇、气垫船、双体船等。

作为船舶保险标的的是船舶本身，包括船壳、机器和航行中必备的设备、供具和属具。供具包括燃料、物料、给养，属具包括通信系统、导航装置以及船上的一切设备、用具、舢板、锚链、航海图、航海日志、家具物品、救生用具等。此外，还有碰撞责任等。

不过，在船舶保险经营实务中，并非所有船舶都能投保或承保。下列情况下的船舶即不能承保：一是不具备适航条件的船舶，因为船舶适航是船舶保险的默示保证。二是船龄在 30 年以上的船舶一般不能承保，如技术状况良好，也应特约并加费承保。

三、保险责任范围

（一）保险责任

在经营实务中，船舶保险一般分为全损险与一切险。

1. 船舶全损险的保险责任。其通常包括如下内容：

（1）八级及八级以上的大风、洪水、海啸、地震、崖崩、滑坡、泥石流、冰凌、雷击。上述风险与火灾保险中的同类风险责任含义相同，只是火灾保险的类似风险发生在陆地，而船舶保险的上述风险却多发生在水上或岸边。

（2）火灾、爆炸。其解释与团体火灾保险中的解释一致。

（3）碰撞、触碰。碰撞、触碰指船舶与船舶或与本身以外的固定物体、浮动物体、他船的锚链等发生猛烈的直接接触。对本船上的属具、设备、子船、货物等与本船发生的撞击，保险人不负责任。

（4）搁浅。搁浅指船舶航行或停泊中遭遇意外使船舶底部与河床、海底紧密接触，失去继续航行能力，并造成停航 12 小时以上或致船舶损坏。船舶遭遇危难时，为避免全船沉没或防止扩大事故损失而有意冲滩搁置所致的损失，亦可视为搁浅处理。

（5）触礁。触礁指船舶在航行中船底或船身触碰或搁置在礁石上并由此造成被保险船舶的损失，船底触碰到水下沉船、木桩等水下障碍物也视同触礁。

（6）倾覆。倾覆指船舶遭受自然灾害或意外事故致使船身倾侧翻倒，失去正常状态，非经施救或救助不能恢复正常状态和继续航行。

（7）沉没。沉没指船舶在正常状态下浮于水面的部分沉入水下，不能发挥其原有性能，致使船舶失去浮力而沉入水下。根据交通部门规定，船舱内进水失去浮力，致使货船、驳船的干舷甲板、机动船舶的最高一层连续浸泡1/2以上者，即构成沉没。

（8）船舶失踪。船舶失踪指船舶在起航后下落不明，超过6个月仍未得到其行踪消息。此时，保险人在获得被保险人权益转让书后，可按全损赔偿。若船舶不在航行中，而是在码头、港口、岸边停泊中丢失，不属于失踪责任。

2. 船舶保险一切险。除承保船舶保险全损险的全部保险责任外，船舶保险一切险还包括如下内容：

（1）碰撞责任。碰撞责任即被保险船舶与他船或其他固定物体相撞，导致他方财产、利益损失或人身伤亡，依法应当由被保险人负责赔偿的责任，由保险人负责赔偿，但最高赔偿额以不超过船舶的保险金额为限。但属于保险船舶上的人员伤亡和货物损失，则不在保险人赔偿责任之列。在掌握这一责任时，应当注意如下几点：一是碰撞责任事故必须是直接接触所致；二是碰撞责任只限于被保险船舶是机动船舶（包括机帆船）或其拖带的被保险船舶，对非机动船舶不负碰撞责任（不含拖带中的船舶）；三是对被碰撞船舶上的人员伤亡，保险人也负责赔偿；四是一次碰撞责任事故所造成的各种损失总和（指被碰撞方的经济损失），保险人最高赔偿额是被保险船舶的保险金额。

（2）共同海损分摊费用、施救费用、救助费用。共同海损分摊费用是依照国家有关规定和国际规则应当由被保险船舶分摊的共同海损牺牲费用，保险人可以负责赔偿；施救费用是被保险船舶在发生保险责任范围内的灾害或事故时，被保险人为防止或减少被保险船舶的损失而支付的必要的、合理的施救费用；救助费用是被保险船舶由于承保风险遭遇海损事故，依靠本船的力量无法摆脱困境，只好委请第三方给予救助，由此而发生的费用属于救助费用（这个第三方可以是姐妹船、过路船或专业救助公司的船舶）。不过，上述三项费用之和的累计最高赔偿额以不超过船舶保险的保险金额为限。

（二）除外责任

船舶保险中的主要除外责任可以概括为以下几项：

1. 战争、军事行动、扣押、骚乱、罢工、哄抢和政府征用、没收。

2. 不具备适航条件。

3. 被保险人及其代表（包括船长）的故意行为或违法犯罪行为。如丢弃船舶、纵火焚烧、凿破船底、有意触礁与碰撞等，保险人均不负责赔偿。

4. 超载、浪损、坐浅引起的事故损失。其中，超载是指船舶实际装载量超过该船按吨位丈量规范计算核定的载重量吨位；浪损是指风力小于八级风形成的浪，或船舶航行时掀起的余浪造成船舶损失；坐浅是指船舶在浅水区停泊因潮汐变化使水深小于船舶吃水而自然坐落在河床或水底上。

5. 船体和机件的正常维修、油漆费用和自然磨损、朽蚀、机器本身发生的故障。

6. 因保险事故导致停航、停业的损失以及因海损事故造成第三者的一切间接损失。如营运损失、利润损失、因延期到达目的地致货物的市场价格跌落损失、各种罚款等。

7. 木船、水泥船的锚及锚链（缆）或子船的单独损失。

8. 清理航道、清除污泥的费用。

9. 其他不属于保险责任范围内的损失。

四、特别条款

为满足保险客户的特别需要，保险人在船舶保险全损险和一切险的基础上，亦会推出一些特别条款作为附加险，由保险客户据需选择加保。这些条款的首要任务便是取消沿海及内河船舶保险中涉及的某项除外责任，并通过特别条款加以确认承保。

从我国经营沿海及内河船舶保险业务的实践来看，主要有下列特别条款。

（一）拖轮拖带责任保险条款

拖轮拖带责任保险条款承保的是内河拖轮的拖带责任。凡被保险拖轮以顶推、绑（旁）拖、吊拖等方式拖带他船在可航水域发生保险事故，致使被拖带船舶以及所载货物遭受损失且依法应由被保险拖轮承担的赔偿责任，由保险人负责赔偿。

被保险人要加保该条款，以投保船舶保险为前提条件，即前者附加在后者之上。在该项保险中，被保险人主要承担下列义务：一是在投保时须向保险人提供其拖带合同，若保险期间拖带合同有变更或更改，须事先征得保险人同意，否则，保险人有权终止保险合同或拒绝赔偿。二是按照年费率 0.5% 加交保险费。三是服从船舶保险合同中的义务条款制约。

（二）船主对旅客责任保险条款

该附加条款根据船舶保险单上的记载，承保被保险船舶在运输过程中发生自然灾害或意外事故，造成船舶上旅客死亡或伤残，依法应由被保险人（船主）承担的直接经济赔偿责任。

不过，对于下列原因导致的旅客伤残、死亡及疾病，保险人不负赔偿责任：

1. 战争或类似战争行为、叛乱、罢工、暴动或由于核子辐射所致的旅客伤残、死亡或疾病。
2. 旅客因疾病、传染病、分娩、流产所致的本人的伤残或死亡。
3. 旅客因殴斗、自残、自杀、欺诈或犯罪行为所致本人的伤残或死亡。
4. 船主的故意行为或重大过失所致的旅客伤残或死亡。

该条款的保险期限最长为 1 年，起止日期以船舶保险单上载明的时间为准。保险责任以每次船舶离开码头开始生效，船舶抵达目的港码头终止。保险金额按照船舶法定载客数乘以责任限额确定。

当发生保险责任事故时，旅客索赔应出示有效船票，无论发生一次或多次赔偿，每位旅客的赔偿累计以不超过最高赔偿责任限额。

（三）船东对船员责任保险条款

该条款作为沿海及内河船舶保险的附加险，同时适用于沿海及内河渔船保险。

保险人承保的责任是被保险船舶在航行运输或停泊中船上在岗船员发生死亡或伤残，根据我国《保险法》《社会保险法》《劳动法》或《劳动合同法》等相关法律与劳动合同，应由船东（被保险人）对船员承担的医疗费、住院费和伤残、死亡补偿费。因此，船东对船员责任保险条款实际上承保的是一种雇主责任保险业务。

对于下列原因导致的船员死亡与伤残，保险人不负赔偿责任：

1. 战争、类似战争行为、叛乱、罢工或核子辐射所致的船员死亡或伤残。

2. 殴斗、自杀、自残、疾病、违法犯罪行为所致的船员死亡或伤残。

3. 船东的故意行为所致的船员死亡与伤残。

4. 任何人的工资、奖金、补助等。

5. 船员在岸上发生的死亡和伤残。

船东对船员责任保险的保险期限为1年，起止日期以船舶保险单上载明的时间为准。保险金额按船舶定额船员每人的责任限额累加的总额确定。船员每人的责任限额由投保人或被保险人在该项保险对每位船员承担的最高赔偿责任限额范围选定，并在投保单与保险单上注明。此外，还有免赔额的规定。

当发生保险事故时，被保险人应在48小时内通知保险人，保险人按约给予赔偿。但对于因第三者造成的损害，保险人将在赔偿后对责任方进行代位追偿。

（四）螺旋桨等及子船单独损失保险条款

在沿海及内河船舶保险中，一般将螺旋桨、舵、锚、锚链及子船的单独损失列为除外责任，但一些保险客户又有此种保险的需求，因此，该条款作为船舶保险的附加险，即专门承保这项除外责任的保险。

保险人在该条款下承担的责任包括如下两项：

1. 被保险船舶在航行运输或停泊中，发生保险责任范围内的事故，致使螺旋桨、舵、锚、锚链、子船发生单独损失或因此而产生的修理费用，由保险人负责赔偿。

2. 因修理螺旋桨、舵所发生的被保险船舶进出船坞、上下船台、吊尾等费用，保险人也负责赔偿。

当上述承保标的单独发生损失时，保险人按照实际损失给予赔偿。当船舶发生全损或部分损失时，螺旋桨、舵、锚、锚链及子船的损失及费用在保险合同主条款中已确定的赔偿，本保险不再另行赔偿。

五、保险金额和保险费率

（一）保险金额

船舶保险的保险金额确定依据有三种：

1. 按新船市场价格或出厂价格确定保险金额。除新船以外，使用年限不久（指符合规定的，如钢质船舶使用5年以内，木质船舶使用3年以内等）的船舶也可以按新船价格确定保险金额。

2. 按旧船的实际价值确定保险金额。按旧船的实际价值确定保险金额是指按照船龄、船型、用途、规格（特别是载重量、主机马力、航速、油耗、主要设施等）、旧船的岁检和特检等来确定保险金额。

3. 可由保险双方协商确定。可由保险双方协商确定即以与旧船市场价格相似、高于或低于市场价格而上下浮动的幅度不是很大，又是保险双方协议确定的价值作为保险金额。

不过，根据某些大财产保险公司的经营实践，承保人对个体船舶的投保一般规定其保险金额最高不得超过投保船舶实际价值的70%，尽管这一规定不是绝对的，但保险人在承保船舶保险时适当地控制风险却是完全必要的。因此，在确定保险金额时，可以考虑让被保险人分担一定的风险责任。

（二）保险费率

制定船舶保险费率的原则与团体火灾保险有相似之处，即采用类别级差费率。保险人一般根据航行水域的风险大小而将其划分为平流、半急流、急流三大类别，同时根据不同种类船舶的风险因素综合考虑，制定出级差费率。

在制定船舶保险的级差费率时，必须考虑如下因素：（1）船舶的种类和结构；（2）船舶的新旧程度；（3）船舶的航行区域；（4）船舶的吨位大小；（5）船舶的使用性质；（6）损失记录和赔付率情况；（7）适当参照国际船舶保险市场的费率标准。

由于船舶保险只有一个保险金额，附加险也不发达，使得船舶保险的保险费计算较其他运输工具保险以及火灾保险等要相对简单一些，保险费就是根据保险金额乘以适当费率的方式计收。

六、保险赔偿

（一）船舶事故处理的主要依据

当被保险船舶发生事故时，应当以国家颁布的法律、法规为依据，由水路或海上交通运输管理部门进行处理，这是船舶保险赔偿的基础。

一般而言，处理船舶海损事故主要依据有我国的《内河交通安全管理条例》《船舶安全监督规则》《渔港水域交通安全管理条例》《内河渡口渡船安全管理规定》《桥区水域水上交通安全管理办法》以及交通运输管理部门规定的《内河避碰规则》《内河交通事故调查处理规定》《最高人民法院关于审理船舶碰撞和触碰案件财产损害赔偿的规定》等法规条文。

此外，对于共同海损的分摊，其理算应按照《北京理算规则》办理。

上述法规不仅提供了分析水上交通运输事故、查明其原因、判定责任的依据，而且还统一规定了水上交通运输赔偿应当遵循的基本原则、赔偿的范围及赔偿金额的计算方法，从而既是管理部门处理船舶海损事故的依据，也是保险人处理船舶保险事故的基础。

（二）船舶事故赔偿的基本原则

1. 按过失责任赔偿。船舶发生损失事故（包括船舶碰撞责任事故）是按船舶在事故中的过失责任赔偿的。如果是单方面过失所致，过失船舶按实际损失情况赔偿对方船舶和船上财物及人员所受的损失。如果船舶与船舶相撞互有过失，而过失的轻重又不相同，就应按碰撞的实际情况协商处理，或者按照水（港）务监督机关调解达成协议的比例大小，或者经法院调解、判决的过失比例大小，或经仲裁机关仲裁裁决的比例大小来赔偿对方所遭受的损失。

2. 赔偿按货币结算和支付的原则。无论国际和国内，凡是水（海）损事故的赔偿都用货币结算事故中的经济损失，用货币支付事故中受损的一方。

3. 赔偿只限于直接经济损失。在水（海）损事故中，只限于计算事故中造成的直接经济损失，而不包括事故造成损失而停止或中断船舶生产营运、人员减少工资收入或受伤后不能工作的工资损失等一类间接经济损失。在此，直接经济损失是指水（海）损事故现场的一切有形损失，包括船舶损失、货物损失、建筑物损失（如港口、桥梁、堤岸等）、人身伤亡费用，以及为减少损失而支付的打捞、抢救费用和技术检验、鉴定费用等。

（三）船舶事故的索赔与理赔

1. 索赔手续。被保险人在申请索赔时，应按保险人的要求提供有效单证，以便保险人查勘核定是否属于保险责任及确定应赔金额等。如保险单、水（港）监签证、航行日志、轮机日志、事故报告、船舶法定检验证书、船舶入籍证书、船舶营运证书、船员证书（副本）、运输合同载货记录、事故责任调解书、裁决书、损失清单及其他有关文件。

2. 理赔方法。船舶保险发生赔案后，保险人对被保险人的索赔一般按下列方法进行处理：

（1）船舶损失赔偿。被保险船舶遭受保险责任范围内的损失，保险人一般应根据船舶的实际损失，按照出险当时的实际价值来计算赔款，并以不超过保险金额为限。如果赔偿一次达到保险金额的，保险单即行注销。但对部分损失赔偿后，保险单不仅继续有效，而且原保险金额不作变动，直到保险期满为止，这与其他财产保险是有区别的。

（2）费用损失赔偿。被保险船舶遭受保险责任范围内的灾害事故时，被保险人为了施救、保护被保险船舶所支出的合理费用，以及发生共同海损分摊费用和救助费用时，保险人应当负责赔偿，其最高金额为保险金额，且与船舶本身的损失分别计算。其中，凡涉及船舶、货物和运费方共同安全的，对施救、救助费用与救助报酬的赔偿，保险人只负责获救船舶价值与获救的船舶、货物、运费总价值的比例分摊部分。

（3）碰撞责任赔偿。根据执法部门裁定，被保险船舶应当对他人因被碰撞所致的损害负责赔偿时，只要属于保险责任范围，保险人都应当给予赔偿。如果发生海损事故，被保险船舶本身也有损失要赔偿，同时还有费用赔偿，三项赔偿同样分别计算，各以不超过保险金额为限。赔偿中，只要其中一项的一次赔偿达到保险金额，保险单即行注销。如果是相撞双方或多方均对事故负有责任，首先应当划分责任，然后再按责任大小分摊损失，并在此基础上进行保险赔偿。

（4）代位追偿。如果碰撞事故中过失方船舶未投保，而被碰撞无过失方船舶已投保，则船舶的碰撞损失由保险人负责赔偿，然后再行使代位追偿权，向该次事故的过失方船舶所有人进行追偿。如果双方或多方在多个保险人处投保，赔偿往往在保险人之间进行。如果双方均在同一保险人处投保，则往往不再考虑追偿问题，而均由保险人负责赔偿。

（四）赔款计算

船舶保险的赔偿计算分为以下几种情况。

1. 船舶全损赔款计算。如果被保险船舶遭受全部损失，不论是实际全损或推定全损，保险人负责赔付的数额均以保险金额为限。但是在确定全损以前，被保险人为了进行施救或采取紧急措施而支付的费用，也一并赔偿。对此项费用，保险人在赔付船舶一定保险金额外，另行按保险金额限度负责。保险人按全损赔付以后，船舶所有权即转让给保险人。如果船舶构成推定全损，被保险人应当向保险人办理委付手续（一般书面通知)。根据一般习惯，保险人对被保险人的委付通知是相当审慎的，因为保险人一经接受委付，就不能推翻。有时船舶全损后，对第三者负有一定的法律义务，如果保险人随便接受委付，就可能导致赔款数额的增加。若不接受委付，保险人在按全损赔偿后，可以根据具体情况，考虑放弃或不放弃受损船舶的权益，以此换取主动。

2. 船舶部分损失赔款计算。如果船舶发生部分损失，可以按下列方法计算赔款：

(1) 船舶出事在当地无法进行大修的，为了便于船舶驶往大修地点，而必须在当地先行修理，这项临时修理费用的一部分连同全部修理费用一并由保险人赔偿。

(2) 如果由于需要配置或定制机件，估计进行大修的时间很长，而进行临时修理则可以节省等待配件制造的时间，这种临时修理费也可作为大修理的一部分，由保险人按实际支付的数额进行赔偿。

(3) 如果仅仅为了被保险人的方便而进行临时修理，此类费用应由被保险人自己负担，不能作为修理费用的一个项目。

(4) 空运配置机件的额外费用在原则上应由被保险人自己负担，但如果空运运费与海运运费相同，并无额外支出的，该项空运费用仍可以作为修理费用的一个项目，由保险人赔偿。

(5) 检验船底的费用。船舶搁浅后，由于驶入船坞查看船底有无损坏而支付的费用，即使查看结果并无损失，该笔费用亦可以由保险人负担，保险人赔偿的数额以实际支付的费用且不超过保险金额为限。

3. 船舶未经修理即予出售的赔款计算。船舶遭受损失后，如果没有修理即予出售，保险人的赔偿数额以出售时确定的损坏估计所需的合理费用为限。上述修理费用可以委托船厂或船舶检验师估价，也可以由保险双方协商确定。

4. 受损船舶延期修理的赔款计算。如果船舶受损程度并不严重，仍有航行条件，而被保险人不愿意立即修理，要求延期修理，以后进行修理所需要的费用保险人可以给予赔偿。如果在延期修理期间，使损失程度扩大而修理费用增加，保险人对费用的增加部分不负赔偿责任。

5. 船舶碰撞责任计算。可分为以下两种情况：

(1) 单方面过失碰撞事故。如有 A 船进港，高速行驶，碰坏了停泊在港口内的 B 船。A 船负全部责任，B 船的全部损失均由 A 船保险人赔偿，A 船本身的损失也由保险人赔偿。

(2) 互有过失。如 A 船与 B 船相撞，A 船应承担 40% 的责任，B 船应承担 60% 的责任，A 船损失 25 万元，B 船损失 10 万元，那么，A 船要赔偿 B 船损失 10 万元中的 40%，即 4 万元，B 船要赔偿 A 船 25 万元损失中的 60%，即 15 万元。因此，B 船船东在扣除 A 船船东赔偿后应付 11 万元赔款。由此可见，根据法律规定，碰撞责任赔款均由两船双方的保险人按交叉责任赔偿给被保险人。

6. 赔偿中的注意事项。在船舶保险赔案中，还需要注意下列事项：

(1) 对每次赔款均应按保险单中的约定扣除免赔额（全损、碰撞责任除外）；

(2) 对被保险船舶遭受全损或部分损失后的残余部分应协商作价折归被保险人，并在赔款中扣除；

（3）被保险人的索赔时效期为2年，自被保险人知道被保险船舶发生保险事故的当天算起；

（4）保险人应及时处理赔案，当赔款经保险双方确认后，保险人应在10天内赔偿结案。

第三节　船舶保险的风险控制

一、展业承保中的风险控制

在展业承保期间，保险人的风险控制主要从以下几方面入手。

（一）保前风险调查

对投保船舶进行风险调查应当成为船舶保险中的必要环节。调查的内容应当包括：（1）船舶的船龄和用途；（2）船东的管理水平与船长、船员的技术水平；（3）船东以往的船舶事故记录，并对其原因进行客观分析；（4）船东以往参加船舶保险的情况；（5）船舶的航行水域，包括内河航行、沿海航行和远海航行等。

根据上述调查材料对船东与船舶进行风险评估，以此作为保险人承保的依据。

（二）承保环节控制

当保险客户投保且保险人决定承保时，在参考《内河船舶法定检验技术规则》的前提下，应当注意如下事项：

1. 对投保船舶保险的船东及其船舶应当具备的各种法定资格证书等进行检验核实。

2. 明确被保险人的各项义务，并对特殊事件进行记载，通过费率等手段来促进被保险人加强航行中的风险管理。如要求投保人履行如实告知义务，要求投保人或被保险人严格遵守港航监督部门制定的各项安全航行规则和制度。

3. 在出立保险单时，不仅要规范整齐，措辞明确，做到内容与投保单相符合，而且要检查加贴的附加特约条款是否齐全，是否有批单等，以避免因保险合同不准确导致的纠纷。

4. 明确保险期限。船舶保险的保险责任期限一般有两种确定方式：一是定期保险，一般以1年期为限，它与火灾保险、机动车辆保险等业务相似；二是航次或航程保险，一般以投保船舶完成一个航次任务为一个保险责任期限。

二、保险期间的风险控制

在保险期间，保险人对船东与船舶的风险问题仍然可以适当加以控制。例如，要求被保险人对被保险船舶的有关情况进行及时通报；要求被保险人不得随便更换船长，更换船长应当征得保险人的同意或认可，以避免因保险人对新船长的不熟悉而导致风险扩大化。

同时，要求被保险人按期做好被保险船舶的管理、检验和修理，确保船舶的适航性。

此外，保险人还可以通过提供相应的防损服务，如协助提供气象信息，帮助被保险人避免恶劣气候情况下的船舶事故；提供被保险船舶航行上的有关信息，避免被保险船舶因突发事件而遭到损失。对于某些特殊风险的发生，保险人还可以按有关规定提前通知被保险人终止保险合同，如某地发生洪水，而被保险船舶经常航行于该区域，保险人即可以终止保险关系，但若是航程保险合同，则我国《保险法》规定保险人不得终止，而必须是在航程完成以后才得以解除合同。

三、理赔中的风险控制

（一）强化船舶检验

船舶检验是船舶保险中的重要内容。保险人在进行理赔之前，必须将受损船舶送交检验机构按照《内河船舶法定检验技术规则》进行检查，以了解船舶受损原因、受损情况和受损程度等，然后据此确定保险责任。因此，船舶检验是理赔的前提，也是理赔中控制风险的重要手段。在船舶检验中，应当注意损失原因、损失程度和事故责任。

对受损船舶进行检验后，保险人应要求被保险人尽快提供保险单证、事故声明与事故报告（包括事故简要经过与损失情况、事故原因、事故发生的时间和地点、事故发生时水域的水文与气象情况、通航环境情况、事故搜救情况、事故当事人责任认定及其他有关情况等）、航行日志、费用清单等。

需要指出的是，验船机构在进行船舶损坏检验时，是作为一个公证技术机构出现的，因此，它出具的有关船舶的检验报告具有法律效力。法院或法庭在进行事故仲裁或判决时的重要依据就是验船机构的检验报告，有时甚至要求执行检验工作的验船师出庭，对其出具的检验报告作出详细说明，以利于法院或法庭对所发生的船舶事故作出正确、公正的裁决。因此，事故船舶检验报告直接影响到保险人的事故处理及船舶损失的赔偿。同时，除船舶受损后的检验外，船舶保险期间或平时亦可以由验船机构进行检验，以使其技术状态经常处于良好状态，并相应减少海损事故的发生概率，从而起到维护被保险人和保险双方经济利益的作用。

（二）要求被保险人履行义务

当船舶事故发生时，保险人应要求被保险人尽一切可能采取合理的措施，以避免和减少船舶受损程度的继续扩大，及时进行施救。

当被保险船舶不能自救时，应当向第三方或专业救助机构呼救，以便及时摆脱困境并减少损失。

（三）严格赔偿原则

在这方面，一是严格按照保险责任范围履行赔偿责任，二是坚持只对直接经济损失负责，三是执行最高赔偿限额。最高赔偿限额原则的规定，其目的是维护船东的利益，同时对保险人进行业务风险管理也发挥积极作用。

如果被保险船舶发生海损事故是因第三方的原因导致的，或在碰撞事故中互有责任，保险人在理赔中应当坚持代位追偿原则，以维护自己的正当权益，并使责任者承担其应当承担的法定责任。

第四节　船东互保

一、船东互保及其经营体制

（一）船东互保的一般意义

船东互保是船舶保险之外由船东互保协会提供的一种风险保障措施，它与船舶保险有一定的联系，并起着共同维护船东利益的作用。因此，本章特补充这一内容。

按照国际惯例，我国的船东互保业务是由中国船东互保协会开展的，其宗旨是维护与保障其会员的信誉与利益，并为之提供各项专业性服务。

一般而言，凡从事国际海上运输的中国船东，其租船的租船人或船务的经营人所拥有与经营的全部或部分船舶，均可以申请加入该协会，经协会批准成为入会船后即能够获得互保协会的保障。

（二）船东互保协会的经营体制

船东互保协会的体制与保险公司的体制有着根本的区别。

一方面，在船东互保协会中，入会船东既是保险人，又是被保险人，兼具双重身份。而在商业保险中，保险人与被保险人无论在何种情况下都是分离的，是保险关系的两个方面。

另一方面，船东互保协会采用董事会与经理部的管理与经营体制。其中，董事会的成员由会员大会选举产生，任期 3 年；董事长由董事会推举，其职责是制定协会的方针政策，安排分保（再保险），审查投资经营情况，决定追加保险费和费率，监督检查经理部的工作，审定由经理部提交的索赔金额超过规定限额的案件，同时还裁决会员与经理部在索赔与赔偿方面的纠纷。经理部是船东互保业务的直接经营机构，它执行董事会的各项决议，负责掌管和处理日常业务，审定船舶申请入会的条件，办理会员续保手续，处理规定限额内的索赔案，定期向董事会报告工作。经理部在董事会授权范围和金额内，还可对协会的部分资金进行投资，投资收入分置于相关保险年度的风险基金。

（三）船东互保协会的业务范围及其特点

在船东互保中，其业务局限于船舶及其相关的风险保障业务，而不能从事其他保险业务。船东互保协会的保险业务范围主要分为责任保险（保赔保险）和船舶保险及一些附加险（如法律抗辩保险、战争险、罢工险等）。

除了海上保险的专业化外，船东互保协会最大的特点是国际化，即会员国际化、保险业务国际化、海商海事案件处理国际化、投资活动国际化。

二、船东互保的基本内容

（一）投保与承保

就业务经营而言，船东互保业务与保险业务的经营有某些相似之处，但其内容却存在着区别。

1. 投保。投保人应事先提交由协会印发的船舶入会申请书，并向协会提供有关入会船的各种证明，以供协会对该船入会申请进行审核。若投保人为合营企业或数个合伙人组成的企业，其入会的权利和义务与独资企业投保人相同。如其中一合伙人未履行协会章程所规定的义务，应视为该投保人未尽应尽义务。船舶在任何时间皆可申请入会办理投保。

2. 保险期限。船东互保规定保险期限为 1 年期，但与保险公司的船舶保险不同的是，它统一规定保险年度自 1 月 1 日 12 时起至下一年度的 1 月 1 日 12 时止；凡是保险年度中入会的船舶，保险期间从入会证书载明的入会时间开始至保险年度结束时止。

3. 保险费。保险费率由协会经理部与投保人在船舶申请入会时或保险年度开始前，根据船舶登记吨位、船龄、船型并结合船舶技术状况、营运特点及所投保险商定。投保人须按协会通知单规定按时交付保险费。保险费分为预付保险费、追加保险费和巨灾会费三种。预付会费由经理部按照协会有关规定与投保人在入会或续保时根据入会船舶的情况商定。如果船舶在保险年度当中入会（投保），其预付保险费可以按保险期间比例交付。此外，在每一保险年度中的任何时候或者保险年度过后的一定时期内（如在保险年度结束 18 个月后），董事会可以决定对该保险年度向会员征收一次或数次追加会费。当发生巨大灾害，其损失超过相关数额时，协会将收取巨灾会费。

（二）承保风险

根据我国船东互保协会章程，协会对入会船舶的下列责任和费用负责。

1. 人身伤亡与疾病支出的费用。人身伤亡与疾病支出的费用即在入会船上的或与入会船有关的疏忽作为或不作为，造成任何人的人身伤亡或疾病，以及由于此项人身伤亡、疾病而支出的医药、住院或丧葬费用，但入会船船员在国内支出的上述费用除外。此项责任还不包括因为碰撞事故造成的对他船船上的人员伤亡或疾病的责任。

2. 入会船船员因疾病或法定义务而被遣返，以及替换其工作的替工的派遣费用。

3. 私人物品、财产，但不包括任何人的任何稀有或贵重饰物、珠宝、货币、债券和票据。

4. 碰撞责任。承担船舶保险中不予承保的超额责任、污染损害、清除费、罚款，当地政府与有关当局为制止或减轻污染损害所支出的合理费用，以及船舶保险中不予承担因碰撞责任导致的其他赔偿责任。

5. 因船员发生疾病或伤亡或将偷渡与避难人员送上岸等而改变航线导致的费用，包括港口费、伙食物料费、燃油费、保险费及船员工资和津贴。

6. 安置偷渡与避难人员的费用。安置偷渡与避难人员的费用即入会船为安置偷渡、避难人员或海上获救人员而产生的除入会船舶改变航线以外的任何费用，但以会员依法承担，或业经协会经理部同意和批准支付的，以及无法从任何第三者得到赔偿的为限。

7. 船舶保险不赔偿的救助人命费用。船舶保险不赔偿的救助人命费用即由于第三者救助或试图救助入会船上的或来自入会船上的任何人员所产生的，法定应由会员支付给该第三者的费用。但此项费用仅以入会船的船舶保险人所不赔偿的，或是不能从货主或货物保险人获得赔偿的为限。

8. 污染风险。污染风险即对由于船舶排放或泄漏或其他物质，或存在这种威胁造成的损失与费用。

9. 入会船舶残骸处理费用。

10. 根据拖带合同所负的责任。

11. 检疫费用。由于入会船上发生传染疾病的直接后果而使会员负担的额外费用，包括检疫和消毒费用，以及其他额外的燃料、保险、物料伙食、船员工资、港口使费。

12. 入会船舶承运的货物损失责任。

13. 入会船舶上的财产。入会船舶上的财产即指会员对入会船上的任何集装箱、设备、燃料或其他财产的灭失或损坏所应负的责任。

14. 船舶保险人不负责的共同海损分摊费用，如超过保险金额的分摊和船舶违反合同行驶等造成的共同海损。

15. 各种罚款。任何法院、法庭或主管当局根据所在国法律或规定向会员或任何船员征收的各种罚款，如下列原因造成的罚款：没有保持入会船上或与该船有关的安全工作条件；走私或违反海关关于入会船的构造、改装、修改或装修的有关法律或规定；货物短卸、溢卸或多交、或因未遵守有关申报货物的规定，或未遵守与入会船或其货物有关的文件规定；违反当地移民法律或规定；油类或其他物质的污染等。

16. 调查费用。调查费用即会员在关于入会船灭失或牵涉入会船的海难调查中，为了替自己抗辩或保护自己的利益而开支的费用。但此项费用的支出须事先征得协会经理部的同意。

17. 损害防止和法律诉讼费用。

18. 执行协会旨意的费用。

以上风险责任都是船舶保险不予承担的责任，在船东互保业务中，可由投保人与经理部协定投保全部项目或部分项目，并且还可以确定其他承保风险。可见，船东互保以船舶保险为基础和必要条件，所保障的是超过船舶保险之外的风险责任，是对船舶保险不足的弥补。

（三）停保与退保

如果投保船舶发生下列情况，协会可停保：（1）会员停业；（2）会员长期欠协会款项；（3）会员将船舶出售或转让；（4）会员船舶经船舶保险人确定为实际全损或推定全损；（5）会员船舶失踪（以船舶保险单规定的船舶失踪时间为准）；（6）会员船舶不符合认可的船级社的要求，或是会员船舶不符合协会规章制定的条件。自停保之日 12 时起，协会即不再继续为入会船舶承担责任，但此前发生的赔偿仍然由协会负责。

在船东互保业务中，会员投保自愿，退保亦自由。会员无论何原因在保险期间，将其全部或个别入会船舶退保，只需要在预定退保前 1 个月书面通知协会。如有欠款，则在其付清欠费后由协会书面通知同意其退保。自退保之日 12 时起，协会不再承担对该退保船舶的责任。退保船舶所有人已交付的年度保险费原则上不予退还，如有未交足部分的保险费则须补交。

（四）其他规定

在船东互保业务中，还有如下事项需要注意：

1. 免赔额规定，对船员疾病等、旅客伤亡等、货物损失或货差赔款，均有免赔额规定。
2. 确定最高损害赔偿限额，包括油污损害最高赔偿限额、货损货差赔偿限额。

三、其他服务

船东互保协会除提供保险服务外，还充分发挥通信代理作用，积极为船东服务，包括：

1. 免费为会员起草和修改适用某种特殊运输的提单和租船合同条款。
2. 协助入会船舶装货前的检验工作，检验由会员申请，费用也由会员承担。
3. 为会员提供各种必要的担保。
4. 为会员提供法律咨询材料。

【知识链接】

保赔保险

保赔保险简称保赔险，又名船东责任保险，其全称为保障与赔偿责任保险（Protection and Indemnity Insurance），即承保船舶营运过程中因自身船舶的航海过失或责任致使第三方或与其订立合同的另一方遭受财产或人身伤亡而遭致的损害赔偿责任的保险。在国际市场上，保赔险一般由船东互保协会经营，但也有商业保险公司参与经营。保赔险属于一种互助性质的责任保险，但它也属一般船舶保险的补充保险。其补充属性在于，保赔保险以船舶险为基础，只承保船舶险承保范围之外的责任。而保赔险的第三者责任保险性质，来源于其保险标的——船东对第三者依法应当承担的赔偿责任，其中包括船东在船舶营运过程中所产生的侵权责任、合同责任及其他法定责任。①

【复习思考题】

一、名词解释

船舶保险　碰撞责任　适航性　搁浅　触礁　共同海损　救助费用　船东互保

二、比较题

1. 试比较船舶保险与机动车辆保险。
2. 试比较船舶保险与船东互保。

三、问答题

1. 如何理解船舶保险的特点？
2. 影响船舶保险费率的因素有哪些？
3. 船舶保险主要有哪些特约条款？
4. 处理船舶事故的依据是什么？

---

① 许飞琼．财产保险［M］．北京：高等教育出版社，2014：233.

5. 如何计算保险船舶出险与碰撞责任的赔款？

四、实务题

A 船与 B 船在我国某地沿海相撞后沉没，A 船在 A 保险公司投保了船舶保险，保险金额为 800 万元，发生事故后造成 A 船损失 800 万元，货物损失为 180 万元（在 B 保险公司投保）；B 船货物损失共达 880 万元（在 C 保险公司投保），施救费用 20 万元，抢救出货物价值 150 万元。经港航监督部门裁定，A 船负主要责任即 70% 责任，B 船负次要责任即 30% 责任。问该案如何处理？各保险人应付赔款多少？

第十一章
航 空 保 险

【学习目标】

学习本章时，应熟悉航空保险的概念、基本特征和类型，掌握机身保险及相关附加保险的基本内容与业务经营技术，同时掌握航空保险的国际动态及航空保险承保与理赔风险控制知识。

第一节　航空保险及其基本特征

一、航空保险的概念与险种

（一）航空保险的概念

航空保险是以飞机及其有关利益、责任为保险标的的运输保险。它是随着飞机的产生及其在民用领域的广泛应用，在海上保险和人身意外伤害保险的基础上发展起来的一个保险领域。在有关民用航空国际公约实施之前，飞机机身保险的赔偿基本上按照海上保险的赔偿原则处理，而航空责任险的赔偿则通常按英、美普通法或各国民法中处理人身意外伤害的赔偿原则办理。民用航空国际公约的签订为处理国际民航领域意外损失的赔案提供了统一规则，从而避免国与国之间由于法律不同可能引起的法律冲突，航空保险由此成为一个完全具有独立内容的险种，并在财产保险中占据较为重要的地位。

（二）航空保险的险种

航空保险的险种按性质不同可分为机身保险、航空责任保险、航空货运保险及其他航空保险。机身保险和航空货运保险与海上保险及内陆运输保险相近，航空责任保险则属于责任保险类别。航空责任保险分为旅客法定责任保险、第三者责任保险、货物责任保险、航空产品责任保险、机场责任保险等。在航空保险中，机身保险、旅客法定责任保险、第三者责任保险属于主险，其余险种一般属于附加险。

二、航空保险的基本特征

航空保险作为运输保险中的重要险种，与其他运输保险既有共性的一面，又有不同的一面。概括起来，航空保险主要有如下特征：

第一，航空保险的条款具有国际性。航空保险业务有两部分：国内航空保险业务依据本国的法律；大量的国际航空保险的法律依据为一系列国际公约，其中的战争险和劫持险更是在国与国之间进行，从而更具有国际性色彩，这就要求承保人精通有关国际法律法规和惯例，准确掌握其含义、解释及法院判例。

第二，风险分布具有时效性。航空保险中事故发生率最高的是在起飞和着陆阶段。其中，75%的飞行事故是由于飞行员的错误判断所引起的。这就要求加强对飞机各部件的检验和检修，加强对飞行员的培养和训练，飞行员要经过严格考试并具备一定时间的实践经验，持证上岗。

第三，航空保险险种多、价格高、损失大，共同保险和分保处于非常重要的地位。从险种来看，航空保险包括机身保险、第三者责任保险、旅客法定责任保险等十余种。从价格来看，大型客机的价格一般在1亿元人民币以上，加上旅客人身和财产保险，数额更加巨大。从损失来看，飞机虽然出险概率低，但一旦出险便是毁灭性的灾难，人员生还、财产抢救的可能性均很小，所以每次出险所造成的损失一般都是巨额损失，其影响也是世界性的。因此，承保人加强风险管理，注重防灾防损，并充分运用多家共保或再保险的经营手段十分必要。正由于航空保险的价值较大，风险发生后巨损的可能性较大，所以虽然欧美各国少数规模巨大的保险公司单独经营该业务，但大多数皆由若干保险公司组织辛迪加共同承保。

第二节　机身保险

机身保险是承保飞机本身在保险期间可能遭受损失风险的保险。它是航空保险中的基本险种，也是纯粹的财产保险业务。航空保险的其他险种均是在机身保险的基础上派生并不断扩展而来的，且都与飞机本身存在着不可分割的关系。因此，机身保险可以视为航空保险的基础性险种。

一、保险标的与保险金额

（一）保险标的

机身保险的标的是各种民用飞机。飞机按用途可以分为客机、货机、客货两用飞机、从事各种专业用途的飞机和军用飞机，除军用飞机外，都可以成为机身保险的保险标的。由于飞机机身包括机壳、推进器、机器及设备，所以机身保险的标的客观上亦是包括飞机的机壳、推进器、机器及设备。

航空公司、飞机拥有者、与飞机有利益关系者，以及看管、控制飞机的人都具备机身保险的投保人资格。不过，各类型飞机在投保前，必须经国家指定的部门检验合格，并签发适航证明文件。飞机的适航主要考虑机械性、通信设备、驾驶员、服务人员的配备和技术、服务水平，以及燃料供给和机场设备等因素。

在航空保险实务中，保险人通常以一切险方式承保机身保险业务，即承保人负责赔偿除外责任以外的任何原因造成的飞机损失或损坏。

（二）保险金额

在历史上，机身保险曾按不定值保险方式承保，赔偿方式亦是在保险限额内选择现金赔付或置换相同的飞机。然而，由于国际市场上新型飞机不断出现，价格持续上升，而旧型飞机价格下跌，如果被保险人按旧型号飞机原价投保，保险人虽按下跌后的市价去换置一架旧型号飞机，仍远不能满足被保险人重置一架新型飞机的需要。于是，机身保险便逐渐采取了定值保险方式。其保险金额可以按照净值确定，也可以由被保险人和保险人协商确定，新购买的飞机可按原值确定。

新、旧飞机价格悬殊，如果旧飞机按新飞机的市价投保，不论发生全部损失还是部分损失，均按新飞机的市价进行赔偿，这样处理更有利于被保险人；如果按旧飞机的市价投保，一旦发生部分损失，在修理或配置零部件时按新飞机的市价赔偿，则会产生少收保费、多付赔款的问题。为此，国外保险公司主要通过采取如下两种方法来加以调整：

1. 零部件条款。该条款对部分损失的赔偿金额加以限制，当飞机的任何零部件发生损失或损坏，赔偿责任以保单附表中列明的一定百分比的保额为限，如机身外壳占40%，机翼占10%，起落架占10%等，超额部分的损失由被保险人自己承担。

2. 70%分成法。它是指承保人根据以往赔付数据统计，在机身保险的全部赔款中，70%用于全部损失赔偿，30%用于部分损失赔偿。因此，对部分损失需增收飞机新、旧价差额部分的保险费。

二、保险责任范围

（一）保险责任

保险人承保机身保险业务时，对保险责任通常采用条款列举法列举。国外保单将飞机损失分为飞行、滑行、地面、停航四个阶段。保险责任有一切风险事故和特定风险事故两种。

1. 一切险。一切险的保险责任分为三种：包括地面及飞行在内的一切险，不包括飞行在内的一切险，不包括飞行和滑行在内的一切险。其中，第一种无论地面或空中风险均包括在内，第二种承保地面静止及滑行时的风险，第三种仅承保飞机在地面静止时的风险。在此，飞行是指从飞机起飞开始直到降落地面停止前进为止，滑行则是指除飞机起飞和降落以外借本身动力在陆地或水面上滑动。

2. 特定风险事故保险。特定风险事故保险的保险责任通常包括下列风险事故中的一项或数项：火灾、雷击、爆炸、碰撞、坠落、暴风雨、盗窃以及水上飞机的碰撞、沉没、漂失及倾覆等。

我国飞机机身保险承保责任采用列举法，保险人一般对由于下列原因造成的损失和费用负责赔偿：

（1）飞机在飞行或滑行中以及在地面上因自然灾害或意外事故造成飞机及其附件的损失或损坏。

（2）飞机起飞后超过规定时间（一般为15天）尚未得到其行踪消息所构成的失踪损失。

（3）因意外事故引起飞机拆卸、重装和运输费用。

（4）清理残骸的合理费用。

（5）飞机发生自然灾害或意外事故时，采取施救、保护措施所支出的合理费用，但最高限额不得超过该飞机机身保险金额的10%。

（二）除外责任

机身保险在保单中所载明的除外责任较多，主要包括：使用目的及地区超出约定范围所致的损失；违反航空法所致的损失；非保单内所指明驾驶员所致的损失；因自然损耗、机械故障或结构失灵、战争或类似战争行为、罢工、暴动、民众骚乱等所致的损失；由于政治或军事上的理由，捕获、劫持、拘禁、禁止、扣留等所致的损失。

我国机身保险业务通常对下列损失、费用和责任，不予负责赔偿：

1. 战争、军事行动和劫持风险。因为该项风险由专门的飞机战争、劫持保险来承保。

2. 飞机不符合适航条件而飞行。因为不适航违反了默示保证。

3. 被保险人的故意行为。这是为了防止发生道德风险。

4. 飞机任何部件的自然磨损或制造及机械缺陷（但因此而对飞机造成的损失和损坏，本保险仍予负责）。因为自然磨损是必然发生的，制造及机械缺陷属于产品保证保险的保险责任。

5. 飞机受损后引起被保险人停航、停运等间接损失。这是由间接损失保险承保的风险。

三、保险费与保险费率

机身保险的保险费为保险金额与相应保险费率的乘积。

机身保险的保险费率通常根据以往的统计资料和对风险的估计确定，但以往获得的损失统计资料只是指南，因为这些资料往往来源于某个区域操作的有限部分，而不能代表全部。新型号机器的使用亦会有不同的风险，即使是投入现行运转的机器，在相对短期内也可能表现出极大的不同。因此，机身保险的保险费率并无共同的费率表可以适用，大部分取决于核保人员的判断。

谨慎的保险人在决定机身保险费率时，常以用途、大小、形式及机龄为基础。在用途上，往往将飞机出租时的风险除外，但亦有包括在内者。在大小上，机身总重量在1万磅以下者为轻型飞机，1万磅以上者为大型飞机。在形式上，有陆上飞机和水上飞机的主要区别。机龄的高低则以出厂及使用期间为标准。

在国际市场上，制定机身保险费率除考虑航空公司的管理、飞行员的素质、飞机的质量及用途、航行区域及保险责任范围等因素外，通常还需要区别情况考虑下列因素：

1. 对于商业用大型飞机的经营者，其以往出险记录及赔偿经验是最为重要的，同时要对其内部管理制度、训练制度、飞行员的经验等一并考虑。对于私人专用的飞机，则着重了解驾驶员的情况，其飞行时数颇为重要，一般至少要有200小时的飞行记录才能符合承保的要求。

2. 对新型飞机要了解其好、坏两个方面的情况，因为根据以往的经验，不论是制造厂的测试或是过早地投入使用，新型飞机的性能往往不理想，容易造成损失。

3. 对于具有巨大航行网的航空公司，一般不采用按航行路线计费的办法。对于小规模的公司则必须考虑当地条件，其航行设备及机场条件往往低于理想的标准。在某些发展中国家，它们往往着重于在机场盖现代化的办公楼，而将改善照明条件及导航设备等放在次要地位，这是值得注意的趋势。

4. 虽然商业用的飞机有各种型号，但因用途各异，也具有不同的风险。如供私人用，或集体用，或教练用；作为工业辅助用，或农业用，或森林灭火用，或普通用途，或检验用，或制图用等。

5. 保险的责任范围、责任限额和免赔额的不同，需分别加以考虑。

6. 飞机使用的程度。

7. 如系定点来往载客的航线，需由对该航线熟悉的有飞行经验的人驾驶。

8. 驾驶员如从他地调来，则需考虑其对目前航线的熟悉程度。

我国目前对国内航线机身保险的费率，是根据历年记录并按飞机的不同型号厘定的。机身保险的保险费率分为年费率和短期费率。短期费率一般为年费率的一定比例，如承保 1 个月，费率为年费率的 15% 左右。

值得指出的是，飞机飞行时和停在地面上的风险是不一样的，所以飞机进行修理（正常修理）或连续停航超过 10 天时，此期间的保险费可以按日计算退回 50%。但如果飞机是因为发生保险责任事故后修理等原因停航的，则对修理期间的停航不退费。

第三节 航空责任保险

航空责任保险是以被保险人因航空事故对他人造成人身伤害或财产损失依法应负的赔偿责任为保险标的的保险。它承保的是被保险人的民事赔偿责任，包括紧急救护费用、调查费用及诉讼费用、赔偿费用。航空责任保险的险种较多，主要有第三者责任保险、旅客法定责任保险、货物责任保险、机场责任保险等。

一、飞机第三者责任保险

（一）保险标的

飞机第三者责任保险是航空保险的一种基本险种，其中的第三者是指保险人与被保险人以外的另一方，如飞机在空中失事坠落导致地面工厂损毁及厂内人员伤亡，或者被保险飞机与他机相撞致使对方受损等，均属于第三者责任，但它不包括机上乘客及航空公司雇用的人员。同时，保险人仅仅在规定的保险限额内予以赔偿。

（二）保险责任范围

1. 保险责任。凡因飞机或飞机上坠人、坠物所造成的第三者人身伤亡或财产损失，依法应由被保险人承担的赔偿责任（但被保险人及其支付工资的机上和机场工作人员的人身伤亡或财物损失除外），以及涉及被保险人的赔偿责任所引起的诉讼费用，均可由保险人负责赔偿。其保险责任一般包括：飞机在地面上造成任务设备、人员、其他飞机等损失；飞机在空中造成地面上第三者任何损失以及飞机在空中碰撞造成其他飞机和人身伤亡的损失；同时承保涉及被保险人的赔偿责任所引起的诉讼费，且不受保险单载明的最高赔偿额的限制。

2. 除外责任。飞机第三者责任保险的除外责任有：战争和军事行动，飞机不适航而飞行，被保险人的故意行为，因飞机事故产生的善后工作所支出的费用，被保险人及其工作人员和本机上的旅客或其所有以及代管的财产。凡上述原因导致的损失，保险人均不予负责。

（三）赔偿限额与保险费

飞机第三者责任保险的赔偿限额和保险费一般根据不同的飞机类型来制定。以某保险公司的现行规定为例，喷气式各型飞机的赔偿限额为 5 000 万元，保险费为5 万元；螺旋式各型飞机的赔偿限额为 2 000 万元，保险费为 2 万元；直升机的赔偿限额为 1 000 万元，保险费为 1 万元。

二、旅客法定责任保险

（一）旅客法定责任保险的含义

旅客法定责任保险是以旅客在乘坐或上下被保险飞机时发生意外而受到人身伤害或随身携带和已经交运登记的行李、物件遭受损失，以及对旅客、行李或物件在运输过程中因延迟而造成的损失，根据法律或合同应由被保险人（承运人）承担的赔偿责任为保险标的的保险。该险种采用法律强制保险的目的在于保障旅客的合法权益。

（二）保险标的

旅客法定责任保险的保险标的包括如下两项：

1. 旅客的人身安全。旅客的人身安全即旅客在乘坐或上下被保险飞机时发生意外可能遭遇的人身伤害，保险人对此承担保险赔偿责任。

2. 旅客的财物。旅客的财物包括旅客随身携带和已经交运登记的行李、物件，以及行李或物件在航空运输过程中因延迟而造成的损失，根据法律或合同应由被保险人负担的赔偿责任。

（三）保险责任

旅客法定责任保险的保险责任为：旅客在乘坐或上下保险飞机时发生意外，致使旅客受到人身伤亡，或随身携带和已经交运登记的行李、物件的损失，以及对旅客行李或物件在运输过程中因延迟而造成的损失，根据法律或合同应由被保险人负担的赔偿责任。其中，旅客是指购买飞机票的旅客或被保险人同意免费搭乘的旅客，但不包括为完成被保险人的任务而免费搭载的人员。

保险责任一般从乘客验票后开始，到离开机场之前提取了乘客的行李时为止。旅客法定责任保险的保费通常按飞机的座位数计算。

（四）赔偿限额

旅客法定责任保险的赔偿限额以保险单上附表规定的最高赔偿额为限，但有关诉讼费用需另外赔偿。

对赔偿限额的规定一般应区别国内航线和国际航线。航空承运人在国内航线所负的责任限额一般由所在国家的航空法律来规定，而对国际航线则依国际公约办理。

对于国内航线，2006 年 1 月 29 日国务院批准并自当年 3 月 28 日起施行的《国内航空运输承运人赔偿责任限额规定》（以下简称《规定》）提出如下具体赔偿规定，国内航空运输承运人因发生在民用航空器上或者在旅客上、下民用航空器过程中的事件，造成旅客人身伤亡的，对每名旅客的赔偿责任限额为人民币 40 万元（旅客自行向保险公司投保航空旅客人身意外保险的，此项保险金额的给付，不免除或者减少承运人应当承担的赔偿责任）。根据《规定》，造成旅客随身携带物品毁灭、遗失或者损坏的，对每名旅客的赔偿责任限额为人民币 3 000 元；对旅客托运的行李和对运输的货物的赔偿责任限额，为每公斤 100 元人民币。向外国人、华侨、港澳同胞和台湾同胞给付的赔偿金，也可以兑换成该国或地区的货币。

对于国际航线，赔偿限额一般按国家所批准的国际公约来办理。目前，大多数国家均按 1999 年《蒙特利尔公约》办理，该公约于 2005 年 7 月 31 日对中国生效。根据 1999 年《蒙特利尔公约》规定，对于因旅客伤亡而产生的损失，无论承运人是否有责任，只要损失不是索赔人一方或者第三人造成的，承运人的赔偿限额为 100 000 特别提款权（按照公约签署当日的货币换算标准，约合 135 000 美元）；当旅客伤亡是由承运人责任造成时，旅客还可以要求得到超过 100 000 特别提款权的赔偿（100 000 特别提款权只是一个限额，实际损失低于 100 000 特别提款权的，根据旅客遭受的实际损失予以赔偿）；在旅客运输中因延误造成损失的，对每名旅客的赔偿责任限额为 4 150 特别提款权；在行李运输中造成毁灭、遗失、损坏或者延误的，对每名旅客的赔偿责任限额为 1 000特别提款权；在货运运输中造成毁灭、遗失、损坏或者延误的，对每公斤货物的赔偿责任限额为 17 特别提款权。值得指出的是，根据 1999 年《蒙特利尔公约》的限额复审制度，赔偿责任限额会根据物价上涨水平经由国际民航组织理事会审议通过后进行调整。例如，自 2009 年 12 月 30 日起，对于因旅客伤亡而产生的损失，对每名旅客第一梯度的赔偿责任限额由 100 000 特别提款权提高至 113 100 特别提款权；在旅客运输中因延误造成损失的，对每名旅客的赔偿责任限额由 4 150 特别提款权提高至 4 694 特别提款权；在行李运输中造成毁灭、遗失、损坏或者延误的，对每名旅客的赔偿责任限额由 1 000特别提款权提高至 1 131 特别提款权；在货运运输中造成毁灭、遗失、损坏或者延误的，对每公斤货物的赔偿责任限额由 17 特别提款权提高至 19 特别提款权。而自 2019 年 12 月 28 日起，公约对赔偿限额又做了相应调整，如表 11－1 所示。

表 11－1　　《蒙特利尔公约》赔偿责任限额及调整表

1999 年《蒙特利尔公约》	最初赔偿责任限额（特别提款权）	自 2009 年 12 月 30 日起经修改的赔偿责任限额（特别提款权）	2019 年 12 月 28 日起四舍五入后的经修改的赔偿责任限额（特别提款权）
第 21 条	100 000	113 100	128 821
第 22 条，第 1 款	4 150	4 694	5 346
第 22 条，第 2 款	1 000	1 131	1 288
第 22 条，第 3 款	17	19	22

由于各国法律传统不同，对于航空事故的责任赔偿，有的国家按照合同法处理，有的国家则按照侵权法处理，造成了各国对于航空事故的赔偿标准不同。一旦航班属于跨国性的国际航班，就会产生很多冲突。鉴于此，也有些国家仍然按照1929年的《华沙公约》以及1955年据此修订的《海牙议定书》处理这类问题。由此，国际上形成了由《蒙特利尔议定书》和《海牙议定书》同时调整全球国际航班责任体系的局面。

三、航空货物责任保险

航空货物责任保险是以航空承运人受托运送的货物遭受损失时对托运人依法应负的赔偿责任为保险标的的一种航空责任保险。凡办好托运手续装载在被保险飞机上的货物，如在航空运输过程中发生损失，根据法律、合同规定应由航空承运人负责者，由保险人给予赔偿。

按现行国际航空运输公约的规定，航空承运人对所受托运送的货物如在航空运送期间发生损毁灭失、延迟到货的损失，除非能被证明其本人及其代理人已采取措施防止损害，或确实无法进行损害防范，否则，均应负赔偿责任。保险人承担责任与否，亦以此为依据，并受保险合同的具体规范和制约。

航空货物运输保险的承保方式以一切险为基础，除仅以滞延原因所致损失外，其他由实际损失所致的应负赔偿责任，均在保险责任范围内。例如，经保险人同意，可包括诉讼费用。依法扣押、战争风险、滞延责任等，则属于除外责任范围，但滞延责任经保险人同意，可以加费承保。又如货币、手表、珠宝、玉石、支票、邮票及有价证券等贵重财物，除经保险人同意加费承保外，均属除外不保范围。

航空货物责任保险的保险费以托运人对托运货物的申报价值为基础计算。

在赔偿损失时，承运人对受托运送货物的损失赔偿责任，国内航线应按各国有关法律规定办理，如我国《民用航空法》，即是认定航空承运人是否有责任的法律依据。国际航线则受国际协定的约束，如1929年制定的《华沙公约》及1955年制定的《海牙议定书》，但上述两项公约并未能普遍采用，主要在于其对承运人责任限额规定过低。因此，以后的公约对责任限额进行了调整，如《蒙特利尔公约》中规定：在货物运输中造成毁灭、遗失、损坏或者延误的，承运人的责任以每公斤22特别提款权为限，除非托运人在向承运人交运包件时，特别声明在目的地点交付时的利益，并在必要时支付附加费。在此种情况下，除承运人证明托运人声明的金额高于在目的地点交付时托运人的实际利益外，承运人在声明金额范围内承担责任。而且赔偿限额不妨碍法院按照其法律另外加判全部或者一部分法院费用及原告所产生的其他诉讼费用，包括利息。值得指出的是，航空货物责任保险通常有自负额的规定。

航空货物责任保险除与其他运输方式的货物责任保险有共同的风险外，还包括下列风险：

1. 混合型运输风险。在绝大多数场合，航空货物运输至少伴随有两种不同的运输方式，或空运与水运，或空运与陆运，而陆运又分为铁路与公路，因此，在航空货物运输中，一般同时具有两种以上运输方式的危险因素。

2. 盗窃风险。由于航空运输货物运费较贵，交付空运的多是那些重量较轻、价值较高的货物，因而更易遭受盗窃损失。据有关资料统计，盗窃损失占全部航空货物损失的70%。航空运输货物的盗窃事故一般发生在航空运输的终点站，因为在那里经常聚集着大量的贵重物品，并且转运频繁，安全防范措施难以发挥最大限度的效力。

3. 航空承运人的责任风险。向航空公司托运货物，如发生由于航空公司责任范围内的原因造成的损失（如丢失、损坏等），依法应由航空公司负责赔偿。但赔偿金额规定较严格，按照国际惯例，通用标准限于每公斤 22 特别提款权。如果货物的价值超过航空公司规定的可赔偿金额，货主可以在托运时声明价值，航空公司在不超过最高赔偿的前提下，按声明价值赔偿。由此可见，航空货物运输中的声明价值具有保险的性质，但又与一般保险不同，航空公司对货主损失的赔偿，仅以属本身责任原因所引起的损失为限，此外则不予负责。因此，为获得充分保障，货主应向保险人办理货物运输保险。

四、机场责任保险

机场责任保险是以被保险人（机场所有人和经营人）因机场（包括建筑物及其设备、装置）存在结构上的缺陷或管理不善，或被保险人在机场内进行经营活动时因疏忽发生意外事故造成他人人身伤害或财产损失依法应负赔偿责任为保险标的的保险。可见，机场责任虽然也被纳入航空责任保险范围，实质上是公众责任保险中的一种场所责任保险，并且具有综合性特点。

在国外，机场可由国家、市政府或私人企业所有，机场经营人分别受雇于国家、市政府或私人企业。任何人经营机场，都要承担各种不同的责任。

在机场责任保险中，如果机场所有人或经营人提供了某种形式的由无线电控制的机场，那么由于错误或混乱指挥引起的巨大赔偿责任（如当一架飞机正在起飞或降落之时，另一架飞机却停在同一跑道上，就可能引起巨大的损失责任，这种责任被称为控制塔责任），一般作为除外责任。然而，倘若这种具有很高潜在性质的责任被包括进来，则评定保险费率时通常要占机场降落费收入的一个很高的百分比。

由机场当局拥有或操作的有缺陷的升降机电梯、通道或机动车，可能会在机场上造成乘客或第三者伤亡，这也会引出额外的责任，这种责任是机场所有人和占用人的责任。对于这种责任，通常是根据机场收入计算保险费。一个机场经营人获取收入的办法是对每一次降落或起飞的飞机收取若干费用。这种收费因飞机重量的差别而各异，因较重的飞机可以运载较多的乘客，故重量越大，则其降落与起飞的费用越高。

如果在航空港有一家饭店，则食物中毒的风险亦须被考虑到。这与常规的包办伙食者责任是完全一样的。保险费的收取标准以饭店周转额为依据。

如果飞机或汽车停在飞机场上进行工作、维护或被守放在停机库，则机场工作人员的疏忽可能引起索赔并涉及巨大金额的损失。保险费同样是根据这一部门经营人收入的一个百分比计算得出来的。

航空燃料的供应和机场的实际加油过程也会引起数额相当巨大的索赔。供应失误或被污染燃料的风险是相当大的，而且许多事故是由此引起的。虽然这些风险导致的加油责任是单独安排的，但保险费的收取则是按照每年燃料供应每 1 000 加仑（1 加仑约等于 4. 5 升）满额来计算的。

由此可知，机场所有人和经营人所承担的责任是较大的。因此，许多国家将机场责任保险冠以机场法律（强制）责任保险。机场责任保险一般负责赔偿以下几种损失：

1. 在保单规定的场所内外由于被保险人（机场所有人和经营人）提供的服务或其雇员在工作期间的疏忽造成第三者人身伤亡和财产损失。例如，由于机场控制台指挥飞机起降有误，造成飞机互撞所引起的责任。

2. 在被保险人保管控制下的第三者的飞机或设备的损坏或损失，这些损失必须是由机场工作人员的疏忽所引起的。例如，停机库的保管责任。

3. 由被保险人提供的设备、产品或服务所造成的第三者人身伤亡或财产损失。例如，机场有缺陷的升降电梯、通道或机动车使乘客致残，机场的饭店发生食物中毒事件，航空燃料供应失误所引起的事故。

在我国，机场责任保险的除外责任包括：被保险人自己的财产损失和人身伤亡；机场内的机动车责任；机场所属旅馆、宾馆业主责任；被保险人提供缺陷产品造成的损失；产品不当设计、制造、操作造成的损失；合同责任等。对财产损失通常有免赔额，但较低。对某些责任免除，可以通过增加保费得到扩展保障。

同时，由于机场责任保险只是公众责任保险中的一个特殊类型，其保险责任范围的规定、赔偿限额、保险费等原则，均同于一般的公众责任保险，在此不再赘述。

第四节　其他航空保险

除前述各种航空保险外，目前，国际航空保险市场上还有其他一些比较重要的航空保险保单，如机身战争险、机身零备件一切险、机身免赔额保险、战争第三方责任超赔保险等。

一、机身战争险

（一）责任范围

机身战争险承保由下列原因引起的飞机损失或损坏：

1. 战争、入侵、外敌行动、内战、叛乱、起义、军管、武装夺权或篡权。

2. 罢工、暴动、国内暴乱、劳工骚乱。

3. 一人或多人出于政治或恐怖主义的目的而采取的任何行动。

4. 任何第三者的恶意行为或阴谋破坏活动。

5. 任何政府或公众或地方当局采取的或按其命令采取的充公、国有化、扣押、占用或征用。

6. 未经被保险人同意，机上任何一人或几个人在飞行中对飞机或机组人员进行劫持或非法扣押或错误操作（包括这种扣押或操作的企图）。

机身战争险保险单受理由上述危险而引起的各种索赔，但不承保由下列任何一个或几个因素引起的损失、损坏或支出。

1. 下列五国中任何两国之间发生的战争：美国、英国、法国、俄罗斯、中国。一旦上述国家中的任何两个国家发生战争（不管是否宣战），该保险单自动失效。

2. 发生原子武器或放射性武器爆炸、核裂变和核聚变或其他类似反应，不论是带有敌意的或是其他什么原因。一旦发生上述情况中的任何一种，保险责任即自动终止。

3. 因财务原因和营运原因而造成的损失。

机身战争险一般是作为机身一切险的一种特别附加险承保的。因此，其投保的金额也是约定价值。但机身战争险通常没有免赔额。

（二）保险费率与保险费

机身战争险的保险费率评定，取决于被保险人经营活动地区的广度以及当时的政治形势。保险人为保护自己免遭任何未曾预期的政治局势恶化的影响，其办法是预先通知取消保险单，通常是提前 7 天，在某些实例中则是提前 48 小时。

战争劫持险的保险费是按照飞机价值的一个百分率来收取的，并且通常以 3 个月为期开价，但在当地政治形势发生严重恶化时，保险费率开价为一星期一次，这样便使保险人可以在观察到事态发展的情况下来考察保险费率。如 2001 年美国“9·11”事件发生后不久，国际航空险承保人向全球航空公司投保人发出通知，增收附加保费，降低赔偿限额。为此，航空险市场费率暴涨，在美国涨幅甚至高达 400% 以上，这给航空公司带来沉重的运营成本压力，特别是不能充分投保战争责任险已危及到航空业的发展，政府不得不出手相助。“9·11”事件以后，大约有 60 多个国家的政府先后对本国的航空公司提供 5 000 万～20 亿美元的战争第三者责任风险超赔担保。2002 年 11 月，美国国会通过的《2002 美国恐怖风险保险法案》（TRIA），规定由联邦航空管理局（FAA）代表美国政府提供战争风险担保并收取较低的保费，即被保险的航空公司每起飞一架飞机缴纳 7.5 美元战争险保费。TRIA 法案的有效期被一再延期至 2014 年 12 月 31 日。① “9·11”事件后，我国航空公司在原保费的基础上支付一次性增加附加费用共计 10 亿元人民币；对战争引起的第三者责任赔偿限额，每次事故降低为 5 000 万美元。为保障中国注册航空公司正常运营，我国政府作出相应决定：国内各航空公司在自中国内地始发的国际航线（不包括国际航线国内段）和至中国香港、中国澳门的国际航线上，向每位旅客收取每航段不超过 2.5 美元的航空保险附加费。同时政府对中国注册航空公司飞机战争责任赔偿超出 5 000 万美元以上的差额部分提供担保支持。但从 2014 年 4 月 1 日起，我国已不再为航空公司提供战争第三者责任风险超赔担保，各家航空公司只能各自投保战争第三方责任超赔保险。

二、机身零备件一切险

机身零备件一切险是指对于指定将安装于航空器或将组成航空器一部分或将用于有关航空器的维修、保养或修理的零部件、发动机和设备（以下称为零备件）并属于被保险人的财产或由被保险人负责的他人财产，若在被保险人照管、保管或控制期间或在他人的场所内，或在空运（包括由被保险人的航空器运输）或由其他任何方式运输时遭受的损失或损坏，保险人负责赔偿。但不包括已经从航空器上拆下并计划重新安装上航空

① 王烨. 风险的最后一道屏障 民航的四张标准保单［N］. 21 世纪经济报道，2014－07－26.

器而不被其他财产替换的零备件的损失或损坏，也不包括由于或界定为自然磨损、渐进损耗、结冰、机械或结构或电气或液压损坏或失灵而造成的损坏，以及安装在航空器上或组成航空器一部分的零备件或航空器携带的作为备件箱部分的零备件损失等。

三、机身免赔额保险

机身免赔额是指保险人根据航空保险的条件作出赔付之前，被保险人先要自己承担的损失额度。机身免赔额保险为机身保险的附件险。主保单中的机身保险一般会按最大起飞重量拟定一个免赔额。例如，某保险公司对波音 747 的免赔额大约是 100 万美元，主保单的机身保险对 100 万美元以下的损失不予赔偿。如果航空公司认为自身只能负担 30 万美元的机身风险，那么可以专门买一份 30 万 ~ 100 万美元的机身免赔额保险，将 30 万美元以上的免赔额风险也转移给保险公司。

除上述险种外，在我国的航空保险经营实务中，与飞机保险相关的还包括丧失使用保险、丧失执照保险、保费保险、运费保险、飞机产品责任保险、机组人员人身意外伤害保险、飞机旅客人身意外伤害保险、航班延误险、航班取消险、行李托运延误与特价机票退改签损失险等。

第五节　航空保险的风险控制

一、承保中的风险控制

航空保险承保一般包括：投保人填写投保单（其内容包括投保人、保险标的、保险金额、保险价值、保险期限、飞行区域、责任限额、损失记录等各种详尽内容）与保险人进行核保；然后，保险人结合承保条件厘定费率，签发保险单等。承保风险控制具体包括如下内容。

（一）重视承保前的风险调查

在航空保险经营实践中，承保前首先要验明飞机是否拥有有关部门颁发的飞行许可证和适航证明，机组人员是否拥有相应的工作执照。各类型的客机、货机、客货两用机以及各种专业用途的飞机，必须经国家指定的有关部门检验合格，并签发适航证明文件。具体包括如下几方面。

1. 飞行机组。主要包括：

（1）飞行机组人员必须按岗位配备齐全并有资格证书（具有正当执照），以保证飞机安全并符合适航证书条件。

（2）机身自重达到 5 700 公斤作公共运输的飞机，必须配备至少两名驾驶员。

（3）计划在一个航程中飞行超过 500 海里和飞行越过特殊地区的飞机机组中，必须增加一名领航员，或者装有经民航局批准的导航仪器，并按民航局规定的条件使用该仪器。特殊地区是指撒哈拉沙漠、北极及类似的无人烟区。凡规定需安装任何无线电者，该机组中应有一名无线电操纵员。在某些情况下，无线电操纵员必须增加在原有机组人员中。

2. 机组人员。凡飞机载有20名以上旅客时，必须在航班机组人员以外增加照顾旅客安全的人员。凡飞机舱内的座位不超过200个者，则机舱服务员的数目不得少于每人照顾50名旅客的人数。凡飞机舱内的座位总数多于200个时，则机舱内的服务员每人至多照顾25名旅客。然而，凡机上服务员人数与主要出口数相等者，即可视为符合本条规定。所谓主要出口包括为紧急使用和正常使用的出口。

3. 飞行机组人员执照。在飞机上，除非该人持有适当而有效的执照，否则，不许担当飞行机组人员。下列人员应持有执照：私人驾驶员、商业驾驶员、高级商业驾驶员、航空公司运输驾驶员、空中领航员、空中工程师和无线电管理员。见习驾驶员不须有执照，但是必须有经民航局准许的医疗单位签发的为考试机组有效的健康证明书。关于见习驾驶员的其他规定如下：最低年龄为17周岁，证明的最长有效期为24个月。

4. 飞机经营人的责任。飞机经营人必须尽到下列责任，否则，不得让飞机飞行：

（1）指定一名驾驶员做该航班的飞机机长。

（2）确定查清预定航路（包括计划的改航）、沿途的无线电台和助航设备，都适用于飞机安全飞行。确实弄清楚要使用的所有机场（包括备降机场）都具备合格的管理程序和有适当的装备，可以保证飞机和机上旅客的安全。

（3）经营人还必须保证全体机组人员是受过充分训练和准许完成飞行任务的人。

（4）飞机经营人还必须保存好证明符合以上条件的记录。

5. 对飞机有关的各个方面进行风险调查。除检查上述内容，核准投保人有关证明文件外，保险人还应对飞机的各方面进行风险调查，主要内容包括：

（1）机场所在地及航线的自然环境如何，有何特别明显的自然灾害威胁。

（2）飞机本身的种类、结构及风险度。

（3）机场及航线的社会环境状况。

（4）设计者的技术水平及资信情况。

（5）驾驶者的技术水平、质量管理及资信情况。

（6）第三者责任及乘客的风险大小。

（7）维修人员的技术水平状况、维修配件的质量保证程度。

（8）飞机出厂有无产品责任保险。

（9）被保险人的资信状况。

（10）飞机造价及其风险检验设备的先进程度。

经过上述资信审查和风险调查，保险人应当对投保人的风险有比较准确的评估，并以此作为承保与否的依据，做到剔除不良业务与恶性风险，确保承保业务的质量。

（二）严格核保与谨慎承保以控制风险

1. 严格核保。保险人在收到投保人的投保单后，应按照规定程序严格核保，包括审核投保书的真实与否，考察飞机型号、结构、机场管理和指挥系统、驾驶员训练素质等，看是否符合有关规定与要求。

2. 谨慎承保。通过严格核保之后，凡是符合航空保险条件，保险人仍要谨慎进行承保。包括：

（1）无赔款退费。在实务中，凡被保险飞机全年没有发生赔款者，年终可退回全年保险费的25%；虽发生赔款，但赔款低于保险费的30%，退回全年保险费的15%；赔款达到或超过保险费的30%，则不退费。

（2）规定免赔额，以督促被保险人加强安全管理，降低飞机失事风险，以减少小额赔款。例如，某保险公司的航空保险规定的免赔额（按每次事故每一损失计算）为：在地面上的损失，免赔额为2万美元。在飞行、滑行中的损失，免赔额为保险金额的1%，但不低于50万美元。喷气式飞机吸入飞鸟等造成损失的免赔额为保险金额的1%，但不低于60万美元，最高以两个引擎为限，最高免赔额为120万美元。旅客行李每件免赔额为500美元。货物每件免赔额为1万美元。飞机如遭全损则无免赔额。

（3）对航空公司声明价值附加费的收缴进行严格管理。例如，凡承保飞机上载运的行李或货物，托运人向航空公司声明价值的，航空公司应将按声明价值所收的附加保险费的80%交给保险公司，此项附加保险费每年应结算一次。

二、保险期间的风险控制

在保险期间，尽管飞机由被保险人控制，但保险人依然可以通过对被保险人提出相关要求来达到减少风险的目的。主要包括：

1. 要求记录完整。为了保持已承保飞机的安全飞行情况的记载，被保险人必须有一套完整的记录，这一记录至少包括以下几项内容：飞机订购单或其复印件，保险单登记簿，批单登记簿，代理人的到期附加保费和退费登记簿，代理人账目登记簿，分出、分入再保险登记簿，理赔登记簿。

2. 飞行事故的预防。在保险期间，保险人应当要求被保险人加强对飞行事故的预防。从航空保险实践可以看出，人是飞行事故的首要因素，以往发生的飞机事故几乎均能在某些人身上找到失误，因此，预防事故的重点就是做好与飞行有关的工作，即提高技术、遵守规章、严密组织、搞好保障，以此确保飞行安全。在此，提高技术是指所有与飞机有关的人员都要认真钻研业务、刻苦训练，对技术精益求精，并注意积累各种业务知识、飞行知识和前人的经验等专业知识。遵守规章是飞行中各种人员必须遵守飞行条令、条例、规章、制度。严密组织是要求管理者一定要制订好可靠的计划，并科学组织飞行工作。搞好保障是指场务、油料、气象、船管、通信、导航、警卫等各个方面均要履行职责、为安全飞行服务。实践证明，不管哪一个环节出了漏洞都有可能酿成恶果。

3. 安全检查。保险期间最重要的任务是适时对所保飞机进行安全检查，检查飞机是否处于适航状态、飞机风险在保险期间是否增加，发现问题及时解决。

三、理赔中的风险控制

当保险事故发生时，航空保险进入理赔阶段。发生索赔，保险人应根据申请和现场勘查情况及检验人员提供的全部资料进行研究，然后决定该项索赔是否成立。具体而言，保险人要弄清：出险飞机是否属于保单项下承保的；出险时保单是否有效；事故是否发生在保单规定的责任范围以内；飞行员是否符合条件等。经认真审核，确属保险责任事故的损失，承保人就应按合同约定在分别情况和扣除免赔额后计算并支付赔款。在理赔阶段的风险，保险人可采取多种措施来控制保险损失。

（一）及时开展现场调查

在国际上，飞机失事后有专门的检验服务机构承担此项工作。如英国劳合社航空部设有专门查勘飞机出事的服务机构，该机构在世界各地有代理机构，总部设在英国伦敦。在现场调查时须注意以下方面：

1. 出事的确切日期、时间、地点。
2. 出事地点的地理条件。
3. 出事时的气象条件，如天气，包括风向、风速、云高、可见度，还有天气预报等。
4. 出事的详细情况，审阅各项记录。
5. 估计出事原因属于以下哪一类：一是人为因素，如驾驶员或机械师的失误，第三者的破坏等。二是机械因素，如机器损坏，机械失灵或制造上的缺陷等。三是自然因素，如地震、火山爆发、台风、大雾、大雨雪等。四是其他因素，如机场跑道损坏、指挥塔台工作上的失职等。
6. 飞行计划、飞行目的和飞行进度。
7. 驾驶员姓名、年龄、资格及经历。
8. 飞机的登记证和通航证明。
9. 机身引擎的维修保养情况，如制造年份、制造后使用时间、上次检查时间、检查时间的间隔以及飞行前检验人员的姓名。
10. 修理计划、受损飞机的施救及运输、对第三者责任方追偿的可能性。

以上是国际上飞机失事后现场调查的一般规定，可以为责任方、法院等有关方面所接受。在我国，一些保险公司在欧美国家均有查勘或理赔代理人，被保险飞机发生事故可通过代理人联系查勘。

（二）认真研究定损检验资料

飞机的检验人可称为保险公司的现场代理人，航空保险理赔人员的职责应是对检验人员送交全部资料进行研究，认真研究保单条款、条件，然后决定该项索赔是否在保单承保范围之内。在解决一项索赔时，保险人要弄清以下几点：

1. 出险飞机是该保单项下已承保的。
2. 出险时，保单已经生效，并未满期。
3. 事故发生在保单规定的地理界限内。
4. 出险时，该飞机正在执行保单承保范围内的任务。
5. 飞行员符合保单的条件。
6. 不属一般责任免除或属于一般条件的责任范围。
7. 在掌握分析上述情况的基础上，保险人按照保单条件，公正地提出赔款的建议。

（三）督促被保险人积极采取施救措施

如采取一切施救措施以减少损失，采取紧急措施对受伤旅客进行抢救，尽快送往附近医院治疗。为避免日后争执，航空公司通常把所有旅客，不论是否受伤都送往医院检查，并由医生出具证明。

（四）严格审查

1. 审查保险合同是否有效，航空保险中不允许存在宽限日期，大部分风险都是逐年承保，因此，由于疏忽而没能及时续保的情况是极少发生的，保险合同应当清楚地注明保险期限。

2. 审查应用的保单条款有无变化，如承保条款注明了专门条件或者标准条款已有变动，那就有必要参照保单原条款进行研究和分析。

3. 根据检验人的报告进行责任审核，事故损失确属保险责任，那么，承保人就应按照保险合同的约定，在分别情况扣除免赔额后计算并支付赔款。

此外，赔偿时应严格区别险种及基本责任范围与附加责任，对负有责任的第三者应当及时进行追偿。

【知识链接】

航空意外保险

航空意外保险简称航意险，是航空旅客人身意外伤害保险的简称。它是保险公司为航空旅客专门设计的一种针对性很强的商业险种。航意险的保险期限从被保险乘客踏入保单上载明的航班班机的舱门开始到飞抵目的港走出舱门为止。它的保险责任是被保险乘客在登机、飞机滑行、飞行、着陆过程中，即在保险期限内因飞机意外事故遭到人身伤害导致身故或残疾时，由保险公司按照保险条款所载明的保险金额给付身故保险金，或按身体残疾所对应的给付比例给付残疾保险金。需要指出的是，航意险与飞机自动人身意外险（本章第三节中的旅客法定责任保险）是两种不同的险种。前者由旅客自愿购买，实行的是多投多保、少投少保、不投不保的原则，当发生航空意外事故导致旅客身体伤亡时，旅客或其受益人可直接持保单到保险公司索赔。后者属于机票中包含的自动人身意外险，属于法定保险的范围。当发生空难事故导致旅客受损时，无论承运人有无过失，均必须按照法规规定给予旅客一定数额的赔偿金。这笔赔偿金实质上是一种法律责任赔偿金，它由航空承运人通过购买保险的方式由保险公司进行代为赔付。例如，2014 年 3 月 8 日与 7 月 17 日马航 MH370 与马航 MH17 客机分别失事，每位死难者家属可根据《蒙特利尔公约》，向马航追讨最高赔偿总金额为 10 万“特别提款权”（SDR）的赔偿金额。而购买了航意险的死者家属还可以根据死者上机前购买的金额多少获得保险公司的相应补偿。10 万“特别提款权”（SDR）的赔偿金额即为飞机自动人身意外险赔偿金，在没有特殊情况下，它可以使旅客同意放弃原有的对航空承运人提起法律诉讼的权利。

【复习思考题】

一、名词解释

航空保险　机身保险　航空责任保险　旅客法定责任保险　飞机第三者责任保险
航空货物责任保险　机场责任保险　机身战争险

二、问答题

1. 简述航空保险的含义与特点。
2. 简述机身保险的基本内容。
3. 简述航空责任保险的种类及基本内容。
4. 简述航空保险附加险的种类及基本内容。
5. 简述航空保险的承保与理赔的风险控制。

第十二章
货物运输保险

【学习目标】

学习本章时，应着重掌握货物运输保险的基本特征、熟悉该业务的基本内容及各险种的经营技巧。

货物运输保险，一般分为国内货物运输保险和涉外货物运输保险，前者是指为国内货物运输提供风险保障的保险，后者是指为超越一国范围的货物运输提供风险保障的保险。本章除阐述货物运输保险的一般规律外，重点阐述国内货物运输保险业务；对涉外货物运输保险业务，根据惯例纳入海上保险一章加以阐述。

第一节 货物运输保险及其基本特征

一、货物运输保险及其作用

货物运输保险是以运输中的货物为保险标的，承保它们因自然灾害或意外事故而遭受的损失的一种财产保险。作为财产损失保险中的主要险别之一，它可以归入运输保险类别。

无论是对外贸易还是对内贸易，商品使用价值的转移都离不开运输。在运输过程中，货物遭受自然灾害或意外事故的损失总是难以避免的。如作为运输工具的汽车、火车、船舶、飞机乃至马车、人力车等发生碰撞、倾覆或出轨、搁浅、沉没等突发性事件，在装货、卸货、转载时因装卸工人操作不慎等，均会造成货物受损，给货主带来直接经济损失。而我国《民法典》第八百三十二条规定："承运人对运输过程中货物的毁损、灭失承担赔偿责任。但是，承运人证明货物的毁损、灭失是因不可抗力、货物本身的自然性质或者合理损耗以及托运人、收货人的过错造成的，不承担赔偿责任。"可见，承运人承担的保障责任是有限的，它不仅对自然灾害等"不可抗力"原因造成的货物损失不负赔偿责任，而且对货物本身自然性质引起的破裂、减量、变质、自燃等也不负赔偿责任。不少运输部门还规定，对"外包装完整无缺，封志无异，内部货物破碎、渗漏不负责任"，对"液体货物运行中发生的渗漏，经鉴定属容器本身质量问题，亦不负责。”鉴于承运人承担的保障责任有限，而货物损失的风险又极大，为使运输中的货物能够得到较全面的风险保障，保证贸易和运输能正常进行，开展货物运输保险十分必要。

货物运输保险的重要意义在于：

1. 有利于加强企业的经济核算。企业或货主对货物运输过程中难以预料的风险所造成的不固定的损失，通过支付保险费的形式固定下来，把货物运输保险费列入成本开支范围之内，一旦货物受损，就能够及时得到补偿，以稳定生产和经营。

2. 有利于维护正常的贸易活动。通过货物运输保险，运输中的货物因意外灾害事故遭受的损失能够得到及时补偿，不仅能够维护收货方的利益，亦避免了发货方与收货方之间许多不必要的纠纷，从而有利于维护货物交易双方的正常贸易关系。

3. 促进货物运输的安全防损工作。通过保险业务活动，保险人协助有关运输部门，加强对运输货物的包装、堆存、运输等各个环节的安全管理，及时提出改进意见，从而减少货物损失。这是维护保险合同双方利益、减少货物损失的重要措施，也是保险业对社会防灾减灾发挥作用的重要方面。

4. 有利于完善运输部门的运输负责制，弥补运输负责制的不足。一方面，保险人的介入，可以帮助承运部门更好地做好安全运输工作；另一方面，当货物损失是因承运人的责任造成时，保险人在赔偿后通过代位追偿，可以督使承运人承担起自己应该承担的法律义务和经济赔偿责任，从而是确保运输负责制得到落实的重要举措。

二、货物运输保险的基本特征

货物运输保险承保的是运输过程中的各种货物，它既有运输保险的特点，又有火灾保险的特点，但又与运输工具保险和火灾保险有区别。与火灾保险相比较，货物运输保险有着如下基本特征。

（一）承保标的具有流动性

火灾保险一般是以被保险人存放在固定地点的财产作为保险标的的保险，即保险标的的存放地点相对固定且处于相对静止状态；而货物运输保险的保险标的则是处于流动或运行状态，不受一个固定地点的限制。由于标的具有流动性特点，其发生损失时往往不在保险人所在地或保险合同签订地，而是在异地出险，保险人一般都委托出险地的保险人或保险代理人检验查勘处理。因此，无论是从处理货物运输保险赔案的便利出发，还是从降低货物运输保险的经营成本出发，经营货物运输保险业务都需要具有覆盖面极广的营业网络，或者保险市场上有发达的保险中介网络。

（二）承保风险具有广泛性

火灾保险承保的风险主要是火灾及有关自然灾害或意外事故，而货物运输保险承保的风险却要广泛得多。货物运输保险基本险的责任范围除了火灾保险承担的风险责任外，还包括运输工具在运输过程中发生意外事故所致的货物损失，以及共同海损费用分摊等。除各种货物运输保险主险外，面向货物运输的附加险特别发达，几乎包括了所有外来原因引起的损失。

保险客户在投保时，除投保主险外，一般还可以根据投保货物的性质及可能面临的特定风险，选择若干附加险。因此，每一笔货物运输保险业务通常都是由主险加若干附加险组成。

（三）保险估价具有定值性

火灾保险一般都是不定值保险，即在保险合同上不约定保险标的实际价值，只列明保险金额作为赔偿的最高限额，当保险标的发生损失时，根据当时的实际价值来核定损失；而货物运输保险则相反，采取定值保险，即保险金额是货物的结论性价值，赔偿时不受出险地同等货物价格波动的影响，这是由保险货物的流动性所决定的。因为货物在运输过程中，在不同的地点其价格会有差异，故保险金额一般按双方约定的价值来确定，当发生损失时，就根据约定的价值按受损程度计算赔款，不受出险地货物市场价格波动的影响。

（四）保险单可以随提货单背书转让

火灾保险的保险单，不是被保险财产的附属物，因此，一旦被保险财产所有权发生转移，除非经过保险人的同意并加以批注，否则，保险单即自行终止。换言之，被保险人不得将保险合同连同保险财产一起转让。而货物运输保险则不同，由于贸易经营的需要，保险人通常同意货物运输保险合同可以空白背书，即保险合同可以随提货单的转移而转让。我国的《保险法》和《海商法》对此有专门的法条规定。如我国的《保险法》第四十九条第二款规定："保险标的转让的，被保险人或者受让人应当及时通知保险人，但货物运输保险合同和另有约定的合同除外。"我国《海商法》第二百二十九条规定："海上货物运输保险合同可以由被保险人背书或者以其他方式转让，合同的权利、义务随之转移。"因此，投保方如果发生货权转移，无须征得保险人同意，只要在保险单背面签字，即可转让给他人。

在财产保险实务中，无论是火灾保险还是各种运输工具保险，或其他任何财产保险，保险单均是不能自由转让的，而货物运输保险是可以不经过保险人同意就可背书转让保险合同的唯一例外。

（五）保险期限采用仓至仓条款

在火灾保险与运输工具保险中，保险双方约定的保险责任期限一般都是定期的，且以一年期为标准，到期自然终止；而货物运输保险则采用"仓至仓条款"，每一批投保货物的保险责任起讫均以约定的运输途程为标准，即从被保险货物离开起运地点的仓库或储存处所开始，直至到达目的地收货人的仓库或储存处所时终止。因此，货物运输保险一般不受具体时间的约束，也不会像火灾保险等那样出现各种保险合同保险期限基本一致的现象。

例外的现象是，当被保险货物到达目的地港站时，一般仍有一定的时间规定，而不能允许被保险货物长期被搁置目的地港站。这种规定通常在保险合同中载明。

（六）承运方的影响巨大

在火灾保险及其他财产保险中，保险标的通常是由被保险人控制，这样不仅有利于被保险人控制风险，也有利于保险人控制保险期间的风险；而在货物运输保险中，保险标的却不是控制在被保险人手中，而是控制在第三方即对货物的运输负有承运责任的承运方手中，货物一旦交付运输，被保险人即不再对货物负有安全管理责任。这种现象表明，承运方对货物运输保险的影响很大，任何货物运输保险赔案都离不开承运方的配合与协助，其中许多赔案甚至与承运方有直接的责任关系，需要采用代位追偿的手段来维护保险双方的正当权益。因此，保险方、被保险方、承运方构成了货物运输保险特殊的三角关系。

第二节　货物运输保险的基本内容

一、货物运输保险的分类

根据不同的依据，对货物运输保险可以进行险种划分。具体而言，货物运输保险的划分有如下几种方式。

1. 按照适用范围，货物运输保险可以划分为国内货物运输保险和涉外货物运输保险两类。前者适用于中华人民共和国境内的货物运输业务，适用的是中华人民共和国的法律、法规与政策；后者适用于超过中华人民共和国国境范围的货物运输业务，在经营实践中需要尊重有关国际法规和国际惯例。尽管随着市场经济的快速发展和世界贸易组织对其成员国的要求，我国保险业正在加速向国际惯例靠拢，这使得国内货物运输保险也在借鉴着涉外货物运输保险的做法，两者在某些方面有趋同的趋势，但因适用的法规存在着差异，两者将长期存在着一定程度的区别。对涉外货物运输保险，更多地需要运用到国际准则和我国《海商法》，因此，本书特将其纳入海上保险一章加以阐述。

2. 按照运输工具，货物运输保险可以划分为铁路货物运输保险、水路货物运输保险、公路货物运输保险、航空货物运输保险以及其他运输工具（如管道）货物运输保险。其中水路及铁路运输的货物通常单批货物数量大，而采用汽车及陆地其他运输工具运输的货物则往往批次大，采用航空运输方式运输的货物往往价值较高，各种运输工具因运行方式及运行区域不同，其面临的货物损失风险亦会不同。

3. 按照运输方式，货物运输保险可以分为直运险和联运险两类。直运险是为只用一种主要运输工具即直接由起运地运送到目的地的货物提供的保险，如铁路货物运输保险业务即只承保用火车运输的货物的保险；联运险是为需要经过两种或两种以上不同的主要运输工具联运才能将其从起运地运送到目的地的货物提供的保险。直运险与联运险的划分，以主要的运输工具为依据，协助运输的辅助工具不在此类。

4. 按照保险人承担责任的方式，货物运输保险可以划分为基本险、综合险与附加险三类。基本险、综合险均可以单独承保，而附加险则只能依附于基本险或综合险。附加险发达是货物运输保险业务的重要特征。

二、保险标的

一般而言，凡是符合保险利益原则的运输货物，都可以投保货物运输保险。但在具体的货物保险经营实务中，由于不同的货物具有不同的性质差异，保险人通常对运输货物进行分类处理。因此，货物运输保险的保险标的，亦被划分为一般保险标的、特约可保标的和不保标的等三类。

货物运输保险的一般保险标的，是指不需要经过特别约定就可以直接投保并承保的各种货物，绝大多数货物均属于一般保险标的，但仍须在保险合同中具体载明。

下列货物的投保与承保需要特别约定（否则将除外不保）：

1. 贵重财物。如金银、珠宝、钻石、玉器、首饰、古币、古玩、古书、古画、邮票、艺术品、稀有金属等。

2. 鲜活品。如活牲畜、禽鱼类和其他动物，以及水果、蔬菜等。

凡非法财物、武器弹药等，属于绝对不保的财物。

三、保险责任期限

货物运输保险的保险责任期限，根据货物运输保险合同，可以分为如下两种。

（一）一年期定期保险

一年期定期保险，是指承保投保人或被保险人在一年内所有运输货物的风险的保险，保险责任自货物运输保险合同中约定的起保日开始，一年后终止。它主要适用于制造商、批发商、零售商等经常有大量货物运输者，因为这些保险客户几乎每天均可能有货物运输业务，如果每批次运输货物均要单独投保，不仅手续烦琐，而且因费时费力而直接影响保险人与被保险人的效益。

在保险单有效期内，被保险人的货物自离开起运地之工厂、商店或仓库时起，在正常运输过程内继续有效，直到运抵目的地之工厂、商店或仓库为止（经过特别约定，货物到达目的地后，保险效力可以适当延长）。不过，保险的标的并非被保险人的所有货物，而是以交付运输者为限。在保险费交付方面，由于签订保险合同时无法准确预知保险期内运输货物的确切数量与价格，一般采取按照以往年度运输货物的规模先交付一笔约定的保险费，待保险期满时再实行多退少补。如果保险人同意，被保险人亦可以按月交付保险费。

（二）单程运输保险

单程运输保险，亦可称之为航程保险，即保险人与投保人或被保险人签订的保险合同，仅仅承保所投保货物从起运地到目的地的运输保险（仓至仓条款），当该次货物运输任务完成后，保险责任自然终止。因此，单程运输保险属于短期性质的货物运输保险，它以每次装运的货物为限，保险费根据不同的货物及不同的运输方式及运输工具等确定的费率表进行计算，通常在投保时一次性付清。

当保险货物到达目的地港站时，一般仍有一定的等待搬运时间规定，即保险合同的效力会适当延长，但这种延长必须在保险合同中载明。

四、保险金额

货物运输保险采用定值保险方式承保，保险金额以货物的保险价值为依据确定。

根据国内货物运输保险实践，运输货物的保险价值通常按照货价或货价加运杂费确定，其中，货价是指货物的发票价格，是购货方为取得货物所有权付出的经济代价；运杂费则包括运输费、包装费、搬运费及保险费等，这些费用的实际金额如果计算有困难，亦可用估计数，即在货物购进价的基础上酌加估计的百分比作为保险金额。

对于某些货物，亦可由保险双方具体协商确定投保价值。

货物运输保险的保险金额一经确定，即是投保货物的结论性价值，也是保险人承担赔偿责任的最高价值标准。

五、保险费率

（一）影响费率的几个因素

货物运输保险的保险费率，取决于货物在保险有效期内可能遭受损毁的危险程度。具体而言，影响货物运输保险的因素，主要有如下几种。

1. 运输方式。分为直达运输、联运、集装箱运输等方式。货物运输方式不同，运输中的风险自然不同，保险费率也会有差别。采用联运的方式，由于在运输途中要变更运输工具，这就增加了卸载、装载等中间环节，从而增加货物装卸过程中的危险，所以一般要另加一定比例的保险费。在货物运输保险实务中，保险人一般规定联运险的保险费率按所用运输工具中费率最高的一种确定；而集装箱运输货物的危险程度较小，因此，一般按货物运输保险费率表规定的标准减免50%。

2. 运输工具。火车、船舶、汽车、飞机等运输工具在运输过程中遇到的风险不同，因此，保险费率也不同。对用船舶运输的货物，还要按江河、沿海以及船舶的种类区分费率。

3. 货物的性质与包装。货物的性质不同，发生危险的可能性也不同。如易燃、易爆物品的危险性就高；容易溶解结块的、容易破碎渗漏的、容易腐烂变质的货物损毁性就高。货物的包装与装载对危险发生的可能性也有很大影响，对货物的包装要求适合运输的需要，特别是易碎、易损货物和商品价值高的货物的包装，更应具有防碎、防损和防盗性能。散装的货物容易发生短量、沾污，要求船舶、隔舱设备齐全，舱内清洁。在保险实务中，保险人通常将货物分为一般货物、一般易损货物、易损货物、特别易损货物等，并且另有货物分类表，以便确定各种货物的费率。

4. 运输途程。它分为省内、省外、埠内和沿海等，并考虑水流缓急、季节气候等因素。如凡在长江上游（宜昌以上）及其他水流湍急的江河运输的货物，一律按费率表的规定另行加收一定比例的保险费。

5. 保险险别。国内货物运输保险“基本险”承担的保险责任小于“综合险”，因此，综合险的费率要高于基本险。如果还有附加险，则所收保险费更高。

6. 其他。海洋运输船舶的船龄和吨位大小，用旧船（船龄超过15年）装运或用吨位较小的船舶（如1 000吨以下）装运，应加收保险费。装卸港口的管理和装卸设备的好坏，运输途中有无转船或扩展内陆运输等，对危险大小也有直接关系，从而在确定保险费率时亦应当加以考虑。

（二）货物运输保险的保险费率

在货物运输保险中，在综合考虑上述因素的基础上，按照运输工具的不同制定分类差别费率，包括水路、铁路、公路、航空货物保险费率。

在水路、铁路货物运输保险中，还需要按照基本险、综合险制定不同的费率。基本险的保险费率分为省内和省外，并结合运输方式与运输路线等确定若干具体的费率标准；综合险则通常将货物划分为五类，即从一类货物到五类货物，并根据运输方式和运输路线等，确定不同等级的保险费率。

在航空货物运输保险中，保险人通常将投保货物分为三类：第一类属于一般货物，第二类属于易损货物，第三类属于特别易损货物，其保险费率依次增加。

对鲜活物品和动物，无论采用何种运输工具承运，其保险费率一般均另行规定。

附加险的费率既可以单独制定，也可以根据基本险或综合险费率的一定比率确定。

六、保障原则

国内商品交易，一般采取送货制和提货制两种。前者是指货物由卖方负责送到买方指定的仓库或储存处所，由买方验收后付款成交，货物运费和运输途中的风险由卖方承担。提货制是指买方到卖方仓库或储存处所看货，成交后由买方自行提货，运费和运输途中的风险由买方自己承担。或者根据购销合同的规定，买方委托卖方代办托运，办理投保手续，运费和保费由买方支付。采用提货制的，卖方为投保人，买方（货主）为被保险人。根据我国《保险法》的规定，货物运输保险的保险单或保险凭证，可由被保险人背书转让给收货人，无须征得保险人的同意；换言之，保险人并不是简单地承保货物或物资本身，而是进一步要求被保险人有可保利益。

在保险实务中，国内贸易买卖双方洽谈价格条件中对风险责任的划分往往没有明确的规定，因此，收货人和发货人之间因事先没有约定，而货物在运输途中受损就往往引起经济纠纷，这个问题有待于随着经济法规的完善而得到解决。

七、保险赔偿

当发生保险事故时，被保险人应及时通知保险人，并承担自己应尽的施救等义务。被保险人向保险人申请索赔时，需要提供下列单证：

1. 保险单（凭证）、运单（货票）、提货单、发票（货价证明）。
2. 承运人签发的货运记录、普通记录、交接验收记录、鉴定书。
3. 收货单位的入库记录、检验报告、损失清单及救护货物所支付的直接费用单据。
4. 其他有利于保险理赔的单证。

保险人在接到上述索赔单证后，应当根据保险责任范围迅速核定应否赔偿。若属于保险人应当赔偿的范围，凡按保险价值确定保险金额的，保险人根据实际损失计算赔偿，但最高赔偿金额以保险金额为限；凡保险金额低于保险价值的，保险人对其损失及支付的施救保护费用按照保险金额与保险价值的比例计算赔偿。货物损失的赔偿与施救保护费用分别计算，各以不超过保险金额为限。货物损失的残值应充分利用，可作价归被保险人并在赔款中扣除。

当保险双方就赔偿金额达成协议后，保险人应在 10 天内赔付。对于被保险货物的损失是由第三者造成的，保险人在承担赔偿责任后，还应当进行代位追偿，被保险人有责任协助保险人追偿；由于被保险人的过错致使保险人不能行使代位追偿权利的，保险人可以扣减赔偿金。

货物运输保险中被保险人的索赔时效期为 2 年，即自被保险人获悉货物遭受损失的次日起，如果经过 2 年不向保险人申请赔偿，不提供必要的单证，或者不能领取应得的赔款，则视为自愿放弃权益。当被保险人与保险人发生争议时，应当在实事求是的基础上力争协商解决，双方不能达成协议时可以提交仲裁机关或法院处理。

第三节　货物运输保险主要险种

一、险种概述

国内货物运输保险业务的种类，一般根据主要运输工具划分为铁路货物运输保险、水路货物运输保险、公路货物运输保险、航空货物运输保险等。

其中，水路、铁路货物运输保险承保利用船舶和火车运输的货物，它是国内货物运输保险的主要业务，均分为基本险和综合险，并设有多种附加险；在此基础上，还衍生出鲜活货物运输保险和行包保险等独立险种。公路货物运输保险承保通过公路运输的物资，保险责任与水路、铁路货物运输保险的保险责任基本相同，该种保险随着我国公路建设的发展和公路货物运输业的发展而在迅速发展。航空货物运输保险专门承保航空运输的货物，其责任范围相当广泛。

除以上基本的险种外，货物运输保险还有多种附加险。附加险往往承保着某一种较为特殊的风险责任，由保险客户根据自己投保货物的需要自主选择确定。如附加偷窃险，附加提货不着险，附加淡水雨淋险，附加短量险，附加混杂、沾污险，附加渗漏险等。因此，对于多数货物运输保险业务而言，都是基本险或综合险加若干附加险组成。

对于需要由两种或两种以上的主要运输工具运输的货物保险，一般按相应的运输方式分别适用各条款。

二、铁路货物运输保险

铁路货物运输保险，是国内货物运输保险的主要业务来源。它按照保险责任范围的不同分为基本险和综合险，保险人根据保险单上注明的承保险别分别承担保险责任。

（一）基本险的保险责任

铁路货物运输保险基本险承担的保险责任，一般包括如下原因造成的货物损失：

1. 火灾、爆炸、雷电、冰雹、暴风、洪水、海啸、地陷、崖崩、突发性滑坡、泥石流造成的损失。上述责任与团体火灾保险中的同类责任概念相同。略有区别的是，保险人不仅对各种意外失火、货物自燃、他人纵火、邻处火灾波及等直接烧毁的货物损失负责赔偿，而且对货物本身虽未燃烧但被熏坏、烧焦所致的损失等亦负责赔偿。

2. 由于运输工具发生碰撞、出轨或桥梁、隧道、码头坍塌造成的损失。上述责任均与机动车辆保险、船舶保险、飞机保险中的同类责任相通。如碰撞是指运输工具与外界物体的碰撞并造成的货物损失，它属于保险负责的范围；而运输工具所载货物与外界物体的碰撞及货物之间的碰撞等却不属于碰撞责任，保险人不能负责。对于明洞（指为预防山区铁路受塌方等破坏而修筑的拱门形结构的防护建筑物）、桥梁坍塌造成的被保险货物损失，可以参照隧道坍塌责任负责；塘坝、岸坍塌所致的被保险货物损失，可以参照码头坍塌责任赔偿。

3. 在装货、卸货或转载时，因意外事故造成的损失。在此，保险人负责的是装、卸过程中的意外损失，如用起重机吊装货物时因脱钩致使被保险货物受损等，而不是装、卸过程中的任何损失。

4. 在发生上述灾害、事故时，因施救或保护而造成货物的损失及所支付的直接合理的费用。施救费用的概念与前述各章的同一概念一致；保护费用，则是指为了减轻被保险货物的损失程度或为了防止损失继续扩大和加重，或为恢复其价值所进行的整理、翻晒、烘干、复制、加工所支出的运杂费、保管费、加工费以及重新包装等费用。

（二）综合险的保险责任

铁路货物运输保险综合险承担的保险责任，一般包括如下原因造成的货物损失：

1. 前述基本险负责的原因，综合险均负责任。

2. 因受震动、碰撞、挤压而造成货物破碎、弯曲、折断、凹瘪、开裂、渗漏等损失，以及包装破裂致使货物散失的损失。这里的“碰撞”与基本险中的“碰撞”不同，是指运输工具中所载货物或存放在车站、码头上的货物与其他物体碰撞造成的损失，如货物与运输工具或货物与货物之间的碰撞。所谓“包装破裂致使货物失散的损失”，是指按国家有关规定包装的货物，在运输过程中因包装破裂而造成散失的损失，需要对包装进行修补或调换所支出的费用，可按施救费用负责赔偿。

3. 液体货物因受震动、碰撞或挤压致使所用容器（包括封口）损坏而渗漏的损失，或用液体保藏的货物因液体渗漏而造成保藏货物腐烂变质的损失。

4. 遭受盗窃的损失。

5. 因外来原因致使提货不着的损失。

6. 符合安全运输规定而遭受雨淋所致损失，即货物在包装、堆放、苫盖等符合有关安全运输规定的情况下，遭受雨水（包括人工降雨、雪融）而致的湿损。在赔偿处理时，只要被保险货物有雨水湿损痕迹，并有承运部门的“货运记录”证明或其他有关单位的证明，亦可以按雨淋责任负责。

（三）除外责任

无论是基本险，还是综合险业务，对下列原因导致的被保险货物的损失，保险人均不负责赔偿。

1. 战争、军事行动、扣押、罢工、哄抢和暴动。

2. 地震造成的损失。

3. 核反应、核子辐射和放射性污染，指核设施内的核燃料、放射性产物、废料或运入运出核设施的核材料所发生的放射性、毒性、爆炸性或其他危害性事故，或一系列事故。

4. 被保险货物本身的缺陷或自然损耗，以及由于包装不善所致的损失。“本身缺陷”是货物的内在缺陷，应由生产单位负责；而“自然损耗”是指货物在运输过程中发生的一种非事故性的必然损失，如货物自然蒸发、液体贴附仪器及衡器公差等原因造成的损失；“包装不善”则是指货物包装不符合国家有关规定，致使在运输过程中发生货物损失。保险人对上述损失均不负责。

5. 投保人或被保险人的故意行为或违法犯罪行为。

6. 市价跌落、运输延迟所引起的损失。

7. 属于发货人责任引起的损失。

8. 由于行政行为或执法行为所致损失。

9. 其他不属于保险责任范围内的损失。在这方面，基本险的除外责任与综合险的除外责任是有区别的。因此，货物运输保险的保险责任范围，应当根据其合同条款中列明的保险责任与除外责任把握。

（四）保险责任起讫

铁路货物运输保险是保险责任起讫，自签发保险单（凭证）后，被保险货物运离起运地发货人的最后一个仓库或储存处所时起，至该保险单（凭证）上的目的地的收货人在当地的第一个仓库或储存处所时终止。但被保险货物运抵目的地后，如果收货人未及时提货，则保险责任的终止最多延长至以收货人接受到货通知单后的 15 天为限（以邮戳为准）。

三、水路货物运输保险

水路货物运输保险，亦是货物运输保险中的主要业务来源，它承担的主要是水上风险，从而是水险的重要组成部分。水路货物运输保险仍然分为基本险、综合险两个险别。

（一）基本险的保险责任

水路货物运输保险基本险的保险责任，主要包括如下项目：

1. 因火灾、爆炸、雷电、冰雹、暴风、暴雨、洪水、海啸、崖崩、突发性滑坡、泥石流等造成的损失。

2. 船舶发生碰撞、搁浅、触礁和桥梁、码头坍塌所造成的损失。

3. 因以上两款所致船舶沉没失踪所造成的损失。

4. 在装货、卸货或转载时，因意外事故造成的损失。

5. 按国家规定或一般惯例应分摊的共同海损费用。

6. 在发生上述灾害、事故时，因纷乱而造成的货物失散以及因施救或保护货物所支付的直接、合理的费用。

（二）综合险的保险责任

水路货物运输综合险的保险责任除包括了水路货物运输基本险的保险责任外，其增加的保险责任与铁路货物运输综合险增加的承保责任相同。

（三）除外责任

在水路货物运输保险中，保险人列明的除外责任与铁路货物运输保险相同，但实际的除外责任范围还取决于保险合同中的规定，从而应以保险合同为准。因此，水路货物运输保险的保险责任范围，应当根据其合同条款中列明的保险责任与除外责任把握。

（四）保险责任起讫

水路货物运输保险的保险责任起讫，采用的依然是仓至仓条款。其规定与铁路货物运输保险的规定相同。

四、公路货物运输保险

公路货物运输保险承保通过公路运输的物资，保险责任与水路、铁路货物运输保险的保险责任基本相同。但公路货物运输保险也有自己的一些特点：

1. 在运输工具方面，公路货物运输可以选择汽车运输，也可以选择其他机动或非机动运输工具来承担货物运输的任务。

2. 在保险责任方面，由于公路运输货物在运输途中客观上还可能需要驳运（即利用驳船过河），因此，在驳运过程中因驳运工具遭受搁浅、触礁、沉没、碰撞而导致的损失，保险人亦予负责赔偿。

在公路货物运输保险业务经营中，由于受公路运输工具的限制，单笔业务的数量通常不会太大，运输过程中亦存在着走非固定路线的可能，因此，公路货物运输比铁路（固定在铁轨上运行）、水路（水上航线亦是基本固定的）及航空（空中航线也是固定的）货物运输更具风险多变性，这是保险人必须注意并加以控制的。

五、航空货物运输保险

航空货物运输保险承保的主要是被保险货物在航空运输中可能遭受的损失风险，它在承保标的、保险金额的确定及保险责任起讫等方面，与水、陆货物运输保险具有一致性，但在承保责任方面，仍然具有自身的特点。

（一）航空货物运输保险的保险责任

在航空货物运输保险中，只要在保险责任期限内，被保险货物无论是在运输或存放过程中，由于下列原因遭受的损失均由保险人负责赔偿。

1. 由于飞机遭受碰撞、倾覆、坠落、失踪（在三个月以上），在危难中发生卸载以及遭遇恶劣气候或其他危难事故发生抛弃行为所造成的损失。其中，“失踪三个月以上”是指飞机起飞后与地面失去联系，下落不明，经民航局鉴定为失踪者，可按推定完全灭失（全损）赔偿。

2. 因遭受火灾、爆炸、雷电、冰雹、暴风、暴雨、洪水、海啸、地面陷落、崖崩等所造成的损失。

3. 因受震动、碰撞或压力而造成的破碎、弯曲、凹瘪、折断、开裂等损伤以及由此而引起包装破裂而造成的散失。

4. 凡属液体、半流体或者需要用液体保藏的被保险货物，在运输途中因受震动碰撞或压力致使所装容器（包括封口）损坏发生渗漏而造成的损失，或用液体保藏的货物因液体渗漏而致保藏货物腐烂的损失。

5. 被保险货物因遭受偷窃或者提货不着的损失。

6. 在装货、卸货时和地面运输过程中，因遭受不可抗力的意外事故及雨淋所造成的被保险货物损失。

7. 在发生保险责任范围内的灾害事故时，因施救或保护被保险货物而支付的合理费用，保险人也负责赔偿，但最高以不超过保险金额为限。

（二）除外责任及其他

在航空货物运输保险中，保险单上列明的除外责任，一般与铁路货物运输保险等相同，但保险人承担的责任范围却因保险责任的不同而存在着差异。因此，把握航空货物运输保险的责任范围应当以航空货物运输保险合同中载明的责任范围为准。

由于被保险人无法控制的运输延迟、绕道、被迫卸货、重行装载、转载或承运人运用运输契约赋予的权限所作的任何航行上的变更或终止运输契约，致使被保险货物运输到非保险单所载目的地时，在被保险人及时将获知的情况通知保险人并在必要时加交保险费的情况下，保险合同仍然继续有效，保险责任通常按照下列规定终止：

1. 被保险货物如在非保险单所载目的地出售，保险责任至交货时为止。但不论任何情况，均以保险货物在卸载地卸离飞机后满 15 天为止。

2. 被保险货物在上述 15 天期限内继续运往保险单所载原目的地或其他目的地时，保险责任仍按上一款的规定终止。

六、物流货物保险及物流责任保险

所谓物流，是指物品从供应地向接受地的实体流动过程，根据实际需要，其将运输、储存、装卸、包装、流通加工、配送、信息处理等基本功能实施有机结合。物流包括第一方、第二方和第三方物流。第一方物流是指由卖方、生产者、或者供应方组织的物流；第二方物流是指由买方、销售者、或者流通企业组织的物流；第三方物流是指供方与需方以外的物流企业提供物流服务的业务模式。与传统储运不同，现代化物流是以信息网络技术的应用和第三方物流的出现为特征，将制造、运输、销售进行统一考虑的管理过程，实现了物流各项功能的集成与整合并形成供应链，其目标是追求物流成本最小化，从而使现代物流成为资源、人力以外的第三利润源。

随着物流向专业化分工的趋势发展，现代化物流已经远远超越了传统运输业和仓储业的服务范畴。它不仅提供仓储和运输服务，同时还提供如集运、存货管理、分拨服务、加贴商标、订单实现、属地交货、分类和包装，以及其他等服务，更重要的是它将帮助客户按照客户的经营战略去规划他们的物流体系。现代物流的服务性质是多功能的，它的物流成本较低，增值服务较多，供应链因素多，质量难以控制，运营风险也随之加大。各种无法预测的自然灾害、意外事故和经营管理的疏忽，都有可能造成物流企业的重大损失。为了满足现代物流业的发展对风险转嫁的更高需求，我国深圳等地一些保险分公司早在 1998 年就开始积极探讨个性化的现代物流保险方案，把货物运输保险和短暂仓储保险打包后低价出售，将货物运输的保险责任起讫期间延长为“门到门”条款，这些方案的推出是对现代物流保险的有益尝试。2004 年 4 月，中国人保财险公司根据物流风险性质的不同，首家推出了两种物流保险产品，即两个主险和八个附加险。其中针对第一方和第二方物流方式开发的是“物流货物保险”及其附加险，作为传统货运险的替代或补充；针对第三方物流方式开发的是“物流责任保险”及其附加险，作为专业经营物流业务的物流公司实现风险转移的手段。

物流货物保险是指保险人以物流企业的物流货物为承保标的的保险。保险中的物流货物是指被保险人进行物流的物品，即凡以物流方式流动的货物均可作为物流货物保险的保险标的，但不包括枪支弹药、爆炸物品、现钞、有价证券、票据、文件、档案、账册、图纸等。金银、珠宝、钻石、玉器、贵重金属、古玩、古币、古书、古画、艺术作品、邮票等在事先申报并经保险人认可并明确保险价值后，则可作为特约保险标的进行投保。物流货物保险承保的风险主要包括物流货物在运输、储存、加工包装、配送过程中由于自然灾害或意外事故造成的损失和相关费用。具体的保险责任与除外责任内容与团体财产保险和前述一般货物运输保险比较接近。

物流货物保险的附加保险包括附加盗窃保险、附加提货不着保险和附加冷藏货物保险。附加盗窃保险和附加提货不着保险分别承保物流货物由于遭受偷窃或提货不着造成的损失；附加冷藏货物保险承保物流货物由于冷藏机器故障而致腐烂变质造成的损失。

前面各节所介绍的货物运输保险是以运输过程中的货物作为保险标的，保险人仅仅针对物流过程中的单个环节进行承保，而物流货物保险及其附加险是针对第一方和第二方物流方式的年度保险产品，采取类似预约保险的业务运作方式，为客户提供全面、无缝式的保险保障，保险标的为全部物流货物，可避免一票货物一单的承保方式，从而为客户最大限度地简化投保手续，方便了客户投保。

物流责任保险承保的风险主要是物流业务受托人的法定责任部分，包括来自交通事故、偷窃抢劫、装卸搬运不当、物流业务分包人由于疏忽或过失造成事故等情况下，物流业务受托人依法应当承担的损失和有关费用的赔偿。因此，物流责任保险承担的责任主要是基于承运人对承运货物的法定责任，即承保被保险人在经营物流业务过程中，由于保险合同列明原因造成物流货物的损失，依法应由被保险人承担赔偿的责任。

物流责任保险的附加险包括附加盗窃责任保险、附加提货不着责任保险、附加冷藏货物责任保险、附加错发错运费用损失保险和附加流通加工、包装责任保险。附加盗窃责任保险和附加提货不着责任保险分别承保被保险人由于物流货物遭受偷窃或提货不着而依法应承担的经济赔偿责任；附加冷藏货物保险承保被保险人由于冷藏机器故障所致物流货物腐烂变质而依法应承担的经济赔偿责任；附加错发错运费用损失保险承保被保险人由于人为疏忽或信息系统故障导致信息处理错误造成物流货物错发错运而增加的运输费用；附加流通加工、包装责任保险承保被保险人由于对物流货物进行加工、包装等操作，造成使用、消费或操作物流货物的第三者的人身伤害或财产损失，依法应承担的经济赔偿责任。

物流责任保险为专业经营第三方物流业务的物流公司提供了全面有效的保障，它将运输中承运人的责任以及仓储、流通加工过程中保管人及加工人的责任融合在一起。因此，物流责任保险的风险大于其他单独的责任保险的风险，可以为客户提供经营第三方物流业务过程中的全面保障。作为年度责任保险产品，物流责任保险可列入本书第十六章责任保险的内容，但鉴于其与货物运输有关，且是与物流货物保险一起开发的新兴险种，故一并在此作简单介绍。

第四节　货物运输保险的风险控制

一、货物运输保险的风险分析

对货物运输保险进行风险控制，必须首先对货物运输保险中的风险有较多的了解。一般而言，在铁路货物运输中，盗窃是发案最多的保险事故，其次是破碎和雨淋；但保险赔款总额多少的顺序一般是破碎、盗窃和雨淋；火灾一般是单次赔款最高的保险事故，单次保险赔款最少的一般是盗窃。以上风险因素，都属于货物运输保险综合险的责任范围，因此，保险人对于有些货物投保综合险，应特别注意上述保险损失风险因素的特征。就水路货物运输而言，倾覆、触礁和沉没是出险较多的保险风险因素，其中，赔款数额总量最多的一般是沉没，其次是触礁、火灾和倾覆；单案赔款平均最多的风险因素也是火灾，其次是沉没。公路货物运输是一种简捷方便的货物运输方式，但因运输工具流量大、运转速度高，其碰撞、倾覆的风险较铁路、船舶等货物运输方式发生的概率大；承载货物的车辆因在运行中震动较火车、船舶等运输工具大，其货物被损碎或差损事故发生的概率也较铁路、水路要高；此外，公路运输能耗高，环境污染风险亦比其他运输方式要严重得多。航空货物运输是风险发生概率小但后果严重的货物运输方式，因此，对航空货物运输的风险进行分析也是很有必要的。一般地，航空货物运输风险发生概率高低的顺序排列为天气意外（如雷击、风切变、冰雹、鸟击等）、机械故障、机组人员差错等。保险人在承保与理赔时，便应该对上述风险进行严格的数理分析，以便决定是否承保与理赔。总之，风险分析是保险人控制风险的基础，在现有承保与理赔资料分析的基础上，保险人还应当多做实地调查研究。

二、承保时的风险控制

（一）承保前的风险调查

在承保货物运输保险业务之前，保险人应当开展对保险客户的风险调查，并结合以往此类业务的风险资料，作为评估风险的基础。

保险人的风险调查对象，主要是各种承担货物运输任务的承运人，包括铁道部门、民航公司、航运公司、公路运输单位等。上述部门直接承担着各种货物的运输任务，它们不仅对货物在运输过程中的各种风险最为熟悉，同时也直接控制着运输中的货物。对这些单位进行风险调查的目的，主要是了解货物在运输过程中风险种类、影响因素、时空分布等，进而了解各类货物的损失率，以及损失中的结构比例，为准确评价货物运输保险的风险提供宏观依据。在宏观调查的基础上，还可以进行专题调查，如针对某一类或一种货物的损失情况进行调查，可以为合理制订费率提供直接依据。此外，还应当了解货物运输过程中来自发货方或收货方的风险大小，以及来自货物自身的风险大小，以便能够更好地督促保险客户做好防损工作。

保险客户是保险人风险调查的又一个主要渠道。在这方面，主要是各种商品经销商、批发商、零售商及进、出口商，它们是直接从事货物交易的主要对象，也是货物运输保险的主要客户资源。一般而言，它们对于自己长期经销的货物有相当深切的了解，如对货物的特性与风险大小，以及对货物包装的要求，都有着丰富的经验。保险人通过对上述对象的调查，不仅可以了解到货物方面的风险知识，还可以建立起保险客户的业务与风险信息库，为选择货物运输保险业务奠定基础。

此外，银行也是货物运输保险风险调查的对象之一，因为银行作为贸易双方的贷款方，同样需要参与运输中的货物的风险管理。

通过承保前的风险调查，保险人即能够对各种货物的风险分布特点与风险大小作出比较准确的评价，能够发现货物运输中风险管理的薄弱环节，能够对某些恶性风险有预先控制的时机和条件，能够为承保质量较好的货物运输保险业务打下较为坚实的基础。

（二）承保时的风险控制

当保险客户投保货物运输保险时，保险人可以根据承保前的风险调查和投保人的投保单来确定是否接受投保。如果保险人决定承保该业务，在承保时亦应注意实行对承保风险的控制。

在实务中，保险人应当注重下列工作：

1. 明确保险标的，保险人仅对承保标的负责。

2. 明确运输方式与运输路线，保险人仅对使用载明的运输工具并且按照确定的运输路线运行的保险损失负责。如果被保险人在保险期间擅自改变运输方式或运输路线，保险人可以免负赔偿责任。

3. 明确责任范围。如基本险、综合险的确定，各项附加险的选择，均需要在承保时加以明确，以确定风险转移的真实内容和大小。一般而言，钢材、砂石、矿砂、原木等一般不易损坏的货物只需要保基本险；机电、服装、食品、车辆、仪器、家用电器等货物，则可以按照它们的不同性质承担综合险责任。

4. 明确保险责任期限。货物运输保险通常采用航程保险单，在订立保险合同时一般使用“仓至仓条款”。然而，为了控制风险，保险人在具体经营中仍然需要对到达目的地后有一定的时间限制。一般而言，如果未到达收货人仓库或储存处所，则保险人承担的最长责任有效期以被保险货物在卸离最后运输工具 15 天内为限。其起运地的仓库或储存处所必须是被保险货物直接装载运输工具的最后一处仓储处所；转仓转储则不能认为是起运地的仓库或储存处所。水路、铁路货物运输保险则通常规定自签发保险凭证和货物运离起运地发货人的最后一个仓库或储存处所时生效。

保险责任的终止有如下三种情况：一是被保险人或其收货人不立即提货，保险责任以货物运抵保险合同载明的目的地后 15 天为限；二是被保险人或其收货人在上述 15 天内提货，不论全部或一部分，一经到达被保险人或其收货人的仓库或储存处所，自运输工具卸装完毕，保险责任即行终止；三是被保险货物运抵保险合同载明的目的地后15 天以内，倘若被保险人或其收货人对被保险货物并不立即提入自己的仓库或储存处所，而是就地调拨给其他单位或再转运至其他地点，则其保险责任在货物从铁路、轮船等运输工具的仓储处所一经提取出仓，保险责任即行终止。可见，在承保货物运输保险业务时，不是简单地理解“仓至仓条款”，而是应当对这一条款加以适当的限制，以避免货物到达目的地后收货人长久不收货进而致使货物受损的事件发生。

5. 明确被保险人的义务。如要求投保人或被保险人依法履行如实告知义务，要求投保人或被保险人一次交清保险费，要求投保人或被保险人严格遵守国家及交通管理部门关于安全运输的各项规定，运输货物必须符合国家的包装规定等，以及在发生保险事故时采取施救保护措施并及时通知保险人的当地机构等。

6. 其他风险防控措施。如对被保险货物进行检查等。

三、保险期间的风险控制

与其他财产保险业务相比，保险人在货物运输保险的保险期间很难对其进行风险控制，这主要有以下两个原因：一是被保险货物处于流动中，并往往是运行到异地，保险人鞭长莫及；二是被保险货物一旦交由承运人运输，不仅保险人无法对其实行控制，即使是被保险人也力不从心，运输中的货物只能全权由承运人负责。因此，货物运输保险在保险期间的风险控制不能像其他财产保险业务那样，由保险人或由保险人配合被保险人对其进行风险控制。

不过，保险人在保险合同签订后，还是可以适时适地地做些风险管理工作的。如在货物装运时进行风险检查，尤其是对鲜活货物更有必要对其装载进行检查，协助承运人做好风险管理工作；对于有发货人或收货人跟运的货物，提醒其沿途注意货物的相关情况，亦可以协助承运人更好地做好风险管理工作。与此同时，还应当要求被保险人在货物到达目的地后及时提货、及时验货等。此外，在物流保险中，保险人可以借助物流网络平台，为货主提供可靠运输途径、提供便捷的投保、理赔方案的同时，利用卫星的定位器跟踪被保险货物，使得整个物流保险风险变得透明和可控。

四、理赔中的风险控制

理赔是货物运输保险的最后一道环节，也是保险人对保险业务进行风险控制的最后一道环节。与其他保险业务相比，货物运输保险因其在异地出险，因其由保险双方之外的第三方即承担运输任务的法人单位或个人直接控制，理赔亦必然要复杂得多。因此，保险人应当加强对货物运输保险赔案的风险控制。

（一）检验受损货物，严格索赔手续

当被保险货物运抵目的地收货人在当地的第一个仓库或储存处所后，如发现货物受损，被保险人必须在10天以内申请检验，但具体检验时间可不受10天的限制。这样，检验受损货物便成为理赔环节中控制风险的第一步。一般而言，在货物运输保险实务中，由于货物往往在异地出险，保险人通常建立代理制度，即委托出险地的保险人或保险中介人代为检验货物甚至代办理赔事宜，或者由中立的检验机构出面检验货物，必要时再由承保人亲自出面处理。实行代检验、代理赔制度，一方面是能够节约保险人的理赔费用，进一步提高货物运输保险的经济效益；另一方面是能够迅速掌握出险情况，准确把握受损货物的出险原因与损失状况，为合理、合法地解决赔偿问题提供真实、准确的依据。因此，保险人应当注意选择技术力量强、职业信誉好的代理人，同时在委托代理时根据具体情况给予一定的权限制约。

在检验受损货物时，保险人或保险人的代理人与被保险人均应在场，并共同签署检验报告，以避免正式处理赔案的争议。保险人或保险代理人进行现场查勘的主要内容包括：一是对受损货物拍照，做好取证工作；二是了解被保险货物的基本情况，询问知情人，详细了解出险地点、时间、经过及原因，核查损失是否属于保险责任范围；三是对受损货物进行清点，确定损失范围、数量及损失程度，做好记录，编写检验报告，必要时可聘用专业技术人员鉴定。

当受损货物检验完毕后，无论是由代理人代行处理被保险人索赔，还是由被保险人

直接向保险人提出索赔，都应该严格索赔手续。被保险人在发现货物受损时必须及时通知保险人，在索赔时必须提供各种规定提供的有效单证，它主要包括：证明发生货物损失原因的书面证明（如运输部门出具的事故报告、货运记录、商务记录以及其他足以证明出事原因的文件等）；保险凭证、运单、发票或调拨单；受损货物检验报告；损失清单和施救费用单据，以及其他规定提供的单证。国内货物运输保险索赔的期限，一般规定自被保险人获悉货物遭受损失的次日起，2 年为限，2 年内未提出申请，或虽提出申请但未提供必要的单证，或者不能领取赔偿的，均作为自愿弃权处理。

（二）依法追偿

由于保险货物由承运人负责运输，在运输过程中也由承运人负责控制风险，因此，在货物运输保险理赔中，无论承运人有无责任，客观上都离不开承运人，有时涉及承运人的责任时还需要进行保险追偿。所谓承运人责任，是对货物在运输中发生的损失依法应当由承担运输任务的法人或个人负责的经济赔偿责任，其法律依据是我国《民法典》及《铁路货物运输合同实施细则》《铁路安全管理条例》《水路货物运输合同实施细则》等。例如，根据我国《民法典》第八百三十二条规定，承运人对运输过程中货物的毁损、灭失承担赔偿责任；同时，该法第八百三十四条规定："两个以上承运人以同一运输方式联运的，与托运人订立合同的承运人应当对全程运输承担责任；损失发生在某一运输区段的，与托运人订立合同的承运人和该区段的承运人承担连带责任。"该法第八百四十二条还规定，货物的毁损、灭失发生于多式联运的某一运输区段的，多式联运经营人的赔偿责任和责任限额，适用调整该区段运输方式的有关法律规定规定。至于承运人可以免责的条件，根据《民法典》的规定包括：货物由于不可抗力造成的损失，货物本身的自然性质、货物本身的合理损耗，以及由于托运方或收货方本身的过错等原因造成的损失，承运方对于上述原因导致的货物损失可以不负责任。可见，承运人责任是由于承运人的疏忽或过失行为致使运输货物的损失，应当由承运人向托运方或收货方负责赔偿。不过，尽管法律规定承运人应当按照货物的实际损失承担赔偿责任，但各有关实施细则却都规定了相应的货物损失赔偿限额，这种限额赔偿制往往不能补偿货主的实际损失，从而也从一个侧面反映了货物运输保险的必要性。

在国内货物运输保险实务中，凡货物运输保险涉及因承运人责任造成损失的案件，若货物已参加保险，被保险人可以先向保险公司索赔，也可以先向承运人索赔。如果被保险人直接向保险人提出索赔，保险人应先予赔偿；但被保险人应签发权益转让书给保险人，并协助保险人向承运人追偿。

（三）合理计算赔款，防止发生漏洞

货物运输保险是按照定值保险的方式来承保的，在赔款计算中不受市场价格涨跌的影响。

当货物发生全部损失时，保险人按保险金额扣除残值后计算赔款。

当货物发生部分损失时，保险人首先应当核定是足额投保还是不足额投保。对足额投保的，在保险金额限度内按实际损失赔偿；对不足额投保的，则应按比例计算赔款，其计算公式为

$$\text{赔偿金额}=\text{损失金额}\times\frac{\text{保险金额}}{\text{起运地货物实际价值}}$$

或：

$$赔偿金额 = 保险金额 \times 损失程度（\%）$$

对于施救费用，一般与货物损失分别计算，但对于不足额投保的亦应按比例分摊。

具体而言，采用定值保险方式的货物运输保险，其损失不外乎是数量损失、质量损失，或既有数量损失也有质量损失。其赔款分别按如下公式计算：

（1）数量损失赔款的计算。数量损失是指一批货物中有部分数量全部损失，其计算公式为

$$赔款 = 保险金额 \times \frac{受损货物件数（或重量）}{承保总件数（或重量）}$$

【例】　棉纱 50 包，每包 200 公斤，保险金额为人民币 50 万元，承保短量险。运抵目的地后发生短少 5 000 公斤。其赔款计算为

$$赔款 = 500\ 000 \times [5\ 000/(50 \times 200)] = 250\ 000（元）$$

（2）质量损失赔款的计算。质量损失是指部分货物受到一定程度的损失。在计算赔款时，应先确定货物的完好价值和受损价值，即得出贬值率。其计算公式为

$$赔款 = 保险金额 \times \frac{货物完好价值 - 受损后的价值}{货物完好价值}$$

【例】　1 000 台电视机投保货物运输保险，保险金额为 200 万元，每台保险金额为 2 000元。运输中有 100 台发生质量损失，平均贬值率为 50%。其赔款计算为

$$赔款 = 2\ 000 \times [(2\ 000 - 1\ 000) \div 2\ 000] \times 100 = 100\ 000（元）$$

或：
$$赔款 = 2\ 000 \times 50\% \times 100 = 100\ 000（元）$$

（3）对于受损货物中既有数量损失又有质量损失的，其赔款的计算即是上述两个公式的相加。

【知识链接】

“保运通”

“保运通”是中国首家第三方企业保险全流程在线服务电子商务平台（http：//www. baoyuntong. com/），成立于 2006 年 6 月 18 日。保运通以会员制模式运营，提供的服务包括：货物运输保险、物流责任保险、货代责任险、企业财产保险、海运保险、航空保险等多种险别的在线保险（含再保险）经纪人服务、风险管理咨询服务、保险理赔和管理服务等。

【复习思考题】

一、名词解释

货物运输保险　仓至仓条款航程保险　背书转让　联运险　物流保险

二、比较题

1. 试比较货物运输保险与火灾保险。

2. 试比较国内货物运输保险与涉外货物运输保险。

三、问答题

1. 如何划分货物运输保险的险种？
2. 如何理解货物运输保险的特点？
3. 影响货物运输保险费率的因素有哪些？
4. 如何理解货物运输保险的保障原则？
5. 如何开发适应现代化物流发展需要的保险产品？

四、实务题

王某驾车与张某所驾车辆相撞，造成王某车上货物损失 8 000 元，张某货物损失 30 000元。经公安交通监理部门裁定，张某负主要责任，即 90% 的责任，王某负次要责任，即 10% 的责任；王某既为其货物投保了货物运输保险，也为其车辆投保了第三者责任保险，张某却没有参加任何保险。又知王某在私下已经接受张某主动送去的 10 000 元赔偿费。现王某要求保险公司给予赔偿，问该案如何处理？为什么？

第十三章
海 上 保 险

【学习目标】

海上保险是历史最悠久、也是最早走向成熟的财产保险业务。学习本章时，应熟悉海上保险的一般理论，重点掌握海洋运输货物保险和远洋船舶保险的实务内容，以及海上保险的风险控制方法。

第一节　海上保险及其基本特征

一、海上保险及其作用

海上保险，亦称水险，是指对被保险人在海上遭受的各种财物损失或利益损失负赔偿责任的保险。它是以保险标的的风险发生在海上而命名的一种传统保险业务，也是保险种类中历史最为悠久的险种。在海上保险中，凡在航海中遭受各种意外事故所导致的损失，无论是船舶、货物，还是运费、利益或责任，均可以纳入到保险人的承保范围；而各种意外事故既包括暴风雨、台风、海啸及触礁、搁浅等海上一切自然灾害，也包括碰撞、盗窃、战争及船员的恶意行为等。因此，海上保险的业务范围甚广，承保的风险责任也相当广泛。

作为最古老的保险险种，海上保险的出现曾经标志着近代商业保险的产生；作为现代保险业体系中的有机组成部分，海上保险仍然在世界保险业中占有着重要的地位，并始终构成国内外贸易中不可缺少的内容。海上保险的作用，具体表现在如下几个方面：

1. 海上保险能够在最大范围内分散各种海上风险，并通过对被保险人海损事故中的损失进行经济补偿，有效地维护着保险客户的经济利益。由于海洋运输风险极大，任何从事海洋运输的团体和个人，要想维护已有的经济利益和正常的海洋运输活动，都必然要以投保海上保险为条件；而保险人在承保海上风险后，亦会通过再保险等手段，尽可能地将海上风险在最大范围内分散，让更多的投保人来分担海损事故损失。因此，海上保险是被保险人化解海上风险损失并稳定自身经营财务的有效且经济的必要手段。

2. 海上保险通过对各种海上风险的承保，不仅维护和推动着海上贸易与海上运输业的发展，而且推动着海洋工业的发展。例如，由于海上运输及海上贸易中的风险可以通过海上保险进行转嫁与分散，人们在海上运输和贸易中的后顾之忧得以解除，即使遭遇海损事故，亦会因保险人的补偿而迅速得以恢复，从而为维护海上运输和贸易的正常发展提供了保证；同时，海上保险还为海上石油开发等海洋工业的发展提供风险保险服务，通过组织损失补偿化解海上工业生产中的巨大风险，从而又直接促进着海洋工业的发展。

3. 海上保险能够充当投保人或被保险人进行海上运输或贸易时融通资金的信用基础。在开展海上运输或贸易活动时，人们通常需要融通资金，但融资机构对海上风险心存畏惧，而海上保险的提供，则能够消除融资机构的顾虑，从而为被保险人顺利融资提供信用保证。从这个意义出发，海上保险不单是为被保险人保险，同时也为海洋运输融资者提供了保险。

4. 海上保险还直接推动着其他保险业务的发展。例如，海上保险的出现，为现代保险的产生与发展奠定了基础；海上保险单的格式化、海上保险立法的规范化、海上保险经营的成熟化，均为其他保险种类的发展提供了示范；另一方面，海上保险随海上运输与其他运输方式的融合而向内河及陆上的延伸，亦带动了内河及陆上一些财产保险业务的发展。因此，海上保险对其他保险业务的影响甚大。

二、海上保险的基本特征

在现代商业保险业务体系中，尽管海上保险承保的主要是船舶与货物，但它与国内的船舶保险与货物保险以及其他保险业务相比，又确实是一种较为特别的业务。海上保险的这种特别性，主要体现在历史色彩厚重、保障内容综合、单独立法及国际性等方面。

（一）历史色彩厚重

现代商业保险业的起源，公认自海上保险始。迄今为止发现的最早的海上保险单，是一名叫乔治·勒克维伦的意大利热那亚商人在1347年出立的一张船舶承保单，该保单规定船舶经海上航行到达目的地后，合同无效；如中途发生损失，则合同成立，该损失由合同的一方（保险人）承担，保险费是在合同成立前以定金的名义支付的；但合同中并未注明承担哪些风险事故，因而还不能说是一份完整的保险合同。然而，正是从这里开始，保险得以合同的形式成交。海上保险亦被视为商业保险的真正起源。

随着资本主义的发展，海上航线不断开辟，贸易范围不断扩大，在当时既无汽车、火车等交通运输工具，更无飞机的条件下，利用船舶开展海洋运输与海上贸易成为最重要的运输与贸易方式，进而亦使海上保险得到迅速发展。例如，1435年，西班牙制定了旨在防止海上保险欺诈的法典《巴塞罗那法典》；1468年，威尼斯制定法令，以保证海上保险单的实施并防止欺诈行为；1523年，佛罗伦萨制定了第一部较完整的海上保险条例，规定了标准的海上保险单格式等；1563年，西班牙颁布了《安特卫普法典》，该法典分为两部分，第一部分是航海法令，第二部分即海上保险法令及保险单格式，并规定了海上保险交易中的某些习惯做法；1568年，伦敦市长批准成立英国第一家皇家交易所，为海上保险提供了专门的交易场所；1601年，英国颁布了第一部有关海上保险的法律；1683 年，在海上保险发展进程中占有重要地位的劳合社诞生，迅速使伦敦成了世界海上保险的中心。与此同时，法国、荷兰、德国均颁布了有关海上保险的法令，进一步规范了海上保险。

海上保险的悠久历史，不仅使它成为促进海上贸易的重要工具，并最早走向成熟；同时，也促使它作为国际保险的主要内容，成为涉及国际法律和公约最多、技术含量最高的一种独立保险业务。

（二）保障内容综合

传统的海上保险仅承保船舶、货物运输的损失；但后来保险范围不断扩大，包括被保险人依法应承担的各种损害赔偿责任及其他有关利益，因此，现代海上保险实质是一种综合保险业务，其保险标的相当广泛，非其他一般财产保险险种可以比拟。如海上石油污染责任赔偿等，亦可纳入海上保险的承保范围。

在保险风险方面，即以传统海上保险承保的责任范围为例，也包括各种海上风险与意外事故损失风险、责任风险等；又由于自货物起运之仓库至目的地，常需转经陆运、空运，因此，海上保险的承保风险事实上并不受海洋的局限，通常扩展到陆地乃至空中领域。

（三）单独立法

受历史传统的影响，海上保险作为最先通过立法来规范的保险业务，不仅其立法要大大早于其他保险业务，而且依循惯例采用单独立法制，即有关海上保险的法律通常由专门的海上保险法或海商法来规范。例如，1906 年颁布的《海上保险法》，就专门规范了海上保险业的发展；在我国，对海上保险的法律规范也是在我国的《海商法》中体现，而不是在《保险法》中体现。

海上保险单独立法的传统，使海上保险法律规范与一般保险法形成了一种较为特殊的格局，即海上保险的具体经营行为由专门的海上保险法或海商法规范，而一般保险法通常不规范具体的海上保险行为，但海上保险法或海商法中没有规定的内容，仍然适用于一般保险法。因此，一般保险法构成海上保险法的补充。海上保险立法的特殊性，标志着海上保险独特的历史地位与业务经营的特殊性。

（四）国际性

业务经营的国际性，是海上保险区别于其他财产与责任保险的重要标志。一方面，凡属海上运输业务，其涉及的范围往往突破一国疆界，这意味着保险标的的运行航线具有国际性，贸易双方的关系亦具有国际性；另一方面，由于海上运输超越国界，其可能遇到的风险亦较为特殊，不仅有碰撞、触礁、搁浅、火灾等水上一般风险，亦有战争、海盗等特殊风险。因此，海上运输需要制定国际通行的准则，从事海上运输业务者要受有关国际公约等的规范和制约。

与海上运输的国际性相适应，海上保险也具有明显的国际性。一是保险人承保的是具有国际性的风险保险业务，海上保险关系的建立具有国际性；二是海上保险的条款、费率及实务经营，均要受国际海上保险市场的规范与制约，它通常不是一国可以独自决定的事情，如伦敦条款对我国海上保险的影响就非常直接；三是海上保险不仅需要依靠国际海上保险分保市场来分散特定风险，而且需要在国外建立相应的业务机构或依靠国外的代理网点，在出险查勘和理赔等环节中均有更高的要求，这些条件是开办海上保险业务的前提条件；四是海上保险尤其是远洋货物运输中要涉及一些国际规则，如承运人责任的认定就涉及《海牙规则》《维斯比规则》《汉堡规则》《鹿特丹规则》等众多国际规则。海上保险的国际性，决定了经营海上保险业务对保险人的要求要高于国内保险业务对保险人的要求。

第二节　海上保险的基本内容

一、海上保险业务分类

海上保险是以保险标的发生风险的地域命名的保险业务的统称，传统上的海上保险曾经是一个单独的险种，但经过不断发展及有关风险与标的的分化，亦形成了以海洋运输货物保险与远洋船舶保险为主要业务的险种体系。

概括起来，海上保险业务可以分为如下几类：

1. 海洋运输货物保险。它主要承保海运途中因自然灾害、意外事故造成的货物损失，它又分为平安险、水渍险、一切险以及海洋运输货物战争险等。见本章第三节。

2. 远洋船舶保险。它主要承保远洋船舶在海运途中因自然灾害、意外事故造成的船舶本身的损失以及有关责任、利益损失。它亦可分为船舶保险、运费保险、船舶责任保险、船舶战争险等。具体内容可见本章第四节。

3. 海洋工业保险。如海洋石油开发保险等，它承保海上石油开发过程中各个阶段的海上风险，包括财产损失保险、责任保险等。由于该险种技术含量很高，且具有建安工程保险的特征，本书将其纳入科技工程保险一章阐述。

4. 其他保险。除上述三大海上保险业务外，保险人通常还提供多种附加险供保险客户根据自身需要加以选择投保，亦可在双方协商一致的情形下开办单独的业务。如邮包险、集装箱保险、与海上保险有关的航空运输保险、陆上运输货物保险等。

上述险别及险种构成了现代海上保险的业务体系。

二、海上保险合同

1906 年的英国海上保险法对海上保险契约的定义是“保险人向被保险人承诺，于被保险人受到海上损失即海事冒险所发生的损失时，应依约定的条款和数额，赔偿被保险人的契约”。我国《海商法》第十二章海上保险合同规定，“海上保险合同，是指保险人按照约定，对被保险人遭受保险事故造成保险标的的损失和产生的责任负责赔偿，而由被保险人支付保险费的合同”，其中“保险事故，是指保险人与被保险人约定的任何海上事故，包括与海上航行有关的发生于内河或者陆上的事故”。从上述法律的定义来看，海上保险合同作为财产保险合同的一种，规范的是海上运输保险业务的合同行为，突出强调了保险人对保险标的损失和产生的责任负赔偿责任。

海上保险合同的种类，按照保险单出立形式的不同，可以分为预约保险合同与正式保险合同；按照保险标的的不同，可以分为船舶保险合同、货物保险合同、运费保险合同及其他能够单独承保的特定保险合同；按照保险期限的不同，可以分为定期保险合同和航程（次）保险合同；按照保险金额确定的不同，可以分为定值保险合同与不定值保险合同等。

海上保险合同的基本内容，主要包括保险双方的名称、保险标的、保险价值、保险金额、保险责任和除外责任、保险责任期间、保险费等。

海上保险合同订立的程序，与其他财产保险合同订立的程序一致，仍然要经过要约与承诺等环节，要求保险双方遵守诚信原则，要求投保人或被保险人遵循保险利益原则并履行如实告知义务。与一般财产保险合同相比，海上保险合同还有如下特殊规定。

1. 区别情况处理被保险人未履行如实告知义务的现象。凡由于被保险人故意不告知者，保险人有权解除合同并不退还保险费，或者对合同解除前发生保险事故造成损失的不负赔偿责任；凡不是由于被保险人的故意而是由于过失（如漏报或误报）未告知有关重要情况者，保险人有权解除合同或者要求相应增加保险费，保险人解除合同的，对于合同解除前发生保险事故造成的损失仍然应当负赔偿责任，但若未告知的重要情况对保险事故发生影响的除外。如果保险人知道被保险人未如实告知有关法律规定的重要情况，仍收取保险费或者支付保险赔偿，保险人不得以被保险人未如实告知重要情况为由解除合同。

2. 在订立合同时，被保险人已经知道或者应当知道保险标的已经因发生保险事故而遭受损失的，保险人不负赔偿责任，但有权收取保险费；保险人已经知道或者应当知道保险标的已经不可能因发生保险事故而遭受损失的，被保险人有权收回已经支付的保险费。保险人与被保险人在订立保险合同时均不知道保险标的已经发生保险事故而遭受损失，或者保险标的已经不可能因发生保险事故而遭受损失的，不影响保险合同的效力。

3. 保险责任开始前，被保险人可以要求解除合同，但应向保险人支付手续费，保险人应退回保险费；保险责任开始后，被保险人与保险人均不得解除保险合同，除非合同另有约定。对于货物运输和船舶保险采用航次保险的，保险责任开始后，被保险人不得要求解除保险合同。保险人收到被保险人违反合同约定的保证条款的书面通知后，就修改承保条件、增加保险费等事项与被保险人协商未能达成一致的，保险合同于违反保证条款之日解除。保险人在收到被保险人违反合同约定的保证条款书面通知后仍支付保险赔偿的，日后不得再以被保险人违反合同约定的保证条款为由请求解除合同。

4. 海上货物运输保险合同可以由被保险人背书或者以其他方式转让，保险合同的权利、义务随之转移；对合同转让时尚未支付保险费的，被保险人和合同受让人负连带支付责任。但因船舶转让而转让船舶保险合同者，必须取得保险人的同意，否则，保险合同将自船舶转让之时起解除，但若船舶转让发生在航次之中的，保险合同效力延至航次终了时解除。

5. 被保险人在一定期间分批装运或者接受货物的，可以与保险人订立预约保险合同，它由保险人签发预约保险单证加以确认。保险人可以应被保险人的要求，对依据预约保险合同分批装运的货物分别签发保险单，如分批签发的保险单证与预约保险合同中内容不一致时，以分批签发的保险单证为准；被保险人知道预约保险合同中的货物已经装运或到达的情况时，应及时通知保险人，通知的内容包括装运货物的船名、航线、货物价值和保险金额等。

6. 海上货物运输中因承运人无正本提单交付货物造成的损失不属于保险人的保险责任范围，但保险合同当事人另有约定的除外。

7. 海上保险合同中对委付有明确的规定，它以推定全损为基础，以被保险人申请委付为前提，以保险人同意接受委付为委付成立的条件。

作为建立并履行海上保险关系的直接依据，海上保险合同的内容当然还不止这些，但保险双方在订立海上保险合同时，应当包括上述基本内容。具体的合同内容（包括附加条款等）则可以每笔海上保险业务单独签订的保险合同为准。此外，如果发生海上保险合同纠纷，一般根据各国相关法律法规进行处理。在我国，为了正确处理海上保险纠纷案件，除了遵循我国的《海商法》、《海事诉讼特别程序法》、《保险法》和《民事诉讼法》的相关规定外，还应遵循《最高人民法院关于审理海上保险纠纷案件若干问题的规定》等。

三、海上保险标的

由于海上保险的地域限制，海上保险的保险标的亦受海上运输的限制，即只有与海上运输直接相关的物质财产与责任或利益才能成为海上保险的保险标的。具体而言，海上保险的保险标的，一般包括如下项目：

1. 需要通过海上运输的各种货物。

2. 从事海上运输业务的各种船舶。

3. 海运船舶的营运收入，包括运费、租金、旅客票款等，均可以在海上保险合同中获得保障，这一部分标的实际上是可以确定的预期利益损失保障。

4. 货物预期利润。

5. 船员工资和其他报酬。

6. 对第三者的责任。

7. 由于发生保险事故可能受到损失的其他财产和产生的责任、费用。如污染责任等。

由上可见，海上保险的保险标的以需要经过海上运输的货物和从事海洋运输业务的船舶为主体，涉及船舶与货物的预期收益及相关责任，其承保范围相当广泛，从而是一类超越了传统财产保险范畴的综合型保险业务。

四、海上保险危险

海上保险的危险，除海洋运输船舶碰撞码头、防波堤坝以及与海上运输相关的内河运输事故外，其他危险均发生在海上。海上保险的主要危险，包括如下几项。

（一）海难

海难是指发生在海上的灾难与意外事故，但一般风浪所致的损失及货物等的自然损耗等不属于海难。因此，约定俗成的海难，主要包括沉没、碰撞、搁浅、触礁、倾覆、恶劣气候等。

1. 沉没。它是海上保险的主要风险之一。在船舶保险中，系指船舶失去浮力且船体的大部分沉没于水面下的状态；如在深海沉没不能救助者称为深没，在浅海沉没可能救助者称为浅没，深没常常构成实际全损，浅没则构成推定全损或部分损失，保险人对深没与浅没均应负责。在海洋运输货物保险中，货物自船上或吊钩上落入水中便构成沉没，但由于船体大部分浸入水中，尚不构成沉没，而船上货物又被进入船体的海水所淹没时，该货物损失应属于浸湿而不属于沉没。

2. 碰撞与碰撞责任。碰撞是指船舶在海上航行中与其他船舶、驳船、岸壁、防波堤、码头、流水、漂流物、沉船残骸、海底礁石等发生撞击或突然猛烈地接触，由此而造成被保险船舶的损失，称为碰撞造成的损失；碰撞责任则是因被保险船舶的过失而与他船或他物发生碰撞，对于被损害的他船或他方依法应承担的赔偿责任，其性质类同于机动车辆第三者责任。无论是碰撞还是碰撞责任，都是海上保险中的重要承保责任。

3. 搁浅或触礁。这是海上保险中的一对孪生海难，其解释与本书船舶保险中对同一概念的解释相同，它在实务中往往较难区别，但均属于海上保险中的基本承保责任。

4. 倾覆。对倾覆的解释，亦与本书船舶保险一章中的同一概念相同，凡海洋运输货物因船舶倾覆造成损失，保险人应负赔偿责任。

5. 恶劣气候。海洋运输中的船舶及货物因遭遇暴风雨等自然现象发生事故，致使船舶破裂、倾覆、浸水，以及货物潮淋、散包、冲走或因封闭通风舱致使舱内湿度过大使货物受损，保险人均负赔偿责任。

6. 抛弃。抛弃即在危险状况下，为使船舶减轻重量或脱离危险而将船上一部分货物或随属物件抛弃入海。保险人负责赔偿的因抛弃行为而造成的损失，必须是出于自动，其用意在于维护海上航行的安全。对于一时惊慌而未作慎重考虑和无合理原因就抛弃入海的货物，不能视为抛弃，保险人也不负责任，即保险人对发生抛弃行为的如下两种情形不予负责：一是货物因自然腐化或内部败坏的投弃；二是除为习惯所许可，或保险单所许可外，载于甲板上的货物的抛弃。将货物抛出船舷之外的牺牲，是基于共同危险时候所出现的情形，其目的在于保护其他财产的安全，从而是共同海损行为之一，因此，这种损失应由受益各方按照比例分摊，保险人承担被保险人按照比例应当分担的部分。

7. 其他自然灾害。如地震、雷击、海水损害（以货物为限）等。

（二）火灾或爆炸

海上保险的标的，无论在海上或陆上，因火灾或爆炸所引起的损失，应由保险人给予补偿。由火灾或爆炸直接毁损的损失，或间接被火烤焦或被炸震坏的损失，以及因救灾所发生的水渍或其他损失，均属于承保责任范围。但保险标的如系货物，而其燃烧或爆炸由于其本身之固有瑕疵所引起，保险人对其被焚或被炸的损失不负责任。

（三）战争

战争是海上航行中可能遭到的危险，但在一般海上保险合同中通常被列为除外责任；不过，因被保险人有投保需要，保险人可以采用特别条款进行规范，如船舶战争险条款，海洋运输货物战争险条款等。需要明确的是，海上保险中的战争概念，不同于国际法或国内法意义上的战争，它指的是只要起因于战争或以战争为目的的各种加害行为均是海上保险中的战争风险。例如，不论是敌方的军舰还是友方的军舰，不论是战时还是平时，也不论其行为是积极的还是消极的，只要有加害行为，即属于战争风险；内乱、革命、谋反、叛乱或交战国双方之敌对行为，乃至遗弃的水雷、鱼雷、炸弹或其他战争武器等造成的损失，亦属于战争责任。

（四）海盗、抢劫

在海上保险中，海盗与抢劫行为均是违反国际法而在海上作劫掠的非法行为，是既非政治组织亦非接受某国政府指使而在海上进行袭击、掠夺、破坏、放火等行为。因此，海盗及海上抢劫均是海上保险中的特殊危险，亦可以纳入海上保险的承保范围。

（五）其他危险

例如，在海上运输中，船长或船员等的恶意行为或过失行为导致的船舶损失等，保险人亦予负责；罢工危险经过特约亦可承保，等等。

五、海上保险损失

海上保险的损失，因性质与形态不同，其种类亦较繁杂。在海上保险实务中，除可以按照保险标的不同，分为船舶损失、货物损失、费用损失及其他损失外，还可以分为直接损失与间接损失、全部损失与部分损失、实际全损与推定全损、单独海损与共同海损。本处特对直接损失等概念进行阐述。

（一）直接损失与间接损失

一般而言，保险标的的损失被称为直接损失，或者海损事故发生的现场损失是为直接损失；其他损失则为间接损失。例如，船舶发生碰撞，被保险船舶的船体损失为直接损失，而由于船体损坏引起船东的其他损失（如营运损失等）则为间接损失。除非保险单另有约定，保险人仅仅承担直接损失，而不会对间接损失承担赔偿责任。

（二）全部损失与部分损失

在海上保险实务中，全部损失通常包括实际全部损失（以下简称实际全损）与推定全部损失（以下简称推定全损）两种情形。其中：实际全损又称为绝对全损，它是指保险标的被完全毁损或其已经失去原来的用途或外观，并且不可恢复原样或原质或永远失去有效占有。根据这一解释，海上保险中的实际全损包括三种情形：

1. 保险标的因保险事故而被毁灭。如船货沉没，打捞无望；或船货失火，毁损净尽。

2. 保险标的已失去原来性质或用途。如烟草因海水浸湿而腐败成为废物等即是。

3. 被保险人永远丧失了对保险标的的有效占有。如货物或船舶被敌人或海盗所捕获或攫取，或被船长船员以恶意行为加以盗取等，对被保险人而言，均是保险标的的全部灭失。

除船舶与货物会发生实际全损外，运费亦有发生实际全损的现象。如某船正拟在某港装载货物，忽然国际局势紧张或要去的区域有战争危险，船舶与货物的安全均难以保障，运载货物的行为即被终止，而运费收入将全部丧失。

推定全损实质上是指对保险标的的损失状态所作出的一种判断。在我国《海商法》第二百四十六条中，对推定全损有明确规范，即：“船舶发生保险事故后，认为实际全损已经不可避免，或者为避免发生实际全损所需支付的费用超过保险价值的，为推定全损；货物发生保险事故后，认为实际全损已经不可避免，或者为避免发生实际全损所需支付的费用与继续将货物运抵目的地的费用之和超过保险价值的，为推定全损。”保险人对推定全损亦给全额赔付。由推定全损，被保险人要求保险人全额赔偿的，应当向保险人委付保险标的，但保险人可以接受委付，也可以不接受委付。（对委付的处理，具体可见本书第二章财产保险的权益转让原则一节。）

凡保险标的的损失不属于实际全损或推定全损的，均属于部分损失。根据海上保险的惯例，即使被保险人提起全部损失诉讼，但所示证据表示为部分损失时，除非保险单中另有规定，保险人均只以部分损失赔偿；货物以类别到达目的港，由于标记或其他记号的泯灭而不能辨认时，如有损失，亦应视为部分损失。

（三）单独海损与共同海损

单独海损与共同海损，是海上保险中的一对重要概念。

单独海损又称为特别海损，是相对于共同海损的一个概念，它是指只涉及损失方个人的利益，且损失仅由损失者一方自己承担的损失。例如，船舱内失火，一部分货物被焚毁，此项货物损失即为单独海损损失；但因共同利益而用水扑灭火灾，致使货物遭受海水浸泡之损失，即为共同海损。

共同海损是指为保全船舶与货物的共同安全，为对付海上风险而有意作出的牺牲，该项损失应当根据各受益方的比例进行分摊。共同海损既可以是牺牲，也可以是费用的支出，或者两者并存。前者如抛弃货物以减轻船舶重量并使之摆脱危险处境，后者如船舶触礁因请求他船拖离险境而支付的费用等。

构成共同海损的要件，包括如下几项：一是遭遇危险且情势紧急，若不采取紧急措施必然发生共同危险。二是紧急措施的采取必须基于共同利益，即是为了船货双方的共同安全。三是须是由船长命令或其代理人命令行使，而非由少数人或个人意志所决定。四是船长或其代理人的处置须公平合理，如果任意作为使利害关系人蒙受损失过大，其过当作为亦不被认为是共同海损。也就是说，船长所作出共同海损的决策必须是为船货共同安全采取的谨慎行为或措施时所作的牺牲或引起的特殊费用，且这些牺牲或费用属于非常性质的牺牲或发生的费用，并且是以脱险为目的。五是采取共同海损措施必须具有效力，若结果仍然是全部损失，自无共同分担可言。

在海上保险实务中，构成共同海损损失的项目，一般包括如下几项：

1. 船舶发生搁浅时，抛弃一部分货物或物料或燃料的损失；或者船舶搁浅后，加足马力倒车起浮致使机器损坏。

2. 有意搁浅，为避免船货遭受更大损失而发生的船底破裂和海水浸渍货物的损失。

3. 开舱抛物过程中，海水浸渍货物的损失。

4. 在灭火过程中，因灭火而造成的损失。

5. 船舶在避难港卸载、重装或倒移货物、燃料或物料过程中，造成的船、货损失。

6. 利用货物、物料当作燃料引起的损失。

7. 切除嵌楔物引起的损失。它主要是指在两船相撞或船舶与其他漂流物相撞而嵌在一起的情形下发生的损失。

构成共同海损费用的项目，一般包括如下几项：

1. 救助报酬。救助报酬即为了共同安全而支付的救助费用，可作为共同海损。

2. 减载搁浅船舶的费用，卸下搁浅船舶的货物，雇用驳船，支付租金和人工费用以及任何因卸货措施造成的损坏，可视为共同海损。

3. 避难港费用。因发生海上意外事故而必须驶靠附近港口修理，以便安全完成航程时，进出避难港的引水费、拖轮费、小艇费、港口费用等，以及在避难港停留期间的船员工资、给养和燃料、物料费用，均可列为共同海损。

4. 船舶、货物共同海损损失检验费、避难港代理费、电报费、共同海损理算费等。

5. 其他有关费用。如为安全完成整个航程而修理船舶的费用、船舶带货入坞附加费等。

共同海损损失与共同海损费用，均应由受益各方公平分摊。

需要指出的是，共同海损与保险无关，即共同海损及其分摊并不以保险为条件；但保险却与共同海损密切相关，包括海上保险、沿海及内河船舶保险、国内货物运输保险等均将共同海损分摊的损失赔偿责任列为承保责任。因此，保险人应当明了共同海损损失与共同海损费用的构成，并遵循分摊规则承担其应分摊额的赔偿责任。本处对共同海损损失与共同海损费用的解释同时适用于第十章船舶保险和第十二章货物运输保险。

六、海上保险赔偿

（一）海上保险赔偿的一般规定

1. 发生保险事故后，被保险人应当立即通知保险人，并采取必要的、合理的措施，以防止或者减少损失；被保险人收到保险人发出的有关防止或者减少损失的合理措施的特别通知的，应当按照保险人通知的要求处理。对于被保险人未按上述要求处理，由此而造成的扩大的损失，保险人不负赔偿责任。

2. 保险事故发生后，保险人可以要求被保险人提供与确认保险事故性质和损失程度有关的证明和资料，同时应当及时向被保险人支付保险赔偿。最高赔偿额以保险金额为限，对于保险金额低于保险价值的，在保险标的发生部分损失时，保险人按照保险金额与保险价值的比例负赔偿责任。

3. 保险标的在保险期间发生几次保险事故所造成的损失，即使损失金额的总和超过保险金额，保险人也应当赔偿，但对发生部分损失后未经修复发生全部损失的，保险人按照部分损失赔偿。

4. 对于为防止、减少保险损失而支付的合理费用，为确定保险事故性质、程度而支出的检验、估价的合理费用，以及为执行保险人的特别通知而支出的费用，应当由保险人在保险标的损失赔偿之外另行赔偿，且以不超过保险金额为限。

5. 对推定全损条件下的委付，应由被保险人提出申请，并得到保险人的同意才得成立。

6. 对重复保险下的海上保险损失，我国《海商法》规定，被保险人可以向任何保险人提出赔偿请求，各保险人按照其承保的保险金额与保险金额总和的比例承担赔偿责任，即适用于比例分摊赔偿方式。任何一家保险人支付的赔偿金额超过其应当承担的赔偿责任的，有权向未按照其应当承担的赔偿责任支付赔偿金额的保险人追偿。

7. 对于保险标的发生保险责任范围内的损失是由第三人造成的，被保险人向第三人要求赔偿的权利，自保险人支付赔偿之日起，相应转移给保险人，并有义务协助保险人追偿。

（二）海损理算

海上保险赔偿的基础，是对海损进行合理而准确的理算，包括单独海损理算与共同海损理算。

1. 单独海损的理算。在单独海损条件下，保险损失因不涉及与他人或他方分摊损失的问题，其理算较共同海损理算要简单一些。理算的内容主要有船舶、货物及运费三个方面。

（1）船舶的单独海损理算。该理算分如下两种情形：一是船舶受损后经过修理恢复正常者，其损失补偿标准为合理的修理费用，减去习惯上所应扣减的数额，其正式修理发票或账单列明的费用支出是基本的依据，但每次意外事故的补偿不得超过保险金额。二是如船舶受损业经修复，于保险有效期内复告全损，保险人对连续发生的损失仍然负赔偿责任，且仍以保险金额为最高限额；如果船舶受损未经修复后又因海事遭遇全损，则保险人只负全损赔偿的责任。

（2）货物的单独海损理算。该理算损失数额的确定通常分为如下两种情形：一是货物价值的损失，应依到达目的地时的完好价值总值与受损后的价值之差额，再与完好价值总值之比例确定。如系定值保险，则其完好价值为保险合同中订定的保险金额；如系不定值保险，则其完好价值应为保险标的的可保价值（受目的地市价涨跌的影响）。

2. 共同海损的理算。共同海损理算是海上保险中分担共同海损责任的基础。世界上现行采用的理算规则主要是2016年修改的《约克·安特卫普规则》[①]，我国则主要采用1975年1月1日由中国国际贸易促进委员会制定并公布的《北京理算规则》。[②]

在共同海损理算时，首先需要以共同海损总额除以共同海损分摊价值总额，所得结果为共同海损分摊率，然后再用分摊率分别乘上船舶、货物、运费等的分摊价值，便可以求得各自共同海损分摊金额。根据《北京理算规则》的规定，共同海损的损失和费用，由各受益方根据各自的分摊价值比例分摊。分摊价值按照下列标准计算：

（1）船舶分摊价值。按船舶在航程终止时的当地完好价值减去不属于共同海损的损失金额计算，或者按照船舶在航程终止时的当地实际价值加上共同海损的损失金额计算。

（2）货物分摊价值。按货物的到岸价格，减去不属于共同海损的损失金额和承运人承担风险的运费计算。未经申报的货物或谎报的货物，应按照实际价值参加分摊；但如果这些货物遭受损失，不得列入共同海损。旅客行李和个人物品，除特殊情况外，不参加共同海损分摊。

---

① 《约克·安特卫普规则》不是国际公约，而只是一种国际贸易惯例规则，但由于它在很多问题上基本统一了欧美各国海损理算的做法，并曾取得国际法协会的认可，因此已被国际海运、贸易和保险界所接受，在海洋运输提单、租船合同和保险契约中约定采用。目前，它的适用范围比较广泛，国际上凡是载运国际贸易商品的海轮发生共同海损事故，一般都按照《约克·安特卫普规则》进行理算。

② 《北京理算规则》全称为《中国国际贸易促进委员会共同海损理算暂行规则》，于1975年1月1日公布实施。《北京理算规则》包括前言和8条规定：（1）共同海损的范围；（2）共同海损理算的原则；（3）共同海损损失金额的计算；（4）共同海损的分摊；（5）利息和手续费；（6）共同海损担保；（7）共同海损时限；（8）共同海损理算的简化。

（3）运费分摊价值。按承运人承担风险并于事后收得的运费，根据共同海损事故发生时尚未完成的航程，作相应比例的扣减，加上列入共同海损的运费损失金额计算。例如，一艘由船东充当船长的船舶，运载分别由三位商人押运的三批货物，自上海运至东京，在航程中发生海难，船长为了船货双方的共同安全，采取抛弃行为，使船货摆脱了危险境地，其抛弃损失由船主与货主按照国际规则进行分摊。

假定发生海难时，处于危难中的财产的价值如下：

船舶	20 000
货物 A	10 000
货物 B	20 000
货物 C	30 000
合计	80 000

其中：

货物 B	20 000	被抛弃——20 000

获救价值为：60 000

对损失理算如下：

船舶	20 000	应分摊 5 000
货物 A	10 000	应分摊 2 500
货物 C	30 000	应分摊 7 500
货物 B	20 000	应分摊 5 000
分摊价值	80 000	20 000

理算的结果，是处在危险中的财产，均遭受 25% 的损失。其中货物 B 全部损失，应分别从船舶、货物 A、货物 C 处摊回 5 000、2 500、7 500，共计为 15 000；货物 B 亦应分摊共同海损损失 5 000。

第三节　海洋运输货物保险

海洋运输货物保险，是以海洋运输过程中的各种货物为保险标的的一种海上保险业务。学习本节，需要结合货物运输保险一章，有些内容可以贯穿起来。

一、保险金额

海洋运输货物保险采用定值保险方式，其保险金额一般按货价确定。在国际贸易中，货价是由货物本身的成本、运费和保险费三个部分构成的，运输和保险是由买方办理还是由卖方办理，根据不同价格条件来决定。价格不同，投保的方式也不一样。因此，有必要对几种主要的价格条件作些了解。较为普遍的价格条件有如下三种。

（一）离岸价格（FOB）

即货物已装运到船上的交货价，它规定当货物越过船舷或装上船只，风险即由卖方转移给买方，保险手续由买方办理。如果用公式表示：

FOB 价 = 进货成本价 + 国内费用 + 净利润

其中：国内费用一般包括加工整理费用、包装费用、保管费用（包括仓租、火险等）、国内运输费用（仓至码头）、证件费用（包括商检费、公证费、领事签证费、产地证费、许可证费、报关单费等）、装船费（装船、起吊费和驳船费等）、银行费用（贴现利息、手续费等）、预计损耗（耗损、短损、漏损、破损、变质等）、邮电费（电报、电传、邮件等费用）等。

（二）成本加运费价（CFR）

成本加运费价又称"离岸加运费价格"。卖方只需在装运港将合同规定的货物装上运往指定目的港的船只，支付费用，承担货物装船以前的各项费用及一切风险的交货价，不负责保险。根据国际商会（The International Chamber of Commerce，ICC）2020 年版《国际贸易术语解释通则》，CFR 下的货物自装运港越过船舷后发生的任何事件所引起的灭失或类似风险和产生的费用（包括运费和保险费），卖方不负责任，由买方自己承担。但按照多数国家和地区的贸易惯例，卖方在货物装船后，必须通知买方购买保险，如疏忽这一点致使买方未能投保，卖方必须承担货物在运输途中的风险。如果用公式表示：

CFR 价 = 进货成本价 + 国内费用 + 国外费用 + 净利润

其中，国外费用包括：国外运费（自装运港至目的港的海上运输费用）、国外保险费（海上货物运输保险），如果有中间商，还包括支付给中间商的佣金。

（三）到岸价格（CIF）

即货价中包括运费和保险费在内，这种价格对货物风险的转移，同前面两种价格是一样的，但保险手续由卖方办理并由其承担保险费用。根据 2020 年版《国际贸易术语解释通则》，CIF 是指卖方必须在合同规定的日期或期间内在装运港将货物交至运往指定目的港的船上，负担货物越过船舷为止的一切费用和货物灭失或损坏的风险，负责租船订舱，支付从装运港到目的港的正常运费，并负责办理货物在运输途中应由买方承担的货物灭失或损坏风险的保险，支付保险费。卖方在购买保险时，应向信誉可靠的保险人投保海洋货物运输保险，险别为平安险，并向买方背书转让保险单或其他保险证据（根据 CIF 术语，买方只能要求卖方投保最低的保险险别，货物装船后灭失或损坏的风险及货物装船后所发生的任何额外费用，则自货物于装运港越过船舷时起从卖方转由买方承担）。买方要取得转让的保险单，保险金额通常会在原保险单的基础上按 CIF 价增加一定的百分率［即保险金额 = CIF ×（1 + 投保加成率）］。如果售货合同未作约定，增加的百分比一般为 10%，并以售货合同货币投保。除非经买卖双方约定，到岸价格不包括特定行业和买方个别需要的特种保险；对偷窃、渗漏、破碎、碰损和与其他货物相接触所导致的损失，应由买卖双方考虑，并约定是否需要加保；买方如果需要投保战争险，卖方应该代办，费用由买方负担；如果可能，保险单的保险金额币种一般应采用售货合同的货币。值得指出的是，由上述内容不难看出，CIF 虽被称为"到岸价格"，却并非是卖方承担货物自装运至目的港所发生的一切风险与费用。用公式表示：

CIF 价 = 进货成本价 + 国内费用 + 国外运费 + 国外保险费 + 净利润

二、保险费率与保险费

海洋运输货物保险的保险费率一般分为两大类：一类为一般货物保险费率，另一类为指明货物运输保险费率，后者损失率一般较高，其费率也高。

海洋运输货物保险的保险费率，取决于货物在保险有效期内可能遭受损毁的危险程度。具体而言，影响货物运输保险的因素，主要在如下几项：

1. 运输船舶。海洋运输船舶的船龄和吨位大小，均对保险风险有直接影响，对于用旧船（船龄超过15年）装运或用吨位较小的船舶（如1 000吨以下）装运的保险货物，一般应加收保险费。此外，船舶的国籍也是一个因素，管理严格的国家，其船舶的风险自然要比管理不严格的国家的船舶风险要小。

2. 运输方式。运输分为直达运输、联运、集装箱运输等运输。在货物运输保险实务中，保险人一般规定联运险的保险费率按所用运输工具中费率最高的一种确定；而集装箱运输货物的危险程度较小，因此，一般按货物运输保险费率表规定标准减免50%。运输途中有无转船或扩展内陆运输等，对危险大小也有直接关系，从而在确定保险费率时亦应当加以考虑。

3. 货物的性质与包装。货物性质与包装对海洋运输货物风险的影响，与其对国内货物运输风险的影响是相同的，因此，在保险实务中，保险人通常将货物分为一般货物、一般易损货物、易损货物、特别易损货物等，并且另有货物分类表，以便确定各种货物的费率。

4. 运输航线。海洋运输的航线超越国境，许多风险是难以预料和控制的，如海上自然灾害变幻莫测，某些海域更有海盗、战争等性质特殊的风险，因此，在制定费率时，需要考虑投保货物从起运地至目的地需途经的海域及航线。

5. 投保险别。投保险别包括平安险、水渍险与一切险，以及各种附加险，不同的险别因保险人承保的风险差异较大，其保险费率自然不同。保险费率的高低与保险人承保风险的多寡成正相关关系。

6. 装卸港口的管理和装卸设备的好坏。

7. 保险期间的长短、贸易的不同习惯，对海洋运输货物保险费率亦有着直接的影响。

此外，同类海洋货物运输业务的历史损失记录，以及国际上同类货物运输业务的费率，均可作为制定海洋运输货物保险的参照。

根据国内保险公司的经营实践，海洋运输货物保险业务的保险费，根据不同的价格条件计算。一般而言，分如下几种情况：

（1）当货物是以CIF价格成交出口的，则保险金额一般按照CIF价加10%计算，其保险费计算公式为

$$保险费 = CIF价格 \times 110\% \times 保险费率$$

（2）当货物是以CFR成交出口的，则先将CFR换算成CIF价，然后再计算保险金额和保险费。

（3）以FOB成交进口货物时，保险金额 = FOB价 ×（1 + 运费率）/（1 − 保险费

率)，而保险费的计算公式则为

$$保险费=保险金额\times保险费率$$

三、保险责任范围

海洋运输货物保险的责任范围，分为平安险、水渍险与一切险三种，保险客户可以根据自己的需要选择投保。当被保险货物遭受损失时，保险人按照保险单上订明的承保险别的保险条款规定，承担赔偿责任。

（一）平安险的保险责任

平安险的保险责任包括：

1. 被保险货物在运输途中由于恶劣气候、雷电、海啸、盐碱地、洪水等自然灾害造成整批货物的全部损失或推定全损。其中：被保险货物用驳船运往或远离海轮的，每一驳船所装货物可视为一整批。

2. 由于运输工具遭受搁浅、触礁、沉没、互撞，与流冰或其他物体碰撞以及失火、爆炸等意外事故造成货物的全部或部分损失。

3. 在运输工具已经发生搁浅、触礁、沉没、焚毁等意外事故的情况下，货物在此前后又在海上遭受恶劣气候、雷电、海啸等自然灾害所造成的部分损失。

4. 在装卸或转运时由于一件或数件整件货物落海造成的全部或部分损失。

5. 被保险人对遭受承保责任内的货物采取抢救，防止或减少货物损失的措施而支付的合理费用，但以不超过该批被救货物的保险金额为限。

6. 运输工具遭遇海难后，在避难港由于卸货所引起的损失以及在中途港、避难港由于卸货、存仓及运送货物所产生的特别费用。

7. 共同海损的牺牲、分摊和救助费用。

8. 运输合同中订有“船舶互撞责任”条款，根据该条款规定应由货方偿还船方的损失。

（二）水渍险与一切险的保险责任

水渍险的保险责任除包括平安险的各项责任外，还负责保险货物由于恶劣气候、雷电、海啸、地震、洪水等自然灾害所造成的部分损失。

一切险的保险责任除平安险与水渍险所列各项责任外，还负责保险货物在运输途中由于外来原因所致的全部损失或部分损失。因此，一切险是一种风险高度综合的险别。

（三）除外责任

海洋货物运输保险的除外责任，主要有如下一些：

1. 被保险人的故意行为或过失所造成的损失。

2. 属于发货人责任所引起的损失。

3. 在保险责任开始前，货物已存在的品质不良或数量短差所造成的损失。

4. 货物的自然损耗、本质缺陷、特性及市场价跌落，以及由于运输延迟所引起的损失或费用。

5. 海洋运输战争险条款和货物运输罢工险条款规定的责任范围和除外责任。

四、保险条款

在海洋运输货物保险实务中，以往的一些习惯通常形成条款，或载明于保险合同，或作为特约、附加条款由被保险人选择。现择其主要的条款简介如下。

（一）运输条款

运输条款是对货物保险合同有效期间的规定，在保险实务中亦称为仓至仓条款或责任期限条款。它主要规定海洋运输货物保险的效力始自货物离开保险单所载起运地之仓库或储存处所，包括正常运输过程中的海上、陆上、内河和驳船运输在内继续有效，直到该项货物到达保险单上载明目的地收货人的最后仓库或储存处所终止。具体而言，海洋运输货物保险合同终止的情形一般包括如下几种，以最先发生者为准：

1. 货物已运交保险单上所载目的地的收货人，或其最终仓库或储存处所。

2. 货物在保险单上所载目的地之前或到达目的地，由被保险人运交任何其他仓库或储存处所，作为非正常运输过程中之储存，或作为分配或发送之场所。

3. 货物在最终卸货港由海轮卸载完毕后届满 60 天。

4. 如在上述 60 天内被保险货物需要运转到非保险单上载明的其他目的地时，则以该项货物开始运转时终止。

5. 如出于被保险人无法控制的原因使运输延迟、绕道、被迫卸货、重新装载、转载或承运人运用运输合同赋予的权限所作的任何航海上的变更或终止运输合同，致使被保险货物运到非保险单上所载明目的地时，在被保险人及时将获得的情况通知保险人并在必要时加交保险费的情况下，保险单将继续有效，且保险责任按照下列规定终止：

（1）被保险货物如在非保险单上载明的地点出售，保险责任至交货时终止，但不论何种情况，均以被保险货物在卸载港全部卸离海轮后满 60 天为止。

（2）被保险货物在上述 60 天期限内继续运往保险单上所载明的原目的地或其他目的地，保险责任仍按上述正常交货情况下的规定终止。

（二）航程变更条款

该条款规定，如果航程不能按照保险单上载明的航程进行，即中途变更航程，或者有关货物、船舶以及航程的记载发生遗误时，保险单继续有效，但被保险人应当将航程变更的情况及时通知保险人，并据需加交保险费。

需要指出的是，变更航程与改变航道是有区别的，前者是指船舶按照保险单上所载明的航程起航后，自动改变其航行目的地；后者是指船舶改变保险单中载明的航道或习惯上行驶的航道，但最后仍然驶向预定的目的地。在货物运输与船舶保险中，不得改变航道是承运人及船东的一种默示保证，一旦违反，将导致保险合同失去效力；但在实务中，对海洋运输货物保险则有所变通，保险人仅需酌情增收保险费，而保险合同仍然有效。

（三）承认适航性、适运性条款

保证船舶适航是运输保险的一项默示保证，即船舶在航程开始时不仅应有适航能力，而且应具备适运之设备。但在保险实务中，如果因船舶不适航或不适运而导致货物受损，保险人仍予以赔偿。这主要是因为，船舶是否适航或适运往往非被保险人可以控制。因此，海洋运输货物保险中的这一条款，对被保险人的权益给予了有效的保障。

在执行该条款时，有两点需要注意：

1. 如果被保险人或其代理人对于船舶的不适航或不适运，在载货时即已知情，保险人将不负赔偿责任。

2. 在被保险人于载货时不知情的情形下，保险人可以负责，但在赔付被保险人的损失后，应再向船方追偿。

（四）战争险、罢工险条款

在海洋运输货物保险中，战争通常被列为除外不保的危险，但经过保险人同意并增加保险费，亦可扩展成承保责任，即规定保险标的因各种战争危险事故所引起的货物灭失或损毁，由保险人负责赔偿。

罢工亦属于海洋运输货物保险的一般除外不保危险，但经过保险双方的特别约定并增加保险费，亦可纳入保险人承保责任范围。

类似战争、罢工这类需要经过特别约定才能承保的风险有多项，这种特约加保同样适用于远洋船舶保险业务。

此外，还有诸如共同海损条款、被保险人义务条款、转运费用条款等条款。

五、专门险种

在海洋运输货物保险实务中，有一些业务需要采取专门的条款单独承保，如邮包保险、冷藏货物保险及散装桐油保险等，它们作为海洋运输货物保险的有机组成部分，在遵循海洋运输货物保险的一般规定的同时，亦有着自己的一些特定内容。

（一）邮包险

邮包保险是以通过邮局传递的货物为保险标的的运输保险，而邮包的传递既有使用海洋运输的，也有使用陆上及航空运送的，本章将其放在海洋运输货物保险，主要是基于早期的邮包险确实是海洋运输货物保险的当然险别的考虑。在保险实务中，事先不必确定邮包是由哪一种运输工具运输的，即使用海、陆、空运工具联运，保险人也予负责。

邮包险分为邮包险和邮包一切险两个险别，当被保险货物遭受损失时，保险人按照承保的险别承担赔偿责任。

邮包险的保险责任包括：被保险邮包在运输途中由于恶劣气候、雷电、海啸、地震、洪水等自然灾害或由于运输工具遭受搁浅、触礁、沉没、碰撞、倾覆、出轨、坠落、失踪，或者由于失火、爆炸等意外事故所造成的损失，由保险人负责赔偿；被保险人对遭受保险责任范围内危险的货物采取抢救，防止或减少货物损失的措施而支付的合理费用，保险人亦予负责，但以不超过保险金额为限。

邮包一切险的保险责任范围，除邮包险的所有保险责任外，还负责被保险邮包在运输途中由于一切外来原因所导致的全部或部分损失。但战争、罢工等风险仍然除外不保，这两类风险可以加保，即通过邮包战争险、货物运输罢工险等获得保障。

当被保险邮包运抵保险单上所载明的目的地时，被保险人应当及时提取邮包，当发现邮包遭受任何损失，应即时向保险单上载明的检验、理赔代理人申请检验。如果发现被保险邮包整件短少或有明显残损痕迹，应即时向邮局索取短、残证明，并以书面方式向他们提出索赔，必要时还须取得延长时效的认证。对遭受承保责任内的危险的邮包，应迅速采取合理的施救措施，防止或减少邮包的损失，被保险人采取此项措施，不应视为放弃委付的表示，承保人采取此项措施，也不被视为接受委付的表示。

（二）冷藏货物保险

海洋运输冷藏货物保险，是海洋运输货物保险中的一个专门险种，它承保海洋运输冷藏货物因自然灾害与意外事故或外来原因造成冷藏货物的损失和腐败。该项保险分为冷藏险与冷藏一切险两个险别。

冷藏险承保的责任范围包括：

1. 货物在运输途中由于恶劣气候、雷电、海啸、地震、洪水等自然灾害或由于运输工具遭受搁浅、触礁、沉没、互撞、与流冰或其他物体碰撞以及失火、爆炸等意外事故或由于冷藏机器停止工作连续达 24 小时以上所造成的货物腐败与损失。

2. 在装卸或转运时，由于一件或数件整件货物落海所造成的全部或部分损失。

3. 被保险人对遭受承保责任内危险的货物采取抢救、防止或减少货物损失的措施而支付的合理费用，以不超过保险金额为限。

4. 运输工具遭受海难后，在避难港由于卸货所引起的损失，以及在中途港、避难港由于卸货、存仓以及运送货物所产生的特别费用。

5. 共同海损的牺牲、分摊和救助费用。

6. 运输合同中订有“船舶互撞责任条款”，根据该条款规定应由货方偿还船方的损失。

冷藏一切险除承保冷藏险保险责任范围内的一切责任外，还负责被保险货物在运输途中由于其他外来原因所引起的货物损失或腐败。但战争、罢工等风险必须经过特约承保，保险人才予负责。

（三）散装桐油保险

散装桐油保险，也是海洋运输货物保险中的一个专门险种，它承保海上运输的散装桐油不论何种原因造成的短少、渗漏、沾污和变质的损失。

散装桐油保险的保险责任包括：

1. 不论何原因所致的被保险桐油短少、渗漏损失而超过保险单上规定的免赔率时（通常以每个油仓作为计算单位）的损失。

2. 不论任何原因所致被保险桐油的沾污或变质损失。

3. 被保险人对遭受承保责任内危险的桐油采取抢救、防止或减少货物损失的措施而支付的合理费用，但以不超过保险金额为限。

4. 共同海损的牺牲、分摊和救助费用。

5. 运输合同订有“船舶互撞条款”，根据该条款规定应由货方偿还船方的损失。

对被保险人的故意行为或过失所造成的损失、属于发货人责任所引起的损失、在保险责任开始前已经存在的品质不良或数量短差所造成的损失，以及市场价格跌落及运输延迟造成的损失，保险人不负责任；战争、罢工风险同样列为不保责任，但经过特别约定，保险人可以承保。

六、附加险

由于货物的种类繁多，几乎每种货物都有其特性，因此，海洋运输货物保险的附加险也十分发达，以便能够满足被保险人的不同的货物的风险保障需求。海洋运输货物保险的附加险，可以分为普通附加险和特别附加险两类。

1. 普通附加险。普通附加险包括偷窃提货不着险、淡水雨淋险、短量险、混杂沾污险、渗漏险、碰撞破碎险、串味险、受潮受热险、钩损险、包装破裂险、锈损险等十一种。

2. 特别附加险。海洋运输货物的特别附加险有交货不到险、进口关税险、舱面险、拒收险、黄曲霉素险、战争险、罢工险等。

第四节　远洋船舶保险

远洋船舶保险，是以从事远海运输的船舶为保险标的的一种海上保险业务。学习本节时，需要与船舶保险一章的内容相结合。

一、保险标的与险别

远洋船舶保险，是海上保险的主要业务之一，它与国内船舶保险经营具有相通性，但因从事远洋运输业务，在承保项目、承保责任等方面仍然有着自己的一些特点。在远洋船舶保险实务中，它通常分为全损险与一切险两个主要险别。保险客户在投保时可以根据自己的需要选择投保，同时还可以选择投保有关附加险或其他专门险种。

（一）保险标的

远洋船舶保险的保险标的，是各种从事远洋运输的船舶及有关利益与责任。其中：远洋船舶作为主要原因的保险标的，包括其船壳、救生艇、机器、设备、仪器、索具、燃料和物料。此外，船舶的营运收入（包括运费、租金、旅客票款）、船员工资和其他报酬，以及船舶在从事远洋运输业务过程中对第三者的责任，均与船舶密不可分，从而均可以作为远洋船舶保险的附加险或另行单独投保，因此，可以将其归入远洋船舶保险业务范围。

（二）全损险的责任范围

全损险强调的是被保险船舶的全部损失（包括实际全损与推定全损），它承保的是远洋船舶因下列原因遭受的全损：

1. 地震、火山爆发、雷电及其他自然灾害。
2. 搁浅、碰撞、触碰任何固定或浮动物体或其他物体或其他海上灾害。
3. 火灾、爆炸。
4. 来自船外的暴力盗窃或海盗行为。
5. 抛弃货物。
6. 核装置或核反应堆发生的故障或意外事故。
7. 装卸或移动货物或燃料时发生的意外事故。
8. 船舶机件或船壳的潜在缺陷。
9. 船长、船员有意损害被保险人利益的行为。

10. 船长、船员或引水员、修船人员及租船人的疏忽行为。

11. 任何政府当局，为防止或减轻因承保风险造成被保险船舶损坏引起的污染，所采取的行动。

保险人在负责第 7～11 项风险时，对由于被保险人、船东或其管理人未恪尽职责所导致的损失，不负赔偿责任。

（三）一切险的责任范围

远洋船舶保险一切险的承保责任范围，除承担全损险的所有责任风险造成的全部损失和部分损失风险外，还承保下列责任和费用：

1. 碰撞责任。保险人负责因被保险船舶与其他船舶碰撞或触碰任何固定的、浮动的物体或其他物体而引起的被保险人应负的法律赔偿责任（包括法律费用），其赔偿额以不超过船舶的保险金额为最高限额；但对人身伤亡或疾病，清除障碍物、残骸、货物或任何其他物品，任何固定的、浮动的物体以及其他物体的延迟或丧失使用的间接费用，任何财产或物体的污染或沾污（但与被保险船舶发生碰撞的他船或其所载财产不在此限），保险人不负责任。

当被保险船舶与其他船舶或物体发生碰撞且双方均有过失时，除一方或双方船东责任受法律限制外，本项碰撞责任的赔偿应按照交叉责任的原则计算。

2. 共同海损和救助。保险人负责应由被保险人分摊的部分。

3. 必要、合理的施救费用。该项损失另行计算，同样以保险金额为限。

对于不适航引起的损失、被保险人及其代表的疏忽或故意行为引起的损失，以及被保险人恪守职责应当发现的正常磨损、锈蚀、腐烂或保养不周或材料缺陷包括不良状态部件的更换或修理，保险人不负赔偿责任；对于战争险与罢工险条款承保的责任与除外责任，保险人在一切险项下亦不负责。

二、保险金额与保险费率

（一）保险金额

远洋船舶的保险金额，以投保标的的保险价值为依据确定。

根据我国《海商法》有关海上保险合同一章中的规定，船舶的保险价值，是保险责任开始时舰艇的价值，包括船壳、机器、设备的价值，以及船上的燃料、物料、索具、给养、淡水的价值和保险费的总和。在此，船舶的保险费亦是投保船舶保险价值的一个组成部分。

运费的保险价值，是保险责任开始时承运人应收运费总额和保险费的总和。

其他保险标的的保险价值，是保险责任开始时保险标的的实际价值和保险费的总和。

在签订远洋船舶保险合同时，上述保险标的的保险金额由被保险人与保险人在各自保险价值范围内确定，保险金额不得超过保险价值；超过保险价值的，超过部分无效。

（二）保险费率

海上保险中的船舶保险费率，由于影响因素甚为复杂，一般不能像火灾保险或国内船舶、货物保险那样采用分类法。保险费率的决定，通常由船东或其经纪人与保险人协议确定。在决定远洋船舶保险的费率时，需要考虑的因素主要有如下几项：

1. 船舶种类及性能。绝大部分从事海上运输的船舶，均属于经过严格监督并实施定期检查的船舶，因而查询相关资料应较为方便。在这方面，船舶的种类、用途、船舶的吨位、性能、船龄，以及以往是否发生过海事等资料，对评估船舶的风险均有重要意义。

2. 航行区域。不同的航行区域，通常有不同的航行风险，在危险区域的航行，其费率自然较一般区域航行要高；对于有海盗出没、发生战争的一些区域，保险人一般审慎承保，甚至拒绝承保，以免无法控制承保风险。

3. 航行季节。海洋气候的季节变化很大，如在大西洋航行，冬季就较夏季风险更大，从而对冬季在大西洋航行的船舶，保险费率自然要高；而对夏季在大西洋航行的船舶，保险费率自然要低。在其他大洋航行，同样有着季节风险的差异，保险人在决定承保费率时应加注意。

4. 船东、船东代表、船长的声誉。凡船东及其代表、船长的声誉好，其管理定然优良，对航海中风险的自我控制能力亦较强，其适用的保险费率显然应当优惠；凡船东及其代表、船长的声誉一般甚至不良，航海中的风险将会加大，有时可能出现恶意的道德风险。因此，保险人在决定承保费率时，应当调查了解船东及其代表、船长的声誉，并采用不同的费率。同时，被保险人对船长的更换，应通知保险人并取得保险人的同意；否则，保险人可以此解除保险合同。

5. 承保项目与承保责任范围的大小，有无扩展责任，对于保险费率的厘定具有相当重要的意义。

6. 同类业务以往的损失记录，以及国际海洋船舶保险费率，均可供保险人参照。

不过，每一笔海洋船舶保险业务的成交，其保险费率都需要保险人与被保险人根据投保标的及责任大小、风险评估等协商确定，从而是保险双方讨价还价的结果。

保险人按照保险费率收取保险费。在航次（程）保险的条件下，自保险责任开始一律不办理退保和退费。

在定期保险的条件下，全部保险费应在承保时一次付清，如保险人同意也可以分期付清，但被保险船舶若在承保期内发生全损，未交付的保险费要立即付清。当被保险人退保或保险合同终止时，保险费自保险终止日起可按净保险费的日比例退还给被保险人；同时，考虑到远洋船舶的风险主要发生在从事远洋运输中，对被保险船舶无论是否在船厂修理或装卸货物，以及在保险人同意的港口或区域内停泊超过 30 天时，停泊期间的保险费按净保险费的日比例的 50% 计算，但船舶发生全损的除外。

三、保险条款

在远洋船舶保险中，有一些条款是必须引起特别注意的。它们或者构成船舶保险合同的重要内容，或者作为重要的附加责任条款，成为约束保险双方权利义务的重要依据。在此，选择部分条款简介于后。

（一）免赔额条款

免赔额条款，亦可称为自负额条款，它是船舶保险中规定由被保险人承担的小额损失，保险人不予赔偿的条款。该条款一般规定，凡被保险船舶因承保责任事故发生，引起每一次意外事故损失，其累计损失额必须达到某一规定金额标准，保险人才负责赔偿，而对于低于规定额的损失，则由被保险人自己承担。

以国内远洋船舶保险条款为例，其对免赔额即有如下规定：承保风险所致的部分损失赔偿，每次事故要扣除保险单规定的免赔额（不包括碰撞责任、救助、共同海损、施救费的索赔）；恶劣气候造成两个连续港口之间单独航程的损失索赔视为一次意外事故。

免赔额的规定，主要以单独海损为准，不适用于船舶的实际全损或推定全损以及由此连带发生的损失防止费用（如船舶搁浅后专为检验船底引起的合理费用等）。

（二）碰撞责任条款

碰撞责任，是承担被保险船舶与其他船舶或物体发生碰撞在法律上应由被保险人承担的民事赔偿责任，包括被碰撞船舶或物体的直接损失，有关的修理费用、救助费用，延迟或丧失使用造成的损失，被碰撞船舶所载货物的损害和灭失以及有关费用。但对碰撞引起的人身伤亡、疾病、油污责任、清除残骸及障碍物等的费用及间接损失，保险人不予负责。

从国际范围考察，各国保险条款对碰撞责任的规定亦存在着差异。例如，在英国，船舶定期保险条款仅承保被保险船舶与其他船舶发生碰撞所引起的3/4的赔偿责任，赔偿限额不超过被保险船舶保险金额的3/4；被保险船舶碰撞码头、浮筒等造成的损失，保险人不负赔偿责任。在美国，船舶保险单承担4/4的碰撞责任。

（三）姐妹船条款

姐妹船条款，是指规定属于同一船东所有的两条或两条以上船舶发生碰撞或救助责任的保险条款。从一般法理出发，姐妹船之间的碰撞或救助不构成法律责任，也不产生赔偿责任或给付救助报酬的义务。然而，在保险实务中，同一船东所有的船舶发生互撞或救助，总会造成一定的经济损失；为避免保险纠纷和补偿被保险人的经济损失，可以本条款订明其责任。因此，姐妹船条款，即将姐妹船视同分属于不同船东所有，对它们之间发生的互撞所导致的损失，按照裁定的责任负责赔偿，对它们之间产生的救助，也按照一般的海上救助惯例支付救助费用，但对此项责任的承担，必须由保险双方认可的仲裁人公断。

（四）运河搁浅条款

该保险条款规定，远洋船舶在一些特定的运河和运河联结点的搁浅不按搁浅论，如巴拿马运河、苏伊士运河、曼彻斯特运河等。

（五）运费保险条款

运费保险是以船舶因运送货物所收取的报酬为保险标的的一种利益损失保险。运费保险条款通常构成船舶保险的扩展责任，但也可以在船舶保险单之外另行购买。

根据我国《海商法》海上保险合同一章规定，船舶所有人对船舶的营运收入有可保利益，运费的保险价值即保险责任开始时承运人应当收取的运费总额加保险费的总和。

（六）船舶战争、罢工险条款

战争、罢工等风险通常是一般财产保险单列为除外不保范围，在远洋船舶保险中亦不例外。不过，因远洋运输中确实存在着这类风险，保险客户又有投保需求，保险人亦设置船舶战争、罢工险条款，作为远洋船舶保险的附加险。

从船舶战争、罢工险条款来看，它承保由于下列原因造成被保险船舶的损失、碰撞责任、共同海损和救助或施救费用：

1. 战争、内战、革命、叛乱或由此引起的内乱或敌对行为。

2. 捕获、扣押、扣留、羁押、没收或封锁，但这种赔案必须从发生日起满六个月才能受理。

3. 各种战争武器，包括水雷、鱼雷、炸弹。

4. 罢工、被迫停工或其他类似事件。

5. 民变、暴动或其他类似事件。

6. 任何人怀有政治动机的恶意行为。

不过，对原子弹、氢弹或其他核武器的爆炸，由被保险船舶的船籍国或登记国的政府或地方当局所采取的或命令的捕获、扣押、扣留、羁押或没收，被征用或被征购，联合国安理会常任理事国之间爆发的战争（不论宣战与否）等造成的损失，保险人仍然不负赔偿责任。

四、集装箱保险

集装箱保险是一种定期保险，它承保集装箱在海上运输中因自然灾害或意外事故遭受的损失。在保险实务中，集装箱保险分为全损险与综合险，集装箱发生损失时，保险人按照承保的险别承担赔偿责任。

集装箱全损险，承保的是集装箱的全部损失风险；集装箱综合险，除承保着集装箱的全部损失风险外，还承保着由于下列原因造成的集装箱的部分损失：

（1）运输船舶的沉没、触礁、搁浅、碰撞引起的损失。

（2）陆上或空中运输工具的碰撞、倾覆及其他意外事故引起的损失。

（3）外来的火灾、爆炸引起的损失。

无论是全损险还是综合险，保险人对共同海损分摊、救助和集装箱受损后的施救费用也负责补偿，但以不超过保险金额为限。

对由于集装箱不符合国际标准、或由于其内在缺陷和特性、或工人罢工、或延迟所引起的损失和费用，正常磨损及其修理费用，集装箱战争险规定的承保责任与除外责任引起的损失，以及第三者责任和费用等，保险人均不负责赔偿。

集装箱战争险条款，是集装箱保险的附加险，它承保集装箱因战争、敌对行为或武装冲突等造成的损失。由于战争、敌对行为或武装冲突引起的拘留、扣押、没收或封锁造成的损失（须自发生之日起三个月后），以及包括水雷、鱼雷或炸弹等常规武器导致的损失，保险人均负责赔偿。

第五节　海上保险的风险控制

一、承保中的风险控制

（一）承保前的风险调查

在承保海上保险业务前，保险人应当开展风险调查，并结合以往此类业务的损失资料，以及国际上同类业务的资料，作为评估承保风险的依据。

保险人的风险调查对象，主要包括：一是承担海上运输任务的承运人，即远洋运输公司，它们因长年从事海洋运输业务而对海上风险最为了解，也是远洋船舶保险的主要客户来源；二是从事海上贸易的保险客户，包括进口商、出口商，它们是直接从事国际货物交易的主要对象，也是海洋运输货物保险的主要客户来源；三是海外代理人，即承保人委托的在海外从事保险检验与理赔代理业务的机构，它们因专门从事海上保险检验与理赔代理，对海上风险亦相当了解，是值得保险人依靠的对象。此外，贷款银行通常也是海上保险风险调查的重要对象之一，因为银行作为国际贸易与海洋运输业的贷款方，不仅同样需要了解海洋运输中的风险，而且需要参与海洋运输业的风险管理。

保前风险调查，目的有二：一是对海上保险面临的宏观风险状况有较全面的了解和基本判断，如哪条航线自然风险大，哪条航线有海盗风险，哪个海区有战争或类似于战争的风险等，以此确定承保原则和宏观对策；二是对投保客户的情况加以调查，包括投保人的资信情况、业务情况，以及投保的具体标的等。这种调查是明确承保条件并管理承保风险的重要基础。

通过承保前的风险调查，保险人即能够对海上保险业务的风险分布特点与风险大小作出比较准确的评价，能够对某些恶性风险有预先控制的时机和条件，能够为承保质量的提高奠定基础。

（二）承保时的风险控制

承保是海上保险经营的首要环节，承保业务质量的好坏，关键在于承保时是否有效地防范和控制了不良风险。在海上保险实务中，保险人在承保环节应当注重下列工作：

1. 明确保险标的，保险人仅对承保标的负责。如远洋船舶、海洋运输货物、运费、有关法律责任等，均需要加以明确。

2. 明确航线，保险人仅对按照保险单上载明的航线运行的被保险船舶、被保险货物及其他保险标的的损失负责。对因故改变航线的行为，保险合同中无特别规定的，保险人对其损失不负责任；有特别规定的，按照特别规定处理。

3. 明确保险险别及责任范围。如海洋运输货物平安险、水渍险、一切险，远洋船舶的全损险、一切险，集装箱的全损险、一切险，上述保险业务的战争、罢工险，以及其他附加险或条款。

4. 明确责任起讫期限。凡采用定期保险单的海上保险业务，其保险责任期限由保险单上载明的起止日为准；凡采取航次（程）保险单的海上保险业务，均使用“仓至仓条款”，但对到达目的地或收货人仓库或中途变更航程者，仍然需要有明确而具体的时间限制，以便控制承保风险。

5. 运用费率、免赔额等经济杠杆，督促被保险人注意防灾防损。如强调远洋船舶的适航性，强调海洋运输货物符合国家或国际规范，等等。

6. 重视利用再保险来分散承保风险。

此外，还需要在承保期间防范海上保险中的道德风险。

二、保险期间的风险控制

海上保险无论是远洋船舶保险，还是海洋运输货物保险等业务，在保险期间，保险人都难以控制其风险，被保险人也会力不从心，因为运输中的风险不仅来自自然界，也来自境外的政治、社会及其他人为因素。

对保险期间的风险控制，主要是明确被保险人的义务，严格执行仓至仓条款，要求被保险人对于保险期间发生的一切意外及时通知保险人，在保险事故发生时采取积极措施抢险救灾，尽可能地减少保险损失。

三、理赔中的风险控制

海上保险的理赔，因出险地往往在境外，保险人很难像在国内这样方便地处理赔案。因此，必须采取有效的措施来控制理赔中的风险。

1. 建立海外代理网，委请适当的代理人。由于海上保险的出险地通常在境外，保险人只有建立自己的海外代理网才可能及时、准确地处理赔案。为此，保险人应当将选择好代理人作为处理海上保险赔案的第一步。选择的标准，应当是经济、经验、资信，即要有利于降低保险人的经营成本，要求对方具有丰富的处理海上保险赔案的经验，要求对方具有较高的资信资格，并对代理的权限进行适当的限制。

2. 及时检验受损货物，严格索赔手续。检验受损货物便成为理赔环节中控制风险的第一步。当被保险货物运抵目的地收货人在当地的第一个仓库或储存处所后，如发现货物受损，被保险人必须在 10 天以内申请检验，以便及时把握货物受损情况。当受损货物检验完后，被保险人索赔必须提供各种规定提供的有效单证。

3. 明确承运人的责任。在海洋运输货物保险实务中，一般按照《海牙规则》确认承运人的责任，根据这一国际规则，各国均在提货单中拟订了具体条款，以明确承运人与托运人的权利与义务，承运人承担的赔偿责任亦有最高限额的规定，保险人主要依据提货单中有关承运人的责任和责任豁免来进行保险追偿。

4. 审慎处理委付。委付主要发生在海上保险中，尽管在推定全损的情形下，保险人可以接受被保险人的委付，但因为委付不单纯是一种权利的转移，同时也是委付标的的义务的转移，是否接受委付便需要保险人审慎考虑，即接受委付后可能获得的权利与可能承担的义务的比较，是保险人考虑接受与否的基本依据。

5. 合理计算赔款。当确定保险标的的损失属于保险人应当赔偿的责任范围时，应当合理计算赔款。主要包括合理处理损余物资，将损余物资作价处理给被保险人并扣抵赔款；扣除免赔额；分清共同海损中的责任；对负有责任的第三者追偿等。

6. 防范保险欺诈。保险欺诈是海上保险中不乏罕见的风险，因此，保险人对此应高度警惕。在理赔环节，更要充分利用自己的理赔经验和广泛的信息网络，不放过任何疑点，对诈骗保险赔款的现象进行严肃处理。在国外一些大的海上保险公司，甚至建立有自己专门的海上保险欺诈侦查队伍，专门负责侦查那些有疑点的海上保险索赔案。

7. 熟悉国际规则和对方国家的有关法律。由于海上保险往往涉及他国的人、物、事，在保险赔案的处理中，也通常需要按照国际规则乃至对方国的有关法律，因此，海上保险的理赔人员不仅应当是一个保险专家，同时也应当是一位熟悉这一领域国际规则的法律专家。

【知识链接】
海损理算师

海损理算是一门特殊的业务，从事此项业务的人被称为海损理算师（Average Adjuster，也被称为海损精算人或海事理赔顾问）。他们以公证人的身份出现，为有需求的、与海洋运输或海上保险有关的任何人提供有偿的服务。海损理算师的服务内容主要包括：（1）进行共同海损的理算；（2）进行与海上风险直接或非直接有关的保险单下的索赔；（3）准备向第三方索赔的报告；（4）划分从第三方索赔回来的款项或出售所得的款项；（5）就上述或相关的问题所出现的争议提供仲裁。值得指出的是，海损理算师出具的海损理算报告等是没有法律效力的，即索赔的一方可以以划分款项或理算报告为依据进行索赔，但不能据此要求法院执行。作为一名优秀的海损理算师，其必须通晓各国理算法律、规则和掌握理算实务，另外还必须熟悉海上运输、海上保险和其他海商海事法律，并了解船舶结构、机器性能和港口作业、拖航、救助等有关知识。

【复习思考题】

一、名词解释

海上保险　海上保险合同　推定全损　单独海损　共同海损　北京理算规则
平安险　水渍险　全损险　一切险　邮包险　姐妹船条款　集装箱保险

二、比较题

1. 试比较沿海及内河船舶保险与远洋船舶保险。
2. 试比较海洋运输货物保险与国内货物运输保险。

三、问答题

1. 海上保险的保险标的包括哪些？
2. 如何理解海上保险中的抛弃行为？
3. 如何理解海上保险中的战争责任条款？
4. 如何理解共同海损及其分摊？
5. 如何理解海洋运输货物中的价格条件？

四、实务题

在某次共同海损中，船舶、货物、运费三种利益，其分担价值分别为500万元、300万元、100万元。在货物利益中，A、B、C三家又各占100万元。现C的货物利益发生20万元的共同海损，问各种利益人应负的分担额是多少？

第十四章
建安工程保险

【学习目标】

学习本章时，应熟悉工程保险的基本内容，重点掌握建筑工程保险、安装工程保险、船舶工程保险的经营实务。

第一节　建安工程保险及其基本特征

一、建安工程保险的概念

建安工程保险是指以各种工程项目为主要承保对象的保险。一般而言，传统的工程保险仅指建筑、安装工程以及船舶工程项目的保险。进入20世纪以后，尤其是第二次世界大战以后，许多科技工程活动获得了迅速发展，随之逐渐形成了科技工程保险，两者在理论与实务中既有相似性，又有差异性。本章仅阐述建筑工程保险、安装工程保险和船舶工程保险，各种科技工程保险将在本书第十五章阐述。

建安工程保险是随着现代工程技术和建筑业的发展，由火灾保险、意外伤害保险及责任保险等演变而成的一类综合性财产保险险种。它最早起源于英国的锅炉爆炸保险，其发展则始于20世纪30年代末。

按照保险市场上的承保惯例，建安工程保险一般分为建筑工程保险、安装工程保险、机器损坏保险、船舶工程保险和科技工程保险。其中：建筑工程保险是以土木建筑为主体的民用、工业用和公共事业用的工程在整个建筑期间因自然灾害和意外事故造成的物质损失，以及被保险人对第三者依法应承担的赔偿责任为保险标的的保险。安装工程保险是指以各种大型机器设备的安装工程项目在整个建筑期间因自然灾害和意外事故造成的物质损失，以及被保险人对第三者依法应承担的赔偿责任为保险标的的保险。船舶工程保险是以建造或拆除中的各类船舶或水上装置为承保对象的工程保险，保险人承担着对被保险人在进行建造或拆除过程中的一切意外损失的赔偿责任，包括船舶（或海上装置、钻井平台）建造保险和拆船保险。科技工程保险则包括航天工程保险、海洋石油开发保险、核能工程保险等。

二、建安工程保险的基本特征

建安工程保险虽然承保了火灾保险和责任保险的部分风险，但与传统的财产保险相比较，它又有自己的特征。

（一）风险广泛而集中

传统的财产保险只承保列明的少数风险，而工程保险的许多险种都冠以“一切险”，即除条款列明的除外责任外，保险人对保险期间工程项目因一切突然和不可预料的外来原因所造成的财产损失、费用和责任，均予赔偿。而船舶工程保险则综合了一般建筑和安装工程保险、船舶保险、保赔保险的主要责任范围，可见，其责任风险十分广泛。

同时，现代工程项目集中了先进的工艺、精密的设计和科学的施工方法，使工程造价猛增，工程项目本身就是高价值、高技术的集合体，从而使工程保险承保的风险基本上都是巨额风险。从工程保险的风险范围分析，由于工程项目的周期相对较长，其风险范围就不仅仅局限于工程的进行过程，还包括工程的验收期和使用的保证期所面临的风险。

（二）涉及较多的利害关系人

在传统财产保险中，投保人是单个的法人或自然人，一般在保险人签发保险单后即成为被保险人。而在工程保险中，由于同一个工程项目涉及多个具有经济利害关系的人，如工程所有人、工程承包人、各种技术顾问及其他有关利益方（如贷款银行等），均对该工程项目承担不同程度的风险，所以，凡对于工程保险标的具有保险利益者，均具备对该工程项目进行投保的投保人资格，并且均能成为该工程保险中的被保险人，受保险合同及交叉责任条款的规范和制约。

（三）建安工程保险的内容存在着交叉性

在建筑工程保险中，通常包含着安装项目，如房屋建筑中的供电、供水设备安装等，而在安装工程保险中一般又包含着建筑工程项目，如安装大型机器设备就需要进行土木建筑打好座基等。在船舶建造保险中，本身就是建筑、安装工程的高度融合。因此，这类业务虽有险种差异，相互独立，但内容多有交叉，经营上也有相通性。

（四）建安工程保险承保技术风险

现代工程项目的技术含量很高，专业性极强，而且可能涉及多种专业学科或尖端科学技术，如兴建核电站、大规模的水利工程和现代化工厂等，因此，从承保的角度分析，工程保险对于保险的承保技术、承保手段和承保能力比其他财产保险提出了更高要求。

（五）建安工程保险通常采用工期保险单

传统财产保险的保险期间通常为1年，期满可以续保。而建安工程保险则采用工期保险单，即建安工程保险的保险期间一般按工期计算，自工程开工之日起至工程竣工之日为止。如果建筑大型综合性工程，有的项目是分期施工并交付使用，因而各个项目的期限有先有后，有长有短。同时，建安工程保险还可以加保保证期保险，对此类保险期限又有特别的要求。因此，建安工程保险的责任期限比传统的财产保险要复杂得多。

（六）大型工程项目保险一般采用招投标方式

国内工程项目承保方式既有直接承保方式，也有通过保险经纪等中介机构办理保险的方式，在一些大型工程项目保险中还采用招投标的方式。工程保险招投标是财产保险市场呼唤公平交易应运而生的一种有组织的保险交易方式。招标人（投保人）对于工程保险的投标人即承保人是否符合中标的条件，主要从保险公司资质、展业领域或地域、承保能力（包括保险赔付能力）、承保经验、独立承保或共同承保、保险费（率）、保险责任、服务承诺、优惠条件乃至风险评估及风险管理方面是否有合理化建议等方面来进行审核。

第二节　建筑工程保险

一、建筑工程保险的适用范围

建筑工程保险承保的是各类建筑工程。在财产保险经营中，建筑工程保险适用于民用、工业用和公共事业用的建筑工程，如房屋、道路、水库、桥梁、码头、娱乐场、管道以及各种市政工程项目的建筑。这些工程在建筑过程中的各种意外风险，均可通过投保建筑工程保险而得到保险保障。

建筑工程保险的被保险人大致包括以下几方面：（1）工程所有人，即建筑工程的最后所有者；（2）工程承包人，即负责承建该项工程的施工单位，可分为主承包人和分承包人，分承包人是向主承包人承包部分工程的施工单位；（3）技术顾问，即由所有人聘请的建筑师、设计师、工程师和其他专业顾问，代表所有人监督工程合同执行的单位或个人；（4）其他关系方，如贷款银行或债权人等。当存在多个被保险人时，一般由一方出面投保，并负责支付保费，申报保险期间风险变动情况，提出原始索赔等。

由于建筑工程的承包方式不同，其投保人也各异。主要有四种情况：

1. 全部承包方式。所有人将工程全部承包给某一施工单位，该施工单位作为承包人（或主承包人）负责设计、供料、施工等全部工程环节，最后以钥匙交货方式将完工的建筑物交给所有人。在此方式中，由于承包人承担了工程的主要风险责任，故而一般由承包人作为投保人。

2. 部分承包方式。所有人负责设计并提供部分建筑材料，施工单位负责施工并提供部分建筑材料，双方各承担部分风险责任，此时可由双方协商，推举一方为投保人，并在合同中写明。

3. 分段承包方式。所有人将一项工程分成几个阶段或几部分分别向外发包，承包人之间是相互独立的，没有契约关系。此时，为避免分别投保造成的时间差和责任差，应由所有人出面投保建筑工程险。

4. 施工单位只提供服务的承包方式。所有人负责设计、供料和工程技术指导；施工单位只提供劳务、进行施工，不承担工程的风险责任。此时应由工程所有人投保。

由于建筑工程保险的被保险人不止一个，而且每个被保险人各有其本身的权益和责任需要向保险人投保，为避免有关各方相互之间的追偿责任，大部分建筑工程保险单附加交叉责任条款。交叉责任条款的基本内容就是：各个被保险人之间发生的相互责任事故造成的损失，均可由保险人负责赔偿，无须根据各自的责任相互进行追偿。

二、保险标的和保险金额

建筑工程保险的标的范围很广，但概括起来可分为物质财产本身和第三者责任两类。为了方便确定保险金额，建筑工程险保单明细表中列出的保险项目通常包括物质损失、特种风险赔偿、第三者责任三个部分。

（一）物质损失

建筑工程保险的物质损失可以分为以下七项。

1. 建筑工程。它包括永久性和临时性工程及工地上的物料。该项目是建筑工程险的主要保险项目，包括建筑工程合同内规定建筑的建筑物主体，建筑物内的装修设备，配套的道路、桥梁、水电设施、供暖取暖设施等土木建筑项目，存放在工地上的建筑材料、设备，临时的建筑工程等。建筑工程的保险金额为承包工程合同的总金额，即建成该项工程的实际造价，包括设计费、材料设备费、运杂费、施工费、保险费、税款及其他有关费用。

2. 工程所有人提供的物料和项目。它是指未包括在上述建筑工程合同金额中的所有人提供的物料及负责建筑的项目。该项保险金额应按这一部分的重置价值确定。

3. 安装工程项目。它是指未包括在承包工程合同金额内的机器设备安装工程项目，如办公大楼内发电取暖、空调等机器设备的安装工程。这些设备安装工程若已包括在承包工程合同内，则无须另行投保，但应在保单中予以说明。该项目的保险金额按重置价值计算，应不超过整个工程项目保险金额的20%；若超过20%，则按安装工程保险费率计收保费；超过50%的，则应单独投保安装工程保险。

4. 建筑用机器、装置及设备。它是指施工用的各种机器设备，如起重机、打桩机、铲车、推土机、钻机、供电供水设备、水泥搅拌机、脚手架、传动装置、临时铁路等机器设备。该类财产一般为承包人所有，不包括在建筑工程合同价格之内，因而应作为专项承保。这部分财产应在清单上列明其名称、型号、规格、制造厂家、出厂年月和保险金额。其保险金额按重置价值确定，即重置与原来相同或相近的机器设备的价格，包括出厂价、运费、保险费、关税、安装费及其他必要的费用。

5. 工地内现成的建筑物。它是指不在承保工程范围内的，归所有人或承包人所有的或其保管的工地内已有的建筑物或财产。该项保险金额可由保险双方当事人协商确定，但最高不得超过其实际价值。

6. 场地清理费。它是指发生保险责任范围内的风险所致损失后为清理工地现场所支付的费用。该项费用一般不包括在建筑合同价格内，需单独投保。对大工程的该项保额一般不超过合同价格的5%，对小工程不超过合同价格的10%。本项费用按第一危险赔偿方式承保，即发生损失时，在保险金额内按实际支出数额赔付。

7. 所有人或承包人在工地上的其他财产。它是指不能包括在以上六项范围内的其他可保财产。如需投保，应列明名称或附清单于保单上。其保险金额可参照以上六项的标准由保险双方协商确定。

以上七项之和构成建筑工程保险物质损失项目的总保险金额。

（二）特种风险赔偿

特种风险是指保单明细表中列明的地震、海啸、洪水、暴雨和风暴，特种风险赔偿则是对保单中列明的上述特种风险造成的各项物质损失的赔偿。为控制巨灾损失，保险人对保单中列明的特种风险必须规定赔偿限额。凡保单中列明的特种风险造成的物质损失，无论发生一次或多次保险事故，其赔款均不得超过该限额。其具体限额主要根据工地的自然地理条件、以往发生该类灾害的记录、工程期限的长短以及工程本身的抗灾能力等因素来确定，一般为物质损失总保险金额的50%～80%。这些百分比均应折算成具体金额表示，但对于特种风险不大或基本没有的地区，可不作规定。特种风险赔偿限额的规定与免赔额的规定类似，在一定程度上减少了保险人的风险责任，因此，特种风险赔偿限额设定的高低也会对保险费率的厘定产生直接影响，并与保险费率成反比例关系。

（三）第三者责任

建筑工程险的第三者责任，是指被保险人在工程保险期内因意外事故造成工地及工地附近的第三者人身伤亡或财产损失依法应负的赔偿责任。第三者责任采用赔偿限额，赔偿限额由保险双方当事人根据工程责任风险的大小商定，并在保险单内列明。建筑工程第三者责任赔偿限额的确定方式一般有：

1. 只规定每次事故赔偿限额，无分项限额、无累计限额。该方式一般适用于第三者责任不大的工程。

2. 不仅规定每次事故赔偿限额，而且规定分项限额，并有累计限额。具体为：首先规定每次事故人身伤亡和财产损失的分项赔偿限额，并规定每人的人身伤亡赔偿限额；然后将分项的人身伤亡赔偿限额加财产损失赔偿限额构成总的每次事故赔偿限额；最后再规定一个保险期限内的累计赔偿限额，即总赔偿限额，它是保险人对建筑工程在整个保险期限内赔偿第三者责任的总限额。该方式一般适用于第三者责任较大的工程。

三、建筑工程保险的责任范围

（一）保险责任

建筑工程保险的保险责任相当广泛，概括起来分为物质部分和第三者责任部分的保险责任，对物质部分还可分为基本保险责任和附加特别保险责任。

1. 物质部分的保险责任。物质方面的保险责任分为基本保险责任和附加特别保险责任，其基本保险责任承保造成物质损失的风险有自然灾害、意外事故和人为灾害三大类。

（1）列明的自然灾害。自然灾害是指地震、海啸、雷电、飓风、台风、龙卷风、风暴、暴雨、洪水、水灾、冻灾、冰雹、地崩、山崩、雪崩、火山爆发、地面下沉下陷及其他人力不可抗拒的破坏力强大的自然现象。建筑工程保险所承保的自然灾害有洪水、潮水、水灾、地震、海啸、暴雨、风暴、雪崩、地陷、山崩、冻灾、冰雹及其他自然灾害（如泥石流、龙卷风、台风等）。

（2）列明的意外事故。建筑工程保险承保的意外事故有：火灾、爆炸；飞机坠毁、飞机部件或物体坠落；原材料缺陷或工艺不善所引起的事故。此外，除外责任以外的其他不可预料的和突然的事故以及发生保险责任范围内的事故后，现场必要的清除费用，在保险金额内，保险人可予赔偿，但这是以被保险人将清理费用单独作为一个标的并交付相应的保险费为前提的。其中，原材料缺陷是指所用的建筑材料未达到既定标准，在一定程度上属于制造商或供货商的责任。这种建筑材料的缺陷必须是通过正常技术手段或在正常技术水平下无法发现的，否则，如果明知有缺陷而使用造成的损失，则属故意行为所致，保险人不予赔偿。工艺不善是指原材料的生产工艺不符合标准要求，尽管本身没有缺陷，但在使用时也会导致事故发生。本条款责任，仅负责由于原材料缺陷或工艺不善造成的其他保险财产的损失，对原材料本身的损失不予赔偿。

（3）人为风险。建筑工程保险承保的人为风险包括：盗窃，工人或技术人员缺乏经验、疏忽、过失、恶意行为。其中，工人、技术人员恶意行为造成的损失必须是非被保险人或其代表授意、纵容或默许的，否则，便是被保险人的故意行为，不予赔偿。

除建筑工程保险有关物质部分的基本保险责任外，有时因投保人的某种特别要求或因工程有其特殊性质需要还可增加额外的风险保障，如罢工、暴乱、民众骚乱条款等。

2. 建筑工程第三者责任部分的保险责任。建筑工程第三者责任部分的保险责任包括在保险期间因建筑工地发生意外事故造成工地及邻近地区的第三者人身伤亡和财产损失且依法应由被保险人承担的赔偿责任，以及事先经保险人书面同意的被保险人因此而支付的诉讼费用和其他费用，但不包括任何罚款。其中，建筑工程第三者责任保险的第三者是除所有被保险人及其与工程有关的雇员以外的自然人和法人；赔偿责任是被保险人在民法项下应对第三者承担的经济赔偿责任，不包括刑事责任和行政责任；赔偿责任不得超过保险单中规定的每次事故赔偿限额或保单有效期内累计赔偿限额。

若一项工程中有两个以上的被保险人，为避免被保险人之间相互追究第三者责任，则由被保险人申请，经保险人同意，可加保交叉责任条款。该条款规定，除所有被保险人的雇员及可在工程保险单中承保的物质标的外，保险人对保险单所载每一个被保险人均视为单独承保的被保险人，对他们的相互责任而引起的索赔，保险人均视为第三者责任赔偿，不得向负有赔偿责任的被保险人追偿。

（二）除外责任

同保险责任一样，建筑工程保险的除外责任也分为物质部分和第三者责任部分的除外责任，各有特定的内容。

1. 物质部分的一般除外责任。它可分为两类：一类是与火灾保险共有的除外责任；一类是建筑工程险特有的除外责任。后者则包括下列七项：

（1）错误设计引起的损失、费用或责任。建筑工程的设计通常是由被保险人自己或其委托的设计师进行的，因此，设计错误引起的损失、费用等被视为被保险人的责任，故保险人不予负责。同时，设计师的责任可通过相应的职业责任保险提供保障。

（2）换置、修理或矫正标的本身原材料的缺陷或工艺不善所支付的费用。

（3）非外力引起的机械或电器装置的损坏或建筑用机器、设备装置失灵。

(4) 全部停工或部分停工引起的损失、费用或责任。

(5) 保单中规定应由被保险人自行负担的免赔额。

(6) 领有公共运输用执照的车辆、船舶、飞机的损失。

(7) 建筑工程保险的第三者责任保险条款规定的责任范围和除外责任。由于保险标的不同，其遭受的风险各异，因而对一些特殊的保险标的除上述除外责任外，保险人还有必要规定特别除外责任，以限制其责任。常用的物质部分特别除外责任条款主要有隧道工程特别除外责任条款和大坝水库工程特别除外责任条款。

2. 第三者责任保险的除外责任。它包括以下几项：

(1) 明细表中列明的应由被保险人自行承担的第三者物质损失的免赔额，但对第三者人身伤亡不规定免赔额。

(2) 领有公共运输用执照的车辆、船舶、飞机造成的事故，因本项应由有关的运输工具第三者责任保险承担。

(3) 被保险人或其他承包人在现场从事有关工作的职工的人身伤亡和疾病；被保险人及其他承包人或他们的职工所有或由其照管、控制的财产损失。因为这些人均不属于建筑工程保险中的第三者范围。

(4) 由于震动、移动或减弱支撑而造成的其他财产、土地、房屋的损失或由于上述原因造成的人身伤亡或财产损失。但若被保险人对该类责任有特别要求，则可作为特约责任加保。

(5) 被保险人根据与他人的协议支付的赔偿或其他款项。

四、建筑工程保险的费率

(一) 厘定建筑工程保险费率的依据

厘定建筑工程保险费率的依据主要根据以下因素确定：保险责任范围的大小；工程本身的危险程度；承包人及其他工程关系方的资信、经营管理水平及经验等条件；保险人本身以往承保同类工程的损失记录；工程免赔额的高低及第三者责任和特种风险的赔偿限额。

(二) 建筑工程保险费率的组成

建筑工程险的费率一般由以下几个方面组成：

1. 建筑工程所有人提供的物料及项目、安装工程项目、场地清理费、工地内已有的建筑物、所有人或承包人在工地的其他财产等，为一个总的费率，整个工期实行一次性费率。

2. 建筑用机器、装置及设备为单独的年度费率，如保期不足一年，则按短期费率计收保费。

3. 保证期费率，实行整个保证期的一次性费率。

4. 各种附加保险增收费率，实行整个工期一次性费率。

5. 第三者责任保险，实行整个工期一次性费率。

对于一般性的工程项目，为方便起见，在费率构成考虑了以上因素的情况下，可以只规定整个工期的平均一次性费率。但在任何情况下，建筑用施工机器装置及设备必须单独以年费率为基础开价承保，不得与总的平均一次性费率混在一起。

第三节　安装工程保险

一、安装工程保险的特点

安装工程保险，是指以各种大型机器设备的安装工程项目在安装期间因自然灾害和意外事故造成的物质损失，以及被保险人对第三者依法应承担的赔偿责任为保险标的的保险，简称安工险。它与建筑工程保险同属综合性的工程保险业务，但与建筑工程保险比较，又有其明显的特点。

（一）以安装项目为主要承保对象

安装工程保险以安装项目为主体的工程项目为承保对象。虽然大型机器设备的安装需要进行一定范围及一定程度的土木建筑，但安装工程保险承保的安装项目始终在投保工程建设中占主体地位，其价值不仅大大超过与之配套的建筑工程，而且建筑工程本身亦仅仅是为安装工程服务的。

（二）安装工程在试车、考核和保证阶段风险最大

在建筑工程保险中，保险风险责任一般贯穿于施工过程中的每一环节。而在安装工程保险中，机器设备只要未正式运转，许多风险就不易发生。虽然风险事故的发生与整个安装过程有关，但只有到安装完毕后的试车、考核和保证阶段，各种问题及施工中的缺陷才会充分暴露出来。

（三）承保风险主要是人为风险

各种机器设备本身是技术产物，承包人对其进行安装和试车更是专业技术性很强的工作，在安装工程施工过程中，机器设备本身的质量如何，安装者的技术状况如何，责任心如何，安装中的电、水、气供应以及施工设备、施工方式方法等均是导致风险发生的主要因素。因此，安装工程虽然也承保着多项自然风险，但与人的因素有关的风险却是该险种中的主要风险。

二、安装工程保险的适用范围

安装工程保险的承保项目，主要是指安装的机器设备及其安装费，凡属安装工程合同内要安装的机器、设备、装置、物料、基础工程（如地基、座基等）以及为安装工程所需的各种临时设施（如临时供水、供电、通信设备等）均包括在内。此外，为完成安装工程而使用的机器、设备等，以及为工程服务的土木建筑工程、工地上的其他财物、保险事故后的场地清理费等，均可作为附加项目予以承保。安装工程保险的第三者责任保险与建筑工程保险的第三者责任保险相似，既可以作为基本保险责任，也可作为附加或扩展保险责任。

同建筑工程险一样，所有对安装工程保险标的具有保险利益的人均可成为被保险人，均可投保安装工程险。安装工程险的被保险人主要包括以下几方：（1）工程所有人。（2）工程承包人，包括主承包人和分承包人。（3）供货人，即负责提供被安装机器设备的一方。（4）制造商，即被安装机器设备的制造人。如果供货人和制造人为同一人，或者制

造人和供货人为共同被保险人，在任何条件下，安装工程保险对制造人风险的直接损失都不予负责。(5) 技术顾问。(6) 其他关系方，如贷款银行或其他债权人等。

三、保险标的和保险金额

安装工程保险的标的范围很广，但与建筑工程险一样，也可分为物质财产本身和第三者责任两类。其中，物质财产本身包括安装项目、土木建筑工程项目、场地清理费、所有人或承包人在工地上的其他财产；第三者责任则是指在保险有效期内，因在工地发生意外事故造成工地及邻近地区的第三者人身伤亡或财产损失，依法应由被保险人承担的赔偿责任和因此而支付的诉讼费及经保险人书面同意的其他费用。上述各项保险金额之和即为该安装工程险的保险金额。为了确定保险金额的方便，安装工程险保单明细表中列出的保险项目通常也包括物质损失、特种风险赔偿、第三者责任三个部分，其中，后两项的内容和赔偿限额的规定均与建筑工程险相同，故不再赘述。

安装工程险的物质损失部分包括以下几项：

1. 安装项目。这是安装工程险的主要保险标的，包括被安装的机器设备、装置、物料、基础工程（地基、机座）以及安装工程所需的各种临时设施，如水、电、照明、通讯等设施。安装项目保险金额的确定与承包方式有关，若采用完全承包方式，则为该项目的承包合同价；若由所有人投保引进设备，保险金额应包括设备的购货合同价加上国外运费和保险费（FOB 价格合同）、国内运费和保险费（CIF 价格合同）以及关税和安装费（包括人工费、材料费）。安装项目的保险金额，一般按安装合同总金额确定，待工程完毕后再根据完毕时的实际价值调整。

2. 土木建筑工程项目。这是指新建、扩建厂矿必须有的工程项目，如厂房、仓库、道路、水塔、办公楼、宿舍、码头、桥梁等。土木建筑工程项目的保险金额应为该项工程项目建成的价格，包括设计费、材料设备费、施工费、运杂费、保险费、税款及其他有关费用等。这些项目一般不在安装工程内，但可在安装工程内附带投保。其保险金额不得超过整个安装工程保额的 20%；超过 20% 时，则按建筑工程险费率收保费；超过 50%，则需单独投保建筑工程险。

3. 场地清理费。保险金额由投保人自定，并在安装工程合同价外单独投保。对于大工程，一般不得超过工程总价值的 5%；对于小工程，一般不得超过工程总价值的 10%。

4. 为安装工程施工用的承包人的机器设备。其保险金额按重置价值计算。

5. 所有人或承包人在工地上的其他财产。保额按重置价值计算。

上述五项保险金额之和即构成物质损失部分的总保险金额。

四、保险责任和除外责任

（一）保险责任

安装工程保险的保险责任相当广泛，概括起来分为物质部分和第三者责任部分的保险责任，对物质部分还可分为基本保险责任和附加特别保险责任。

安装工程险在保险责任规定方面与建筑工程险略有区别。安装工程保险物质部分的保险责任除与建筑工程险的部分相同外，一般还有以下内容：

1. 安装工程出现的超负荷、超电压、碰线、电弧、走电、短路、大气放电及其他电气引起的事故。

2. 安装技术不善引起的事故。"技术不善"是指按照要求安装但没达到规定的技术标准，在试车时往往出现损失。这是安装工程险的主要责任之一。承保这一责任时，应要求被保险人对安装技术人员进行技术评价，以保证技术人员的技术水平能适应被安装机器设备的要求。

除安装工程保险有关物质部分的基本保险责任外，有时因投保人的某种特别要求或因工程有其特殊性质需要增加额外的风险保障，因此，通常在基本保险责任项下可附加保险责任。物质部分的附加保险责任可供选择的条款一般有：罢工、暴乱、民众骚乱条款；工地外储存物质条款；有限责任保证期条款；扩展责任保证期条款；使用、移交财产条款等。

安装工程第三者责任保险的保险责任与建筑工程第三者责任保险的相同。

若一项工程中有两个以上被保险人，为了避免被保险人之间相互追究第三者责任，则由被保险人申请，经保险人同意，可加保交叉责任险。

（二）除外责任

安装工程保险物质部分的除外责任，多数与建筑工程险相同，所不同的是：建筑工程保险将设计错误造成的损失一概除外；而安装工程保险对设计错误本身的损失除外，对由此引起的其他保险财产的损失予以负责。

安装工程第三者责任保险的除外责任与建筑工程第三者责任保险的除外责任相同，在此不再赘述。

五、安装工程保险的费率

安装工程保险的费率主要由以下各项组成：

1. 安装项目。土木建筑工程项目、所有人或承包人在工地上的其他财产及清理费为一个总的费率，整个工期实行一次性费率。

2. 试车为一个单独费率，是一次性费率。

3. 保证期费率，实行整个保证期一次性费率。

4. 各种附加保障增收费率，实行整个工期一次性费率。

5. 安装、建筑用机器、装置及设备为单独的年费率。

6. 第三者责任保险，实行整个工期一次性费率。

第四节　船舶工程保险

船舶工程保险，是以被保险人建造或拆除船舶及各种海上装置过程中所造成的船舶和设备损失以及第三者责任为保险标的的工程保险。它包括船舶建造保险和拆船保险。

一、船舶建造保险

船舶建造保险是以建造中的各类船舶和水上浮动物体为保险标的的保险。通常由承包人或船厂投保，船厂将保险费列入成本并承担交船前的风险，故国外又称之为"建造人风险保险”。在船舶建造保险中，被保险人包括船厂、船舶所有人和债权人。

（一）船舶建造保险的保险标的与保险金额

船舶建造保险的保险标的包括建造船舶或海上装置的原材料、建造中的船壳和机器设备、承包人或分承包人提供的机器设备，以及民事损害赔偿责任。

船舶建造保险的保险金额，按船舶或海上装置的建成价格或最后合同价格计算确定。在国际船舶建造保险市场上，由于价格变化等因素的影响，供、订货双方签订的船舶建造合同在保险期内可能有变化，因此，投保人投保时只能以暂定价值作为保险金额，在船舶建成或确定最后合同价格后通知保险人调整保险金额，保险费亦按最后确定的保险金额确定，对暂定价值超过或低于保险价值的部分，保险人退还或按比例加收保险费。若保险标的中途出险，则保险人一般以合同价作为赔付的最高限额。同时，通常还要规定一定的绝对免赔额。

（二）船舶建造保险的责任范围

1. 保险责任。船舶建造保险所承担的风险责任，实质上综合了建安工程保险、货物运输保险、船舶保险、保赔保险、责任保险、普通财产保险等业务的主要内容。船舶建造保险承保被建造船舶及其所有被列入该船舶保险价值内的一切材料、机械、设备和在造船厂范围内的装卸、运输、保管、安装以及船舶下水、进出坞、停靠码头过程中，由于下列原因所造成的损失、费用和责任，保险人负责赔偿：

（1）船舶或海上装置在整个建造过程中因遭受各种自然灾害和意外事故造成的损失及费用。

（2）由于船长、船员、引水员、造船人员的疏忽过失以及船壳和设备机件的潜在缺陷造成的损失及费用，保险船舶任何部分因设计错误而引起的损失（设计错误部分本身的损失和费用除外）。

（3）因船台、支架和其他类似设备的损坏或发生故障而造成的损失和费用。

（4）在保险船舶下水失败后为重新下水所产生的费用。

（5）为确定保险责任范围内损失所支付的合理费用，以及对船舶搁浅后为检查船底而支付的费用，即使没损失，保险人也予以负责。

（6）共同海损牺牲和分摊，救助费用。

（7）发生碰撞事故后，保险船舶对被碰撞船舶及其所载货物、浮动物件、船坞、码头或其他固定建筑物损失和延迟，丧失使用的损失以及施救费用、共同海损和救助费用依法应负的赔偿责任，但以保险船舶的保险金额为限。

（8）保赔责任，即保险船舶遭受船舶建造保险责任范围内的损失事故后引起的清除保险船舶残骸的费用、对第三者人身伤亡赔偿责任，可按我国保障与赔偿条款的有关规定给予赔偿，但以保险船舶的保险金额为限。

（9）发生碰撞或其他事故后，被保险人在事先征得保险人书面同意后，力争以限制赔偿责任所支付的诉讼费用。

2. 除外责任。船舶建造保险对下列损失、费用和责任，均不负赔偿责任：

（1）战争或类似战争行为，即由于战争、敌对行为、武装冲突、炸弹的爆炸、战争武器、没收、征用、罢工、暴动、民众骚动引起的损失、费用和责任以及任何人的恶意行为或政治动机所引起的任何损失。

（2）由于任何国家或武装集团的拘留、扣押、禁制，使航程受阻或丧失。

（3）核反应、辐射或放射性污染引起的损失或费用。

（4）由于被保险人故意或非法行为所造成的损失。

（5）对设计错误部分本身的修理、修改、更换或重建的费用及为了改进或更改设计所发生的任何费用；因为这是由职业责任保险所承保的风险。

（6）由于被保险人对雇佣人员的死亡、伤残或疾病所应承担的责任和费用；因为这是由雇主责任保险所承保的风险。

（7）建造合同规定的罚款以及由于拒收和其他原因造成的间接损失。

（8）保险责任所列明的保险责任以外的任何损失、费用和责任。

（三）保险费率和保险费

保险人在厘定船舶建造保险的费率时，由于这项业务的国际性，一般参照英国伦敦保险联合委员会的造船险费率规章并根据当地的实际风险等确定，并考虑一系列影响的因素。在保险费计算方面，船舶建造保险通常由基本保费和工期保费两部分组成，前者是按不同类型船舶的费率收取的固定保险费，后者是按建造工期长短的月费率收取的保险费。其计算公式为

$$保险费 = 保额 \times (基本费率 + 建造月份 \times 月费率)$$

二、拆船保险

拆船保险是以拆船人在拆除废旧船舶过程中因意外灾害事故和自然灾害造成的损失作为保险标的的工程保险。拆船保险的保险标的主要是应拆的船舶或海上装置，包括拆卸的回收品、再生品、回炉品、用于拆船工程的浮吊、起重机械设备、驳船、铲车、工具、器材等亦列入拆船保险的承保项目范围。

拆船保险的保险金额分两项确定：一是被拆船舶本身的保险金额以该被拆船舶的买入价作为确定保险金额的依据；二是拆船工具、设备等均以拆船人的账面价值为确定保险金额的依据。当发生保险责任事故损失时，上述两项损失的赔付也以各自的保险金额为最高限额，但对于施救、保护及整理费用则在保险金额限度内另行计算赔付。

在保险责任方面，主要风险是火灾，其次是拆船中的过失责任事故以及各种自然灾害。与各类工程保险相似，拆船保险亦采用工期保险单，即保险责任期限以拆船开工之日至全部拆卸完工之日为起讫。

第五节　建安工程保险的风险控制

一、承保中的风险控制

（一）建筑工程保险承保的风险控制

1. 承保前的风险调查。保险人在承保建筑工程项目的保险业务时，应对建筑工程项

目及有关各方进行风险调查，其调查的主要内容包括：（1）建筑工程本身的种类、性质及风险程度。（2）建筑工程项目所在地的自然环境和位置、有何特别明显的自然灾害威胁。（3）设计单位的技术水平及资信情况。（4）承包人的技术水平、经营管理水平及资信情况。（5）工期长短及进度。（6）工程造价和质量考核方式。（7）原材料的供应、厂方及质量情况。（8）建筑工程合同的内容。（9）投保人及被保险人的数量及相互关系。（10）施工中的第三者责任风险大小。（11）其他有关情况。经过上述风险调查，保险人应当对风险作出适当评价，根据自身承保能力决定是否承保。

2. 现场查勘。除了解、查阅上述资料外，保险人或代理人还须进行现场查勘，并就下列各项作出查勘记录：（1）工地的位置、地势及周围的环境。如邻近建筑物及人口分布状况，是否靠海（江、河、湖）以及道路和运输条件等。（2）厂房等土建项目的状况，如砖混结构、钢筋混凝土结构、木结构等。（3）工地内有无现成建筑物和其他物资及其位置、状况。（4）储存物资的库场状况、位置及运输距离、方式等。（5）工地安全保卫及其设施状况，如防火、防水、防盗措施等。

3. 划分危险单位，进行风险评估。风险评估是根据对承保标的所掌握的各有关情况、数据，结合以往承保的经验，对保险人在工程期间可能承担的风险大小作出科学的分析和估算。它是保险人正确确定承保条件、厘定费率、办理分保以及开展防灾防损工作的依据，是建筑工程险承保工作一个十分重要的环节。许多著名的外国保险人承保建筑工程险时对此都十分重视，并由各种工程技术专家配合业务人员进行。风险评估的关键在于合理、准确地划分风险单位并测算最大可能损失。

4. 确定赔偿限额和免赔额。对承保地震、海啸、洪水、暴雨和风暴特种风险的，必须规定赔偿限额。对建筑工程的第三者责任保险则按惯例规定赔偿限额。与此同时，为促使被保险人加强对工地现场的安全防护工作、减少事故的发生、限制经常性的小额索赔、减少双方事务性开支，建筑工程险通常还规定适当的免赔额。按照保险项目的种类，建筑工程险的免赔额分为三类：（1）物质损失免赔额。包括建筑工程免赔额，一般为保险金额的0.5%～2%，对自然灾害的免赔额大一些，对其他灾害的免赔额则小一些。建筑用机器装置及设备，免赔额一般为保险金额的5%，或者同时规定损失金额的15%～20%，以高者为准。其余保险项目的免赔额一般为保险金额的2%，而对场地清理费一般不单独规定免赔额。（2）特种风险的免赔额，应视风险大小而定。（3）第三者责任免赔额仅对财产损失部分有免赔额规定，可按每次事故赔偿限额的1‰～2‰计算，由被保险人和保险人协商确定。除非另有规定，人身伤亡部分一般不规定免赔额。以上每项免赔额，均为每次事故的绝对免赔额。此外，在填写投保单和出立保险单时，均应如实、认真地填写，以防出现差错，引起纠纷，从而避免意外损失。

（二）安装工程保险承保的风险控制

1. 安装工程保险承保的风险调查。保险人在承保安装工程保险业务时，除充分注重安装工程项目的自身特点外，还应向投保人索取并认真查阅与安装工程有关的文件资料，主要包括供货合同、承包合同、设计书、工程进度表、现场平面图等，同时还应作细致的风险调查。调查的内容主要有：（1）机器设备的种类、性质和危险程度。（2）安装施工现场的自然地理环境和位置，如降雨量、地下水位，占主导地位的风力、风向，地质状况以及有无台风、洪水、地震等巨大灾害的可能性等。(3) 机器设备的产地、厂家及其质量状况。(4) 承包人的技术、经营管理水平及资信状况。(5) 有无配套工程，是室内还是露天安装。(6) 工期长短及进度。(7) 试车、考核及保证期的有关规定。(8) 工程合同涉及的利害关系方及他们在工程中与风险责任的关系。(9) 各具体分项的价值，包括机器设备、材料、工程临时设施的价格及从属费用（运费、税款、安装费)，以及各分项的分布情况、彼此相隔的距离和是否通连等。(10) 其他有关情况。

2. 现场查勘。除了解、查阅上述资料外，保险人还须进行现场查勘，并就下列各项作出查勘记录：(1) 工地的位置、地势及周围的环境。如邻近建筑物及人口分布状况，是否靠海（江、河、湖）以及道路和运输条件，有何风险因素等。(2) 厂房等土建项目的状况，如砖混结构、钢筋混凝土结构、木结构等。(3) 工地内有无现成建筑物和其他物资及其位置、状况。(4) 储存物质的库场状况、位置及运输距离、方式等。(5) 工地安全保卫及其设施状况，如防火、防水、防盗措施等。(6) 安装过程中最危险的部分、项目及阶段。

3. 进行风险评估。安装工程保险最大可能损失的测算同建筑工程保险测算一样。它通常先找出安装工程中最易受损的项目及位置，估计该项目出险后可能受损的程度，然后根据其位置估计它对其他项目以及整个工程的可能波及程度，最后再根据各个项目的保额，算出整个工程的最大可能损失的数据。

4. 根据投保人填写的投保单确定保险单的各项内容。投保人提交投保单时，要求其同时附上工程有关文件、图纸，包括工程合同、工程概算表、工程设计书、工程进度表等。安装工程保险的投保单与保险单的内容与填写要求大致与建筑工程保险的相同，即包括工程关系方，工程名称和地点，安装期限（含试车考核期)，物质损失投保项目和保险金额，特种风险赔偿限额和免赔额，被安装机器设备的情况，工地及附近的自然条件情况，第三者责任赔偿限额和免赔额，保证期保险，被保险人是否已向其他保险人投保等。上述各栏要求尽可能详细，特别是要求投保人必须如实、认真地填写。如遇专业性较强的内容，保险人应予以指导。必须指出，被安装的机器是安装工程保险的主要标的，价值高且涉及制造、供货人的风险责任，必须根据这些机器设备的说明书详细填明，以便在涉及供货人责任时及时进行追偿，同时也有助于对总保额的构成有所了解。安装前设备储存地点、条件及保管方法也要填写清楚。如存放在工地范围之外，投保人应指明地点并要求扩展保险保障，否则，保险人对在保单上未列明的工地发生的损失概不负责。

5. 规定赔偿限额和免赔额。可参见建筑工程保险。

（三）船舶工程保险承保的风险控制

为了控制船舶建造保险的风险，在承保时，一是要进行风险调查，二是要明确被保险人的业务，三是要限制承保区域。

1. 船舶建造保险承保前的风险调查。保险人在正式承保船舶建造保险业务前，应进行风险调查，其内容主要包括：建造人的船台、船坞构造情况及有关技术指标，建造人厂区内的仓储条件及厂内运输系统是否完善，建造人建造同类船舶的能力、技术力量及以往的损失，船东、供货人及其他关系方的资信、技术能力及与建造的关系，建造人的管理水平及防灾防损设施是否完备，建造船舶的种类、吨位、用途、特点及建造方法，船上主要机器设备尤其是主机的技术性能及可靠性，预计动工、上船台、下水、试航、交船日期等，试航的海域、季节及日期、距离九项内容。

2. 明确投保人和被保险人义务。这些义务主要包括：(1) 投保人投保时应提供建造合同副本和建造进度表等文件。(2) 被保险人应遵守有关安全法令，采取合理的预防措施，避免发生意外事故，保险人代表有权对船舶的建造情况进行查勘，被保险人应提供便利，对保险人代表提出的防损建议，应认真考虑并付诸实施。(3) 被保险船舶发生本保险单责任范围内的事故后，被保险人应立即通知保险人，并采取一切必要措施救护，防止损失扩大。对被保险人因此而支付的合理措施费用，保险人可予偿付，但以不超过受损保险项目的保险金额为限。如需进行修理时，应事先征得保险人同意。(4) 保险单承保的风险如有任何实质性变动，被保险人应及时以书面通知保险人，办理批改手续。(5) 被保险船舶的损失涉及第三者责任时，被保险人必须采取必要措施向责任方追偿，为此而必须支付的合理费用保险人可予偿付。被保险人及其代表对上述规定的义务如故意不执行，保险人可不负赔偿责任。

3. 限制船舶建造保险的承保区域。为了有效控制船舶建造保险的风险，保险人对保险风险须作出承保区域的限制规定，即保险责任事故必须发生在规定的承保区域范围以内，保险人才予负责。保险人的这项规定一般分以下两个阶段确定：

(1) 建造期间，限于造船厂范围内。建造船舶所需的材料、机器、设备在造船厂范围以外的任何运输、装卸、保管和建造船舶在造船厂范围以外的任何拖航必须事先通知保险人并交付规定的保险费后，方予负责。

(2) 试航、交船期间。船舶建成后，要通过试航、交船环节才告工程结束。对此，保险人根据船舶规模大小，规定其单程自航距离，一般规定为：2 万总吨以上的船舶的单程自航距离限于 500 海里，0.1 万总吨至 2 万总吨船舶的单程自航距离限于 250 海里，0.1 万总吨以下船舶的单程自航距离限于 100 海里。如超过上述距离，必须事先通知保险人，并交付规定的保险费后，方予负责。

二、保险期间的风险控制

(一) 建筑工程保险保险期间的风险控制

建筑工程保险的保险期间包括从开工到完工的全过程，由投保人根据需要确定。一些大型综合性工程，由于各个部分的工程项目是分期施工的，如投保人要求分期投保，经保险人同意后也可分别规定保险期间。根据建筑工程保险的特点，保险期间的风险控制主要包括如下几方面：

1. 控制保险责任的开始时间。建筑工程保险的保险期限开始有两种情况，一是自工程破土动工之日起，二是自用于被保险项目的材料、设备卸至工地时起，两者以先发生者为准。动工日包括打地基在内，若经被保险人要求也可自打完地基开始，但应在保单中注明。

2. 控制保险责任的终止时间。保险责任的终止有以下几种情况，以先发生者为准：

(1) 保单规定的终止日期；(2) 建筑工程完毕移交给所有人时；(3) 所有人开始使用时，若部分使用，则该部分责任终止。

3. 控制保证期。工程完毕后，一般还有一段保证期，在保证期间如发现工程质量有缺陷甚至造成损失，根据承包合同承包人须负赔偿责任，这是保证期责任。保证期责任加保与否，由投保人自行决定，但加保则要加交相应的保费。保证期有两种加保方法，即有限责任保证期和扩展责任保证期。

4. 控制保险期限的扩展时间。在保单规定的保险期限内，若工程不能按期完工，则由投保人提出申请并加交规定保费后，保险人可签发批单，以延长保险期限。其保费按原费率以日计收，也可根据当地情况或风险大小增收适当的百分比。

5. 通过有关义务条款要求被保险人按规范标准施工。

此外，保险人应当到建筑工地进行防损检查，有针对性地提出整改建议，帮助被保险人加强风险管理。

（二）安装工程保险保险期间的风险控制

安装工程保险的保险期间包括从开工到完工的全过程，由投保人根据需要确定。与建筑工程保险相比，安装工程保险项下多了一个试车考核期间的保险责任。其在保险期间的风险控制主要包括：

1. 控制保险责任的开始时间。在保单列明的起期日前提下，安装工程保险的保险责任开始有两种情况，即自投保工程动工之日起或自被保险项目的设备、材料卸至施工地点时起，两者以先发生者为准。

2. 控制保险责任的终止时间。保险责任的终止有以下几种情况，以先发生者为准：(1) 保单规定的终止日期；(2) 安装工程完毕移交给所有人时；(3) 所有人开始使用时，若部分使用，则该部分责任终止。

3. 控制试车考核期。安装工程保险保险期内一般应包括试车考核期。试车考核期是工程安装完毕后的冷试、热试和试生产期。冷试是指单机冷车运转，热试是指全线空车联合运转，试生产是指加料全线负荷联合运转。考核期的长短根据工程合同上的规定来决定，试车考核期的责任以不超过 3 个月为限。若超过 3 个月，则应另行加费。试车考核期的出险率最高，往往占整个工期出险的一半甚至 80% 以上，因此，对考核期的承保应非常慎重。对于旧的机器设备，则一律不负责试车，试车开始，保险责任即告终止。

4. 控制保证期。与建筑工程保险一样，安装工程完毕后，一般还有一段保证期，若加保，亦应注意选择。保证期有两种加保方法，即有限责任保证期或扩展责任保证期。

5. 控制保险期间的扩展时间。在保单规定的保险期间内，若安装工程不能按期完工，而被保险人要求延长保险期间时，则由投保人提出申请并加交规定保费后，保险人方可签发批单，以延长保险期。其保费按原费率以日计收，也可根据当地情况或风险大小增收适当的百分比。

6. 防损检查。在保险期间，保险人应经常深入施工现场了解工程进度，发现隐患，尤其须加强在试车期间的防灾防损工作。

（三）船舶工程保险保险期间的风险控制

由于船舶建造的过程一般包括开工、上船台（船坞）、下水、试航及验收交接四个阶段，所以保险期间一般根据投保人的要求从开工、上船台或下水至验收交接为止，保险单中应订明责任起讫日期。我国船舶建造保险的保险期间为保险单列明的保险期限内从保险船舶建造开工之日或上船台之日起生效，直至保险船舶建成交付订货人或船舶所有人或保险期限满期时止。两者以先发生者为准。

从责任开始来看，若是在投保前已分配在船上的物资和机械设备，则自保险单中列明的保险起始日开始时生效。若是在保险开始生效后分配或交付给建造人的物资和机械设备，则自分配或交付时生效。

从责任终止来看，如果船舶或海上装置在保险期间终止日前办理了交接，保险责任在交接后即告终止。如果船舶或海上装置在保险期满日后交接，除非事先办理了展延保险期限手续或保险单上规定有展延期限条款，否则，仍将在保单上注明的期满日终止保险责任。在保险单列明的保险期限内，保险船舶若提前交付给所有人满 1 个月者，则保险人可退还被保险人规定的保险费，不足 1 个月者不退费。若超过保险期限交付，则必须事先书面通知保险人办理展延保险期限手续。展延期满 1 个月者，保险人应收规定的保险费；不足 1 个月者，则不加收保险费。

三、理赔中的风险控制

（一）建筑、安装工程保险理赔的风险控制

建筑、安装工程保险的理赔基本程序包括：出险通知、现场查勘、责任审核、核定损失、损余处理、计算赔款、赔付结案。被保险人在发生保险责任范围内的事故后，应及时通知保险人。保险人应尽快赶到事故现场予以查勘定损，根据事故发生的时间、地点及原因来审核是否属于保险人应承担的保险责任，如果属于保险事故的损失，应按保险单赔付。

对各承保项目的损失，按发生损失的账面金额或实际损失赔付。对于第三者责任事故造成他人的财产损失和人身伤亡，分别按保险单规定在赔偿限额内予以赔付。对于施救、保护、清理费用，应与保险项目和第三者责任保险分别计算，且以保险项目发生损失当天的账面金额为限，同时，保险人支付赔款时要扣除有关财产物质的残值。

在理赔时控制风险的方法主要有：

1. 被保险人在索赔时除提供事故报告外，还须提供保险单、损失清单、账册等保险人认为有必要提供的单证，并严格审核各种单证，审核被保险人是否履行了相应的义务。

2. 在现场查勘定损时，要查勘出险的原因和经过、组织施救和整理工作过程，提取有关单证并拍摄受损现场照片，对照保单核实有关情况，尤其要分析风险事故是否属于保险事故，从而确定是否承担赔付责任。

3. 在定损时，要准确估算保险标的的全部损失、保险标的的部分损失、施救整理费用、第三者赔偿金额、必要的现场清除费用等。

4. 在计算赔款时，若为不足额保险，则采取比例赔偿方式。若为足额或超额保险，

则按实际损失赔偿。若为重复保险，则采用比例责任制的分摊方式，同时，扣除残值和免赔额得赔偿金额。

5. 在损失赔付后，保额应相应减少，要出立批单说明保险财产哪一项从何时起减少多少保额，要与明细表中的保险财产项目一致。对减少部分的保额不退回保费，若被保险人要求恢复保额，则应出具批单说明，并对恢复部分按日比例增收保费。

尽管建筑工程保险和安装工程保险在责任分析上依据的保险责任条款不同，但二者理赔总的原则、要求、内容、程序都是相同的，故不再论述。

（二）船舶工程保险理赔的风险控制

为了在理赔方面控制船舶建造保险的风险，保险人主要应做到：

1. 要求被保险人提供必要的单证和文件。在被保险人索赔时，应书面说明事故经过、原因，并提供损失清单、发票、检验报告等必要单证和文件，如涉及第三者责任，还须提供向责任方追偿的有关函电及其他必要单证或文件。

2. 针对不同情况采取相应的理赔方式。

（1）保险人负责赔偿合理的配件和修理费用，并且不扣除以新代旧的折扣。

（2）对被保险船舶由于每一事故引起的部分损失，包括施救费用、船舶碰撞、清除保险船舶的残骸等，保险人应付的赔款均须扣除保险单所规定的免赔额，损失如在免赔额以下，保险人不负赔偿责任。若在两个相连续的港口之间的一个单独航程中，由于恶劣气候所致的损失索赔，则应被视为一次意外事故。

（3）被保险船舶试航时，在预计返回建造地点日期起超过 6 个月，尚未得到它的行踪消息，即构成船舶失踪。船舶失踪或船舶遭受损失后，其估计救助、修理和其他必要支出的费用将超过被保险船舶的保险价值时，均可视为全部损失。若被保险船舶受损后未及时修理，又遭受全部损失的，则只赔付一个全部损失。

（4）若以暂定价值投保，则保险价值超过暂定价值 125% 时，保险人对任何一次事故或同一事件引起的一系列事故的损失赔偿总额以暂定价值的 125% 为限，但此项规定不适用被保险船舶因改变设计、装修或改动船型等物质变更所引起的船舶造价的变动。若保险标的中途出险，则保险人一般以合同价作为赔付的最高限额。

（5）对被保险船舶的损失和费用，保险赔偿以不超过保险金额为限，但对碰撞或保赔责任，保险人要另外赔偿，各以不超过保险金额为限。若被保险船舶的保险金额低于保险价值，则保险人对各项责任或费用按保险金额和保险价值的比例计算赔偿。

3. 限制索赔期限。对任何保险事故的索赔期限不得超过交船后 3 个月。

【知识链接】

南水北调工程

南水北调工程 2003 年 12 月 30 日开始动工兴建，是一项为了缓解中国北方水资源严重短缺局面的战略性工程。该工程是迄今为止世界上规模最大、距离最长、受益人口最多、范围最广的调水工程。工程规划的东、中、西线干线总长度达 4 350 公里，横穿长江、淮河、黄河、海河四大流域，涉及十余个省（自治区、直辖市）。工程规划 2050 年最终调水规模为 448 亿立方米。南水北调工程投资巨大（总投资可能超过5 000亿元）、参与主体众多，建设周期长，各种风险贯穿工程建设管理的全过程。正因为如此，该工程从开始动工就引入了商业保险，采用分标段方式进行保险招标。保险安排采用国际惯例，与工程项目安排和进展采用无缝连接方式，确保工程项目获得全面的风险保险保障。

【复习思考题】

一、名词解释

工程保险　建筑工程保险　安装工程保险　船舶工程保险　船舶建造保险
拆船保险　工期保险单　特种风险赔偿　交叉责任　工程保险招投标

二、比较题

1. 试比较建安工程保险与传统财产保险的异同。
2. 试比较安装工程保险和建筑工程保险的异同。

三、问答题

1. 如何确定建筑工程保险的保险标的、保险金额和责任范围？
2. 影响建筑工程保险费率的因素有哪些？
3. 如何确定安装工程保险的保险期间？
4. 建安工程保险风险调查的内容包括哪些？如何控制建安工程保险承保的风险？

四、实务题

某一兴建中的摩天大楼 2 座塔式吊杆，因暴风吹落，造成本体工程的钢结构受损，其中一座并掉落于群楼区（主塔楼旁的建筑物），自 9 楼屋顶贯穿直到 4 楼。本工程动工前已向 A 保险公司投保了建安工程保险一切险附加雇主责任保险，但其中掉落的 2 座塔式吊杆本身财产损失由 B 保险公司承保，且未加保第三者责任保险。本事故并造成施工人员及第三方多人伤亡，另有第三者车辆、财物等损失。本案被保险人为建筑物所有人某股份有限公司、工程承包商、次承包商工程顾问及参与工程的另外三家协助单位。问：被保险人该如何向保险公司索赔？保险公司又如何进行理赔？

第十五章
科技工程保险

【学习目标】

学习本章时，应掌握科技工程保险的一般概念及基本特征；熟悉海洋石油开发保险、航天保险、核能保险及若干新型科技保险项目的经营实务。

第一节　科技工程保险及其基本特征

一、科技工程保险的意义

科技工程保险，是以各种重大科技工程或科技产业为保险标的的综合性财产保险，它是随着现代高新科学技术的发展和广泛应用而逐渐发展起来的一类特殊工程保险业务。在财产保险市场上，科技工程保险既是工程保险中的一部分，又是相对独立并具有自己显著特色的保险业务来源。由于科技工程保险的标的巨大，价值高昂，性质特殊，加之与当代高、精、尖科学技术紧密联系在一起，它通常被视为现代保险业中最高级的业务，需要由实力雄厚、技术精良的大保险公司来承保，一般的保险公司不会轻易涉足科技工程保险市场，因此，保险界亦将能够进入科技工程保险市场看成是竞争实力的显示。

科技工程保险的意义，主要表现在以下几个方面。

1. 科技工程保险有力地促进了现代科技产业的发展。科技产业是依托现代科学技术的发展而发展起来的。任何科学技术的成功，都以经过无数次失败为基础，即使到了应用阶段，也无法绝对避免各种科技事故的发生。如核能技术的研究和应用，带来了核污染、核辐射及核爆炸的风险；航天科技的发展和应用，带来了发射失败及爆炸事故风险。1986 年先后发生在美国的航天飞机爆炸事件和苏联的切尔诺贝利核事故，就分别造成数十亿美元和一百多亿美元的巨大损失，成为 20 世纪影响深远的重大历史事件。科技工程事故风险的客观存在，决定了科技工程保险是一种必不可少的风险保障工具。通过科技工程保险，不仅将科技工程事故风险分散到了全世界，并增进了社会公众对科技事故的认识，而且有效地补偿了受损方的利益损失，使其能够很快地恢复发展科技产业的信心与实力。因此，科技工程保险的存在与发展，客观上对现代科技产业尤其是高新科技产业的发展起到了有力的促进作用。

2. 科技工程保险开辟了财产保险新市场。一方面，现代科技产业的危险十分集中，普遍以投保相应的科技工程保险为条件；另一方面，现代科技产业的价值十分巨大，投保标的往往数以亿元或数以百（千）亿元计。对财产保险承保人而言，能够承保科技工程保险业务，不仅是承保实力的显示，而且也是开拓保险业务的途径。在科技工程保险高风险的背后，每一张保险单同时也蕴藏着获取高额利润的可能性，因为保险人可能因承保的卫星发射失败而导致经营亏本，也可能因卫星发射成功而赚取数以千万计的利润。因此，科技工程保险作为20世纪50年代才随着航天活动和核能民用工业的发展而产生的新业务，事实上为保险人提供了一个崭新的财产保险市场，这个市场虽然业务来源的数量有限，但承保数额却极大，从而是值得保险人重视的新兴市场。

3. 科技工程保险有效地提高了财产保险业的地位。如果说一般财产保险只是为一般的财产或利益提供风险保障，维护的也是一般的生产与生活秩序，那么，科技工程保险则是在为当代最先进的科技发展保驾护航，为整个社会经济的发展进步作出有益的贡献。例如，航天工程保险促进了航天事业的发展，其带来的就不仅是探索了宇宙的奥秘，而且给人类社会带来了诸如通信、信息等许多方面的直接好处；国家之间的竞争，尤其是大国之间的竞争更是日益集中地表现在科技竞争上。因此，科技被称为“第一生产力”，科技工程保险则是直接为第一生产力服务的必要工具，这一客观事实使科技工程保险能够在科技工程发展中发挥重要的直接参与作用，同时引起普遍而强烈的关注，从而有效地提高了财产保险业的地位。

4. 科技工程保险还进一步沟通了财产保险界的联系。由于科技工程保险业务都是巨额的保险合同，极少有独家承保科技工程保险业务的做法，多家保险人共同承保一笔科技工程保险业务，或一家保险人承保后再向多家保险人或再保险人分保是各国科技工程保险经营实践中的惯例和基本法则。因此，每一笔科技工程保险业务往往需要由多家保险人出面来进行风险处理，多数情况下甚至是在各国保险人之间进行风险处理，从而使其成为一种国际性业务，进一步沟通了财产保险界的联系。

二、科技工程保险的基本特征

（一）保险标的的特征

科技工程保险的保险标的是各种重大科技工程，这一标的不仅具有危险集中、价值高昂的特点，而且包含着极高的技术因素在内，是一个财产、利益和法律责任等的集合体。科技工程保险标的的上述特色，决定了科技工程保险既是综合性的财产保险业务，也是专业技术性极强的财产保险业务，从而并非是任何财产保险承保人都能承保的高级业务。

具体而言，科技工程保险的保险标的主要包括海洋石油开发、航天工程、核能工程和其他科技工程等四大类，每一类业务来源既有相通的一面，又有根本的区别，从而构成了相对独立的业务体系。

（二）承保风险的特征

从科技工程保险的经营实践来看，其承保的风险责任具有显著的综合性、人为性和未知性或难测性等特征。

1. 各种科技工程保险承保的风险都具有“一切险”的性质，保险人承担着几乎包括一切可能引起科技工程事故的意外风险，从而能够为保险客户提供较为全面的保障。

2. 各种科技工程作为当代高新科学技术的产物，其抗御自然灾害的能力较其他财产保险的标的显然要强得多，因此，科技工程保险在客观上更多的是承保人为性风险，即由于技术原因、过失原因、产品原因等导致的财产和利益损失，从而与人的技术水平、认识能力和工作责任心等不可分割。

3. 科学技术的发展无止境，使包括科技工程在内的各种科技产业活动在发展进程中，蕴藏着许多未知或难测的风险。换言之，保险人在承保科技工程业务时，很难根据经验判断或根据以往的事故损失来准确把握其承保风险，从而使得该类保险业务亦面临着未知的巨大风险。

（三）承保环节的特征

尽管科技工程保险与建筑、安装工程保险存在着差别，但它作为一类工程保险业务，在承保环节方面依然具有显著的阶段性。例如，海洋石油开发保险就承保着从普查勘探经钻探阶段，到工程建设，再到建设生产等阶段；航天工程保险亦包括航天产品的研制、安装、发射和使用寿命保险等环节。因此，保险人既可按科技工程的不同阶段承保，又可连续承保。

承保环节的阶段性，决定了科技工程保险确实是一类工程保险业务，并需要以一般工程保险承保知识和技术为基础。

（四）风险管理的特征

在风险管理方面，科技工程保险有着自己明显的特征。一方面，由于重大的科技工程往往直接关系到一个地区乃至一个国家的社会、经济发展大局，国家对科技工程保险亦会给予高度的关注，有时甚至还采取政策性手段来直接干预科技工程的保险事务，如与保险人共同分担损失补偿责任，或出面组织多家保险人共同承保，等等。另一方面，保险人在经营中亦会特别注意采用多种手段来管理风险，如再保险是保险人在科技工程保险经营中必要的风险管理工具，聘请技术专家咨询亦属于科技工程保险实践中的惯常做法；承保人通常还建立有健全的承保、防损制度，十分重视有关专业人才的蓄积和有关科技工程知识的培训等。可见，科技工程保险的承保手段，有着自己的特色。

对于某些非常特殊的科技工程或科技产业中的风险，保险人亦并非能够完全满足投保人的要求。他们采取的风险防范措施不是拒绝承保就是严格承保规定，因此，在科技工程保险中不能将“有风险就有保险”绝对化。

正是因为科技工程保险有上述特征，加之深受多种因素的影响与制约，无论采取多么严密的防范措施，都不可能完全避免科技工程事故的发生，一旦发生灾害，其损失往往数以亿元计乃至数以百亿元计，并进而波及政局与社会的稳定。因此，世界各国尤其是发达国家的科技工程无一不以保险作为转嫁风险的工具和后盾。同时，上述特征也表明，保险人在经营科技工程保险业务时，必须对承保风险进行妥善管理与控制，如注意选择风险和限制风险，充分运用有关义务条款，对科技工程实施外部监督，聘请工程技术专家对科技工程进行技术监督和咨询，将再保险作为必要手段等，这些均能够起到减少科技风险进而促进科技工程与保险的关系良性发展的效果。

第二节　海洋石油开发保险

一、海洋石油开发保险及其发展

（一）海洋石油开发保险的概念

海洋石油开发保险是以海洋石油工业从勘探到建成、生产整个开发过程中的风险为承保责任，以工程所有人或承包人为被保险人的一种科技工程保险。一方面，海洋石油开发保险的地理范围是在风险难测的海洋，提供保险的时间则包括海洋石油工业的整个开发过程；另一方面，海洋石油工业的开发又是当代最新科学技术的具体应用，属于现代高科技产业活动，从而使该保险业务的专业性、技术性特征更为明显。因此，海洋石油开发保险具有技术性强、条款复杂、险种繁多的特点，它客观上要求承保人具有较高的素质，既要有一定的石油开发风险管理知识，又要有一定的法律知识；既要有比较扎实的海上保险经验，又要掌握非水险业务的专门技术知识。不仅如此，各国海洋石油开发公司一般设置有专门的风险与保险管理部门，它由具有丰富保险知识、技能和经验的专业人士组成，这意味着与承保人打交道的对手的高层次性和保险谈判的复杂性。因此，海洋石油开发保险对承保人提出了更高的要求，它要求承保人懂得海、陆、空有关方面的保险与技术知识。

（二）海洋石油开发保险的发展

从海洋石油开发保险的发展看，它起源于欧美国家对陆地上的石油开发所提供的保险。

欧美国家在陆地上开发石油时，都是由承保财产保险业务的非水险公司来提供风险保障的。进入近海石油开发阶段后，尽管仍然是石油工业体系，但非水险公司因其面临着海上的独特风险而拒绝承保，在经历了由水险公司承保并很快拒绝承保的情况下，对于海洋石油开发中的独特风险如井喷、飓风、污染等，英国的劳合社再一次承担了这种非同寻常的保险风险，并在一张保险单上承保了传统的海上保险与财产保险等，从而开拓了海洋石油开发保险的新篇章。经过 70 多年的发展，海洋石油开发保险作为海洋石油开发过程中的必要条件，早已成为进行或参与海洋石油工业开发的国家或地区必需的风险转嫁与保障工具，是一种普及性科技工程保险业务。

在中国，中国人保财险公司曾在 20 世纪 70 年代中期开始承保进口钻井平台的拖带保险（实际上还是涉外货物运输保险业务）。1979 年以后才陆续承保了日本、法国等国石油公司在中国近海进行合作的海洋石油勘探保险，且多数情况下是与欧美国家的保险公司进行合作。20 世纪 80 年代末期以后，该保险公司已经能够为海洋石油开发提供从钻前普查阶段直至生产阶段的各项风险保障。当然，面向国际办理分保是开展此类保险业务的一个重要条件，但这种实践确实使海洋石油开发保险成了中国财产保险市场上一类特色鲜明的综合性工程保险业务。可以肯定，中国广阔的海域和近海丰富的石油资源，预示着近海石油工业将越来越受到国家的重视，并日益成为中国重要的能源来源，而海洋石油开发与保险的密不可分关系，将同时意味着海洋石油开发保险会得到较大、较快的发展。

二、海洋石油开发保险的基本内容

（一）海洋石油开发保险的承保阶段划分

由于海洋石油工业开发是分阶段进行的，且只有在前一阶段的成果得到充分肯定后，才可能有下一阶段的继续。因此，海洋石油开发保险也必然要与之相适应，即分阶段进行。从海洋石油开发保险的实践出发，保险人的承保一般分为以下四个阶段：

1. 普查勘探阶段的保险。普查勘探是海洋石油开发的基础阶段，它一般由物理勘探队在选择好的水域进行探测，以寻找石油。这一阶段的保险，承保的是从勘探开始到勘探结束时的海上风险事故，主要包括勘探作业工具保险和勘探作业人员的人身意外保险等，保险责任亦是从勘探开始到勘探作业结束。

2. 钻探阶段的保险。如果经过普查证实该海域有石油资源，开发部门就会在该海域进行钻探，以便证实预测结果是否正确。因此，钻探便成了海洋石油开发的第二个阶段。这一阶段的工作，一般由专业的钻井承包人受雇承担钻探任务，其风险较普查阶段进一步扩大，尤其是各种钻井设备价值高昂，一旦发生事故，损失极为巨大。保险人在这一阶段为保险客户提供的保险业务主要为钻井设备保险、费用保险及各种辅助钻探工具保险等，其责任期限一般从钻探开始到钻探工作结束终止。

3. 建设阶段的保险。如果经过钻探确认该海域不仅有石油资源，而且值得开采，开发部门便会进入海洋石油开发的建设阶段，即根据当地的地理条件和靠近石油产品销售市场正式设计永久性的生产设施，并进行施工和安装。如建设海上石油钻井平台、铺设输油管道等，这是整个海洋石油开发工程的关键环节。保险人在这一阶段提供的保险不仅包括前一阶段的服务，而且需要增加相关的险种，以便为开发部门提供全面的风险及利益保障。保险责任期限则是从建设阶段开始到工程建设完成时终止，或者直接进入生产阶段。

4. 生产阶段的保险。当各种生产设施如平台、石油运输管道等建成后，海洋石油开发便进入了正式生产的阶段，这一阶段是整个海洋石油开发工程的最后环节，也是海洋石油开发工程收获的阶段。保险人在这一阶段提供的保险服务既包括前一阶段的险种，又须增加若干保险险种，其责任期限从生产石油产品开始到规定日期终止，此后即转变为一种定期的、较稳定的保险业务。

由此可见，海洋石油开发保险实际上是一项巨型的、分阶段性的、长期的工程保险业务。如果前一阶段得出的是否定的结论，则不会有下一阶段的工程及与之相应的保险业务；如果前一阶段得出的是肯定的结论，则该种保险会伴随其开发进程的始终并不断扩展。

（二）海洋石油开发保险的主要风险

海洋石油开发保险的风险特点，可以概括为风险广泛而又集中，事故频率高，技术性复杂。具体而言，海洋石油开发中的主要风险如下：

1. 海洋风险。这是海洋石油开发所处的特定地理范围内的风险，如飓风、海啸等既是海洋石油开发面临的主要风险，也是海洋石油开发保险承保的主要风险，它造成的主要损害后果就是钻井平台、钻井船及其他海上设施的沉没及作业人员的伤亡。例如，1983 年在中国南海从事海洋石油钻探的美国“爪哇海”号钻井船因飓风失事，损失亦逾亿美元，不仅导致了美国一家钻井公司的破产，而且造成船上来自 8 个国家的 80 多位工作人员全部罹难。

2. 井喷。井喷是石油开发过程中的一种特殊的、巨型的风险，井喷的发生极易带来火灾，烧毁钻井设备与平台，如果不能有效控制，还会破坏地下资源和污染海洋环境，造成投下巨资的油井报废。即使是能够使井喷得到控制，其控制费用也往往十分高昂。例如，1979 年 6 月 3 日，墨西哥石油公司在墨西哥湾南坎佩切湾尤卡坦半岛附近海域的伊斯托克 1 号平台钻机打入水下 3 625 米深的海底油层时，突然发生严重井喷，平台陷入熊熊火海之中，原油以每天 4 080 吨的流量向海面喷射，直到 1980 年 3 月 24 日井喷才完全停止，历时 296 天。其流失原油 45.36 万吨，当时以世界海上最大井喷事故载入史册。这次井喷造成 10 毫米厚的原油顺潮北流，涌向墨西哥和美国海岸。黑油带长 480 公里，宽 40 公里，覆盖 1.9 万平方公里的海面，使这一带的海洋环境受到严重污染。[①]再如，2010 年 4 月 20 日，英国石油（BP）公司在美国墨西哥湾的海上钻井平台发生井喷导致火灾爆炸事故，造成 11 人死亡、17 人受伤，并引发原油泄漏，大面积海域受到严重污染，4 个半月后漏油事故才得到控制。漏油事故发生后，浮油面积超过数十万平方公里，扩散至美国东海岸，给美国墨西哥湾沿岸路易斯安那、阿拉巴马、佛罗里达等 4 个州以及大西洋近海的渔业、船运、旅游业和生态造成了巨大的损失和破坏，威胁至少 600 种动物安全；严重威胁 9 大物种生存，本次漏油事故被称为美国史上最大的生态灾难。事故发生后，成千上万受害者提起诉讼，美国司法部对 BP 公司也提出刑事指控。最后，BP 公司花了 420 亿美元为这次井喷漏油事故埋单。[②] 2016 年，该事故还被美国狮门娱乐公司拍成名为《深海浩劫》的电影在全球上映。

据专家统计，海洋石油开发中的井喷率约为 0.05%，严重的井喷事故率则为 0.01%。因此，井喷事故是海洋石油开发的一种主要风险，也是海洋石油开发保险的主要承保风险之一。

3. 火灾及其他事故。由于技术或操作人员的过失或粗心，也容易酿成火灾、爆炸等各种风险事故，它们同样会造成开发部门及作业者的重大损失，从而也是海洋石油开发保险中的一般承保责任。例如，1988 年 7 月 6 日，北海油田英国采油平台发生天然气泄漏爆炸事故，火焰很快吞噬了整座平台。7 日凌晨，有 28 艘船舰、15 架飞机参与救援。

① 小山．新闻评说：比污染更可怕，比隐瞒更危险的［N］．燕赵都市报，2005－11－27.

② 汲东野．英国石油公司 420 亿美元买单墨西哥湾漏油事故［N］．法治周末，2012－11－28.

直到3个星期后救援人员才将井口封死，扑灭大火。这场灾难只救出67人，遇难167人。受其影响，周围6座平台全部关闭停产，这使英国石油当年减产12.5%，损失达20亿美元。再如，2005年7月27日，印度海上石油钻井平台突发大火事故，造成12人死亡、13人失踪，直接经济损失达23亿美元，附近的15至20口油井受到影响，油田两年内无法恢复生产，印度石油天然气减产1/3。事后查明，当时平台的守护作业船有一名船员手指受伤，在靠泊平台寻求医疗救治时，由于狂风暴雨和大浪导致船体与平台输油管线发生碰撞，引发大火并爆炸。①

4. 损害赔偿责任。海洋石油开发事故一旦发生，损害的就不仅是作业者及承包人的财产物资和人身安全，而且还往往造成公害和第三者的人身、财产或利益的损失。如沉没造成的航道阻碍，井喷或渗漏造成的海洋环境污染等。依据各国民法及有关国际公约的规定，均需要由责任者负经济赔偿责任。因此，损害赔偿责任作为一种法律风险，也是海洋石油开发中经常遇到的风险，是保险人承保的一类主要风险。

（三）海洋石油开发保险的投保与承保

根据国际惯例，海洋石油开发保险的投保事宜，是由海洋石油开发的承包或租赁合同（如勘探合同、钻井合同、建设承包合同）等规定的，即海洋石油开发保险是上述合同的基本条款之一，合同中有关保险事宜的条款，一般直接涉及作业者应投保什么险种及向谁投保等问题。因此，保险人可以根据上述合同中的保险条款规定与投保人具体洽谈保险事宜。

经过保险双方的协商，当意见达成一致时，即可签订保险合同。由于海洋石油开发业务具有国际性（一般采取国际合作方式进行），风险亦具有国际性（如海洋污染等往往涉及一国或多国的利益纠纷），为其提供风险保障的保险业务也具有国际性（需要在国际保险市场上进行分保）。在承保经营中，保险人可以为投保人设计并提供多种保险服务，一般承担着财产、物资、责任、额外费用等各种损失补偿责任，并根据海洋石油开发的阶段进程开展相应的保险与再保险业务。但鉴于海洋石油开发保险业务复杂、承保风险巨大，保险人在经营这种业务时，必须仔细研究海洋石油开发的各种合同条款，合理选择和限制有关风险，妥善安排好分保，并需加强保前、保后的风险防范或技术服务。

三、海洋石油开发保险的主要险种

由于海洋石油开发保险是分阶段进行的，每一阶段都有着多项投保标的和不同的风险保障需求，保险人亦须为此设计若干险种，才能满足投保人多方面的风险保障需求。因此，海洋石油开发保险是一类险种组成的科技工程保险业务。在此，仅选择海洋石油开发保险中的主要险种进行简要介绍。

（一）勘探作业工具保险

勘探作业工具保险，是以勘探作业用的地球物理调查船以及记录设备、监测器等为保险标的，以恶劣气候、碰撞、搁浅、人员过失或疏忽等造成的损失及第三者责任为保险风险的一种保险。由于普查勘探是海洋石油开发的第一阶段，勘探作业工具保险亦成

① 佚名．海洋钻井史上最惨重的九大事故［J］．石油知识，2018（5）．

为这一基础阶段的最主要险种。

在承保经营中，该项业务的保险金额是根据保险标的的实际价值或由双方协商确定的，保险费率的制订主要以勘探水域的风险大小、工具及设备的抗灾能力以及作业时间的长短、季节等因素来决定。

（二）钻探设备保险

钻探设备保险的保险标的，主要包括海上钻井平台、钻井船、钻机、半潜式或潜式钻井平台，这是钻探阶段最主要的险种。其中，钻井船是运用于海水较深的海域内作业的钻探工具。按照传统的财产保险方式，钻井船一类的财产、设备保险不包括钻探风险，但为了适应海洋石油开发的需要，国内外保险人又普遍开办了钻井船一切险，即承担了包括钻探风险在内的一切意外风险责任。

在该险种的业务经营中，保险要根据实际情况对投保标的的活动范围、承保责任、除外责任、免赔额、防止井喷装置、责任限额等作出具体规定；同时应当注意到，保险标的属于石油公司还是属于承包人，以便分清有关责任。如果石油公司投保，而承包人才是钻井船的主人，则计算其所支付的保险费的依据除包含钻井船本身的价值外，还包括以日计算的钻井船的租金。

此外，对于包括供应船、工作船、守护船、交通船、直升机、汽车等在内的各种辅助工具，亦可以参照钻井船保险而予以承保。

（三）费用保险

费用保险是海洋石油开发保险中的一项常见险种，其在海洋石油开发的钻探阶段、建设阶段和生产阶段都是必要的险种。

在经营实践中，费用保险又可以分为综合性费用保险和控制井喷费用保险、重钻费用保险、控制污染及清理费用保险等。在石油钻探阶段，最常见的风险之一就是井喷。因此，在海洋石油开发保险市场上，通常有专门的条款明确被保险人在保险单载明地区范围内因井喷而产生的费用，由保险人负责赔偿，并规定在油井完全恢复控制以后，保险人承担的井喷费用立即停止。重钻费用保险，则是指保险人负责对因井喷、井塌和火灾等所造成的不可恢复的钻井的丧失，支付重新钻掘一个被保险油井或其他任何部分所产生的费用，它一般作为控制井喷的附加责任。此外，由于井喷、渗漏或其他原因造成的污染及清理费用，亦属于费用保险的范畴，可以在原保险单上批注后予以承保，但保险人不负责由此而产生的罚金或罚款。

可见，上述费用保险不是责任保险，而是仅仅负责修补的费用保险。

（四）责任保险

责任保险是海洋石油开发保险中的重要业务。它包括油污责任保险、第三者责任保险、雇主责任保险（钻井人员人身伤亡保险）等。其中，油污责任保险专门负责赔偿因渗漏污染并断定被保险人负有法定责任所必须赔付的人身伤亡或财产损失，或丧失使用价值以及清除渗漏污染的费用；第三者责任保险专门负责赔偿被保险人在开发海洋石油的过程中造成对第三者的财产损失和人身伤亡的法定赔偿义务；雇主责任保险则是为石油公司或钻探、建设等承包人的雇员提供的责任保险。

（五）建筑安装工程保险

建筑安装工程保险是海洋石油开发进入建设阶段后提供的主要保险服务。它主要包括平台建筑安装工程保险和油管铺设保险等。其中平台建筑安装工程保险与一般建筑安装工程保险具有相似性，油管铺设保险则承担输油管道及相关设施的建造风险，是海洋石油开发保险中的特有业务。

（六）综合保险

进入生产阶段后，钻井工程逐渐形成采油平台，建立生产系统，各种建筑、海上平台、设备、油钻、油库、油管等构成了复杂多样的财产、利益整体，保险人应考虑采用包括所有财产、责任风险在内的“一揽子保险”，以避免为每件财产单独保险所造成的麻烦。因此，综合保险亦可以作为海洋石油开发保险尤其是进入生产阶段后的海洋石油开发保险的基本险种。

第三节　航天保险

一、航天保险及其发展

（一）航天工业风险与航天保险

航天工业是指研制、安装和发射包括卫星、运载火箭、航天飞机等各种航天产品在内的新兴、高级、科技产业，它是随着现代航天技术的迅速发展而逐渐形成的一个日益重要的高科技产业。然而，航天工业又是耗资巨大、风险极高的科技活动，如果发射成功，将给人类带来巨大的社会经济效益；一旦发射失败或出现其他意外事故，造成的损失往往数以亿元计。据有关国际组织统计，作为航天工业主要项目的卫星发射业务的失败率一般为5%，有的年度高达10%左右。如1998年8月至1999年5月，航天大国美国就有6次卫星发射失败，仅发射损失就达35亿美元，其中还有一颗价值高达10亿美元的卫星①。再如，2019年全球共进行102次航天发射（中国34次、俄罗斯25次、美国21次、欧洲6次、印度6次、新西兰6次、伊朗2次、日本2次），共发生5起发射失败（伊朗2起、中国2起、欧洲1起）和1次部分失败（俄罗斯），导致5个有效载荷报废。② 因此，人们在努力发展航天工业、提高航天技术水平和航天产品质量的同时，亦形成了用保险方式来转嫁风险、寻求经济保障的惯例，这种保险就是航天保险。

航天保险是以航天产品的生产与应用为保险内容，以航天活动中的各种意外事故风险为保险责任，并根据航天产品的研制、安装、发射、运行等分阶段提供风险保障的一种保险金额巨大、保险危险集中的科技工程保险业务。

---

① 李大光．火箭一旦失败损失知多少［N］．环球时报，2002-12-19.

② 太阳谷．盘点2019年全球航天发射，中国34次遥遥领先，赶超美俄保持纪录［N/OL］．［2020-01-13］．https：//new. qq. com/omn/20200113/20200113A0CI0P00. html.

（二）航天保险的发展

航天保险是随着航天工业的发展需要而产生并发展起来的。1965 年，美国“国际通讯卫星 IA”号向英国劳合社投保 350 万美元的卫星发射保险，迈开了航天工程保险的第一步，从此，航天工业便与保险建立了密不可分的关系。到 20 世纪 70 年代，航天保险已经是国际保险市场上的一项独立、高级的保险业务，并逐步成为人造卫星、运载火箭等航天产品购买者为确保自己的经济利益不受损失的前提条件。国际上普遍形成的航天活动必须以航天保险为条件的惯例，表明了是航天工业的发展和商业化创造了航天保险市场，但如果没有航天保险，亦不会有人在商品市场上购买航天产品。因此，航天保险在一定的程度上亦是航天工业发展的重要推动力量。

在我国 20 世纪 80 年代初期，中国人保财险公司曾多次接受过外国卫星发射保险的分保业务。1987 年初，中国航天保险随着本国的航天产品（长征三号火箭）进入国际市场而步入国际航天保险市场，为“长征三号火箭”的使用者提供一揽子保险，并于 1990 年 4 月首次承保了用“长征三号火箭”发射的“亚洲一号”通讯卫星。此后，中国太平洋保险公司、中国平安保险公司等一些大的财险公司也介入了航天保险市场。然而，从中国航天保险经营实践来看，该项保险业务的经营风险也很大，虽然多数保险业务以卫星发射的成功而告终，保险人赚取了一定的利润，但也碰到过多次航天发射失败，保险人为此付出巨额赔款的经济代价。例如，1995 年 1 月 26 日在西昌卫星发射中心发射的“亚太二号”卫星发生星箭爆炸事故，造成的后果是星箭全损，保险人为此付出的经济赔款高达 1.62 亿美元；1996 年 8 月 18 日中星 7 号卫星发射失败，中国人保财险公司亦向卫星的所有人中国通讯广播卫星公司支付了 2 590 万美元的赔款；2019 年 8 月 19 日中星 18 号卫星在西昌卫星发射中心成功发射升空，星箭分离正常，但卫星工作异常，被保险人中国卫通集团股份有限公司获得 2.5 亿美元保险理赔款。[①] 因此，如果不是采取联合体的方式共同承保航天保险业务，一般的财产保险承保人不会直接进入航天保险市场，只有实力雄厚的保险人才直接承保该种科技工程保险业务。

1997 年 8 月，鉴于中国人保财险公司承保的国际 708 通讯卫星和中星 7 号发射失败，中国承保人在国际航天保险市场上的分保面临困境，为了支持中国航天事业的发展，经国务院批准，由中国人保财险公司牵头，全国经营财产保险业务的九家财产保险公司（目前还有中国再保险公司加盟）依照利益共享、风险共担的原则组成了航天保险联合体；1997 年 10 月 8 日，国家财政部还颁发了《卫星发射保险基金管理办法》[财商字（1997）472 号]。此后，中国所有的卫星发射保险业务均由联合体全体成员共同承保。

二、航天保险的基本内容

（一）航天保险的承保阶段划分

从航天工业活动的过程出发，航天保险的承保阶段可以划分为以下四个阶段：

---

① 中星 18 号卫星发射失败，中国卫通获得 2.5 亿美元保险理赔款 [N]. 通信信息报，2019－12－18.

1. 航天产品研制阶段。在这一阶段，主要是承保航天产品研制中的各种意外风险损失，同时可以根据保险客户的需要提供产品责任保险，它既可以纳入航天工程保险范畴，也可以列入一般财产保险范畴。

2. 航天产品运输、安装阶段。在这一阶段，保险人为处于运输、安装过程中的各种航天产品提供意外风险保障，它既可以独立承保，也可以与此后的航天产品发射阶段的保险一并连续承保。

3. 航天产品发射阶段。在这一阶段，保险人提供的是航天产品（主要是卫星发射和航天飞机发射）发射过程中的各种意外风险保障，它是航天工程保险中的主要业务来源，也是航天风险最为集中的阶段。

4. 航天产品正常运行阶段。在这一阶段，保险人承保的是航天产品发射成功后进入正常运行阶段中的各种意外风险，它是航天活动的最后阶段，也是航天产品发射阶段保险的延续。

从航天活动的上述阶段划分可见，航天活动客观上是一项高科技工程。在这一科技工程的实施过程中，除第一阶段外，其他三个阶段的保险可以分别单独承保，也可以采用一揽子保险的方式。

（二）航天保险的主要风险

在航天保险经营实践中，保险人几乎承保着一切意外风险。概括而言，航天保险的主要风险仍然可以归纳为以下几个方面。

1. 爆炸。即航天产品在航天活动中发生爆炸事故并导致严重损失的风险。爆炸事故是发射阶段的主要风险，也是整个航天保险中造成损失最为严重的风险之一。例如，1986 年发生在美国的"挑战者号"航天飞机爆炸事件，即使价值 20 多亿美元的航天飞机毁于瞬间，机上人员全部遇难，整个航天事业受到沉重打击。2003 年 2 月 1 日，美国"哥伦比亚号"航天飞机爆炸，机上 7 名宇航员全部遇难；该飞船仅实验室登月舱价值就达 6 700 万美元，除了美国国家航天航空管理局承诺赔偿 800 万美元外，劳合社还支付了近 1 770 万美元的商业海事保险赔偿（"哥伦比亚号"飞船没有向商业保险公司投保机身保险、发射险、轨道险和第三者责任保险，只是投保了实验室登月舱）①。2003 年 8 月 22 日，巴西第三枚 VLS 型卫星运载火箭在位于东北部的阿尔坎塔拉发射场地面爆炸，发射平台被毁，至少造成 21 人死亡，20 人受伤，其中许多是巴西的火箭技术专家。这是巴西第三次发射运载火箭，但三次都已经失败②。

2. 运行失常。如航天产品发射后未能进入预定轨道或未能按计划回收，这种运行失常同样会导致严重的损失，从而是航天保险中的又一类主要风险。1984 年由美国发射的两颗卫星未能进入预定轨道，不仅使卫星的所有人美国西联电报公司和印度尼西亚政府的通讯事业发展计划遭到重大挫折，而且使这次发射活动的承保人英国劳合社付出了

① 张宏．神舟五号"拒绝"商业保险［N］．经济观察报，2003－10－16.

② 巴西运载火箭发射前爆炸，造成至少 21 人死亡［N］．北京娱乐信报，2003－08－24.

1.8 亿美元的保险赔款。[①]

3. 意外故障。这也是导致航天活动费用损失的常发事故风险。例如，2013 年 7 月 2 日，俄罗斯一枚携载 3 颗“格洛纳斯 - M”导航系统的“质子 - M”运载火箭出现发动机故障，在拜科努尔发射场升空后不久坠毁，造成损失超过 2 亿美元；2014 年 5 月 16 日，俄另一枚搭载通信卫星的火箭发射后出现故障，未能到达预定轨道，损失价值近 3 亿美元。[②]

4. 其他风险。如气候因素、太空意外碰撞以及制造、运输、安装、发射过程中的疏忽或过失等，均有酿成重大损失的可能。

综上所述，航天工业是高风险事业，航天保险亦是高风险的科技工程保险。

（三）航天保险的投保与承保

在航天保险市场上，保险客户的投保和保险承保手续与其他科技工程保险具有相似性，它往往由航天产品购买或发射合同规定，因此，保险人需要了解上述合同的情况，甚至需要参与上述合同的订立过程。一般而言，保险人在承保时，比较注重航天产品的质量（生产方及以往的发射成绩等），并将再保险作为承保后风险管理的重要环节。

航天保险的保险金额一般分阶段确定。其中，发射前的航天保险以航天产品的制装总成本为依据来确定保险金额；发射保险以航天产品价值及发射费用为依据确定保险金额；发射后的保险则以工作效能为依据确定保险金额。

航天保险的费率厘定，主要考虑航天产品的质量与信誉，以航天保险市场上的损失率为主要依据。在正常年份，保险费率一般维持在 10% 以内，非正常年份，保险费率会大幅度提高。例如，20 世纪 80 年代中期因多起航天事故发生而一度使航天保险费率上升到 30% 左右。再如，我国“风云一号”C 星的保险费率为 22%，“风云一号”D 星为 18.3%，“风云二号”C 星为 21%，“风云二号”D 星费率仅为 16.19%。[③] 因此，航天保险的费率是弹性费率。由于航天活动耗资巨大，航天产品价值高昂，其保险金额亦属巨大，计收的单笔业务保险费亦极高，是否发生风险事故，对保险人乃至整个航天保险市场的影响极大。

三、航天保险的主要险种

尽管保险人为航天活动提供的险种较多，但航天保险市场上主要的险种只是发射前保险、发射保险和寿命保险三种。

（一）发射前保险

发射前保险，是对卫星、航天飞机及其他航天产品、运载火箭在制造、试验、运输、安装过程中所受意外损失提供风险保障的航天保险，它以在产到制成及运输、安装中的航天产品为保险标的，承担这一过程中的一切意外风险责任。

---

① 史海钩沉：劳合社巨额保单传奇［N］. 国际金融报，2006 - 04 - 11.

② 林昊. 俄罗斯“质子”火箭发射失败［N］. 南方都市报，2014 - 05 - 17.

③ 赵升. “风云二号”D 气象卫星发射成功［J］. 京华时报，2006 - 12 - 09.

（二）发射保险

发射保险，是对从运载火箭点火到发射后一定时间（通常为半年）为止期间内发射失败负责提供风险保障的航天保险，它是航天保险中的主要形式。发射保险承担发射时的意外事故和发射后的太空风险。如2006年10月29日，我国成功发射的“鑫诺二号”卫星就出现了技术故障，该卫星成本在20亿元人民币以上，卫星发射加一年在轨保险以及卫星发射第三方责任险均由中国人保财险公司承保。[①]再如前述提及的中星18号卫星发射失败，因其购买了发射保险，而获得了2.5亿美元保险理赔款。

（三）寿命保险

寿命保险，是对卫星及其他人造天体发射成功后到某一规定时间（通常为三年）内提供意外损失保障的航天保险，它承担保险标的因太空风险或自身原因造成其坠毁或不能按时收回或失去作用造成的损失责任。一般而言，通信、广播、气象、导航及地球资源卫星的寿命为1~2年，最长的卫星寿命不超过10年。

第四节　核能保险

一、核能保险及其发展

（一）核能工业与核能保险

核能工业是指以核电站为主体的新兴能源工业，它是随着核能技术的进步及其由军用转向民用方向发展而出现的新兴科技产业，是各国为了解决本国能源不足问题所采取的重要举措。据有关资料统计，2013年以来，核能发电已占美国发电总量的20%左右，而1993年法国的核能发电量就占其全部发电总量的78%；[②] 2015年初，全世界有17个国家或地区的核电超过总发电量的25%；[③] 2015年我国台湾地区的核能发电量占其总发电量的16.04%。[④] 截至2019年底，全球正在运行的核电站数量为442座，累计装机容量为392.4吉瓦（GWe），54台机组在建；在运核电机组装机容量排名前五的国家分别是美国、法国、中国、日本、俄罗斯，中国排名第三。2019年，中国核电装机容量4 874万千瓦，增长9.1%；中国运行核电机组累计发电量为3 481亿千瓦时，约占全国累计发电量的4.88%。[⑤] 据中国核能行业协会公布的《中国核能发展报告（2019）》的预测，在2030年前，中国的核能发电量有望超过美国，位居全球第一，并且核能发电量

---

① 陈恳．人保财险国内独揽“鑫诺2号”保险，理赔压力巨大［J］．21世纪经济报道，2006-11-30.

② 参见：美国能源信息署历年公布的核电发电量统计数据；田牧．法国1993年核发电量占其总发电量的78%［J］．国外核新闻，1994（3）．

③ 17个国家地区核电占总发电量25%［N］．惠州日报，2015-01-05.

④ 台湾新能源瞬时发电量首次超过核能［N/OL］．［2016-06-02］．http：//guangfu.bjx.com.cn/news/20160602/739076.shtml.

⑤ 参见：董梓童．2019年全球核电累计装机下滑［N］．中国能源报，2020-02-26；2019年中国核电装机容量达4 874万千瓦，核能替代燃煤发电前景广阔［N/OL］．［2020-03-26］．https：//www.sohu.com/a/383227149_120113054.

占中国总发电量的比例有望从目前的4%多一些提升到2035年的10%左右。[①]

可见，核电作为20世纪50年代以后才逐渐发展起来的科技产业，正在成为许多国家和地区日益重要的新兴产业，核电已成为许多国家和地区电力发展的主力军。

尽管就理论和技术而言，核能民用是比较安全的，但多起核电站事故又表明了核能工业的风险客观存在，加之第二次世界大战期间原子弹的使用后果给人们带来的心理畏惧，核能工业的风险更易引起公众的不安与恐惧。例如，1986年4月26日发生于苏联的“切尔诺贝利”核爆炸事故，放射性污染遍及苏联15万平方公里地区，导致694.5万居民受到了不同程度的核辐射，当时就造成100多亿美元的巨大直接经济损失。参加该事故救援工作的83.4万人中，有5.5万多人死亡，15万多人残疾；受放射伤害死亡的人数已达30多万。[②] 该事故导致的核电工业的恐惧波及整个世界，至今不堪回首。2011年日本大地震造成东京电力福岛第一核电站全损。事故发生后，日本政府紧急疏散34万人，与此同时，有150多万人自主避难。该事故导致的核反应堆报废、去污、赔偿等善后费用至少达到11万亿日元（约合人民币6 510亿元）。[③] 因此，一方面，社会经济的发展离不开核能工业的发展；另一方面，核能工业的发展又存在着核事故风险，而其他各种财产保险几乎均将核风险列为除外不保的风险，这就使开展专门的核能保险成为必要。

所谓核能保险，是指以核能工程项目为保险标的、以核能工程中的各种核事故和核责任风险为保险责任的科技工程保险，它是随着现代原子能技术的发展和各国核电工业的发展而逐渐发展壮大起来的新型保险业务。凡是建立有核电站的国家或地区，就必定有核能保险。因此，核能保险是核能技术民用化的必要配套措施，也是值得有关财产保险承保人重视的高科技保险业务。

（二）核能保险的发展

作为一种新兴的科技工程保险业务，核能保险产生于20世纪50年代。在1956年，英国率先成立了核能保险委员会，专门研究核能保险中的有关问题。该委员会论证了核能工程保险的可行性和风险性，加之英国政府对核能工业的高度重视，迅即促成了英国核能保险集团的产生，劳合社的一些承保人及当地的一些非寿险公司均成了该集团的主要成员。英国的示范，带动了西欧国家和美国、日本等国家，这些国家也成立了自己的核能保险集团。到20世纪80年代末期，全世界有20多个国家成立了核能保险集团，核能保险逐渐发展成为国际保险市场上一项有影响的科技工程保险业务，并为促进各国核电工业的发展作出了突出的贡献。

在中国，核能保险是随着政府对核能工业的重视而产生的，它开始于20世纪80年代末期的广东大亚湾核电站和浙江秦山核电站的建设时期。例如，1986年9月8日，中国人民保险公司承保大亚湾核电站，保险金额达30亿美元；1996年7月14日，平安深

---

① 亮子．世界核电总装机5 501.3万千瓦！《中国核能发展报告（2019）》蓝皮书发布［R/OL］．［2019－04－02］．https：//www. in－en. com/article/html/energy－2278639. shtml.

② 不堪回首的切尔诺贝利核事故［N］．参考消息，2001－04－26.

③ 信莲．日本福岛核事故善后费或达11万亿日元 由国民负担［N］．中国日报，2014－08－26.

圳分公司承保了岭澳核电站建安工一切险，总承保额21亿美元；等等。[①] 目前，中国的核电工业建设发展很快，它预示着中国的核能保险事业亦将得到前所未有的发展。

从核能保险的发展过程可以看出，其发展历史并不长。而核能工业的特殊性使国际上的核能保险分为两种形式：一种是共保，一种是自保。前者由保险公司共同承保核能保险；后者基于核电站风险发生特点（核使用寿命长达40年，事故发生频率小，而一旦发生往往多为巨灾，保额大、保费高），由核电站组成自保组织。1999年9月2日，中国核共体由中国再保险公司、中国人民保险公司、中国太平洋保险公司、中国平安保险公司共同发起设立，英文名为Chinese Nuclear Insurance Pool（CNIP）。目前，中国核共体成员公司的数量增加到29家，包括23家财产保险公司和6家再保险公司。从1999年到2019年，中国核共体的净承保能力获得长足发展，由成立初期的境内业务每一危险单位3.3亿元人民币、境外业务每一危险单位1亿元人民币，提高到目前的境内业务每一危险单位66亿元人民币、境外业务每一危险单位26亿元人民币，分别位列全球市场第二位和第三位。[②]

二、核能保险的基本内容

（一）核能保险的承保阶段划分

作为核能保险主体标的的核电站，从选址到开工建设、再到投产发电，客观上是一个工程，因此，为核电站提供保险服务亦存在不同阶段具有不同风险保险需求的问题。一般而言，核能工程可以划分为以下三个阶段：

1. 选址勘测阶段。选址勘测阶段即选择建设核电站的地址，并对该地址进行勘测的阶段。这一阶段的风险主要是一般自然灾害和勘测过程的意外风险。保险人提供的保险服务也应当适应其风险构成特点。

2. 建设阶段。从核电站开工之日起，到核电站建成并验收合格之日止，是核电站的建设阶段，这一阶段与一般建筑、安装工程保险业务相似，保险人可以参照建筑、安装工程保险来为保险客户或其承包人提供相关保险服务。

3. 生产阶段。当核电站建成投产后，即进入了生产阶段，这一阶段是整个核能保险的主体内容，它以核电站生产中的各种意外风险为保险责任，集中地体现了核能保险的特殊性。

当然，对于投保人来说，可以分阶段地投保有关险种，也可以投保整个核电工程的一揽子保险。因此，具体投保方式的选择和阶段的划分与否，均由保险双方协商确定。

（二）核能保险的主要风险

与其他科技工程保险业务相比较，核能保险所承保的风险主要包括下列几项：

1. 核事故风险。在其他各种财产保险和责任保险中，通常都是将核危险包括核渗漏、核辐射、核污染、核爆炸事故等排除在保险责任范围之外的，并且不允许扩展承保，从而使上述风险实际上成了其他保险业务中的绝对除外责任；而核能保险则恰恰相反，不仅承保各种核风险造成的财产损失责任，而且还承保着各种核风险造成的第三者

---

① 百年保险：曾经风雨　再展鸿图［N］. 经济日报，2000－12－28.

② 发挥再保险引领作用 提升核共体护航功能［N］. 金融时报，2019－10－30.

的损失损害赔偿责任。在国际上，通常把核事故分成7个等级，其中1～3级统称为小事故，4～7级统称为大事故。如1986年发生在苏联的“切尔诺贝利”核事故及2011年日本东京福岛核电站事故是损害后果十分严重的7级事故，而1979年3月28日，发生在美国的三哩岛核事故则相当于5级核事故。因此，以各种核事故为主要承保责任是核能保险的重要特点，它的产生与发展，既满足了投保人转嫁核风险的需求，又弥补了其他保险业务的风险保障不足，从而是对整个商业保险制度的完善。

2. 大型自然灾害。大型自然灾害即造成被保险人财产物资损失的各种自然灾害，同样是核能保险中的主要风险。不过，由于核电站的风险特殊，各国政府或电站业主在建设中都强调其风险管理，不仅要求确保电站及其相关设施设计科学、质量可靠，而且要求确保其完全能够抵御一般的自然灾害。因此，对核能保险而言，保险人实际承保的是巨型自然灾害，如大型的地质灾害尤其是大地震、海啸等，它们一旦发生就不仅可能造成被保险人的财产损失，而且往往会引发核事故风险。

3. 其他意外事故。如工作人员的疏忽或过失，机器设备运转过程中发生故障等，均可能导致核事故发生，或者造成有关的财产损失与人身伤亡，因而亦是核能保险中承保的重要风险。

上述风险实际上可能相互联系，如大型自然灾害与其他意外事故均可能导致核事故的发生，进而使损害后果严重化。因此，核电站建设中要求工程质量和工作人员责任心极高，目的是为了防止核事故的发生。

（三）核能保险的投保与承保

由于核能保险业务的风险具有特殊性，标的危险集中，任何建设单位或其承包人都需要专门的核能保险为其提供风险保障。因此，全世界的核电站虽然数量有限，但核能保险业务却是高度普及化的险种。

保险人在承保过程中，需要高度重视对风险的控制。一方面，保险人对核能工程的承保不是采用集团共保的方式，就是运用再保险的手段来分散危险，因为全世界运转中的核电站不到500家，数量的极端有限决定了保险大数法则和危险分散原则在核能保险中无法充分运用；另一方面，核能工程项目造价高昂，第三者责任风险尤其巨大，保险人必须采取低于投保标的实际价值的标准来确定保险金额和赔偿限额，有的保险人还分别制定一般事故赔偿限额和核事故赔偿限额。与此同时，由于核能保险在国际上办理再保险较为困难，核能保险在经营实践中通常需要有政府的直接支持，各国政府有关核损害事故赔偿的法律、法规等亦规定了核事故中应按绝对责任来承担损害赔偿责任，并对保险人在责任险项下的超赔给予财政补贴。因此，在整个财产保险中，核能保险更要求有政府的配合并需要政府的直接支持，从而明显地具有政策性保险的特点。

三、核能保险的主要险种

从核能保险的经营实践来看，其主要有财产损毁保险、核能安装保险、核原料运输保险和核能责任保险等多个险种。在此，仅择上述主要险种予以简介。

（一）财产损毁保险

财产损毁保险，以核能工程中的反应装置、核燃料、发电设备、办公场所等项目为保险标的，以火灾、雷电、爆炸等传统风险及核事故风险为保险责任，是核能保险中可以单独承保的基本业务之一。

（二）核能安装工程保险

核能安装工程保险，以核能工程中被安装的各种机器设备为保险标的，以安装过程中的灾害事故为保险责任，其承保过程及风险管理与一般安装工程保险有相似之处，它也是核能保险中的经常性业务。

在经营实务中，核能安装工程保险又通常分为两个阶段承保：

第一阶段从机器设备运抵安装现场并开始施工至核原料装入反应装置为止。这一阶段除战争、罢工、暴力行为及被保险人的故意行为等除外不保外，其他一切灾害事故均属于承保责任范围，从而是以一切险的方式承保的业务。

第二阶段从反应装置试运转开始至核电站交付所有人接收为止。这一阶段除继续承保前一阶段的风险责任外，还承保反应装置部分及有关特殊费用如去污费用等。

（三）核能工程责任保险

核能工程责任保险，以核能装置在建造期间或运行期间的损害赔偿责任为保险标的，以各种灾害事故导致的核爆炸、核污染、核泄漏和核辐射等为承保责任，它是核能保险中最主要的险种之一。有的国家还将核能工程保险分为核能损害责任保险、核能放射责任保险及核污染责任保险。

（四）核原料运输保险

核原料运输保险，以运输中的核原料为保险标的，以运输中的灾害事故所造成的核原料损失及由此而带来的第三者责任为承保责任，它也是核能保险中的重要业务。

第五节　其他科技保险

由于科学技术的发展无止境，科技成果的转化及其产业化发展也永无止境。在科技产业发展实践中，除海洋石油开发、航天工业、核能工业等领域较为集中地蕴含着巨大的科技风险外，科技发展的其他领域客观上也蕴含着多种科技风险，如高新技术应用失败而导致投资者损失的风险、技术专利被侵权的风险以及技术产业正常经营被破坏的风险，可说是并不罕见。因此，科技保险业务也是一个不断发展的新兴财产保险市场，它对于承保人而言，不仅具有业务来源巨大和利润丰厚的诱惑性，而且对承保人的保险经历也具有时新的挑战性。

在集中阐述了海洋石油开发保险、航天保险和核能保险等科技工程保险业务后，我们再选择部分与高新技术密切相关的产业活动的风险保险业务加以简要介绍。

一、科技成果保险

科技成果从研制成功到转化为生产力，必须经过一个转化与应用过程。然而，从中国以往的统计数据来看，科技成果转化率只有15%左右，科技进步对经济增长的贡献率只有29%，与发达国家60%到80%的水平相比相差甚远，企业产品合格率仅为70%，每年因不良产品造成的损失达2 000多亿元，占GDP的2%。[①] 造成这种现象的原因是多方面的，除企业缺乏科技创新意识外，科研成果应用本身蕴含着风险亦是一个十分重要的制约因素。因此，在国外一般通过两种措施来促进科技成果的转化：一是通过对风险投资业的支持与鼓励，使其为科技成果转化为生产力奠定了坚实的财政基础；二是开发有关技术成果转让保险，为投资者应用科技成果提供相应的风险保障。

在国内，中国人保财险公司深圳分公司经过中国保监会批准，率先于1999年推出了高科技成果转让保险这一新险种，该险种的保险责任即是高科技技术转让过程中由于有缺陷造成的投资损失，由保险人负责赔偿。同年10月9日，在深圳高科技成果交易会开幕的第一天，保险人即签发了第一张高科技成果转让保险单，投保人是高科技成果交易双方即深圳深港工贸进出口公司与中国未来研究会，保险标的是中国未来研究会医学委员会研制的一种戒毒药品，保险金额为1 000万元，投保人交付保险费20万元[②]；按照保险合同约定，如果该戒毒药品未能达到预计效果，保险公司将给予经济赔偿。

从性质上看，上述保险业务属于信用、保证保险范围，但它承保的内容却是高新技术成果在产业化过程中的风险，从而亦是新兴的科技保险业务。在业务经营实践中，类似的保险既可以由科技成果的供方投保，也可以由科技成果的接受方投保，保障的是科技成果接受方的利益，担保的却是科技成果供方的信誉。当科技成果完成了转化环节后，亦还面临着被仿冒进而造成投资或预期收益损失的风险，对投资者而言，这种风险同样需要转嫁。因此，在科技产业的发展进程中，保险人面临的课题其实还很多。

为贯彻实施《国家中长期科学和技术发展规划纲要（2006—2020年）》和《国务院关于保险业改革发展的若干意见》精神，2006年初，我国科技部和保监会共同开展了推动科技保险试点工作（第一批在北京、天津、重庆、深圳、武汉、苏州高新区等五市一区试点），试点产品包括高新技术企业产品研发责任保险、关键研发设备保险、营业中断保险、出口信用保险、高管人员及关键研发人员团体健康保险和意外保险、高新技术企业特殊人员团体意外伤害保险和重大疾病保险等险种。其中，政策性出口信用保险由中国出口信用保险公司经营，其他险种初期由华泰财产保险股份有限公司进行试点经营。此后，中国平安养老保险公司和中国人保财险公司也相继获得经营资格，科技保险的险种也扩大至14个。[③] 2008年9月，科技部与保监会联合下发通知，正式确定成都市、上海市、沈阳市、无锡市和西安国家高新区、合肥国家高新区为第二批科技保险创新试点城市（区），从而使全国科技保险试点城市（区）增至12个。[④] 相信由于政府的介入，我国科技保险的发展速度会越来越快。2019年5月，中国人保财险公司南京市分公司和南京方生和医药科技有限公司在南京签署协议，由方生和医药通过中国人保财险公司为其控股子公司南京曜生和医药科技有限公司的差异化仿制药项目进行投保，正式

① 王恩奎．科技成果迅速转化才是最好的创新［N/OL］．［2018-03-20］．http：//pinglun.eastday.com/p/20180320/u1ai11304430.html.

② 韩玉琪等．高科技成果交易保险第一单［N］．科技日报，1999-10-09.

③ 陈圣莉．我国高新技术企业参加科技保险热情不高［N］．经济参考报，2008-03-28.

④ 仝春建．科技部与保监会联合下通知：第二批科技保险试点城市确定［N］．中国保险报，2008-09-08.

开展“科技项目研发费用损失保险”（即在保险期间内，被保险人的科技项目由于研发不确定性无法按照立项预算完成时，保险人按照保险合同的约定，负责赔偿被保险人损失的研发费用）业务。[①]

二、计算机与网络技术保险

计算机与网络技术的广泛应用，不仅为我们的工作与生活带来了极大的方便，甚至改变了人类传统的生活与工作方式。然而，人们在享受计算机技术与网络技术所带来的各种好处时，也面临着计算机与网络技术应用过程中的各种风险。计算机硬件、软件受损、网络被病毒破坏等，均会造成用户损失。例如，“爱虫”病毒暴发，4 天之内给美国造成了 47 亿美元的损失，其 50 多种变体给全球造成了近百亿美元的损失；2001 年“红色代码”病毒的出现，造成近 20 亿美元的损失；“尼姆达”病毒的肆扰，在全球各地侵袭了 830 万台电脑，总共造成约 5.9 亿美元的损失；[②] 2003 年，黑客电脑犯罪给美国公司企业造成的损失比 2002 年增加 25%，达到 28 亿美元；再如，据国家互联网应急中心监测发现，2013 年，我国境内 1 090 万余台主机被境外服务器控制，境外黑客通过植入病毒对我国的 6.1 万个网站实施远程控制，我国境内感染移动互联病毒的用户数量超过 609 万，感染手机病毒的用户数量超过 609 万，监测到手机病毒下载链接 120 万余个，是 2012 年同期的 33 倍。[③] 2017 年 5 月 14 日，WannaCry 勒索病毒至少使 150 个国家（地区）的政府机构、银行、工厂、医院、学府共 20 万台电脑受到侵害。我国也有近 3 万家机构的计算机遭受影响，国内众多高校纷纷中招，不少同学的毕业论文、毕业设计等重要资料宣告“沦陷”。[④] 从风险性质出发，保险公司的计算机保险虽然一般会将类似勒索病毒侵害、黑客攻击导致的数据丢失等风险列为除外不保范围，但计算机与网络技术应用中的硬件损失风险、数据复制费用风险等无疑属于可保风险范畴，因此，国内外的保险人也开始涉足这一领域。

在计算机领域，硬件意外损失的保险似乎可以直接归入普通财产保险的范畴，而软件遭遇破坏的风险保险则含有很高的技术含量，从而亦应归入科技保险的范畴。在计算机保险业务中，保险人往往将硬件保险与软件保险相互联结，损失赔偿与技术服务有机结合。如中国人保财险公司与全国首家电脑医院——哈尔滨工业大学华龙电脑医院共同开办的以科技服务为主的电脑保险业务，即是一种新型的计算机科技保险业务，所有投保的计算机用户都可以得到电脑医院在软件方面的技术支持及上门维修服务，同时在出现硬件损坏时还可以得到中国人保财险公司的全额或部分赔偿。再如，中国大地财险公司推出的计算机保险，主要承保两大类风险：一是计算机本身的风险即硬件损失风险；二是数据复制费用。

---

① 科技保险助力成果转化［N/OL］.［2019 - 05 - 21］. http://www.most.gov.cn/cgzhyqycxs/cgzhgzdt/201905/t20190521_146636.htm.

② “黑客保险”前景可观［N］. 参考消息，2003 - 03 - 05.

③《计算机网络年会：我国移动互联网处于最危险级别》，央视新闻，http://m.news.cntv.cn/2014/06/03/ARTI1401773101179407.shtml，2014 - 06 - 03.

④ 计算机保险不保病毒侵害黑客攻击［N/OL］.［2017 - 05 - 15］. http://insurance.jrj.com.cn/2017/05/15152222478865.shtml.

另外，对于计算机硬件发生损失后产生的临时性费用，也负责赔偿。

网络技术保险则是20世纪90年代产生于美国的一种新型科技保险。由于网络遭遇攻击的事件层出不穷，美国联邦政府虽然加紧侦查并采取了越来越严格的管理与监控措施，但依然不能杜绝此类事件发生，这使得网络技术保险应运而生。例如，1999年美国亚特兰大的网上保险公司推出的“黑客保险”，不到半年就成交了50笔业务。[①] 美国经营“黑客保险”业务最大的公司美国国际保险集团，2003年针对黑客电脑病毒攻击和黑客盗窃信用卡资料分别出台了单独的保险政策。当然，网络技术保险至今仍处于萌芽阶段，但随着网络经济的持续高速发展，可以肯定网络技术保险作为一种新兴的科技保险业务将会得到迅速的发展。从美国网络保险的实践来看，它提供的是网上业务损失的赔偿保险，最高保险金额可以高达2亿美元，网站作为网络业务的主营者则是构成了保险客户群体，包括YAHOO、EBAY等大型网站在内的多数大型网站均投保了针对自身商业行为负责的网络业务保险，而一般的、较小的网站或传统形态的企业网站则需要专门针对其网络业务的保险，因此，网络技术保险的发展远未成熟，这从另一个侧面预示着它广阔的市场发展前景。

值得指出的是，包括人工智能、区块链、大数据、云计算等在内的科技正在被广泛应用于产品创新、管理创新和服务创新，这也在改造着保险业的业务流程和商业模式，科技与保险正在加速深度融合。

【知识链接】

“迷途”的卫星

1984年2月，美国西联公司和印度尼西亚政府委托美国航天局用航天飞机“挑战者”号发射两颗价值共1.8亿美元的通讯卫星维斯塔6号和帕拉帕B－2号。然而，两颗卫星未能进入预定轨道，成了太空中的两只“迷途羔羊”。更令人担忧的是一旦卫星某天突然掉下来，将给人类带来巨大灾难。还有一家更沮丧的，便是当时世界上最大的保险人劳合社，因为该保险组织承保了两颗卫星的发射保险。卫星的消失，意味着劳合社要为此赔偿1.8亿美元。为了不使两颗价值昂贵的卫星漂游在太空并给人类带来灾难，劳合社在进行保险理赔后于1984年又花600万美元组织雄厚的力量进行人类史上首次太空寻救活动。没想到的是，两只“迷途羔羊”竟然被找到并被成功捕获回地球。为此，里根总统还亲自为劳合社和美国寻救人员在白宫举行大庆功和授勋仪式。卫星被收回地球后，劳合社又委托美国休斯航空公司进行修复。经过几个月的修复，两颗卫星恢复了其功能，劳合社便将其中的帕拉帕B－2号以1 800万美元价格进行出售，并由美国的“代尔塔”火箭承担发射。第二次发射的保险，劳合社又承保了绝大部分。1987年3月，帕拉帕B－2号作为世界上第一颗发射后失败再度进入天空的卫星，发射获得了成功。可以说，这次卫星事件创造了人类宇航史和保险史上两大奇迹。[②]

---

① “黑客保险”前景可观［N］．参考消息，2003－03－05.

② 参见郑功成．迷途的卫星［J］．知识窗，1988［转引自张旭初、郑功成．保险在生活中［J］．保险与风险，1988（6）］.

【复习思考题】

一、名词解释

科技工程保险　海洋石油开发保险　钻井设备保险　航天保险　核能保险　网络技术保险

二、比较题

1. 试比较科技工程保险与一般财产保险的异同。
2. 试比较科技工程保险与建筑安装工程保险的异同。

三、问答题

1. 科技工程保险有哪些主要特征？
2. 海洋石油开发保险可以分为哪些阶段？主要险种有哪些？
3. 航天保险的主要风险有哪些？
4. 核能保险有哪些特点？

四、实务题

某年4月，某外资家用电器有限公司将该公司生产的高新技术含量很高的一款新产品洗衣机，以78亿元的基价向国内保险人寻求风险保障。该洗衣机被认为是高科技家电产品，该公司在本国已经申请了81项专利，有300多项发明。经过一家资产评估事务所评估，在未来15年间该产品的投资收益应为78亿元，因此，该公司希望保险人能够对该产品在市场上被仿冒达不到预定收益的这部分损失负责赔偿。但我国保险界并无类似险种，对该公司的投保要求，国内的保险人均未接受；请你对此发表自己的看法。

第十六章
责 任 保 险

【学习目标】

学习本章时，应熟悉并掌握责任保险的相关概念、基本特征与基本内容；了解责任保险各主要险别及其与有关险种的区别，同时掌握责任保险风险控制的技巧。

第一节　责任保险及其基本特征

一、责任保险的概念和意义

（一）责任保险的概念

责任保险，是指以被保险人依法应负的民事损害赔偿责任或经过特别约定的合同责任作为承保责任的一类保险。它属于广义财产保险范畴，适用于广义财产保险的一般经营理论，但又具有自己的独特内容和经营特点，从而是一类可以自成体系的保险业务。

上述定义包含着如下四层含义：

1. 责任保险与一般财产保险具有共同的性质，即都属于赔偿性保险。在责任保险中，保险人的经营需要使用到与一般财产保险相通的诚信原则、赔偿原则、权益转让原则等，从而既可以满足被保险人的风险转嫁需要，又不允许被保险人通过责任保险获得额外利益。因此，责任保险可以归入广义财产保险范畴。

2. 责任保险承保的实质是被保险人的法律风险。一般以法律规定的民事损害赔偿责任为承保风险，但也可以根据保险客户的要求并经特别约定后，承保其合同责任风险。在此，法律责任风险是指经现行法律或法规肯定、明确规范的民事责任；合同责任风险则是指法律或法规未有专门规范，而是由当事人双方或多方用合同的形式约定的责任，如在没有劳工法或劳动合同法律或法规规范的条件下，雇主对雇员所承担的责任风险就通常只能通过双方订立劳动或雇佣合同的形式进行规范，此即为合同责任，它只要不存在违法现象亦受到法律的保护，从而也可以归入到被保险人的法律风险范畴。

3. 责任保险以被保险人在保险期内可能造成他人人身或利益损害的风险为承保基础。一般财产保险承保的是被保险人自己的现实利益，如火灾保险与运输保险等保障的是被保险人自己的现实物质利益，信用保险保障的是被保险人自己的现实款物利益，它们都是在保险人承保前客观存在并可以用货币计量的事实；而责任保险承保的则是被保险人在保险期内可能造成他人人身伤害或利益损失，即责任保险承保的这种利益损失首先必须表现为他人受到人身伤害或物质利益受到损失，其次才是这种损失因有关法律、法规的规定应当由被保险人负责。因此，责任保险建立在被保险人可能造成他人的人身伤害或物质利益损失的基础之上，这种损失在承保时是无法准确确定或预知的，从而对被保险人的责任风险大小也无法像其他财产保险或人身保险那样用保险金额来评价，只能以灵活的赔偿限额作为被保险人转嫁法律风险和保险人承担法律风险的最高限额。

4. 责任保险是可以独成体系的保险业务。在国际上，责任保险是一类独立的保险业务，它通常被并入非寿险范围而与财产保险并列。一方面，责任保险的经营有着自己的一些独特规律，能够独成体系地开展业务；另一方面，责任保险又由公众责任保险、产品责任保险、雇主责任保险、职业责任保险和第三者责任保险五类业务及其若干具体险种构成，有着自己独立的、庞大的业务来源。如在责任保险很发达的美国，责任保险业务的保险费收入自20世纪80年代前后开始即占到该国整个非寿险业务的45%～50%，成为保险业举足轻重的业务；在欧洲发达国家，责任保险业务通常也要占到整个非寿险业务的30%左右，可见规模之大。因此，尽管责任保险在本书中归入财产保险范畴，并只用一章的篇幅来阐述，但它是可以独成体系且日益重要的一类保险业务，与其他一般财产保险相比，显然在地位上、内容上有着根本的差别。

（二）责任保险的意义

1. 有助于现行法律制度的贯彻实施。任何国家的法律制度都同时兼具着两个目标：一是通过各种民事法律制度与经济法律制度等来保障受害人的利益；二是通过刑事法律制度等来惩罚致害人。我国以往一直较为重视刑事法律制度的建设，但自1979年以后，通过颁布一系列的民事法律与经济法律，开始走向刑事法律与民事法律制度建设并重的新阶段。如我国的《民法典》就对损害赔偿问题做了较为详细的规范，我国的《食品卫生法》《产品质量法》《注册会计师法》《律师法》《环境保护法》等多部法律均有专门的保障受害方权益的规定。但若致害人并无赔偿能力，即使受到了刑事法律的制裁，受害人仍然不能按照法律规定得到其应当得到的经济补偿，其结果就是使相应的民事法律规定成为一纸空文。例如，某个体户贷款购买了一辆汽车从事运输业，运输中发生车祸造成多人死亡、多人重伤，依照法律规定，该车车主不仅应当承担相应的刑事责任并受到刑事处罚，而且应当赔偿死者家属抚恤金和伤者的医疗费用、误工工资等。假若该车主没有赔偿能力，即使将车主判刑，车祸中的受害方依然无法得到其应当得到的损害赔偿，其合法利益仍然落空，从而使相应的民事法律规定根本无法贯彻实施；如果该车主参加了责任保险，则只要车祸属于保险责任事故范围，受害人的合法权益就可以从承保人那里获得保障，从而有利于现行法律制度的贯彻实施。

2. 能够分散被保险人的意外风险，有利于维护受害人的合法权益。必须承认，责任保险首先是为被保险人服务的，即责任保险保障的是被保险人即致害人的经济利益，但其社会目的却是为了维护受害人的权益。在现实生活中，任何企业、团体或家庭、个人都不可能完全避免责任事故的发生，一旦发生事故，造成他人的人身伤亡和财产损失，致害人就必须依法承担起相应的经济赔偿责任。然而，致害人的经济又是不相同的，对于这种赔偿责任，有的能够全部负担，有的只能负担一部分，有的甚至完全无力负担。现实生活中由于责任事故导致致害人倾家荡产的现象并不罕见，它表明了责任事故风险需要有一种社会化的分散机制，而责任保险即是这样一种科学的、社会化的风险分散机制；同时，对受害人而言，如果没有责任保险，在各种责任事故中受到损害后的合法权益能否得到保障，并无确切保证，如前述例子中的个体车主即使倾家荡产也不可能承担起其应当承担的法定赔偿责任。可见，受害人合法权益同样需要依靠责任保险来保障。因此，责任保险既可以集众人之力分摊致害人的利益损失，同时还为受害者提供了索赔合法经济利益的保证。

3. 能够促进社会文明的发展进步。一方面，各种责任事故大多是极易导致社会纠纷和影响社会安定的事件，其中的焦点问题又往往是经济赔偿问题。如果责任者参加了责任保险，由保险公司协助处理并提供经济保证，将使矛盾得到一定程度的缓解，减少社会纠纷，促进社会安定；另一方面，保险人承保责任保险又通常以被保险人的安全管理、质量管理等符合优良条件为前提，并会通过平时的风险检查及其他相关条款来督促被保险人，从而在客观上能够减少并防范许多责任事故的发生，因此，责任保险能够促使社会文明的进步。

二、责任保险的发展

责任保险的产生与发展壮大，被西方国家保险界称为整个保险业发展的第三阶段，也是最后阶段。西方保险界认为，保险业的发展可以划分为三个大的发展阶段，第一阶段是传统的海上保险和火灾保险（后来扩展到一切财产保险）；第二阶段增加了人寿保险；第三阶段则是扩展了责任保险。保险业由承保物质利益风险，扩展到承保人身风险后，必然会扩展到承保各种法律风险。由此可见，责任保险在保险业中的地位是很高的，它既是法律制度走向完善的结果，同时又是保险业直接介入社会发展进步的具体表现。

（一）责任保险的险种发展

责任保险作为一类法律风险保险业务，产生于19世纪的欧美国家，20世纪70年代以后在工业化国家获得了迅速的发展。

19世纪中叶后，责任保险在欧美国家的许多领域开始实施。1855年，英国制定了世界上首部提单法——《1855年英国提单法》，承运人因此而面临着相关法律责任风险。同年，世界航运史上第一家船东互保组织在英国成立，承运人责任保险因此而产生，该组织承担会员船东对旅客的人身伤亡责任和船舶保险人不保的1/4船舶碰撞责任[①]。与此同时，英国铁路乘客保险公司也开办了铁路承运人责任保险，对于在铁路运输中的货物毁损，承运人要承担赔偿责任的风险可以通过购买保险合同转嫁给保险公司。1875年，英国沃顿保险公司签发第一张载有公众责任的保险单，同年还出现了马车第三者责

① 邓瑞平．船舶侵权法的国际统一化与实质性发展趋势［J］．现代法学，1997（6）．

任保险，专门承保因使用马车而引起的赔偿责任。[①] 1880 年，英国颁布的雇主责任法规定，雇主经营业务中因过错致使雇员受到伤害时须负法律赔偿责任，当年即有专门的雇主责任保险公司成立；1886 年，英国在美国开设雇主责任保险分公司，1889 年美国也有了自己的专门承保雇主责任保险业务的公司。

与此同时，西方国家的保险人对其他的各种责任保险也开始以附加责任的方式承保，并逐渐以新险种的形式出现和发展。如承包人责任保险始于 1886 年，升降梯责任保险始于 1888 年，制造业责任保险始于 1892 年，业主房东住户责任保险始于 1894 年，医生职业责任保险始于 1890—1900 年，契约责任保险始于 1900 年，产品责任保险最早的险种即毒品责任保险始于 1910 年，运动责任保险始于 1915 年，航空责任保险始于 1919 年，会计师责任保险始于 1923 年，个人责任保险始于 1932 年，农户及店主责任保险始于 1948 年，等等。

目前绝大多数国家均采取强制手段并以法定方式承保的汽车责任保险，始于 19 世纪末，并与工业保险一起成为近代保险与现代保险分界的重要标志。当时的英国“法律意外保险公司”最为活跃，它签发的汽车保险单仅承保汽车对第三者的人身伤害责任，保险费每车按 10 ~ 100 英镑不等收取，火险则列为可以加保的风险。到 1901 年，美国才开始出现对他人财产损害负责的汽车责任保险。

进入 20 世纪 70 年代以后，责任保险的发展在工业化国家进入了黄金发展时期。在这个时期，首先是各种运输工具的第三者责任保险得到了迅速发展；其次是雇主责任保险成了普及化的责任保险险种。随着商品经济的发展，各种民事活动急剧增加，法律制度在不断健全，人们的索赔意识不断增强，各种民事赔偿事故层出不穷，终于使责任保险在 20 世纪 70 年代以后的工业化国家得到了全面的、迅速的发展。在西方发达国家，责任保险的服务领域十分广阔，内涵也十分丰富，早已形成了门类齐全、险种众多、专业性强的特色，真正成了企业、团体、家庭及个人，乃至政府机关等都必不可少的风险保障工具和各国保险人的主要业务种类。可以肯定，责任保险在 21 世纪会成为一种全球性、普遍性的重要保险业务，即不仅发达国家的责任保险地位会进一步得到巩固，而且许多发展中国家随着其市场经济的发展和法制的日益健全，也会进入责任保险高速发展的阶段。

（二）责任事故处理原则的发展

由于责任保险承保的是各种责任事故风险，责任保险的产生与发展，也就必须建立在一定的法制基础之上。其中最主要的便是处理各种责任事故的法律原则，它对于责任保险业务的发展起着至关重要的作用。

所谓责任事故的处理原则，是指当各种责任事故发生以后，根据法律规定对致害人的责任进入法律认定并进行相应经济处罚的原则。从各国对责任事故赔偿的法律处理来看，责任事故的处理原则并非是一成不变的，而是随着生产力的发展和维护公众权益呼声的日益高涨而由有利于致害方逐步转向有利于受害方。责任事故的法律处理原则大体

---

① 许飞琼．责任保险［M］．北京：中国金融出版社，2007.

上可以分为四个发展阶段。

1. 契约责任阶段。所谓契约责任阶段，是指在处理责任事故时以受害方与致害方存在着直接的契约或合同关系为前提，它主要表现在雇主责任事故和早期的产品责任事故处理中。

2. 过错责任阶段。自有处理责任事故方面的法律开始，对责任事故的处理就执行着过错责任的原则。在责任事故中，只有当致害人对受害人的伤害负有故意或过失责任时，才承担起法律规定的经济赔偿义务；否则，即使受害人受到了伤害，另一方也无须承担经济赔偿责任。例如，某企业主惩罚工人致死、致残即为故意行为；某企业主不提供相应的安全防护设备而要求工人在不安全的地点进行劳动，致使工人在工伤事故中负伤，则为过失行为。在这两种情况下，均应当由企业主承担起对工人的经济赔偿责任。如果是工人自己在工作中不注意操作规程并因此而受到伤害，则企业主可以免除责任，而由工人自己负责。

3. 无过失责任阶段。[①] 19 世纪，西方资本主义国家社会化大生产发展的同时引发了工业事故的大量增加，严重损害了工人的生命与健康。为了缓和社会矛盾，维护社会安定，乃至最终体现社会公平、正义，1838 年，德国颁布的《普鲁士铁路法》第 25 条确立了无过失责任制度，这是最早因立法而产生的无过失责任归责原则。后来，各国法律纷纷效仿，将无过失责任原则作为侵权行为的归责原则之一。如美国 20 世纪 60 年代法律学会出版的《侵权法重述（第 2 版）》中，就规定了产品对用户和消费者造成损害以及动产的卖方对消费者误导而引起产品致人损害时，卖方应承担无过失（即严格）责任。[②] 从美国的产品责任归责原则不难看出，无过失（严格）责任注重的是产品本身是否安全，而过错责任注重的是制造商行为的合理性。

需要指出的是，无过失责任虽然严格，但并非绝对。在无过失责任的条件下，并不是只要是致害人的行为所产生的损害，在任何情况下致害人均应负责。根据法律规定，致害人是可以提出特定的抗辩或免责事由的。例如不可抗力、受害人的故意、第三人的过错等。

4. 绝对责任阶段。处理责任事故的最高原则阶段是绝对责任。所谓绝对责任，是指民事主体有义务应当防止损害的发生，如果造成损害，行为人必须无条件地承担责任。绝对责任是英美法系中的概念。在绝对责任的条件下，致害人是没有任何免责机会的。如雇主对雇员的转承责任即是绝对责任。绝对责任的出现是以科技的不断进步和社会文明的不断提高为背景的。[③]

在此，可以从致害方的角度，将导致各种责任事故的原因归纳如图 16 – 1 所示。

在图 16 – 1 中，从致害方的角度出发，导致责任事故发生的原因不外乎三种：一是致害方并非故意而是由于疏忽或过失的原因致使受害方遭受了损害，如某人在公路上骑

---

① 许飞琼．责任保险［M］．北京：中国金融出版社，2007.

② *Black's Law Dictionary*, West Publish Co. 1991. p. 991.

③ 许飞琼．责任保险［M］．北京：中国金融出版社，2007.

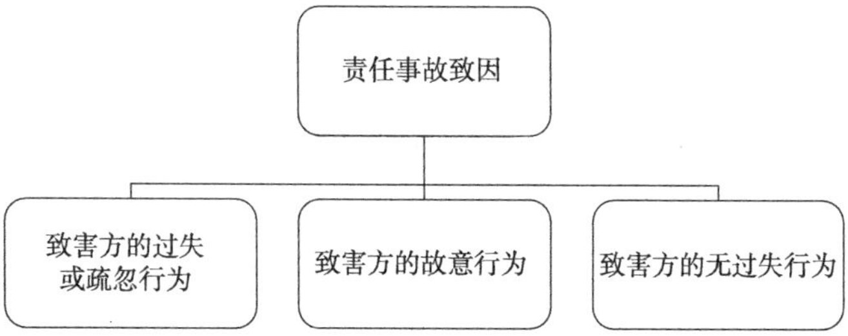

图 16－1　责任事故的原因

自行车转向时忘记打手势或未注意到行人而将行人撞伤即是；二是致害方故意实施某种行为而造成受害方的损害后果，如某人为泄私愤而将他人的房屋放火烧毁即是；三是在某种外力或受害方自己的作用下，致害方并无过错但仍然造成了受害方的损害事实，如汽车在行驶中因发生地震、地陷等自然灾害而翻车致使乘客伤亡，驾驶员及车主就并无过错，但乘客在车上受到伤害却是客观事实。如果以过错责任原则为依据，致害方只有在前两种情况下才对受害方承担经济赔偿责任，而对第三种情况则不需要承担经济赔偿责任；如果以无过失责任或严格责任，则致害方在上述三种情况下均应当承担起经济赔偿责任。因此，在无过失责任或严格责任及绝对责任的条件下，致害人事实上承担了超越自己责任范围的责任，但对受害方而言则得到了更全面的保障。从维护社会公众权益的角度出发，从疏忽责任原则发展到绝对责任的处理原则，显然又是一个重大的进步。

当然，上述发展阶段的划分并非只是从责任事故处理的一般原则进行划分的，它并非是一切责任事故处理的必然发展规律，有些责任事故的处理并未经过契约关系责任阶段，而有些责任事故至今仍要求以受害方与致害方存在着合法的合同关系为基础。如汽车责任保险开始时就没有契约关系责任的要求，而雇主责任保险迄今仍将受害方与致害方存在着直接的雇佣关系作为一个必要的条件。在现阶段，有的责任事故仍然按照过错责任原则进行处理，有的责任事故则进入了按无过失或绝对责任原则处理的阶段。因此，在掌握责任事故处理原则时，必须视现行法律制度对具体事件的规定及其不同性质来加以区分。

需要指出的是，不论是过错责任阶段，还是无过失或绝对责任阶段，或者是现实中过错责任与无过失或绝对责任同时并存的阶段，对责任事故中致害的一方而言，其是否出于故意或过失并不影响其对受害方承担经济赔偿的义务，即不论是其故意行为还是过失行为致使受害的一方受到损害，都必须承担起对受害方的经济赔偿责任。换言之，致害方的故意与否只在刑事处罚中起判定事件性质的作用，在民事处理中却只以损害事实为依据，即不会因致害方的过失行为而减轻其经济赔偿责任。不过，对责任保险而言，则必须要区分致害人的行为性质，保险人仅对被保险人（致害人）的过失行为负责，而不会将其故意损害他人的行为也纳入保险责任范围。如某人放火烧毁了他人的房屋，即为故意行为所致的损害，其当然应当依法承担起经济赔偿责任，但其责任保险承保人却不会为其代负赔偿责任；如果某人因过失而致引起意外失火造成了他人的房屋损毁，其同样应当承担起对受损害的一方的经济赔偿责任，但责任保险承保人可以代其赔偿。因此，责任事故的处理原则是责任保险的法律基础，但又与责任保险的赔偿相区别，这是在学习与实践中必须注意区分的。

（三）我国责任保险的发展

我国的责任保险始于20世纪50年代初期，当时开办的主要是汽车公众责任保险业务，但这一时期的责任保险业务仅维持了几年即被停办。因此，现阶段的责任保险业务是20世纪80年代恢复国内保险业务时逐步发展起来的。在我国的责任保险发展过程中，责任保险业务的开展首先是从运输工具责任保险和出口产品责任保险开始，逐步向其他责任保险发展，但责任保险在整体上仍然非常滞后，即我国在经历了传统的财产保险业务发展阶段后，于20世纪90年代中期进入人寿保险高速发展的时期，责任保险迄今仍尚未成为一个独立的市场与体系，其在整个保险业中所占地位不高，这与工业化国家的保险业发展进程具有相似性。但随着我国民事法制的日益健全化，可以肯定，我国责任保险的发展前景是十分广阔的，不久的将来一定会成为整个保险业的重要支柱。

三、责任保险的基本特征

责任保险与一般财产保险相比较，其共同点是均以大数法则为数理基础，经营原则一致，经营方式相近（除部分法定险种外），均是对被保险人经济利益损失进行补偿。然而，作为一类独特的保险业务，责任保险在产生与发展的基础、补偿对象、承保标的、赔偿处理等方面又均有着自己明显的特征。

（一）责任保险产生与发展基础的特征

一般财产保险产生与发展的基础，是自然风险与社会风险的客观存在和商品经济的产生与发展；一般人寿保险产生与发展的基础，是社会经济的发展和社会成员生活水平不断提高的结果；而责任保险产生与发展的基础却不仅是各种民事法律风险的客观存在和社会生产力达到了一定的阶段，更是由于人类社会的进步带来了法律制度的不断完善，其中法制的健全与完善成为责任保险产生与发展的最为直接的基础。

正是由于人们在社会中的行为都是被限定在法律制度的一定规范之内，所以才可能因触犯法律而造成他人的财产损失或人身伤害时必须承担起经济赔偿责任。很难想象，在奴隶社会中奴隶主对奴隶的伤害要承担什么赔偿责任和在封建社会中封建帝王滥杀臣民要承担什么赔偿责任。同样，在当代社会，没有明确的环境污染防治法，造成污染的人不会对受害者承担什么赔偿责任；没有食品卫生法和消费者权益保护法，损害消费者权益的单位和个人对受害方也不会有法律上的经济赔偿责任，等等。因此，只有存在着对某种行为以法律形式确认为应负经济上的赔偿责任时，有关单位或个人才会想到通过保险来转嫁这种风险，责任保险的必要性才会被人们所认识、所接受；只有规定对各种责任事故中致害人进行严格处罚的法律原则，即从契约责任经过疏忽责任到无过失责任或绝对责任原则，才会促使可能发生民事责任事故的有关各方自觉地参加各种责任保险。事实上，当今世界上责任保险最发达的国家或地区，必定同时是各种民事法律制度最完备、最健全的国家，它表明了责任保险产生与发展的基础是健全的法律制度，尤其是民法和各种专门的民事法律与经济法律制度。

（二）责任保险补偿对象的特征

在一般财产保险与各种人身保险的经营实践中，保险人的补偿对象都是被保险人或其受益人，其赔款或保险金也是完全归被保险人或其受益人所有，均不会涉及第三者。而各种责任保险却与此不同，其直接补偿对象虽然也是与保险人签订责任保险合同的被保险人，被保险人无损失则保险人亦无须补偿；但被保险人的利益损失又首先表现为因被保险人的行为导致第三方的利益损失为基础的，即第三方利益损失的客观存在并依法应由被保险人负责赔偿时才会产生被保险人的利益损失。因此，在一些国家的保险法中规定，责任保险人的赔款既可以支付给被保险人，也可以直接支付给受害人，从而实质上是对被保险人之外的受害方即任何第三者的补偿。①

一方面，保险人赔偿的前提是被保险人之外的第三者遭受损害，且依法应由被保险人承担经济赔偿责任；另一方面，保险人的赔偿不仅控制在对被保险人的责任限额内，而且控制在第三者的损失或被保险人受到索赔的金额内；此外，被保险人必须向第三者进行赔偿。因此，责任保险是由保险人直接保障被保险人的利益、间接保障受害人利益的一种双重保障机制。

（三）责任保险承保标的的特征

一般财产保险承保的均是有实体的各种财产物资，人身保险承保的则是自然人的身体，二者均可以在承保时确定一个保险金额作为保险人的最高赔偿限额。而责任保险承保的却是各种民事法律风险，是没有实体的标的。

对每一个投保责任保险的人而言，其责任风险可能是数十元，也可能是数百万元甚至数千万元、数十亿元，这在事先是无法预料的，保险人对所保的各种责任风险及其可能导致的经济赔偿责任大小，也通常无法采用保险金额的方式来确定。但若在责任保险中没有赔偿额度的限制，保险人自身就会陷入经营风险之中。因此，保险人在承保责任保险时，通常对每一种责任保险业务规定若干等级的赔偿限额，由被保险人自己选择，被保险人选定的赔偿限额便是保险人承担赔偿责任的最高限额，超过限额的经济赔偿责任只能由被保险人自行承担。

综上所述，责任保险承保的标的是没有实体的各种民事法律风险，保险人承担的责任只能采用赔偿限额的方式进行确定。

（四）责任保险承保方式的特征

责任保险的承保方式具有多样化的特征。从责任保险的经营实践来看，它在承保时一般根据业务种类或被保险人的要求，采用下列承保方式：

1. 独立承保的方式。在这种方式下，保险人签发专门的责任保险单，它与特定的物

---

① 我国《保险法》第六十五条第1、第2款规定：“保险人对责任保险的被保险人给第三者造成的损害，可以依照法律的规定或者合同的约定，直接向该第三者赔偿保险金。责任保险的被保险人给第三者造成损害，被保险人对第三者应负的赔偿责任确定的，根据被保险人的请求，保险人应当直接向该第三者赔偿保险金。被保险人怠于请求的，第三者有权就其应获赔偿部分直接向保险人请求赔偿保险金。”这标志着我国的责任保险人的赔款依法可以直接支付给受害的第三方。

没有保险意义上的直接联系，而是完全独立操作的保险业务。如公众责任保险、产品责任保险等。采取独立承保方式承保的责任保险业务，是责任保险的主要业务来源。

2. 作为一般财产保险业务的附加险承保的方式。在这种方式下，保险人签发责任保险单的前提是被保险人必须参加一般的财产保险，即一般财产保险是主险，责任保险则是没有独立地位的附加险。如建筑工程保险中的第三者责任保险，就一般被称为建筑工程保险附加第三者责任保险。附加承保的责任保险在业务性质和业务处理方面，与独立承保的各种责任保险是完全一致的，不同的只是承保的形式不同而已。

3. 作为一般财产保险业务中的基本责任承保。作为一般财产保险业务中的基本责任承保即在一些普通财产保险业务中，保险人或主动或应被保险人的要求加入责任保险内容，在这种方式下，责任保险的内容既不必签订单独的责任保险合同，也无须签发附加或特约条款，只需要参加该财产保险便使相应的责任风险得到了保险保障。因此，这类介于独立与附加责任保险之间的责任保险可以称之为混合责任保险。例如，目前一些公司销售的家庭财产综合保险中含有家政责任保险、宠物责任保险等即是。再如船舶保险中，碰撞责任作为保险人承保的基本责任之一，亦属于责任保险范畴。

从发达国家责任保险业务来源的比重来看，以独立承保方式承保的责任保险业务占据主体地位，其次是附加的责任保险业务，最后才是作为一般财产保险业务中的基本责任承保的混合责任保险业务。此外，各种运输工具的责任保险虽然是独立承保的业务，但多数情况下均与特定的运输工具存在着难以分割的联系。

（五）责任保险赔偿处理中的特征

与一般的财产保险和人身保险业务相比，责任保险的赔偿要复杂得多。其一，每一起责任保险赔案的出现，均以被保险人对第三方的损害并依法应承担经济赔偿责任为前提条件，从而必然要涉及受害的第三者，这表明责任保险的赔偿处理较为复杂，并非像一般财产保险或人身保险赔案一样只是保险双方的事情。其二，责任保险的承保以法律制度的规范为基础，责任保险赔案的处理也是以法院的判决或执法部门的裁决为依据，从而需要更全面地运用法律制度。其三，责任保险中因是保险人代替致害人承担对受害人的赔偿责任，被保险人对各种责任事故处理的态度往往关系到保险人的利益，从而使保险人具有参与处理责任事故的权利。其四，责任保险赔款可以直接支付给受害人，而其他财产保险的赔款却只能支付给被保险人。

从上述分析中，可以发现责任保险是具有自己明显特色的保险业务，在责任保险经营实践中，必须注意区分其与一般财产保险和人身保险的区别，把握责任保险自身特有的规律。

第二节　责任保险的基本内容

一、适用范围

作为一类自成体系的保险业务，责任保险的适用范围是十分广泛的，即适用于一切可能造成他人财产损失与人身伤亡的各种单位、家庭或个人。具体而言，责任保险的适用范围包括如下几部分。

（一）各种公众活动场所的所有者、经营管理者

各公共场所的所有者、经营管理者对在其相关公众活动场所中遭受意外伤害的社会公众负有法定的损害赔偿责任。如体育场、展览馆、影剧院、市政机关、城市各种公用设施等，均有可能导致公众的人身或财产损害，这些地方的所有者或经营管理者就负有相应的法定赔偿责任，从而需要且可以通过责任保险的方式向保险公司转嫁。

（二）各种产品的生产者、销售者、维修者

产品的生产者、销售者、维修者对产品导致的各种意外责任事故后果负有直接的经济赔偿责任，其中产品的生产者负有最大且是最后的责任，产品销售者和维修者则仅对其改变产品造成的责任事故负责。如一台彩色电视机发生爆炸事件，造成了用户的财产损失和人员伤亡，则该彩电的生产厂家必须对此事件负责；如果销售者在销售过程中对该彩电进行了改装或彩电进入消费后经过维修者维修且造成了彩电性能的改变等，由此而导致的彩电责任事故后果则应由销售者或维修者负责。因此，产品生产者、销售者、维修者均对产品责任事故风险具有保险利益，它们构成了产品责任保险的客户群体。

（三）各种运输工具的所有者、经营管理者或驾驶员

运输工具的责任事故风险极大，在许多国家均采用普遍强制保险的方式承保。因此，各种运输工具的所有者、经营管理者或驾驶员对运输工具的事故责任风险具有保险利益，它们构成了责任保险的又一客户群体。

（四）各种需要雇用员工的单位

即任何用工单位均依法应对劳动者的安全承担法律责任，这种法律责任不是通过工伤社会保险的方式强制推行，就是通过雇主责任保险的方式强制推行。因此，任何用工单位均对其雇用的劳动者的工作性伤害具有保险利益，从而亦适用于责任保险。

（五）各种提供职业技术服务的单位

各种职业技术服务团体因其提供的各种技术服务存在着某种缺陷而造成合同对方的损害时，必须依法承担相应的经济赔偿责任，这一法律原则使任何提供技术服务的团体均存在着职业责任风险的保险利益，从而使各种职业责任保险成为必要。

（六）城乡居民家庭或个人

对于城乡居民家庭或个人而言，亦存在着广泛的责任风险，如个人的侵权行为、家庭或个人饲养的动物造成他人损害、家庭或个人雇佣保姆之类的劳工在被雇佣期间遭受人身伤害或财产损失、家庭或个人所有或管理的静物（如房屋等）因意外失事造成他人的损害等，均要求家庭或个人承担起相应的经济赔偿责任，这种家庭或个人责任风险的客观存在，使家庭或个人责任保险成为必要的风险转嫁工具。因此，责任保险同时还适用于城乡居民家庭或个人。

此外，在各种工程项目的建设过程中也存在着民事责任事故风险，建设工程的所有者、承包者等亦对相关责任事故风险具有保险利益；各单位场所（即非公众活动场所）也存在着公众责任风险，企业等单位亦有着投保公众责任保险的必要性。

可见，责任保险的适用范围几乎覆盖了所有的团体组织和所有的社会成员。

二、责任范围

（一）责任保险与民事损害赔偿责任

人们一般认为，责任保险的保险责任就是民事损害赔偿责任，事实上这二者既有联系又有区别，是不能完全等同的。

在各国的民法中，民事损害赔偿是一项基本的、重要的原则，它是维护公众利益，保护公民、法人的合法权益不受侵犯的必要手段。由于民事损害赔偿的目的在于补偿受害人，而不是惩罚致害人，因此，凡侵权行为对受害人造成的损失，行为人或致害人必须全部赔偿，即谁损害谁赔偿，损害多少赔偿多少，而不论行为人出于故意或过失，也不论行为人是否应受到刑事法律的制裁。

构成民事损害赔偿责任的条件，包括如下四项：一是必须存在损害事实，即只有当行为人对他人的人身、财物或精神造成事实上（客观）的损害，行为人才负有经济赔偿责任；二是行为人的违法性，即行为人的行为必须是违背法律规范的，如果是合法的行为，即使造成了损害事实也无须承担经济赔偿责任；三是行为与结果之间必须存在因果关系，即损害事实应当且只能是行为人的行为所致的客观结果；四是行为的过错，即只有行为人自己的行为存在故意或过失时，才承担经济赔偿责任，如果无过失则无须承担经济赔偿责任。上述四个条件是一个整体，缺一不可，只有同时具备四个条件，才真正构成民事损害赔偿责任。

对责任保险而言，一方面，其承保的责任主要是被保险人的过失行为所致的责任事故风险，即被保险人的故意行为通常是绝对除外不保的风险责任，这一经营特点决定了责任保险承保的责任范围明显地小于民事损害赔偿责任的范围；另一方面，若投保人要求并经保险人同意，责任保险也可以承保超越民事损害赔偿责任范围的风险，如在航空领域，即使民航公司无任何过错，只要旅客在飞行中遭受了人身伤害或财产损失，航空公司也会承担起经济上的赔偿责任，这种无过错责任即超出了一般民事损害赔偿责任的范围，但保险人通常将其纳入承保责任范围。可见，责任保险在某些情况下承担的保险责任又超越了一般民事损害赔偿责任的范围。

综上所述，民事损害赔偿原则是责任保险承保的主要法律基础，但责任保险承担的责任限于被保险人的过失责任或一定条件下的无过失责任，从而表明了责任保险的保险责任与民事损害赔偿责任是不能等同的。

（二）责任保险的保险责任

根据前述分析和责任保险的国际惯例，责任保险的保险责任，一般包括以下两项内容：

1. 被保险人依法对造成他人财产损失或人身伤亡应承担的经济赔偿责任。这一项责任是基本的保险责任，以受害人的损害程度及索赔金额为依据，以保险单上的赔偿限额为最高赔付额，由责任保险人予赔偿。

2. 因赔偿纠纷引起的由被保险人支付的诉讼、律师费用及其他事先经过保险人同意支付的费用。

保险人承担上述责任的前提条件是，责任事故的发生应符合保险条款的规定，包括事故原因、发生地点、损害范围等，均应审核清楚。所谓人身伤害，不仅指自然人身体的有形毁损，也包括脑力损害、听力损害、疾病、丧失工作能力及死亡等，但对精神方面的损害一般除外不保；所谓财产损失，包括有形财产的损毁、受损财产的丧失使用，甚至及于未受损财产的丧失使用。

（三）责任保险的除外责任

在承担前述赔偿责任的同时，保险人在责任保险合同中一般规定若干除外责任，尽管不同的责任保险合同中的除外责任可能有出入，但主要的除外责任有：

1. 被保险人故意行为所致的各种损害后果。

2. 战争、军事行动、恐怖及罢工等政治事件造成的损害后果。

3. 核事故风险导致的损害后果。但核事故或核责任保险例外。

4. 被保险人家属、雇员的人身伤害或财产损失。但雇主责任保险承保雇主对雇员的损害赔偿责任。

5. 被保险人所有、占有、使用或租赁的财产，或由被保险人照顾、看管或控制的财产损失。

6. 被保险人的合同责任。经过特别约定者除外。

上述除外责任是责任保险的通常除外责任，但个别风险经过特别约定后可以承保。

三、赔偿限额与免赔额

责任保险承保的是被保险人的赔偿责任，而非有固定价值的标的，且赔偿责任因损害责任事故大小而异，很难准确预计。因此，不论何种责任保险，均无保险金额的规定，而是采用在承保时由保险双方约定赔偿限额的方式来确定保险人承担的责任限额。凡超过赔偿限额的索赔仍须由被保险人自行承担。

从责任保险的发展实践来看，赔偿限额作为保险人承担赔偿责任的最高限额，通常有以下几种类型：

1. 每次责任事故或同一原因引起的一系列责任事故的赔偿限额，它又可以分为财产损失赔偿限额和人身伤亡赔偿限额两项。

2. 保险期内累计的赔偿限额，它也可以分为累计的财产损失赔偿限额和累计的人身伤害赔偿限额。

3. 在某些情况下，保险人也将财产损失和人身伤亡两者合成一个限额，或者只规定每次事故和同一原因引起的一系列责任事故的赔偿限额，而不规定累计赔偿限额。

从国际责任保险的发展趋势来看，越来越多国家的责任保险承保人对人身伤亡不再规定赔偿限额，或者仅规定一个综合性的赔偿限额。

在责任保险经营实践中，保险人除通过确定赔偿限额来明确自己的承保责任外，还通常有免赔额的规定，以此达到促使被保险人小心谨慎、防止发生事故和减少小额、零星赔款支出的目的。责任保险的免赔额，通常是绝对免赔额，即无论受害人的财产是否全部损失或死亡，免赔额内的损失均由被保险人自己负责赔偿。免赔额的确定，一般以具体金额数字表示，也可以规定赔偿限额或赔偿金额的一定比率。因此，责任保险人承担的赔偿责任是超过免赔额之上且在赔偿限额之内的赔偿金额。

四、保险费率

责任保险费率的制定，通常根据各种责任保险的风险大小及损失率的高低来确定。不同的责任保险种类，制定费率时所考虑的因素亦存在着差异，但从总体上看，保险人在制定责任保险费率时，主要考虑的影响因素应当包括如下几项：

1. 被保险人的业务性质及其产生意外损害赔偿责任可能性的大小。如影剧院的责任风险是公众责任风险，企业的责任风险主要是产品责任风险，雇主所承担的责任风险主要是对雇员的责任风险，等等。不同业务性质的责任保险业务具有不同的责任风险，从而是制订责任保险费率时必须着重考虑的因素。

2. 法律制度对损害赔偿的规定。责任保险以法律制度规范的赔偿责任及其标准为基础，承保责任保险时必须充分考虑现行法律制度对该项责任风险的规范。法律制度规范越严格，表明风险越大，费率也越高，反之则相反。

3. 赔偿限额的高低。赔偿限额与免赔额的高低对责任保险的费率有客观影响，赔偿限额越高，保险费绝对数越高，但保险费率相对比率会越低，因为责任事故越大而出现的概率就越小，反之则相反。

4. 承保区域的大小。在其他条件相等的情况下，承保区域越大，风险越大，费率亦应越高。如产品责任保险中，承保国内的产品责任风险与承保出口产品的责任风险是有很大差异的，即以国内为承保区域和以国际为承保区域存在着风险差异，其费率也需要有差异；再如雇主责任保险中，仅仅承保雇员在正常的工作场所从事职业工作的风险就小，如若将雇员的人身伤害风险扩展到其外出出差，则保险风险会增大，制定费率时亦应当加以考虑。

5. 每笔责任保险业务的量。每笔责任保险业务的量即每笔责任保险业务的数量规模等，对责任保险费率的影响亦很大。保险人一般对于统保程度高、数额大的业务采用较为优惠的费率；对于统保程度低、数额小的业务采用较高的费率；对于一些小额、零星的责任保险业务（如某笔数量有限的出口产品责任保险业务）还有最低保险费的规定。

6. 同类责任保险业务的历史损失资料。它虽然不是制定现行费率的直接依据，但是可以供制定现行费率参考，具有很高的借鉴价值，从而是保险人在制定费率时必须参照的依据。

第三节　责任保险的险别

一、公众责任保险

（一）公众责任保险与公众责任

公众责任保险，又称普通责任保险或综合责任保险，它以被保险人的公众责任为承保对象，是责任保险中独立的、适用范围最为广泛的保险类别。

所谓公众责任，是指致害人在公众活动场所的过错行为致使他人的人身或财产遭受损害，依法应由致害人承担的对受害人的经济赔偿责任。公众责任的构成，以在法律上负有经济赔偿责任为前提，其法律依据是各国的民法及各种有关的单行法规制度。

此外，在一些并非公众活动的场所，如果公众在该场所受到了应当由致害人负责的损害，亦可以归属于公众责任。如某人到某企业办事，在该企业厂区内受到了依法应由企业负责的损害，即是该企业承担的公众责任。因此，各种公共或公用设施、工厂、办公楼、学校、医院、商店、展览馆、动物园、宾馆、旅店、影剧院、运动场所，以及工程建设工地等，均存在着公众责任事故风险。这些场所的所有者、经营管理者等均需要通过投保公众责任保险来转嫁其责任风险。

值得指出的是，在法学界，习惯于将公众责任称为第三者责任；在保险界，人们也常常把公众责任保险与第三者责任保险相混同。在责任保险经营实践中，公众责任保险是一种完全独立承保的业务，而第三者责任保险却通常与一般财产保险具有不可分割的关系（如作为附加险种或列为一般财产保险的基本责任范围等）或某种内在的联系（如机动车辆损失保险就通常与其第三者责任保险一起由一个基本条款统一规范等），两者客观上是存在着区别的。因此，尽管本书已经将运输工具的第三者责任保险、工程保险中的第三者责任保险等纳入相关财产保险范畴进行阐述，但本章仍采用将公众责任保险与第三者责任保险作为并行的概念。

（二）公众责任保险的经营实务

在公众责任保险的经营实践中，保险人首先需要通过投保单、保险代理人等途径了解保险客户的有关情况，同时应当进行保前实地调查。其调查内容包括保险客户所处的地点及周围环境状况、投保人的业务性质即从事的行业或职业、投保人的管理水平及人员结构情况、安全管理情况、以往公众责任事故的记录等内容，以此作为评估保险客户的公众责任风险的依据。

保险人在与投保人协商的基础上，可以根据该业务的总体风险评估，为投保人提供或设计公众责任保险方案，决定承保条件包括选择投保人所需要的附加条款，据此确定最终费率，签发保险单。在签发公众责任保险业务时，需要明确被保险人的场所及业务性质、保险区域范围、赔偿限额与免赔额的确定方式及其具体标准、保险费率与保险费的计算及缴纳保险费的方式，以及被保险人及其全称和地址等。

公众责任保险的保险责任，包括被保险人在保险期内、保险地点发生的依法应承担的经济赔偿责任和有关的法律诉讼费用等。公众责任保险的除外责任则包括以下内容：

1. 被保险人故意行为引起的损害事故。

2. 战争、内战、叛乱、恐怖、暴动、骚乱、罢工或封闭工厂引起的任何损害事故。

3. 人力不可抗拒的原因引起的损害事故。

4. 核事故引起的损害事故。

5. 有缺陷的卫生装置及除一般食物中毒以外的任何中毒。

6. 由于震动、移动或减弱支撑引起的任何土地、财产或房屋的损坏责任。

7. 被保险人的雇员或正在为被保险人服务的任何人所受到的伤害或其财产损失，他们通常在其他保险单下获得保险。

8. 各种运输工具的第三者或公众责任事故，由专门的第三者责任保险或其他责任保险险种承保。

9. 公众责任保险单上列明的其他除外责任。

有些除外责任经过保险双方约定，亦可以作为特约责任予以承保。

保险人在经营公众责任保险业务时，一般不像其他保险业务那样有固定的保险费率表，而是通常视每一被保险人的风险情况逐笔议订费率，以便确保保险人承担的风险责任与所收取的保险费相适应。按照国际保险界的习惯做法，保险人对公众责任保险一般按每次事故的基本赔偿限额和免赔额分别厘定人身伤害和财产损失两项保险费率，如果基本赔偿限额和免赔额需要增减时，保险费率也应适当增减，但又非按比例增减。

公众责任保险的赔偿限额的确定，通常采用规定每次事故赔偿限额的方式，既无分项限额，又无累计限额，仅规定每次公众责任事故的混合赔偿限额，它只能制约每次事故的赔偿责任，对整个保险期内的总的赔偿责任不起作用。

当发生公众责任保险事故时，保险人的理赔应当以受害人向被保险人提出有效索赔并为法律认可为前提，以赔偿限额为保险人承担责任的最高限额，并根据规范化的程序对赔案进行处理。

（三）公众责任保险的主要险种

公众责任保险是责任保险中主要业务来源之一，在公众责任保险项下，它又可以分为综合公共责任保险、场所责任保险、承包人责任保险和承运人责任保险四类，每一类又包括若干保险险种，它们共同构成了公众责任保险业务体系。

1. 综合公共责任保险。该保险是一种综合性的责任保险，它承保被保险人在任何地点因非故意行为或活动所造成的他人人身伤害或财产损失依法应负的经济赔偿责任。从国外类似业务的经营实践来看，保险人在该种保险中除一般公众责任外还承担着包括合同责任、产品责任、业主及工程承包人的预防责任、完工责任及个人伤害责任等风险。因此，它是一种以公众责任为主要保险风险的综合性公共责任保险。

2. 场所责任保险。场所责任保险承保固定场所因存在着结构上的缺陷或管理不善，或被保险人在被保险场所进行生产经营活动时因疏忽发生意外事故，造成他人人身伤害或财产损失且依法应由被保险人承担的经济赔偿责任。场所责任保险是公众责任保险中业务量最大的险种。场所责任保险的险种主要有宾馆责任保险、展览会责任保险、电梯责任保险、车库责任保险、机场责任保险以及各种公众体育、娱乐活动场所责任保险。

3. 承包人责任保险。承包人责任保险承保承包人的损害赔偿责任，它主要适用于承包各种建筑工程、安装工程、修理工程施工任务的承包人。

4. 承运人责任保险。承运人责任保险承保承担各种客、货运输任务的部门或个人在运输过程中可能发生的损害赔偿责任，主要包括旅客责任保险、货物运输责任保险等险种。与一般公众责任保险不同的是，承运人责任保险保障的责任风险实际上是处于流动状态中的责任风险，但因运行途径是固定的，从而亦可以视为固定场所的责任保险业务。

5. 若干附加条款。除上述主要的公众责任保险类别外，为满足不同保险客户的需要，保险人通常还设置很多公众责任保险附加条款，并需要被保险人加付保险费。较为流行的公众责任保险附加条款有：

（1）交叉责任条款。该条款适用一个公众责任保险合同项下有一个以上的被保险人的业务，它要求多个被保险人之间造成相互的第三者责任不予追究，实质上相当于每一个被保险人都有一份独立的保险合同。

（2）合同（或契约、协议）责任条款。合同责任是责任保险中的一般除外责任，但根据被保险人的要求并经保险人同意，也可以作为特约责任加保。该条款的主要内容就是取消公众责任保险保单上的“合同责任除外”条款，同意承保被保险人的合同责任，同时要求被保险人提供相应的合同文件作为审查并承担责任的依据。

（3）锅炉爆炸责任条款。爆炸引起的责任赔偿也是公众责任保险中的一项基本的除外责任，该条款即是适应被保险人的需要对这一除外责任的取消，其基本内容就是保险人同意承保被保险人因爆炸事故引起的公众责任索赔，即保险责任被扩展。

（4）食品、饮料条款。该条款承保非产品责任保险承保的，由被保险人自制且就地消费的食品和饮料所可能导致的索赔责任。

当然，上述特约责任条款仅仅是公众责任保险中常见的保险责任扩展内容，对于特殊投保人的特殊要求，保险人可以根据具体情况设计相应的附加责任条款。

二、产品责任保险

（一）产品责任保险与产品责任

产品责任保险，是指由保险人承保的产品制造者、销售者、维修者等因产品缺陷致使消费者或用户或其他公众财产损失和人身伤害，且依法应由其负责的经济赔偿责任。产品责任保险以产品责任为保险风险，而产品责任又以各国的产品责任法律制度为基础。所谓产品责任，是指产品在使用过程中因其缺陷而造成用户、消费者或公众的人身伤亡或财产损失时，依法应当由产品供给方（包括制造者、销售者、修理者等）承担的民事损害赔偿责任。如化妆品因不合格或存在着内在缺陷而造成的对人体皮肤的损害，电视机爆炸造成的财产损失或人身伤亡，汽车因缺陷而致车祸，等等，均属于产品责任事故，产品的制造者、销售者、修理者等均应依法承担起相应的产品责任。在此，产品的制造者包括产品生产者、加工者、装配者；产品修理者指被损坏产品或陈旧产品或有缺陷的产品的修理者；产品销售者包括批发商、零售商、出口商、进口商等各种商业机构，如批发站、商店、进出口公司等。此外，承运人如果在运输过程中损坏了产品并因此导致产品责任事故时，亦应当承担起相应的产品责任。由此可见，产品责任保险承保的产品责任，是以产品为具体指向物，以产品可能造成的对他人的财产损害或人身伤害为具体承保风险，以制造或能够影响产品责任事故发生的有关各方为被保险人的一种责任保险。

（二）产品责任保险与产品保证保险的比较

在一些场合，人们极易将产品责任与产品质量违约责任相混淆，我国保险界亦有将产品责任保险与产品保证保险相提并论的现象。其实，尽管这两者都与产品直接相关，其风险都存在于产品本身且均需要产品的制造者、销售者、修理者等承担相应的法律责任。但作为两类不同性质的保险业务，它们仍然是有根本区别的。

1. 风险性质不同。产品责任保险承保的是被保险人的侵权行为，且不以被保险人是否与受害人之间订有合同为条件，它以各国的民事法律制度为法律依据；而产品保证保险承保的却只是被保险人的违约行为，并以产品的供应方和产品的消费方签订合同为必要条件，它以经济合同法规制度为法律依据。

2. 处理原则不同。产品责任事故的处理原则，在许多国家均采用严格责任的原则，即只要不是受害人出于故意或自伤所致，便能够从产品的制造者或销售者、修理者等获得经济赔偿，并受法律保护；而产品质量违约责任则只能采取过错责任的原则进行处理，即产品制造者、销售者、修理者等存在过错是其承担责任的前提条件。可见，严格责任原则与过错责任原则是有很大区别的，其对产品责任保险和产品保证保险的影响也具有很大的直接意义。

3. 责任承担者与受损方的情况不同。从责任承担方的角度看，在产品责任保险中，责任承担者可能是产品的制造者、修理者，也可能是产品的销售者甚至承运者，产品的制造者与产品的销售者对产品责任事故负连带责任，受损方可以任择其一提出赔偿损失的请求，也可以同时向多方提出赔偿请求；在产品保证保险中，责任承担者则仅限于合同当事人中提供不合格产品的一方，受损方只能向合同的对方提出请求。从受损方的角度看，产品责任保险中的受损方可以是产品的直接消费者或用户，也可以是与产品没有任何关系的其他法人或自然人，即只要受到产品造成的财产或人身损害，就有向责任承担者索取经济赔偿的法定权益；而在产品保证保险中，受损方只能是合同当事人中质量违约方的相对方，而不可能是任何其他第三者。

4. 承担责任的方式与标准不同。产品责任事故的责任承担方式，通常只能采取赔偿损失的方式，即在产品责任保险中，保险人承担的是经济赔偿责任，这种经济赔偿的标准不受产品本身实际价值的制约；而产品质量违约责任的承担方式却可以是继续履行合同，可以是修理、重做、更换、支付违约金，也可以是赔偿损失，但保险人承担的责任却不会超过产品本身的实际价值。

5. 诉讼的管辖不同。产品责任保险所承保的是产品责任事故，因产品责任提起诉讼的案件应由被告所在地或侵权行为发生地人民法院管辖；产品保证保险所承保的是产品质量违约风险，构成产品质量违约责任的案件由合同签订地和履行地人民法院管辖。

6. 保险的内容不同。产品责任保险提供的是代替责任方承担因产品责任事故造成的对受害方的经济赔偿责任，它将产品本身的损失除外，从而完全属于责任保险的范畴；产品保证保险提供的是带有信誉担保性质的保险，仅仅承保不合格产品本身的损失，从而属于保证保险的范畴。

由于产品责任与产品质量违约责任的本质差异，保险人在经营与产品有关的保险业务时，必须严格区分，以免引起责任纠纷。不过，在欧美国家的产品保险市场上，保险人一般同时承保产品责任保险和产品（质量或信誉）保证保险，即上述两项独立的保险业务大多由同一保险人承保，以此达到控制风险和避免纠纷的目的。

（三）产品责任保险的经营实务

保险人承保产品责任保险前，应当先行对投保人的产品生产与质量管理等情况进行调查，据此进行产品责任风险评估。一般而言，保险人承保产品责任保险业务时，应当进一步明确下列承保条件：一是投保产品的技术指标、性能、生产加工流程、质量检测标准等应符合国家有关规定和要求；二是投保产品必须有经国家质检部门鉴定合格、准予生产的证明文件；三是投保产品必须有在使用该产品时可能引起的伤害或意外事件的说明书和注意事件的印刷品；四是明确赔偿限额及承保区域范围。对于样品、试销品、展品等的产品责任保险业务，保险人可以扩展承保，但须以投保人提供的承保信息较全面并加批限制条件为前提。

在通常情况下，投保人在签订保险合同后即成为被保险人，但产品责任保险因产品从制造者手中转到消费者手中要经过多道环节，故其被保险人范围可以扩大，即产品制造者、销售者、修理者等一切可能对产品责任事故造成的损害负有赔偿责任的法人都可以成为产品责任保险中的投保人或被保险人。产品责任保险采取的承保方式，一般以统保的条件，即要求保险客户将其生产的全部产品或某种类产品或某一批产品全部向保险人投保，而不允许保险客户自由选择投保的产品，以便防止保险客户的逆选择并借此扩大产品责任保险的业务来源，使产品责任风险在更大的范围内分散。产品责任保险的责任期限通常为一年，到期可以续保。

保险人承保的产品责任风险，是承保产品造成的对消费者或用户及其他任何人的财产损失、人身伤亡所导致的经济赔偿责任，以及由此而导致的有关法律费用等。不过，保险人承担的上述责任也有一些限制性的条件。如造成产品责任事故的产品必须是供给他人使用即用于销售的商品，产品责任事故的发生必须是在制造、销售该产品的场所范围之外的地点。如果不符合这两个条件，保险人就不能承担责任。对于餐厅、宾馆等单位自制、自用的食品、饮料等，一般均作为公众责任保险的附加责任扩展承保。产品责任保险的除外责任，一般包括如下几项：一是根据合同或协议应由被保险人承担的其他人的责任；二是根据劳工法律制度或雇佣合同等应由被保险人承担的对其雇员及有关人员的损害赔偿责任；三是被保险人所有、照管或控制的财产的损失；四是产品仍在制造或销售场所，其所有权仍未转移至用户或消费者手中时的责任事故；五是被保险人故意违法生产、出售或分配的产品造成的损害事故；六是被保险产品本身的损失；七是不按照被保险产品说明去安装、使用或在非正常状态下使用时造成的损害事故等。

产品责任保险费率的厘定，主要考虑如下因素：一是产品的特点和可能对人体或财产造成损害的风险大小，如药品、烟花、爆竹等产品的责任事故风险就比农副产品的责任事故风险要大得多；二是产品的数量和价格，它与保险费呈正相关关系，与保险费率呈负相关关系；三是承保的区域范围，如出口产品的责任事故风险就较国内销售的产品的责任事故风险要大；四是产品制造者的技术水平和质量管理情况；五是赔偿限额的高低；六是投保产品以往事故记录及赔偿金额。综合上述因素，即可以比较全面地把握承保产品的责任事故风险。当然，在产品责任保险的经营实践中，保险人一般事先根据各种类型产品的性能等，将其按照风险大小划分为若干类型，并以此作为确定各具体投保产品费率的依据。

在产品责任保险的理赔过程中，保险人的责任通常以产品在保险期限内发生事故为基础，而不论产品是否在保险期内生产或销售。如在保险生效前生产或销售的产品，只要在保险有效期内发生保险责任事故并导致用户、消费者或其他任何人的财产损失和人身伤亡，保险人均予负责；反之，即使是保险有效期内生产或销售的产品，如果不是在保险有效期内发生的责任事故，保险人则不会承担责任。对于赔偿标准的掌握，仍然以保险双方在签订保险合同时确定的赔偿限额为最高额度，它既可以每次事故赔偿限额为标准，也可以累计的赔偿限额为标准。在此，生产、销售、分配的同批产品由于同样原因造成多人的人身伤害、疾病、死亡或多人的财产损失均被视为一次事故造成的损失，并适用于每次事故的赔偿限额。产品责任保险构成重复保险时，保险人一般负比例责任。

三、雇主责任保险

（一）雇主责任保险与雇主责任

雇主责任保险，是以被保险人即雇主的雇员在受雇期间从事业务时因遭受意外导致伤、残、死亡或患有与职业有关的职业性疾病而依法或根据雇佣合同应由被保险人承担的经济赔偿责任为承保风险的一种责任保险。在许多国家，雇主责任保险是一种普遍性的保险业务，也是一种强制实施的保险业务。也有一些国家将类似业务纳入社会保险范围，即以工伤社会保险取代雇主责任保险。在日本，则是工伤社会保险与雇主责任保险并存（中国目前也属于此种模式），前者负责基本的保障，后者负责超额的保障。不论采用何种方式经营，都表明了雇主承担着相当的民事责任风险，在没有工伤社会保险或工伤社会保险不足的条件下，均需要保险公司开办雇主责任保险业务。

一般而言，雇主所承担的对雇员的责任，包括雇主自身的故意行为、过失行为乃至无过失行为所致的雇员人身伤害赔偿责任，但保险人所承担的责任风险并非与此相一致，即均将被保险人的故意行为列为除外责任，而主要承保被保险人的过失行为所致的损害赔偿，或者将无过失风险一起纳入保险责任范围。因此，雇主责任相对于其他民事责任而言较为重大，雇主责任保险所承保的责任范围亦超出了过失责任的范围。构成雇主责任的前提条件是雇主与雇员之间存在着直接的雇佣合同关系，即只有雇主才有解雇该雇员的权利，雇员有义务听从雇主的管理从事业务工作，这种权利与义务关系均通过书面形式的雇佣或劳动合同来进行规范。

（二）雇主责任保险与意外伤害保险的比较

尽管雇主责任保险与人身意外伤害保险均是对人的身体与生命的保险，但两者之间又存在着根本的区别。

1. 保险性质不同。雇主责任保险承担的是雇主的民事损害赔偿责任或法律赔偿责任，是一种无形的利益标的，它属于责任保险范畴；而人身意外伤害保险承保的却是自然人的身体与生命，是一种有形的实体标的，它一般属于普通人身保险的范畴。

2. 保险责任不同。雇主责任保险仅仅负责赔偿雇员在执行任务时或在工作场所内遭受到的意外伤害；而人身意外伤害保险则对被保险人不论其是否工作时间或工作场所所受到的伤害均予负责。雇主责任保险还负责雇员的职业病，而人身意外伤害保险却不承担此项责任。

3. 承保条件不同。雇主责任保险需要以民法和雇主责任法或雇佣（劳动）合同为承保的客观依据；而人身意外伤害保险只要是自然人均可以自由投保。

4. 保障效果不同。雇主责任保险的被保险人是雇主，但客观上又直接保障了雇员的权益，且大多采取强制承保的方式实施，从而被公认为具有社会保障性质；而人身意外伤害保险则只是保障被保险人自己的利益，完全采取自愿投保的方式，是保险人与被保险人之间的等价交换行为，从而只能成为社会保障的补充。

5. 计费与赔偿的依据不同。雇主责任保险计算保险费与赔款的依据，是雇员的月工资额，即每一个雇员的月工资收入是计算其应缴保险费和应得赔偿金额的基础；而人身意外伤害保险却以保险双方事先商定的保险金额作为计算保险费和给付保险金的依据。

由于人的身体和生命是没有客观价值标准的，因此，即使上述保险同时存在，雇员所获得的赔偿金（医药费用除外）也不使用比例赔款的方式。例如，张某参加了人身意外伤害保险，保险金额为 50 万元；张某所在的单位参加了雇主责任保险，其中张某的赔偿限额标准是60 个月工资收入，约60 万元。张某在工作场所因意外事故丧生，则其家属依据民法的原则和雇佣或劳动合同可以向雇主索取经济赔偿，承保雇主责任保险的保险人应当代其支付受害人家属赔偿金约60 万元；同时，张某的家属可以依据张某生前与保险人签订的人身意外伤害保险合同，索取 50 万元的人身意外伤害保险金，两者可以兼得。雇主或保险人均不能以其家属获得了双份赔偿金而拒付或分摊赔偿金。

（三）雇主责任保险的经营实务

在承保雇主责任保险业务时，保险人除进行必要的风险调查评估外，还应当明确被保险人的全称及地址，明确投保雇员的人数、工种、月工资收入、年工资额，明确保险人承担责任的区域范围（一般限于被保险人的工作场所，雇员出差的风险必须特约才能承保）和赔偿限额，明确保险责任期限及有无扩展责任等事项。

雇主责任保险的保险责任，包括在雇主责任事故中雇主对雇员依法应负的经济赔偿责任和有关法律费用等，导致这种赔偿的原因主要是各种意外的工伤事故和职业病。但下列原因导致的责任事故通常除外不保：一是战争、暴动、恐怖、罢工、核风险等引起雇员的人身伤害；二是被保险人的故意行为或重大过失；三是被保险人对其承包人的雇员所负的经济赔偿责任；四是被保险人的合同项的责任；五是被保险人的雇员因自己的故意行为导致的伤害；六是被保险人的雇员由于疾病、传染病、分娩、流产以及由此而施行的内、外科手术所致的伤害等。

雇主责任保险的保险费率，是根据雇员所从事工作的风险而定的。因此，根据一定的风险归类确定不同行业或不同工种的不同费率标准（表 16 - 1 即为某财产保险公司目前雇主责任保险费率分类标准），便成了雇主责任保险经营实务中的一项十分重要的业务工作。一般而言，雇主责任保险的保险费率有的是同一行业基本上采用同一费率，有的是对于有些工作性质比较复杂、工种较多的行业，则还须规定每一工种的适用费率。雇主责任保险的费率制订必须以工种与行业为依据，同时还应当参考赔偿限额。雇主责

任保险费的计算公式为

应收保险费＝A 工种保险费（年工资总额×适用费率）
＋B 工种保险费率（年工资总额×适用费率）＋…

其中，　　年工资总额＝该工种人数×月平均工资收入×12

如果有扩展责任，还应另行计算收取附加责任的保险费，它与基本保险责任的保险费相加，即构成该笔业务的全额保险费收入。

表 16－1　　某财产保险公司雇主责任保险费率分类标准

类别	人员分类	费率（%）
1	社会团体、机关、事业单位、学校职工	0.20～0.40
2	金融、商业、娱乐场所、饭店等服务人员	0.25～0.50
3	食品制造业、服装制造业、精密仪器等其他工业制品制造业等	0.30～0.60
4	以一般危险品为主要原料，在生产过程中有一定危险性行业，如电力行业、汽车加油站及棉纺、化纤行业	0.35～0.70
5	以一般危险品及部分特别危险品为主要原料的加工、制造业、如木器厂、水泥制造、造船等行业	0.45～0.80
6	建筑安装工程、金属矿业及非金属矿业、煤矿业等	0.50～1.00
7	石油、钻井、鞭炮生产等	0.60～1.20
8	高空、深水、勘探作业、航空、航天	0.70～1.40
9	探险类行业人员	另议

雇主责任保险的赔偿限额，通常是规定若干个月的工资收入，即以每一雇员若干个月的工资收入作为其发生雇主责任保险时的保险赔偿额度，每一雇员只适用于自己的赔偿额度。在一些国家的雇主责任保险界，保险人对雇员的死亡赔偿额度与永久完全残疾赔偿额度是有区别的，后者往往比前者的标准要高。但对于部分残疾或一般性伤害，则严格按照事先规定的赔偿额度表进行计算。其计算公式为

赔偿金额＝该雇员的赔偿限额×适用的赔偿额度比例

如果保险责任事故是第三者造成的，保险人在赔偿上仍然适用权益转让原则，即在赔偿后可以代位追偿。

（四）雇主责任保险的附加险种

为了满足不同保险客户的需要，保险人在开办雇主责任保险业务时，一般还可以根据需要推出若干附加险种。主要的附加险种包括：

1. 附加第三者责任保险。该项附加险承保被保险人（雇主）因其疏忽或过失行为导致雇员以外的他人人身伤害或财产损失的法律赔偿责任，它实质上属于公众责任保险范围，但如果雇主在投保雇主责任保险时要求加保，保险人可以扩展承保。

2. 附加雇员第三者责任保险。该项附加保险承保雇员在执行公务时因其过失或疏忽行为造成的对第三者的伤害且依法应由雇主承担的经济赔偿责任。

3. 附加医药费保险。该项附加险种承保被保险人的雇员在保险期限内，因患有疾病

等所需的医疗费用的保险，它实质上属于普通人身保险或健康或医疗保险的范畴。

此外，雇主责任保险还可以附加战争等危险的保险和附加疾病引起的雇员人身伤亡的保险。总之，保险人可以根据被保险人的不同要求，设计多种附加险条款，以便在满足被保险人的需要的同时进一步扩展保险业务。

四、职业责任保险

（一）职业责任保险与职业责任

职业责任保险，是指承保各种专业技术人员因在从事职业技术工作时的疏忽或过失造成合同对方或他人的人身伤害或财产损失的经济赔偿责任的责任保险。由于职业责任保险与特定的职业及其技术性工作密切相关，在国外又被称为职业赔偿保险或业务过失责任保险。一般而言，职业责任保险是由提供各种专业技术服务的单位（如医院、会计师事务所等）投保的团体业务，个体职业技术工作的职业责任保险通常由专门的个人责任保险来承保。

职业责任保险所承保的职业责任风险，是从事各种专业技术工作的单位或个人因工作上的失误导致的损害赔偿责任风险，它是职业责任保险存在和发展的基础。职业责任风险的特点在于：第一，它属于技术性较强的工作导致的责任事故；第二，它不仅与人的因素有关，同时也与知识、技术水平及原材料等的欠缺有关；第三，它限于技术工作者从事本职工作中出现的责任事故，如某会计师同时又是医生，但若他的单位是会计师事务所，则其行医过程中发生的医疗职业责任事故就不是保险人可以负责的。

在当代社会，医生、会计师、律师、设计师、经纪人、代理人、工程师等技术工作者均存在着职业责任风险，从而均应当通过职业责任保险的方式来转嫁其风险。

（二）职业责任保险的承保方式

1. 以索赔为基础的承保方式。由于从职业责任事故的产生或起因到受害方提出索赔，往往可能间隔一个相当长的时期，如医生的不当治疗造成的后遗症，工程设计错误在施工后或竣工验收或交付使用后才能发现，等等。因此，各国保险人在经营职业责任保险业务时，通常采用以索赔为基础的条件承保。所谓以索赔为基础的承保方式，是保险人仅对在保险期内受害人向被保险人提出的有效索赔负赔偿责任，而不论导致该索赔案的事故是否发生在保险有效期内。这种承保方式实质上是使保险时间前置了，从而使职业责任保险的风险较其他责任保险的风险更大。采用上述方式承保，可使保险人能够确切地把握该保险单项下应支付的赔款，即使赔款数额在当年不能准确确定，至少可以使保险人了解全部索赔的情况，对自己应承担的风险责任或可能支付的赔款数额作出较切合实际的估计。同时，为了控制保险人承担的风险责任无限地前置，各国保险人在经营实践中，又通常规定一个责任追溯日期作为限制性条款，保险人仅对于追溯日以后保险期满前发生的职业责任事故且在保险有效期内提出索赔的法律赔偿责任负责。

2. 以事故发生为基础的承保方式。该承保方式是保险人仅对在保险有效期内发生的职业责任事故引起的索赔负责，而不论受害方是否在保险有效期内提出索赔，它实质上是将保险责任期限延长了。它的优点在于，保险人支付的赔款与其保险期内实际承担的风险责任相适应；缺点是保险人在该保险单项下承担的赔偿责任往往要经过很长时间才能确定，而且因为货币贬值等因素，受害方最终索赔的金额可能大大超过职业责任保险事故发生当时的水平或标准。在这种情况下，保险人通常规定赔偿责任限额，同时明确一个后延截止日期。

从一些国家经营职业保险业务的惯例来看，采用以索赔为基础的承保方式的职业责任保险业务较多些，采用以事故发生为基础的承保方式的职业责任保险业务要少些。保险人规定的追溯日期或后延日期一般以前置三年或后延三年为限。由于两种承保方式关系到保险人承担的职业责任风险及其赔款估计，因此，保险人在经营职业责任保险业务时，应当根据各种职业责任保险的不同特性并结合被保险人的要求来选择承保方式。

（三）职业责任保险的经营实务

在承保职业责任保险业务时，保险人通常只接受提供职业技术服务的团体投保，并要求投保人如实告知其职业性质、从业人数、技术或设备情况、主要风险以及历史损失情况、投保要求等，并根据需要进行职业技术风险的调查与评估，以此作为是否承保的客观依据。在承保时，需要明确承保方式并合理确定赔偿限额、免赔额、保险追溯日期或后延日期等事项。

职业责任保险费率的确定，是职业责任保险中较为复杂且关键的问题。各种职业均有其自身特定的风险，从而也需要有不同的保险费率。总体而言，制定职业责任保险的费率时，需要着重考虑下列因素：一是投保人的职业种类；二是投保人的工作场所；三是投保人工作单位的性质；四是该笔投保业务的数量；五是被保险人及其雇员的专业技术水平与工作责任心；六是赔偿限额、免赔额和其他承保条件；七是被保险人职业责任事故的历史损失资料以及同类业务的职业责任事故情况。根据上述因素，综合考察各具体的投保对象，能够较为合理地确定投保业务的保险费率。

当职业责任事故发生并由此导致被保险人索赔后，保险人应当严格按照承保方式的不同基础进行审查，确定保险人应当承担的职业责任赔偿应按保险合同规定进行赔偿。在赔偿方面，保险人承担的仍然是赔偿金与有关费用两项，其中保险人对赔偿金通常规定一个累计的赔偿限额；法律诉讼费用则在赔偿金之外另行计算。但如果保险人的赔偿金仅为被保险人应付给受害方的总赔偿金的一部分，则该项费用应当根据各自所占的比例进行分摊。

需要特别指出的是，职业责任保险承保的对象不仅包括被保险人及其雇员，而且包括被保险人的前任与雇员的前任，这是其他责任保险所不具备的特色，它表明了职业技术服务的连续性和保险服务的连续性。

（四）职业责任保险的主要险种

职业责任保险是一类由若干具体的保险险种组成的责任保险类别。在西方工业化国家，职业责任保险的险种多达 70 多种，但主要的职业责任保险业务则不外乎以下几种：

1. 医疗职业责任保险。医疗职业责任保险也叫医生失职保险，它承保医务人员或其前任由于医疗责任事故而致病人死亡或伤残、病情加剧、痛苦增加等，受害者或其家属要求赔偿且依法应当由医疗方负责的经济赔偿责任。在西方国家，医疗职业责任保险是职业责任保险中最主要的业务来源，它几乎覆盖了整个医疗、健康领域及其一切医疗服务团体。医疗职业责任保险以医院为投保对象，普遍采用以索赔为基础的承保方式，是从事医疗技术服务工作的医生、护士、药品等开业过程中必不可少的转移风险的工具。

2. 律师责任保险。它承保被保险人或其前任作为一个律师在自己的能力范围内在职业服务中发生的一切疏忽行为、错误或遗漏过失行为所导致的法律赔偿责任，包括一切侮辱、诽谤，以及赔偿被保险人在工作中发生的或造成的对第三者的人身伤害或财产损失。律师责任保险的承保基础可以以事故发生或索赔为依据确定，它通常采用主保单——法律过失责任保险和额外责任保险单——扩展限额相结合的承保办法。此外，还有免赔额的规定，其除外责任一般包括被保险人的不诚实、欺诈犯罪、居心不良等行为责任。

3. 建筑工程设计责任保险。它承保从事各种建筑工程设计的法人团体（如设计院、所等），承保工程设计单位因设计工作中的疏忽或失职，导致所设计的工程发生工程质量事故，造成工程本身的物质损失及第三者的人身伤亡和财产损失，依法应由设计单位承担的经济赔偿责任。

4. 会计师责任保险。它承保因被保险人或其前任或被保险人对其负有法律责任的那些人，因违反会计业务上应尽的责任及义务，而造成他人遭受损失，依法应负的经济赔偿责任，但不包括身体伤害、死亡及实质财产的损毁。

此外，还有建筑、工程技术人员责任保险、美容师责任保险、保险经纪人和保险代理人责任保险、情报处理者责任保险、兽医责任保险、教师责任保险等多种职业责任保险业务，它们在发达的保险市场上同样是受到欢迎的险种。

由此可见，职业责任保险是有发展前景的保险业务，我国应当加快研究并开拓这一保险业务领域的步伐。

五、其他责任保险

（一）个人责任保险

个人责任保险，是指以个人的侵权行为或其所有物因意外导致的法定经济赔偿责任为保险对象并专门适用于家庭或个人的各种责任保险的总称。从宏观而论，个人责任保险可以纳入公众责任保险范围，但个人责任保险经营实践中又包括了超出公众责任保险范围的业务，如个人职业责任保险等。对于家庭或个人而言，能够导致经济赔偿责任的原因一般包括如下四个方面：一是个人的侵权行为；二是个人或家庭所有的静物责任；三是个人或家庭所有的动物责任；四是合同责任。任何个人或家庭客观上都存在着法律责任风险，这种潜在的风险使个人责任保险成为当代社会城乡居民需要的一种风险转嫁工具。

在个人责任保险业务承保实践中，保险人最先要做的工作就是对居住区进行风险调查与评估。在承保时，需要明确确定被保险人的行为场所即承保责任的区域范围，明确确定被保险人的行为时间即是否将工作时间除外不保，以及确定保险的责任范围。至于个人责任保险的赔偿限额规定，则可以方式多样，较为灵活。

个人责任保险中的除外责任包括：

1. 被保险人及其家庭成员的故意行为或恶意行为所导致的损害赔偿责任。

2. 被保险人业务活动中引起的法律赔偿责任，但个人责任保险可以通过个人职业责任保险获得保障，因而可以例外。

3. 被保险人在精神失常的情况下所引起的损害赔偿责任。

4. 被保险人或在被保险人支使下的违法行为、格斗行为等引起的损害赔偿责任。

5. 被保险人所有、使用或照管的各种运输工具或枪支等造成的损害赔偿责任。

6. 被保险人在非承保区域与非承保时间范围内造成的损害赔偿责任。

此外，被保险人及其家庭成员以及其他与被保险人一起居住的人员之间相互造成的损害，保险人也不予负责。

在西方发达国家，个人责任保险由若干具体的保险险种构成。比较流行的个人责任保险业务主要有以下几种：

1. 住宅责任保险。它承保由于被保险人的住宅及住宅内的静物发生意外事故致使其雇佣人员或他人的人身受到伤害或财产受到损失时依法应由被保险人承担的经济赔偿责任。它是一种个人静物责任保险业务。

2. 综合个人责任保险。它承保个人或家庭成员在居住、从事体育运动及其他一切日常生活活动中致使他人身体受到伤害或财产受损，依法应由被保险人承担的经济赔偿责任。其特点是保险责任具有综合性，承保的区域范围包括户内与户外，从而是很受欢迎的个人责任保险业务。

3. 个人职业责任保险。它承保个体专业技术人员的职业责任风险，其经营性质与一般职业责任保险相同。其适用范围主要包括私人医生、律师、会计师、摄影师、理发师等，但该项责任保险仅仅承担被保险人投保时所从事的专业技术或职业工作中的法律责任风险，不能扩展其他风险（包括其他专业技术工作中的职业风险）。

4. 运动责任保险。它承保个人或家庭成员在运动时由于意外事件或过失致使他人人身受到伤害或财产受损且依法应由被保险人承担的经济赔偿责任。其承保范围一般指住宅外的运动，如户外长跑、骑车、投掷标枪等活动。

此外，在国外个人责任保险市场上，还有个人超额责任保险、农民个人责任保险，以及多种运动员的个人责任保险业务。

（二）第三者责任保险

就业务的性质与基本特征而言，第三者责任保险与公众责任保险具有通用性。但运输工具第三者责任保险等却通常都与特定的财产保险相联系，故在传统的保险理论模式中便将其与特定的财产保险业务一并阐述。如机动车辆第三者责任保险与车辆损失保险一并归入机动车辆保险，飞机第三者责任保险通常归入飞机保险类别，船舶的第三者责任保险更是作为船舶保险中的基本责任予以承保，各种工程保险第三者责任也通常作为其附加险而与基本险一并处理。

需要指出的是，无论第三者责任保险的理论归类如何划分，均不能改变其责任保险的本质属性，从而在经营实践中必须符合责任保险的特有规律和要求。

第四节　责任保险的风险控制

责任保险承保的是不能事先确定的责任风险，责任的大小通常缺乏相应的规律性。如一架大型客机的责任风险极大，一旦失事，可能导致数以千万计乃至上亿元的索赔，但有的飞机失事也可能仅仅导致数千元或数万元的索赔；而个人的责任风险可能小至数十元，也可能大至数以千万计乃至上亿元。可见，责任保险中被保险人的损害赔偿责任大小并不像其他保险业务那样存在着十分明显的规律性。因此，保险人在经营责任保险业务时，必须注重风险控制，这是求得责任保险财务稳定并有利于保险人的经营健康发展的必要手段。

一、展业承保中的风险控制

展业承保是责任保险业务经营的第一环节，在这一环节中，保险人主要通过保前风险调查、承保审核、责任限制等措施来控制风险。

（一）承保前的风险调查

各种责任保险业务的承保，均须以专门的风险调查为基础。不过，不同的责任保险业务的风险调查内容是不同的。

在公众责任保险中，保前风险调查的内容主要包括公众活动场所的位置、周围环境、往来人员规模与结构、保险客户的风险防范措施与管理水平等。

在产品责任保险中，保前风险调查的内容主要包括产品的生产过程与性能、各种法定技术指标、原材料来源与产品销售去向、产品返修率与事故率、保险客户的质量管理水平等。

在雇主责任保险中，保前风险调查的内容主要包括保险客户的生产场所与工作过程中的风险、工种结构、雇主的劳动保护措施、雇主与雇员之间的关系，以及其他附加的责任风险等。

在职业责任保险中，保前风险调查的内容主要包括保险客户的职业类型、与保险客户打交道的对方的情况、技术服务的性质、特定的职业责任风险，以及保险客户的职业技术水平与管理水平等。

在个人责任保险中，保前风险调查的内容主要包括保险客户所处的环境与人口多寡及结构、其活动的时间规律与范围、个人静物与动物责任，以及有无特定的要求等。

将上述风险调查内容细化，并通过实地调查掌握第一手资料，便可以对责任保险的潜在对象的风险大小作出比较准确的评估，它可以作为保险人决定是否开展该种责任保险业务的依据。

（二）承保审核

在承保责任保险业务时，风险调查是基础，而保险内容的审核是关键。一般而言，责任保险的承保审核应当包括下列内容：

1. 审核投保人与被保险人。如产品责任保险中可能涉及多个投保人与被保险人，职业责任保险中则涉及被保险人的前任等，均应当在承保时明确。对于风险特殊的投保人应当审慎承保；对于信誉不良的投保人则不宜承保。

2. 被保险人的业务性质。被保险人的业务性质是决定保险人承担责任风险的具体依据，从而必须在承保审核时加以明确。公众责任保险中被保险人从事的是展览会业务还是运动场所业务，其风险就有很大的差异；职业责任保险中被保险人是从事医疗职业还是从事或兼事其他职业，其风险也有很大差异，等等。此外，保险人在责任保险中只能对某一种责任风险负责，对承保业务之外的其他业务所导致的责任风险是不负责任的。因此，明确被保险人的业务性质在责任保险经营实践中十分重要。

3. 审核承保范围与司法管辖范围。各种责任保险业务均涉及一个承保区域范围的问题，它一般被限制在被保险人从事本职业务工作的场所，但产品责任保险中的产品销售、雇主责任保险中雇员出差等却是例外，是否纳入了承保的责任范围应当详细审核；同时，责任保险原则上均以司法机关的判决作为确定是否赔偿的直接依据，但国内司法实践与境外司法实践又不能相通，国内对各种责任事故案件的处理也有着不同的法律规范，因此，承保责任保险业务时应当审核该种业务的司法管辖范围，确保与我国的司法实践保持一致性。

4. 严格区分各种责任。对于被保险人故意行为导致的各种责任事故，均应当除外不保；对于被保险人所承担的无过失责任，也应当根据保险的原则进行审核并处理；同时严格区分责任保险的基本责任与附加或扩展责任。

5. 审核赔偿限额、免赔额、保险费率等的规定是否明确、是否适当。

6. 审核保险费的计算与收取方式、赔偿方式等的规定是否明确、是否适当。

通过对上述内容的严格审核，不仅能够在承保环节上减少差错，而且也为日后顺利地处理责任保险的各种赔案打下较好的基础。

（三）责任限制

承保过程中对风险控制的具体措施，主要表现在对保险人承担责任的限制方面，即保险人既要努力满足被保险人投保要求，又必须考虑自身对风险责任的控制能力。在责任限制方面，保险人需要做如下工作：

1. 明确保险责任范围。一是明确各责任保险的保险责任；二是明确各责任保险的除外责任；三是控制附加或扩展责任，即按照既满足保险客户需要又不影响保险业务质量的原则设置附加或扩展责任条款。

2. 合理确定赔偿限额与免赔额。一方面，由于各种责任事故可能导致的损害后果及由此而导致的索赔是事先无法预料的，保险人应当通过规定赔偿限额的方式来确定并限制自己的责任，即明确每份保险合同的赔偿限额作为保险人承担责任的最高限额。在实务中，保险人既可以选择累计的赔偿限额，也可以选择每次责任事故的赔偿限额；既可以选择综合性的赔偿限额，也可以选择财产损害与人身损害分开的分项赔偿限额。另一方面，还应当有免赔额的规定，以便促使被保险人加强对法律责任风险的管理，做到处处小心、谨慎。

3. 明确规定被保险人所应承担的义务。明确规定被保险人所应承担的义务即要求被保险人严格遵守国家相关法律制度的规范，如生产者生产出来的各种产品应当符合国家的技术与质量标准，公众场所的所有者、管理者等应当按照国家的有关规定配备各种防火减灾设施，提供职业技术服务的单位团体应当严格遵守本行业的职业道德，雇主应当遵守劳动法等，凡因违背现行法律规范而导致的各种责任事故，保险人均不能承担赔偿责任。此外，被保险人还必须遵守和承担交付保险费、保险内容变更通知、责任事故中积极施救等义务。

4. 其他规定。保险人还可以通过对有关保险内容的限制来控制自己的风险，如在个人责任保险中，将被保险人的工作时间除外、户外运动除外，亦能够使责任相应地得到控制。

二、保险期间的风险控制

（一）防灾防损检查

承保责任保险业务后，保险人应当对被保险人定期或不定期地进行防灾防损检查，在检查中发现问题，向被保险人提出明确的整改意见，要求被保险人在限定的时间内进行整改，这样，可以督促被保险人消除隐患，使责任事故产生的概率减少，进而实现控制赔款支出的目的。因此，保险期间进行防灾防损检查，是责任保险经营实践中积极有效的风险控制措施，应当引起保险人的高度重视。

（二）再保险

由于责任保险的责任重大，许多责任保险业务都是一家保险公司无法独立承保的，这就使得再保险成为责任保险中控制风险的重要工具和手段。如飞机的责任保险、大型公众活动场所的责任保险、重要产品（如飞机等）责任保险、各种科技工程和建筑安装工程的责任保险、船舶保险中的碰撞责任风险等，均需要通过再保险的方式来分散承保人的风险。

责任保险中的再保险方式，一般采用成数再保险、超赔再保险等方式。

三、理赔中的风险控制

（一）责任事故处理的参与权

责任保险是保险人代替被保险人（致害人）承担对受害人的经济赔偿责任的保险，因此，在责任事故发生后，对责任的划分便成了决定保险人赔款与否及其数额高低的决定性因素。有鉴于此，各国保险人在责任保险中，均有参与被保险人责任事故处理的权利。换言之，被保险人发生责任事故时，必须立即通知保险人，在保险人未表示明确意见的条件下，不能拒绝或承诺对受害人的经济赔偿，因为若被保险人的拒绝或承诺不当，造成的后果必然会加重保险人的负担，并必然会损害保险人的利益。

当然，如果被保险人的责任事故是非保险事故，保险人没有承担代替其应尽的对受害方的经济赔偿义务时，则没有事故处理的参与权，这种责任事故完全由被保险人自主进行处理；对于由于保险事故导致的法律责任索赔，如果保险人的赔偿限额低于被保险人的应赔金额，则保险人享有的只是部分参与权；如果保险人的赔偿限额等于或大于被保险人对受害人的赔偿金额，则保险人实际上享有对责任事故处理的全部权利。

事故处理参与权的行使，使保险人能够直接介入责任事故的处理，在依据保险合同承担责任的同时，能够合理地维护自身的权益不受损害。因此，保险人应当掌握并使用好责任事故处理的参与权。

（二）重复保险的分摊

对于责任保险中构成重复保险的赔案，保险人应采取重复保险分摊的方式进行处理。责任保险中重复保险的损失分摊原理与一般财产保险中的重复保险分摊是一致的，它能够维护保险人的正当利益，同时避免被保险人通过重复保险获得额外的收入。

（三）有关费用的处理

除承担被保险人对受害方的经济赔偿金外，责任保险中保险人的责任还包括对有关费用的负责。

责任保险中由保险人负责的有关费用主要包括各种法律诉讼费用及其他经过保险人同意支付的费用。保险人在承担这些费用的补偿责任时，需要具备下列条件：一是这种费用的支出必须是为了减轻或减少保险损失服务的；二是这种费用的支出已经保险人同意。符合这两个条件，则保险人可以按照有关规定予以负责。

在实践中，保险人对被保险人有关费用的处理一般分以下几种情况：

1. 有关费用一般在赔偿金之外另行计算，但也可以纳入赔偿金一并接受赔偿限额的制约。

2. 凡责任事故导致的赔偿额均由保险人负责（即在赔偿限额内）的，其有关费用也由保险人负全部责任。

3. 凡责任事故导致的赔偿额超过保险人的赔偿限额的，有关费用的支出应当按照比例在保险人与被保险人之间进行分摊。

【例】　参加了公众责任保险的某办公楼倒塌，造成他人伤亡 20 多人，被保险人依法应当承担的赔偿金额总计为 240 万元，为此事支付（经保险人同意）有关法律费用等 12 万元，而公众责任保险单规定的每次责任事故赔偿限额为 100 万元。现被保险人根据受害方的索赔向保险人提出索赔，问保险人最终应当支付赔款多少元？

对此，应当分为两项来处理：一是公众责任赔偿金，保险人承担的赔偿责任为 100 万元（即每次责任事故的赔偿限额）；二是有关费用，假定本案中的有关费用按规定是在赔偿金之外另行计算，则因被保险人应负的赔偿责任超过了保险人的赔偿金额而应当在保险双方进行分摊，其计算公式为

保险人应摊费用 = （赔偿限额/被保险人的赔偿金额）×费用支出额

$= (100 \div 240) \times 12 = 5$（万元）

上述两项相加，保险人在本案中应付赔款总计为 105 万元。

【知识链接】

强制责任保险

在保险市场上，对责任保险实行强制还是非强制，并不是基于人的主观意愿，更不是承保人能够决定的，而是必须以法律、法规的明确规定为依据。因此，强制责任保险一般被称为法定责任保险。例如，现有超过 160 个国家或地区立法强制实施的机动车第三者责任强制保险，就是以

美国马萨诸塞州制定举世闻名的《强制汽车（责任）保险法》并于 1927 年颁布实施为标志的。再如环境污染责任保险，在德国、美国、俄罗斯、瑞典、芬兰、印度等均是通过立法后才开始强制实施的。这些国家强制实施某些项目的责任保险的基本目的，是为了使每一行为主体针对自己可能面临的法律赔偿风险都依法投保，以便直接保障致害人、间接保障受害人获得充分的损失赔偿，进而起到稳定社会秩序的作用。我国《保险法》第十一条规定："除法律、行政法规规定必须保险的外，保险合同自愿订立。"根据相关法律或行政法规规定，目前我国强制实施的责任保险主要有机动车第三者责任保险、海洋与内河船舶油污民事责任保险、海洋石油勘探开发对海洋环境的污染损害民事责任保险、海洋油气矿产资源勘探开发污染损害民事责任保险、公共航空运输企业与通用航空活动以及民用航空器经营人地面第三者责任保险、个人担任破产管理人的执业责任保险、公证机构执业责任保险、特殊的普通合伙人的职业责任保险、注册会计师事务所的职业责任保险、道路与水路运输承运人责任保险、旅行社责任保险等。

【复习思考题】

一、名词解释

责任保险　过错责任　严格责任　赔偿限额　公众责任　产品责任　雇主责任　职业责任　场所责任保险

二、比较题

1. 试比较责任保险与一般财产保险的异同。
2. 试比较产品责任保险与产品保证保险的异同。
3. 试比较雇主责任保险与意外伤害保险的异同。
4. 试比较以索赔为基础和以事故发生为基础的承保方式的异同。

三、问答题

1. 责任保险的对象有哪些？
2. 构成民事损害赔偿责任必须具备哪些条件？

第十七章 信用与保证保险

【学习目标】

学习本章时，应掌握信用、保证保险的概念与特征，熟悉信用保险和保证保险的经营实务。

第一节 信用与保证保险的发展与特征

一、信用保险与保证保险的发展

信用保险与保证保险都是以义务人信用为保险标的的保险，是伴随着资本主义商业信用风险和道德危险的频繁发生而发展起来的。它最早产生于英国，随后美国、西欧各国和日本等经济发达国家也纷纷开办此项业务。

在各种信用产生最早的欧洲，开始是由一些银行和商人来承担信用风险。1702 年英国开设主人损失保险公司，开始承办诚实保险业务；1842 年英国保证保险公司成立。1876 年，美国在纽约开办了诚实保证业务，并于 1893 年成立了专营信用保险的美国信用保险公司。第一次世界大战以后，信用危机使各国的信用保险业务大受打击。1919 年，鉴于东方和中欧诸国的政治局势险恶，英国政府被迫出面对同这些国家的贸易实行担保，为此专门成立了出口信用担保局，创立了一套完整的信用保险制度，成为以后各国争相效仿的样板。随后，信用保险得到了迅速发展，欧美等国出现了众多的商业信用保险公司，一些私人保险公司联合组织了专门承保出口信用保险的机构。1934 年，英国、法国、意大利和西班牙的私营和国营信用保险机构成立了“国际信用和投资保险人联合会”，简称“伯尔尼联盟”，其目的在于交流出口信用保险承保技术、支付情况和信息，并在追偿方面开展国际合作。国际信用保险联合会的成立，标志着国际信用保险的成熟和完善。

我国信用保险的发展始于 20 世纪 80 年代初期。1983 年初，原中国人民保险公司上海市分公司与中国银行上海分行达成协议，对一笔出口船舶买方信贷提供中长期出口信用保险；1986 年试办短期出口信用保险；1988 年，国务院正式决定由当时的中国人民保险公司试办出口信用保险业务，并在该公司设立了信用保险部。1994 年以后，中国进出口银行也经办各种出口信用保险业务。2001 年 12 月 18 日，我国唯一承办出口信用保险业务的政策性国有保险公司——中国出口信用保险公司（以下简称中国信保）正式成立。中国信保的成立是建立和完善我国统一的出口信用保险制度的一项重大改革措施，标志着我国出口信用保险业进入了一个崭新的发展时期。

保证保险的发展是同信用保险的发展相联系的。最早出现的保证保险是在 18 世纪末或 19 世纪初的忠诚保证保险，但它仅仅是由一些个人、商行或银行来办理。1852—1853 年，英国几家保险公司试图开办合同担保业务，但因缺乏足够规模的资本而没有成功。1901 年，美国马里兰州的诚实存款公司在英国首次提供合同担保。随后，英国的几家保险公司也开办了该业务，1914 年诚实存款公司从欧洲撤回，几家英国的保险公司则开辟了欧洲合同担保业务市场。

为了适应经济发展的需要，我国目前开办了一些保证保险业务，主要有国内工程履约保险、对外承包工程的投标、履约和供货保证保险、产品质量保证保险、贷款保证保险、雇员忠诚保证保险等。

二、信用保险与保证保险的基本特征

信用保险与保证保险虽然属于广义的财产保险，但它同一般财产保险相比较，又具有如下特点：

1. 信用保险与保证保险承保的是一种信用风险，而不是由于自然灾害和意外事故造成的风险损失，因而无论权利人还是义务人（被保证人）要求投保，关键都在于保险人事先必须对义务人（被保证人）的资信情况进行严格审查，认为确有把握才能承保，如同银行对贷款申请人的资信必须严格审查后才能贷款一样。

2. 在信用保险与保证保险实务中，当保证的事故发生致使权利人遭受损失时，只有在被保证人不能补偿损失时，才由保险人代为赔偿，从而只是对债务人的信用向权利人的担保。

3. 从理论上讲，保险人经营这类业务只是提供担保性服务并收取担保费，因为信用与保证保险均由直接责任者承担责任，保险人不是从抵押财物中得到补偿，就是行使追偿权追回赔款。

4. 厘定信用保险与保证保险费率，一般不以大数法则为基础，因为不同的义务人其信用不同，而一般以信用风险的等级为基础；而厘定一般财产保险的费率要以大数法则为基础。

第二节　信用保险

一、信用保险概述

信用保险是保险人根据权利人的要求担保义务人（被保证人）信用的保险。近 40 多年来，信用保险在世界各国均得到了不同程度的发展，许多国家的商业保险公司或专营保险公司开办了信用保险业务，并促使该业务随国际贸易的发展而成为一类有影响的国际性保险业务。

从信用保险的业务内容看，它一般分为国内信用保险、出口信用保险和投资保险三类，其各自又可以进一步分为若干具体险种。其中，国内信用保险承保在延期付款或分期付款时，卖方因买方不能如期偿还全部或部分货款而遭受的经济损失。目前许多国家的商业保险公司开办此类业务，以支持和促进其国内贸易的发展。出口信用保险承保出口商因买方不履行贸易合同而遭受损失的风险。投资保险承保本国投资者在外国投资期间因政治原因遭受投资损失的风险。我国目前开办的信用保险业务主要有出口信用保险和投资保险。

信用保险的作用，主要表现在：第一，为企业提供向银行贷款的保证，有利于其获得资金周转的便利，促进企业生产经营正常发展的同时拓宽贸易市场。第二，有助于促进商业贸易的健康发展。第三，有助于维护银行信贷与国家金融体系的安全。第四，能促进出口创汇，以及促进资本输出或引进外资。

二、国内信用保险

（一）国内信用保险的含义

国内信用保险亦称商业信用保险，是指在商业活动中，一方当事人为了避免另一方当事人的信用风险，而作为权利人要求保险人将另一方当事人作为被保证人并承担由于被保证人的信用风险而使权利人遭受商业利益损失的保险。在市场经济条件下，商业活动中的信用行为是一种普遍的现象，一方当事人的违约和失信都会造成另一方当事人的商业利益损失。为了防范这种不测的损失事件，当事人除在签订商业合同过程中通过严密的合同条款保护自己外，还期望通过采取某种除了法律手段之外的经济措施来保护自己的利益。因此，对于商业信用提供保险的方式来保障权利人的利益就成为市场经济条件下，权利人进行自我保护的重要形式。

商业信用保险承保的标的是义务人（被保证人）的商业信用，这种商业信用的实际内容通过列明的方式在保险合同中予以明确，其保险金额根据当事人之间的商业合同的标的价值来确定。若发生保险事故，保险人首先向权利人履行赔偿责任，并自动取得向被保证人代位追偿的权利。国内信用保险主要有赊销信用保险、贷款信用保险和个人信用保险。

（二）赊销信用保险

赊销信用保险，又称卖方保险，是保险人为卖方进行的各种形式的延期付款或分期付款行为提供信用担保的一种信用保险业务。在这种业务中，投保人是卖方（销售商或制造商）；保险人承保的是买方（义务人）的信用风险，即在延期或分期付款过程中买方可能由于各种原因拖延或逃避应该承担的付款义务而对卖方所造成的经济损失。在赊销信用保险业务中，保险责任可以设计为买方由于各种原因产生的拖延或逃避付款的行为；除外责任则要重点避免卖方和买方之间共同进行的欺骗行为以及卖方可能的任何与延期或分期付款行为有关的允诺。保险金额根据延期或分期付款行为的特性，在实务中实行变额保险的方式，使保险金额的递减程度与延期或分期付款过程中未付的款项相同。赊销信用保险的目的在于保证卖方（权利人）能按期收回赊销货款，保障商业贸易的顺利进行。

赊销信用保险的特点是赊账期较长，风险比较分散，承保业务手续也比较复杂，保险人必须在仔细考察买方资信情况的条件下才能决定是否承保。从国外实践来看，赊销信用保险主要适用于一些以分期付款方式销售的耐用商品，如汽车、船舶、住宅及大批量商品等，这类商业贸易往往数量较多、金额较大，一旦买方无力偿付分期支付货款，就会造成制造商或供应商的经济损失。因此，需要保险人提供买方信用风险保险服务。

（三）贷款信用保险

贷款信用保险，是保险人对贷款人（银行或其他金融机构）与借款人之间的借贷合同进行担保并承保其信用风险的保险。在市场经济条件下，商业银行的贷款风险是客观存在的，这既有借款人经营管理不善或决策失误的原因，也有自然灾害和意外事故的原因，这些均可能造成贷款不能安全归流，从而需要建立起相应的贷款信用保险制度来予以保证。

在贷款信用保险中，放款方（权利人）是投保人，当保险单出立后即成为被保险人。当借款人无法归还贷款时，被保险人可从保险人那里获得补偿，然后将债权转让给保险人追偿。该保险设立的目的主要是保证银行信贷资金的正常周转。

贷款信用保险的保险责任一般包括决策失误、政府部门干预、市场竞争等风险，只要不是投保人或被保险人的故意行为和违法犯罪行为所致的贷款无法收回，其他风险亦可承保；其保险金额的确定，应以银行贷出的款项为依据；其保险期间为自借贷合同开始时间到偿清全部贷款（本息）的时间；厘定保险费率应与银行利率相联系，并着重考虑下列因素：企业的资信情况、企业的经营管理水平与市场竞争力、贷款项目的期限和用途、不同的经济地区等。

在国外，贷款信用保险是比较常见的信用保险业务，它是银行转嫁放贷款中信用风险的必要手段。在我国，有些保险公司已经开办了一些贷款信用保险业务，如住房抵押贷款保险。对于各种抵押贷款保险，在设计保险责任时，既要考虑抵押品可能面临的非人为因素风险，也要注意被保证人可能对于抵押品采取的各种故意行为；除外责任项目则要将权利人对于抵押品的实际利益和抵押品的实际经济价值作为设计的重点，以避免逆选择；保险金额应以抵押品的实际价值或贷款金额的一定比例进行确定，二者以低者为限。在理赔时，抵押品的残值一般应折归权利人。

（四）个人信用保险

个人信用保险，是以各类企事业单位和社会团体在与具有权利能力和行为能力的自然人发生民事行为中可能发生因自然人侵犯而产生的利益损失为保险标的的保险。在该险种中，具有权利能力和行为能力的自然人为雇员；其投保人为雇主（各类企事业单位和社会团体），被保证人为雇员；保险责任为雇员可能产生的不诚实的行为，即雇员在从事雇佣工作中，由于盗窃、贪污、侵占、非法挪用、故意误用、伪造、欺骗等不诚实的行为对于雇主所造成的经济损失，但因险种不同而有所区别。雇主通过投保个人信用保险将由于雇员不诚实可能对雇主造成的经济损失转嫁给保险人。在发生事故时，保险人首先向雇主履行赔偿责任，同时自动取得向不诚实的雇员进行追偿的代位追偿权。该业务通常采取全面承保的方式，即雇主投保个人信用保险时，必须将除了雇主以外的其他所有雇员统一投保，以避免逆选择；保险金额根据雇员的不同职位和岗位风险程度分别确定，通常采取个人限额责任的方式。

个人信用保险按其承保的形式可分为指名保险、职位保险、总括保险、伪造保险和三 D 保单。由于信用保险与保证保险的重要区别在于投保人不同，故而，对个人信用保险的详细论述，可参照本章诚实保证保险。

三、出口信用保险

（一）出口信用保险的特征

出口信用保险是承保出口商在经营出口业务的过程中因进口商方面的商业风险或进口国方面的政治风险而遭受损失的一种特殊的保险。根据保险合同，投保人交纳保险费，保险人将赔偿出口商因其债务人不能履行合同规定支付到期的部分或全部债务而遭受的经济损失。由于此类保险所要承担的风险特别巨大，而且难以使用统计方法测算损失概率，故一般的保险公司均不愿经营这种保险。当今世界上的出口信用保险大多数是靠政府支持而存在的。出口信用保险与其他以实物作为保险标的的一般财产险相比，有如下主要区别：

1. 经营目的不同。出口信用保险的目的是鼓励和扩大出口，弥补出口商以及与之融通资金的银行因出口所致的各种损失，其业务方针体现着国家的产业政策和国际贸易政策；而其他保险除了海上保险与一国对外贸易政策紧密相连外，均是为了稳定国内生产和生活，与一国的对外贸易关系不大。

2. 经营方针不同。在经营上实行非营利的方针，通常是以比较低的保费承担比较高的风险，最终由国家财政作为后盾，其经营亏损由国家财政加以解决。

3. 经营机构不同。因出口信用保险承保的风险比较大、所需的资金较多，故经营机构大多为国营机构，包括政府机构或由国家财政直接投资设立的公司或国家委托独家代办的商业保险机构，因而带有明显的政府经营下的非企业化经营的特征。它的经营更侧重于社会效益，而其他财产险则以营利为目的，由商业性保险公司经营。同时，出口信用保险的业务好坏受国际政治和经济波动情况的影响。政治稳定，经济发展正常，信用风险就小；反之，信用风险就大。这也是由政府主办或委托办理的原因。

4. 费率厘定的不同。在出口信用保险中，费率的厘定主要取决于进口国国家风险类别、支付方式和信用期限等，尽管短期综合险业务在一定程度上可以通过大数法则，得出其重复发生的比率，但信用风险中包括了很多的人为因素，从而很难运用大数法则来确定费率。

5. 投保人的不同。出口信用保险的投保人必须是本国国民或本国企业，投保的业务，一般应是在本国生产的产品出口。

6. 适用范围的不同。凡出口公司通过银行以信用证、付款交单、承兑交单、赊账等支付方式结汇的出口贸易均可投保出口信用保险。投保人在投保时，应先填写保险人提供的投保单，同时向保险人申请国外买方的信用限额，并每月向保险人申报一次出口货物金额，以便保险人据此承担保险责任和收取保险费。

（二）出口信用保险体制

开办出口信用保险，可促进和鼓励本国商品的出口，保障本国出口商在国际贸易市场上的竞争地位。因此，世界各国的出口信用保险体制虽然不一，但大多获得政府支持。依据政府支持程度不同，各国的出口信用保险体制大致可分为以下几种：

1. 政府直接办理型。政府直接办理型即办理出口信用保险业务的机构本身就是政府的职能部门，其业务收入与赔款支出直接纳入国家预算。最有代表性的是英国的出口信用担保局和1930年成立的日本通产省输出保险课。此外，丹麦、瑞典和瑞士等国亦属此种类型。

2. 政府间接办理型。政府间接办理型即由政府投资建立独立的经济实体，专门办理出口信用保险业务，并以提供财务担保的方式作后盾，如加拿大的出口信用开发公司、澳大利亚的出口融资与保险公司、印度的出口信用担保公司、我国的中国出口信用保险公司、我国香港地区的出口信用保险局等均属此种类型。

3. 政府委托私营机构代理型。政府委托私营机构代理型即由政府指定一家私营公司出面代办出口信用保险业务，风险由政府承担，如美国的对外信用保险协会等，德国也属于该类型。

4. 混合经营型。混合经营型即对出口信用保险部分业务由保险公司自己经营，部分业务代理政府经营的做法，如法国的对外贸易保险公司、荷兰的出口信用保险机构等。

此外，还有极个别的私营保险公司独立经营出口信用保险业务。如英国的贸易赔偿公司、劳合社以及美国的国际保险集团，前者以经营国内信用保险业务为主，后者虽经营出口信用保险却以是否能获利为标准，从而是商业性保险。

各国的出口信用保险体制各不相同、各具特色，它完全由各国依据自己的国情决定。

（三）出口信用保险的类型

出口信用保险可按不同的标准分类。

1. 根据保险的期限不同，可分为短期出口信用保险和中长期出口信用保险。短期出口信用保险一般是指保险期限不超过180天的出口信用保险，通常适用于初级产品和消费品的出口。短期出口信用保险是出口信用保险中最为广泛使用的险种，许多国家均开办综合短期出口信用保险，此保单可根据被保险人要求延长保险期限，但最长只能延长至365天。中长期出口信用保险则是以金额巨大、付款期长的信用风险为保险标的的出口信用保险，其中中期出口信用保险承保的信用期一般在180天到3年之间，而长期出口信用保险承保的信用期一般在3年以上。中长期信用保险通常适用于电站、大型生产线等成套设备项目或船舶、飞机等资本性或半资本性货物的出口，具有政策性强、保险合同无统一格式、保险机构早期介入、需要提供担保、需要一次性支付保险费等特点。

2. 根据保险责任起讫时间不同，出口信用保险业务可分为出运前的保险和出运后的保险。出运前的保险是保险人承保从合同订立日到货物起运日的信用风险；出运后的保险则承保从货物起运日到保险单的终止日由买方的商业风险或买方所在国家的政治风险导致出口商的经济损失。

此外，根据承保方式不同，出口信用保险业务可以分为综合承保和选择承保；根据承保的风险不同，出口信用保险可以分为商业风险保险和政治风险保险等。

(四) 出口信用保险的保险责任范围

1. 保险责任。出口信用保险承保的风险有商业风险和政治风险两种。

(1) 商业风险。商业风险是指买方付款信用方面的风险，又称买方风险。它包括：买方破产或实际已资不抵债而无力偿还货款；买方逾期不付款；买方违约拒收货物并拒绝付款，致使货物被运回、降价转卖或放弃。其中，买方逾期不付款是指买方在放账期满时仍不支付货款，经买方要求，被保险人同意，买方在付汇期限上可增加付汇展延期，展延期仍属放账期的范围；买方拒收货物与拒付货款行为并非因被保险人的过错所致，而是因为购买方丧失信用或有其他不道德意图而拒收。例如，货物运抵目的地后，买方国家市场情况变化，货已不再适销，买方担心货物滞销而违约拒收。如果是由于被保险人不及时交货或货物数量、技术规格不符合合同规定而引起买方拒收、拒付，则属于被保险人未履行合同行为，不属于出口信用保险的责任范围。

(2) 政治风险。政治风险是指与被保险人进行贸易的买方所在国或第三国发生政治、经济状况的变化而导致买卖双方都无法控制的收汇风险，又称国家风险。它包括：买方所在国实行外汇管制，禁止或限制汇兑；买方所在国实行进口管制，禁止贸易；买方的进口许可证被撤销；买方所在国或货物经过的第三国颁布延期付款令；买方所在国发生战争、动乱、骚乱、暴动等；买方所在国或任何有关第三国发生非常事件。

2. 除外责任。在出口信用保险中，保险人不负赔偿责任的项目通常有：(1) 被保险人违约或违法导致买方拒付货款所致的损失；(2) 汇率变动的损失；(3) 在货物交付时，已经或通常能够由货物运输保险或其他保险承保的损失；(4) 发货前，买方未能获得进口许可或其他有关的许可而导致不能收货付款的损失；(5) 买方违约在先情况下被保险人坚持发货所致的损失；(6) 买卖合同规定的付款币制违反国家外汇规定的损失。

(五) 出口信用保险的责任限额

由于出口信用保险承担的风险大、范围广，保险责任限额也与其他险种不同。一般而言，出口信用保险单有如下三种限额：

1. 保单的最高赔偿限额。短期出口信用保险的保单以一年为限，保单的最高赔偿限额是指保险人对被保险人在 12 个月内所累计承担的总赔偿限额。保险人在承保业务之前，要求被保险人填写投保单，出口商将其前 12 个月的出口累计金额通知保险人，保险人综合出口企业的经营情况、产品销售情况、出运目的地的分布情况以及出口金额的大小，制定出保单的最高赔偿限额。它是在保单订立的 12 个月中累计承担的总赔偿限额。

2. 买方信用限额。买方信用限额是指保险单对被保险人向某特定买方出口货物所承担的最高赔偿限额。保险人与被保险人对与被保险人进行贸易的每一买家有一个“买方信用限额申请/审批”的过程。保险人要求被保险人就保单范围内的买家逐一申请其适用的信用放账额度，其额度经保险人批准后可循环使用。被保险人在申请买方信用限额时，需向保险人提供买方有关的信用资料，以供保险人确定一个适当的买方限额。买方信用限额一旦确立，保险人将在规定限额内负赔偿责任。若出口商超限额出口，则由其自行承担超出限额部分的损失。

3. 被保险人自行掌握的信用限额。在实际工作中，对于有丰富经验并拥有广大市场的被保险人，保险人无须对其每一买者的资信进行仔细调查，而是在一定范围内给予其灵活处理日常业务的权力。此类业务，对每一保单通常都会规定一个小数额作为被保险人自行掌握的信用限额，以鼓励出口商同买方进行更多的交易，而无须事先征得保险人同意，若发生损失，则出口商可在此信用限额内向保险人索赔。

（六）出口信用保险的费率厘定

出口信用保险的费率，因可能发生的收汇风险程度不同而有所不同，制定费率时一般应考虑下列因素：（1）买方所在国的政治、经济及外汇收支状况。（2）出口商的资信、经营规模和出口贸易的历史记录。（3）出口商以往的赔付记录。（4）贸易合同规定的付款条件。（5）投保的出口贸易额大小及货物的种类。（6）国际市场的经济发展趋势。

对短期出口信用的保险费率，则通常应考虑买方所在国或地区所属类别、付款方式、信用期限。一般而言，出口信用保险机构通常将世界各国或地区按其经济情况、外汇储备情况及外汇政策、政治形势的不同划分成五类。第一类国家或地区的经济形势、国际支付能力、政治形势均较好，因而收汇风险小；第二类国家或地区则次之，依此类推，到第五类国家或地区的收汇风险则非常明显，大部分保险人不承保此类国家或地区出口信用保险业务。对第一类别到第四类别国家或地区的出口，因其风险大小不同，支付方式不同，即付款交单和承兑交单及信用证方式付款所带来的收汇风险各不相同，因而收取保险费的费率也不相同。放账期长的费率高，放账期短的费率低。保险费计算公式为

$$保险费 = 发票总额 \times 费率表决定的费率 \times 调整系数$$

其中，调整系数的大小是根据出口方经营管理情况的好坏和对该出口方赔付率的高低决定的。

（七）出口信用保险的承保与理赔

1. 承保出口信用保险的要求。主要有以下三项：

（1）出口公司在投保短期出口信用险前，需向保险公司提供一份反映其出口及收汇情况和投保要求的申请书，保险机构根据其提供的资料及通过调查掌握的情况，决定是否承保，中长期保险则应对每一出口合同进行严格的审查。

（2）短期出口信用险一般实行全部投保的原则，即出口企业必须将所有以商业信用方式的出口按其销售额全部投保，不能只选择风险大的国家和买方投保。这项原则对保险公司分散风险和保持业务经营的稳定性至关重要。

（3）责任限额是出口信用保单中的一项重要规定。一般的保单中都规定两种限额：一是对买方的信用限额，即对每一买方所造成卖方的损失，保险人所承担的最高赔偿限额；二是对出口方保单的累计责任限额，即保险人对被保险人（出口方）在每 12 个月内保单累计的最高赔偿限额。买方信用限额应由出口方根据不同买方的资信情况及买方在一定时期内预计以信用方式成交的金额，逐个向保险人提出申请，经保险人审查批准后生效。出口方要想获得信用保险的充分保险保障，并扩大出口，对每一个买方都应申

请信用限额，这样，保单的累计最高赔偿限额必然增加。

2. 出口信用保险的理赔。

（1）索赔手续。当发生保险责任范围内的损失时，被保险人应立即通知保险公司，并采取一切措施减少损失。被保险人索赔时应填写索赔申请书，并提供出口贸易合同、发票、银行证明和其他必要的单证。对被保险人的索赔，除了买方破产或无力偿付贷款原因外，对其他原因引起的损失，在等待期满后再定损核赔。被保险人获得赔偿后，仍应协助保险公司向债务人追偿欠款。

（2）最高赔偿限额与免赔额。为了控制风险责任，保险人承保信用保险时，通常规定每一保单的最高赔偿限额和免赔额。短期出口信用保险项下发生的定损核赔金额可能会受最高赔偿限额与免赔额的影响而发生变化，许多出口信用保险公司，都对此有详细规定，他们常在其保单上为被保险人规定一个绝对免赔额。若被保险人的一笔出口损失金额不超过此规定的数额，则保险人可免予赔偿。赔偿时按每笔损失扣除该免赔额。同时，当全部损失赔偿累计数超过保险单规定的最高责任限额时，保险公司对超出部分也不承担赔偿责任。

（3）出口信用保险赔偿等待期。由于出口信用保险所承保的范围不一，因而确定标的是否实际损失的时间也各异。除条款规定买方被宣告破产或丧失偿付能力后，或因买方拒收货物所致损失、货物处理完即可定损核赔外，对其他原因引起的标的损失，保险人还要视不同情况规定有一段“观察期”，待观察期满，保险人才予以定损核赔。这一观察期在出口信用险中称为赔偿等待期，即自保险事故发生到保险人赔付的时间。该赔偿等待期由保险双方依照惯例确定，从 1 个月到 6 个月不等。

（4）损失控制。出口信用保险人在接到损失可能发生的报告后，应立即要求并配合被保险人采取措施避免或减少损失；同时，对已经支付赔款的，应及时采取追偿措施。

四、投资保险

（一）投资保险的概念与发展

投资保险，是承保被保险人因投资引进国政治局势动荡或政府法令变动所引起的投资损失的保险，又称政治风险保险。其承保对象一般是海外投资者。投资保险的政治风险是指东道国政府没收或征用外国投资者的财产，实行外汇管制，撤销进出口许可证，以及内战、绑架等风险而使投资者遭受投资损失的风险。如 1979 年伊朗革命时曾没收了美国国际集团的子公司；黎巴嫩内战曾使设在该国的美国烟草公司受损，东道国实行外汇管制使外国投资者不能把当地通货兑换成本国的货币，以致不能把所赚利润汇回本国。再如，2009 年 3 月，中缅两国政府签署《关于合作开发缅甸水电资源的框架协议》，总投资 36 亿美元，2009 年动工，计划 2017 年首台机组开始发电。但在 2011 年 9 月 30 日，缅甸总统吴登盛突然以“人民意愿”为由，宣布在其任期内暂时搁置密松水电项目，造成巨大损失；[①] 2011 年，北非某国内战致中国近 200 亿美元项目搁置，给中国企

① 景乃权．“一带一路”对外投资过程中的政治风险与应对［N/OL］．［2018－02－11］．http：//finance. sina. com. cn/zl/china/2018－02－11/zl－ifyrmfmc1385549. shtml.

业造成巨大损失；[①] 等等。

投资保险作为一项独立的新型保险业务，是20世纪60年代在欧美国家形成的。二战后，美国于1948年4月根据“对外援助法”制定了“经济合作法案”，开始实施马歇尔计划，同时设立了经济合作署，专门管理外援及海外投资事务，并开始实行投资风险保险制度。此后，机构几经变更，美国的涉外投资也逐渐向发展中国家转移。1961年3月，美国国会通过了新的“对外援助法”修正案，并设立了国际开发署，接管投资保险业务；1969年又设立直属国务院的涉外私人投资公司，取代国际开发署主管涉外投资保险。与此同时，其他国家也仿效美国实行投资保险制度，如英国的出口信用担保局即办理此项业务，从而成为国家鼓励资本输出、保障私人投资者在国外投资利益的重要手段，同时成了海外投资者进行投资活动的前提条件。

在我国，对外开放政策的实施使许多外商来华投资，投资保险首先是为了适应外国投资者的需要于1979年开办的；同时，从20世纪80年代尤其是90年代以来，我国对外投资日渐增加，而随着中国“一带一路”建设和国际产能合作的推进，我国对外直接投资呈现逆势增长态势，非常需要保险人提供投资保险服务。

由于投资保险承担的是特殊的政治风险，责任重大，因此，外国通常由政府部门办理，民间保险公司很少办或不准办。如在美国，由其政府设立的海外私人投资公司经办；在英国，由其贸易部出口信用担保局经办；在法国，由官方外贸保险公司经办，以保障投资人在海外遭受的损失得到补偿。

（二）投资保险的保险责任范围

1. 保险责任。投资保险的保险责任主要包括以下四种：

（1）战争。战争是指投资所在国发生的毁灭敌对方的行动、内战、恐怖行为、叛乱、罢工、暴动以及其他类似战争的行为。战争险项下的保障包括战争造成的项目企业有形财产的损失和因战争行为导致项目企业不能正常经营所造成的损失。

（2）征用风险。征用风险又称国有化风险，一般是指由于投资东道国政府实行征用、没收或国有化措施，致使海外直接投资者的投资及利润全部或部分地归于丧失的风险。《日本输出保险法》将其称为“被夺取”风险，即剥夺投资者所有权的风险。美国的《海外私人投资公司保险手册》明确表明，由投资项目所在国政府所“授权、许可或纵容”的任何行动，若对美国海外企业的财产和经营产生了特定的影响，或者对投资者的各种权利和经济利益产生了特定的影响，就被认为是“征用行动”。征用险是保险人针对海外投资者所面临的征用风险而提供的保险。

（3）汇兑风险。汇兑风险即外汇风险，是投资者因东道国的突发事变而导致其在投资国与投资国有关的款项无法兑换货币转移的风险。我国投资保险承保的这一风险是：由于政府有关部门汇兑限制，使被保险人不能按投资契约规定将应属被保险人所有并可汇出的汇款汇出，因此引起投资者的损失，由保险公司负责赔偿。

（4）政府违约风险。其是指投资所在国政府非法地或者不合理地取消、违反、不履

① 中国信保助力中资企业海外投资行稳致远［J］. 信用管理. 2018（9）.

行或者拒绝承认其出具、签订的与投资相关的特定担保、保证或特许权协议等所造成投资者的损失。该风险亦由保险公司负责赔偿。

2. 除外责任。我国投资保险条款规定对下列风险造成的损失，保险人不予赔偿：(1) 由于原子弹、氢弹等核武器造成的损失。(2) 被保险人投资项目受损后造成被保险人的一切商业损失。(3) 被保险人及其代表违背或不履行投资合同或故意违法行为导致政府有关部门征用或没收造成的损失。(4) 被保险人没有按照政府有关部门所规定的汇款期限汇出汇款所造成的损失。(5) 投资合同范围之外的任何其他财产的征用、没收所造成的损失。

（三）保险期限

保险期限在各国有不同规定。美国是根据投资种类、承保险别的具体情况确定，但股份投资保险的法定最高期限，自承保之日起，一般不超过 20 年。德国海外投资保险的法定期限原则上为 15 年，但如果涉及生产设备的制造而所需时间较长者，可以延长至 20 年。日本海外投资保险的有效期限一般为 5 至 15 年，但因被投资企业的建设需要，可以超过 15 年。我国的投资保险的保险期限分为短期和长期两种。短期为一年；长期保险期限最短的为 3 年，最长的为 15 年。投保 3 年以后，被保险人有权要求注销保单，但如未到 3 年提前注销保单，被保险人须交足 3 年的保险费。保单到期后可以续保，但条件仍需要双方另行商议。

无论长期还是短期保险，保险期内被保险人可随时提出退保，但保险人不能中途修正保险合同，除非被保险人违约。

（四）保险金额与保险费

投资保险的保险金额以被保险人在海外的投资金额为依据，是投资金额与双方约定比例的乘积。即对每一项投资保险业务，其保险金额不得超过所承保的海外直接投资的一定比例，被保险人应自行承担一定比例的损失。在国际上，美国、日本、德国、英国、澳大利亚、荷兰、挪威、韩国等国及《多边投资担保机构公约》所规定的最高保险金额为投资金额的90%，加拿大、丹麦为85%，而瑞士只承担70%。这种规定的目的是为了增强投资者的责任感，尽力避免风险事故的发生和损失的扩大，确保有关投资的安全。在我国，保险金额一般规定为投资金额的90%。但长期和短期投资项目又有所不同，一年期的保险金额为该年的投资金额乘以双方约定的百分比，保险金额一般规定为投资金额的90%；长期投资项目每年投资金额在投保时按每年预算投资金额确定，当年保险金额为当年预算金额的90%，长期投资项目需确定一个项目总投资金额下的最高保险金额，其保险费需在年度保费基础上加差额保费，长期投资项目期满时按实际投资额结算。

投资保险费率的确定，一般根据保险期间的长短、投资接受国的政治形势、投资者的能力、工程项目以及地区条件等因素确定。一般分为长期费率和短期费率，且保险费在当年开始时预收，每年结算一次，这是因为投资期有变化。

投资保险是一种承保投资政治风险的信用保险，外国的投资保险，一般由投资商在本国投保，保障的是本国投资商在外国投资的风险，投资商是被保险人；而我国的投资保险在改革开放初期则是由保险公司为外国的投资商保险，保障的是外国人在我国投资的风险，以配合国家引进外资的政策，从而带有保证保险的性质。在我国境外投资企业日益增加的情况下，投资保险性质与国外保险公司的投资保险性质具有相似性，即包含有保障本国投资企业在外国的投资风险，从而属于信用保险的范畴。由此可见，我国目前的投资保险是双重性质的保险，即既包括来华投资保险，又包括海外投资保险。

（五）投资保险的理赔

1. 赔偿期限的规定。由于各种政治风险造成的投资损失有可能在不久后通过不同途径予以挽救，损失发生与否需经过一段时间才能确定。因此，投资保险有赔偿期限的规定。根据不同的保险责任，一般有如下规定：（1）战争、类似战争行为、恐怖、叛乱、罢工及暴动造成投资项目的损失，在提出财产损失证明后或被保险人投资项目终止6个月后赔偿。（2）政府有关部门的征用或没收引起的投资损失，在征用、没收发生满6个月后赔偿。（3）政府有关部门汇兑限制造成的投资损失，自被保险人提出申请汇款3个月后赔偿。

2. 赔偿金额的规定。在赔偿金额方面有如下规定：（1）当被保险人在保单所列投资合同项下的投资发生保险责任范围内的损失时，保险人根据损失金额按投资金额与保险金额的比例赔付，保险金额最高占投资金额的90%。（2）由于投资额的承保比例一般为投资金额的90%，因而被保险人所受损失若将来追回，也应由被保险人和保险人按各自承担损失的比例分摊。

第三节　保证保险

一、保证保险的概念与特征

保证保险是保险人根据被保证人（义务人）的要求向权利人提供自己信用担保的保险，即由被保证人要求保险人向权利人担保被保证人信用的保险。保证保险属于一项担保业务。保证保险在保险学界争论较大，虽然它属于广义的财产保险，但又与一般的财产保险不同。

与一般财产保险业务相比，保证保险有如下特征：

1. 保证保险合同的当事人涉及三方：保证人（保险人）、被保证人（义务人/投保人/被保险人）、权利人（受益人）；而一般保险合同的当事人只有两个，即保险人与投保人或被保险人。

2. 保证保险合同中的被保险人对保证人（保险人）给予权利人的补偿，有偿还的义务；而一般保险合同的被保险人并无任何返还责任。

3. 保证保险合同是保险人对另一方的债务偿付、违约或失误承担附属性责任的书面承诺。这种承诺是在保证保险合同所规定的履约条件已具备而被保证人不履行合同义务的条件下，保证人才履行赔偿责任。当发生保险事故且权利人遭受经济损失时，只有在被保证人不能补偿损失时，才由保险人代为补偿。因此，从本质上来说，保证保险只是对权利人的担保。

4. 保险人必须严格审查被保证人的有关信息。保险人只有严格审查被保证人的财力、资信、声誉的好坏及以往履约历史等，才能代替被保证人向权利人承担法律责任。

5. 保险费实质上是一种手续费。保险公司在承保一般保险业务时，必须做好赔偿准备。一种风险能否承保，要看承担这种风险所收取的保险费是否足以抵补这种风险发生的赔款。而保证保险是一种担保业务，它基本上是建立在无赔款基础之上，因此，保证保险收取的保险费实质上是一种手续费，是利用保险公司的名义提供担保的一种报酬。

二、保证保险与信用保险的异同

保证保险与信用保险都是保险人对被保证人的作为或不作为致使权利人遭受损失负赔偿责任的保险，即二者均以义务的信用作为保险标的。但二者的投保人，前者是义务人（被保证人）要求保险人向权利人担保义务人自己的信用；后者是权利人要求保险人担保义务人（被保证人）的信用。在保险实务中，保证保险与信用保险亦存在着如下区别：

1. 保证保险是出立保证书来承保的，该保证书同财产险保险单有着本质区别，其内容通常很简单，只规定担保事宜；而信用保险是填写保险单来承保的，其保险单同其他财产险保险单并无大的差别，同样规定责任范围、除外责任、保险金额（责任限额）、保险费、损失赔偿、被保险人的权利义务等条款。

2. 保证保险是义务人应权利人的要求投保自己的信用风险，义务人是被保证人，由保险公司出立保证书担保，保险公司实际上是保证人，保险公司为了减少风险往往要求义务人提供反担保（即由其他人或单位向保险公司保证义务人履行义务），这样，除保险公司外，保证保险中还涉及义务人、反担保人和权利人三方。信用保险的被保险人是权利人，承保的是被保证人（义务人）的信用风险，除保险人外，保险合同中只涉及权利人和义务人两方。

3. 在保证保险中，义务人交纳的保费是为了获得向权利人保证履行义务的依据，保险人收取的保费只是凭其信用资格而得到的一种担保费，风险仍由义务人承担，保险人只有在义务人没有能力承担的情况下才代为履行义务，并且其后向义务人追偿。因此，保险人经营保证保险的风险相当小。在信用保险中，被保险人交纳保费是为了把可能因义务人不履行义务而使自己受到损失的风险转嫁给保险人，保险人承担着实实在在的风险，必须把保费的大部分或全部用于赔款（甚至亏损），保险人赔偿后虽然可以向责任方追偿，但成功率很低。

三、保证保险的类型

保证保险通常分为确实保证保险和诚实保证保险两类。

（一）确实保证保险

确实保证保险是被保证人不履行义务而使权利人遭受损失时，由保险人负赔偿责任的保证保险。其保险标的是被保证人的违约责任，它是对权利人的保证。确实保证保险的种类繁多，大致可概括为如下六类：

1. 合同保证保险（具体内容见后面介绍）。

2. 司法保证保险。司法保证保险是因法律程序而引起的保证业务，按其保证内容可分为诉讼保证保险和受托保证保险两种。

（1）诉讼保证保险。当原告或被告要求法院为其利益采取某种行动，而又可能损害另一方利益时，法院为了维护双方的合法权益，通常会要求申请人提供某种诉讼保证保险。其行动如扣押、查封、冻结某些财产等。诉讼保证保险又可分为：①保释保证保险，承保被保释人不在规定的时间出庭受审而由法院罚没的罚款，由保险人支付；②上诉保证保险，承保上诉人如上诉失败，所有原诉与上诉费用皆由上诉人负担时，由保险人支付；③扣押保证保险，当原告要求法院扣押被告的某一财产，以确保胜诉后得到赔偿，法院要求提供该保证，以用于原告败诉时由保险人赔偿被告因临时扣押财产而遭受的损失；④禁令保证保险，当原告要求法院命令阻止被告采取某一行动（如将约定卖给原告的产品卖给他人）时，便须向法院提供此种保证，以便被告因此禁令而受到不当损失时，由保险人予以赔偿。

（2）受托保证保险。它承保经由法院命令为他人利益管理财产的人因其不尽职尽责而造成被管理人的财产损失，而由保险人负赔偿责任。需要提供此种保证的被保证人包括财产受托人、破产管理人、遗嘱执行人、遗产管理人、缺乏完全行为能力人的监护人。在若干场合下，若被保证人缺乏为他人管理财产的经验，保证人和被保证人共同管理财产为其出立保证合同的条件。

3. 许可证保证保险。它是担保从事经营活动领取执照的人遵守法规或履行义务的保险。在有些国家，从事某一活动或经营的人在向政府申请执照或许可证时，往往需要提供此种保证。常见的许可证保证保险有两种：在被保证人（领照人）违反政府法令或其行为有损于政府或公众利益时，由保险人（保证人）承担由此引起的赔偿责任；保证被保证人（领照人）将按国家法律履行纳税义务。

4. 存款保证保险。它以银行为投保人，保证存款人的利益，当发生银行对存款人取款方面支付能力的风险时，由保险人负赔偿责任。

5. 贷款保证保险。它是由保险人保证从银行或其他金融机构取得贷款的债务人，将确实履行债务，如债务人不履行债务致使债权人（银行或其他金融机构）遭受损失时，由保险人向债权人（银行或其他金融机构）负赔偿责任。其投保人为债务人（借款人，即被保证人）；其保险事故为债务人未能依约履行借贷合同返还本息及延期损失支付的债务；其保险金额为借款合同的借款金额；但最高不得超过抵押物售价的一定比例（如70%），两者以低者为准；其赔偿方式在被保证人无法偿还贷款时由保险人在保险金额范围内赔偿给债权人，其后在赔偿金额范围取代债权人的地位向债务人实施代位追偿权。

6. 融资租赁履约保证保险。融资租赁（Financial Lease）是目前国际上最普遍、最基本的非银行金融形式。它是指出租人根据承租人（用户）的请求，与第三方（供货商）订立供货合同，根据此合同，出租人出资购买承租人选定的物件。同时，出租人与承租人订立一项融资租赁合同，将物件出租给承租人，并向承租人收取一定的租金。在保险期间内，投保人（即承租人）未能按照与被保险人（即出租人）签订的融资租赁合同的约定履行交付租金和合法利息的义务，且投保人拖欠任何一期租金的时间达到保险单约定的索赔等待期（保险人为了确定保险损失已经发生及其程度，在被保险人向保险人提出书面索赔前需等待的一段时间。索赔等待期自融资租赁合同约定的还租日次日开始起算，具体天数由投保人与保险人协商确定）以上的，保险人对投保人在融资租赁合同项下应偿还而未偿还的租金及合法利息按照保险合同的约定向被保险人支付赔偿金。目前，融资租赁履约保证保险已拓展至网贷行业，主要表现为：网贷平台为项目购买履约保险，经保险正式承保的项目，如借款人兑付逾期，保险公司将按照保单约定履行保险责任，以便投资人的利益将得到充分保障。

7. 公务员保证保险。它是对政府工作人员的诚实信用提供保证的保险，分为诚实总括保证和忠实执行职务保证两种，前者对公务员不诚实或欺诈等行为所造成的损失承担赔偿责任；后者对公务员因工作中未能忠于职守而给政府造成的损失承担赔偿责任。

（二）诚实保证保险

1. 诚实保证保险的概念与特征。诚实保证保险，亦称雇员忠诚保证保险，是因被保证人（雇员）行为不诚实而且使权利人（雇主）遭受损失时，由保证人（保险人）承担经济赔偿责任的一种保证保险。在诚实保证保险中，雇主为权利人，雇员为被保证人，以雇员对雇主的诚实信用为保险标的。诚实保证保险与确实保证保险比较，有如下特征：

（1）诚实保证保险的保证合同涉及雇主与雇员的关系；而确实保证保险则不涉及。

（2）诚实保证保险承保的风险只限于雇员的不诚实行为，包括盗窃、欺诈、伪造、隐匿、违背职守等，因此又称为不诚实保险；而确实保证保险承保的风险是被保证人履行一定义务的能力或意愿，而与不诚实无关。

（3）诚实保证保险的投保人既可以是被保证人（雇员），也可以是权利人（雇主）；而确实保证保险必须由被保证人自己投保。

2. 诚实保证保险按其承保的形式，可分为以下五类：指名保证保险、职位保证保险、总括保证保险、伪造保证保险和三 D 保单。

（1）指名保证保险。它是以特定的雇员为被保证人，在雇主遭受被保证人的不诚实而造成的损失时，由保证人承担赔偿责任的保险。指名保证保险常分为个人保证保险和表定保证保险两种。

①个人保证保险。它是指以某一个特定的雇员为被保证人，当该雇员单独或与他人合谋造成雇主损失时，由保证人承担赔偿责任的保险。个人保证合同只承保特定的个人，费用通常由被保证的雇员支付。

②表定保证保险。它是指同一保证合同中承保两个以上的雇员，每个人都有自己的保证金额的保证保险。实际上该种保证保险只是将若干个个人保证合同合并为一个保证合同而已。该种保证保险可随机增减，但必须在规定的表内列出被保证人的姓名及其各自的保证金额。

（2）职位保证保险。它是在保证合同中不列举各被保证人的姓名及保险金额，只列举各级职位名称、保证金额及每一职位人数的保证保险。职位保证保险分为以下两种：

①单一职位保证保险。它是指同一保证合同承保某一职位的若干被保证人，无论任

何人担任此一职位均有效。该险种适用于员工流动性较大的单位。担任同一职位的每一位被保证人，都按保单规定的保证金额投保。若约定的承保职位与被保证人数不变，但被保证人有更换，则无须通知保险人；若职位与人数有变动时，则必须通知保险人，否则，保险人的责任将按照投保人数与全部实际人数的比例予以减少。因此它又可分为两种情形：按此比例减少每一损失的赔偿金额；按此比例减少每人的保证金额。这种保证保险，任何职位都可以投保，但若同一职位中有一个人获得投保，则其余人员也必须投保。

②职位表定保证保险。它是指同一保险合同中承保几个不同的职位，每一职位都规定有各自的保证金额，其余规定同单一职位保证基本相同。在合同订立后新增加的职位，亦可自动承保，但必须在特定的期限内告知保险人，自动保证期（60 日或 90 日）的保证金额，一般亦有一定限制。

（3）总括保证保险。它是以雇主所有的正式雇员为保险对象的保险。其特点为：合同不载明每一雇员的姓名、职位名称及保证金额，只要确认损失系雇员的不诚实行为所致，无须证明由何人或何种职位所致损，便可由保险人负责赔偿。该方式的优点在于无须为决定哪一职位或哪一个人需要保证而烦恼；自动承保任何新进的雇员，无须告知保险人，也无须在当年增加保费；在个人保证保险或职位保证保险下，通常雇主获得赔偿前，必须证明由何人或何职位所致，而在总括保证保险下，只要确认损失系雇员的不诚实行为所致，即可获得保险人的赔偿。由于总括保证保险具有前两种保证所不具有的优点，所以总括保证保险已成为诚实保证保险中最为流行的一种形式，其缺点则是每个雇员的保证金额相同。故而为补救该缺点，在保险实务中，许多雇主除投保总括保证保险外，还另外投保个人或职位保证保险。总括保证保险又可分为两种：

①普通总括保证保险。它是指对单位全体雇员不指出姓名和职位的保证保险。保费按年计算，在交费后一年内如人数增加，除企业合并外，不另加保费。只要认定损失是由雇员的不诚实行为所致，保证人均承担赔偿责任。根据确定赔偿限额的方法不同，可将其分为职位总括保证保险和商业总括保证保险，前者规定每次事故中每人的赔偿限额；后者只确定每一损失的赔偿限额，无论损失是一个雇员所致或多个雇员串通所致，只要是雇员的不诚实行为所致并在保证金额内的损失，保证人均负赔偿责任。两者的主要区别是保险责任不同，前者对每个被保证人引起的损失规定一个限额；后者对每次损失规定一个限额。由于不诚实行为大多为个别的，故商业总括保证保险的适用性比职位总括保证保险的适用性广泛。

②特别总括保证保险。它是指承保各种金融机构的雇员由于不诚实行为造成的损失而由保险人承担赔偿责任的保险。它最早起源于英国伦敦劳合社保险人开办的银行总括保证，以后逐步增加到各种金融机构。各金融机构中的所有金钱、有价证券、金银条块以及其他贵重物品，因其雇员的不诚实行为造成的损失，保险人均负赔偿责任。

（4）伪造保证保险。它是承保因伪造或篡改背书、签名、收款人姓名、金额等造成的损失的保证保险。它又分为两种形式：一是存户伪造保证保险，承保被保证人或被保证人往来的银行因他人以被保证人的名义伪造或篡改支票、汇票、存单及其他凭单票据等所致损失的保险，此处的承保票据仅指支付票据；二是家庭伪造保证，承保个人在收支款项时因他人伪造所致损失的保险，此处的承保票据包括支付票据、收入票据及收入伪钞。

（5）三 D 保单。它是指不诚实（Dishonest）、损毁（Destruction）及失踪（Disappearance）的综合保单，简称三 D 保单，包括诚实保证和盗窃保险两者在内，承保企业因他人的不诚实、盗窃、失踪、伪造或篡改票据遭受的各种损失。其内容包括五部分，被保险人可选择投保部分或全部。这五部分内容是：①雇员不诚实保证保险；②屋内财产的盗窃保险；③屋外财产的盗窃保险；④保管箱盗窃保险；⑤存户的伪造保险。除前述五部分外，还可以附加条款方式，增加下列风险的保险：收入票据的伪造；货物被盗窃；发放的薪金被盗；限额盗窃保险所承保的风险；伪造仓库收据。三 D 保单的保险费，由各部分分别计算后再汇总合计。

3. 诚实保证保险的保障范围与保险责任。

（1）诚实保证保险的保障范围包括：雇主的货币和有价证券的损失；雇主所有财产的损失；被保险人有权拥有的财产或对此负有责任的财产；为保险单指定区域的可移动财产。

（2）诚实保证保险的责任范围。

①诚实保证保险的保险责任。诚实保证保险主要承保雇员的不法行为致使雇主遭受的经济损失。它主要包括：雇员在受雇期间盗窃财物而致的损失；雇员在受雇期间贪污财物而致的损失；雇员在受雇期间的欺诈行为（包括欺骗雇主和其他关系方）而致的损失；雇员在保险期间因上述行为造成钱财损失的发现期，一般规定为六个月，即最迟自该雇员退休、离职或死亡之日起或保险单规定六个月内提出索赔，以其中先发生者为准。如果被保证的雇员被派到其他区域工作，但不超过规定的期限，则该雇员在该区域内引起雇主的损失仍可得到保障。需要指出的是，诚实保证保险的保险责任在不同国家不尽相同。如美国诚实保证保险通常承保两大类风险：欺诈和不诚实。

②诚实保证保险的除外责任。对于下列原因造成雇主的钱物损失，保险人不负赔偿责任：因雇主擅自减少雇员工资待遇或加重工作任务而导致雇员不诚实行为所带来的损失；雇主没有按照安全预防措施和尽责督促检查而造成的任何钱物损失；雇主及其代理人和雇员恶意串通而造成的损失；超过了索赔期限仍未索赔者。

4. 诚实保证保险双方的权利和义务。诚实保证保险除具有一般保险合同中规定的明示或默示权利和义务外，还有下列规定：

（1）接受审查单证的义务。保险人有权审查雇主提供的索赔说明书、财务计算报告及其他单证，以避免上述资料的不真实而导致保险人的损失。

（2）通知义务。雇主及其代理人在发现雇员中有某种欺骗和不诚实行为，并可能造成钱财损失时，应随时通知保险人。

（3）变更雇佣条件的协商义务。雇主变更雇佣条件或减少雇员报酬等情况，均应事先征得保险人同意。

（4）协助追偿的义务。雇主除有责任向保险人提供有关情况外，还应积极协助保险人向犯有欺骗和不诚实行为造成钱物损失的雇员进行追偿或从雇主应付给上述雇员的报酬中扣回保险人在该保险单项下已支付的赔款。

四、合同保证保险

（一）合同保证保险的概念与分类

合同保证保险，是承保因被保证人不履行各种合同义务而造成权利人的经济损失的一种保证保险。它主要是适应投资人对建设工程要求承包人如期履约而兴办起来的，最普遍的业务是建筑工程承包合同的保证保险。合同保证保险包括以下几种：

1. 建筑保证保险，承保因建筑误期所致的各种损失。根据建设工程的不同阶段，它可分为四种：（1）投标保证保险，承保工程所有人（权利人）因中标人不继续签订承包合同而遭受的损失；（2）履约合同保证保险，承保工程所有人因承包人不能按时、按质、按量交付工程而遭受的损失；（3）预付款保证保险，承保工程所有人因承包人不能履行合同而受到的预付款的损失；（4）维修保证保险，承保工程所有人因承包人不履行合同所规定的维修义务而受到的损失。一般而言，被保险人既可按阶段投保上述险种，也可投保综合性的建筑保证保险。

2. 完工保证保险，承保借款建筑人因未按期完工和到期不归还借款而造成有关权利人的损失。在投保完工保证保险的情况下，可由保险人负赔偿责任。

3. 供给保证保险，承保供给方因违反合同规定的供给义务而使需求方遭受损失时，由保险人承担赔偿责任。如制造厂商与某加工厂商订立合同，由制造厂商按期提供一定数量的半成品给加工厂商，一旦制造厂商违反供给义务而使加工厂商遭受损失，若投保了供给保证保险，则由保险人负赔偿责任。

（二）合同保证保险所要求的具体条件

由于合同保证保险风险较大，保险人在承保该类业务时，一般要求具备下列条件：第一，投资项目已经核实，工程施工力量、设备材料等物已落实可靠；第二，严格审查承包人的信誉、经营承包能力和财务状况，并要求提供投保工程的合同副本、往来银行名称及账号等情况资料；第三，要求承包工程的人提供反担保或签订“偿还协议书”；第四，工程项目本身已投了工程保险。

（三）合同保证保险的责任范围

合同保证保险根据工程承包合同内容来确定保险责任，一般仅以承包人对工程所有人承担的经济责任为限。

1. 保险人只负责工程合同中规定的因承包人方面的原因造成的工期延误的损失。不属于承包人方面的原因造成的工期延误损失，保险人不负责任。如因人力不可抗拒的自然灾害或工程所有人提供设备材料不能如期运抵工地等原因造成工期延误，就属于除外责任。

2. 保险人赔偿的数额也以工程合同中规定的承包人应赔偿的数额为限。如承包合同中规定了承包人若不能按期保质完工就要向工程所有人支付罚款，保险人的赔偿数额就以该罚款数额为限。此外，合同保证保险的保险金额，一般以不超过工程总造价的80%为限。

五、产品保证保险

（一）产品保证保险的概念及其意义

产品保证保险，亦称产品质量保险或产品信誉保险，是以被保险人因制造或销售的产品丧失或不能达到合同规定的效能而应对买主承担赔偿责任为保险标的的保险。它与产品责任保险虽然文字相近，业务性质却有根本区别。不过在保险实务中，产品保证保险经常同产品责任保险综合承保，尤其在欧美国家，保险人一般同时开办产品责任保险和产品保证保险，制造商、销售商或修理商则同时投保产品责任保险和产品保证保险。二者的区别则可参见本书第十六章。

开办产品保证保险的意义，主要有以下几个方面：第一，产品在保险公司保了险，能增强人们消费或使用产品的安全感，有利于维护用户或消费者的合法权益；第二，有利于企业迅速赢得顾客，打开产品销路；第三，能促进企业加强质量管理，提高投保企业的竞争能力，最终使整个社会生产力水平得到提高。

（二）产品保证保险的责任范围

1. 产品保证保险的保险责任。由于产品责任保险承保的是制造商、销售商、或修理商因其制造、销售或修理的产品质量有内在缺陷而造成产品本身损失对用户所负有的经济赔偿责任，因而，其责任范围是产品自身的损失及其有关费用，这是产品责任保险不承保的责任。具体而言，产品保证保险的保险责任包括：

（1）赔偿用户更换或整修不合格或有质量缺陷产品的损失和费用。

（2）赔偿用户因产品质量不符合使用标准而丧失使用价值的损失及由此引起的额外费用。如运输公司因购买不合格汽车而造成的停业损失（包括利润和工资损失）以及为继续营业临时租用他人汽车而支付的租车费等。

（3）被保险人根据法院判决或有关行政当局的命令，收回、更换或修理已投放市场的质量有严重缺陷产品造成用户的损失及费用。

2. 产品保证保险的除外责任。包括：

（1）用户或他人故意行为或过失或欺诈引起的损失。

（2）用户不按产品说明书或技术操作规定使用产品或擅自拆卸产品而造成的产品本身损失。

（3）属于制造商、销售商或修理商保修范围内的损失。

（4）产品在运输途中因外部原因造成的损失或费用。

（5）因制造或销售的产品缺陷而致他人人身伤亡的医疗费用和住院、护理等其他费用或其他财产损失。

（6）经有关部门的鉴定不属上述质量问题造成的损失和费用。

（7）不属于保险条款所列责任范围内的其他损失。

上述原因导致的保险事故造成的损失，保险人均不负赔偿责任。

由于产品保证保险是一项十分复杂的业务，所以在经营中必须以投保企业信誉好、产品质量高为承保条件；同时，由于产品保证保险的风险一般不易估算和控制，故保险人通常采取与投保人共保的办法，即由保险人和投保人各承担一定比例（如50%）的责任。

（三）保险金额和保险费率

产品保证保险的保险金额一般以被保险人的售货发票金额或修理费收据金额来确定。前者如出厂价、批发价、零售价等，以何种价格确定，可以由保险双方根据产品所有权的转移方式及转移价格为依据。

在费率厘定方面，应以下列因素为依据综合考虑：产品制造商、销售商或修理商的技术水平和质量管理情况，这是确定费率的首要因素；产品的性能和用途；产品的数量和价格；产品的销售区域；保险人投保该类产品以往的损失记录。

第四节　信用保险与保证保险的风险控制

一、展业承保中的风险控制

1. 对被保证人的资信严格审查后才能承保。在信用保险和保证保险中，保险人是在“没有损失”这一概念基础上提供服务的，所收取的保险费实质上是一种手续费或服务费，当保险人提供担保服务时，往往要求被保证人向其提供反担保。但是，在向权利人提供信用保险的过程中，保险人就不能得到被保证人的反担保，只能在先赔付权利人损失后再取代权利人向被保证人追偿，而是否能追偿回所赔金额，要取决于被保证人的资信状况。因此，无论是权利人投保，还是被保证人投保，均须在严格审查被保证人资信的情况下才能确定是否承保。

对保证保险，保险人要审查承包商的信誉、财务报告、承包能力、与分包商的关系等情况，如果承包商的财务状况不够好，还可要求第三者向保险人提供担保。如果没有财务报告，也无第三者担保，保险人则要求被保证人提供抵押品。

2. 采取共保形式或规定免赔额，由被保险人自担一部分风险。为了防止滥放款或赊销，保险人可要求被保险人必须自行承担一部分风险。自行承担风险的方式有两种。一种方式是共保，即双方在约定共保的比例后，被保险人不得将自保部分向其他保险企业另行投保，而使自己避免承担责任。另一种方式是规定绝对免赔额，每项损失在免赔额以下的，由被保险人自行负责，超过部分才由保险人负责。免赔限额因买主的资信状况不同而有所区别，以此来增加被保险人的责任，促使被保险人减少保险事故。

3. 准确分析国际政治经济形势，正确估价政治风险状况。对投资保险的承保，要了解东道国的政治风险状况，如有无战争、罢工、外汇管制或政府征用的风险等。对出口信用保险，要了解买方所在国的政治经济状况，有选择地承保，同时通过费率和免赔率来控制。

4. 对保证保险采取保全措施。一般而言，保险人对承保被保证人自己信用的保险，通常采取下列保全措施：要求投保人或被保证人事先提供实物抵押或现金保证。在保险单上明确规定，被保证人对保险人为其向权利人支付的任何补偿，有返还给保险人的义务，即保险人为被保证人支付权利人的任何赔偿后，有权利向被保证人追偿。

5. 明确保险人的有关责任。一方面，保险人要求被保险人以信用好或具有偿付能力的单位或个人为放款或赊销对象，如果被保险人在选择放款或赊销对象时有明显不谨慎的行为，并由此产生了损失，保险人可以不负责任。另一方面，保险人还会要求被保险人在发现被保证人有行为不轨的迹象时，停止让其经管钱财或对其放款、赊销，并及时报告保险人。

二、保险期间的风险控制

1. 明确保险期间。信用保证保险的保险期间一般分为短期和长期两种，短期的保险期间一般为180天，到期可续保险，但最长不得超过365天。续保时，还应当另行约定相关条件。而对长期业务，保险期为3年以上，最长为20年，可以通过控制保险期而减少保险事故。

2. 规定赔偿等待期。对信用保险、保证保险索赔规定赔偿等待期是国际保险市场上的通常做法，其原因在于：一是保险标的风险已经发生，但出口商的货款或投资商的投资仍然有收回的可能性；二是为了使保险人有时间核实损失；三是有助于出口方或投资者采取一切必要的措施挽救或减少损失；四是有的国家对拖欠违约有不同解释。根据不同的损失原因，索赔期限的规定有所不同。当然，等待期的具体规定也不是绝对的，它随着国际政治经济和交易环境的变化而会有所调整。

3. 要求被保险人在保险期间如实履行保险合同规定的义务。这些义务包括：(1) 在保险合同订立后，如情况发生变化，被保险人应及时报告保险人；(2) 要求被保险人以信用较好或具有偿付能力的单位或个人为放款或赊销对象，如果被保险人在选择放款或赊销对象时有明显的不谨慎的行为，由此而产生的损失保险人可以不负责任；(3) 被保险人发现被保证人有行为不轨的迹象，不宜继续让其经管钱财或对其放款赊销，并立即通知保险人。

此外，保险人还应随时追踪调查被保证人的信用安全状况，并及时采取相关对策。

三、理赔中的风险控制

1. 要求被保险人发觉被保证人出现问题时，立即通知保险人，在短期内提出赔偿请求，并提供必要的账册和材料，以供查证。

2. 发生保险事故后，要求被保险人主动采取措施，深入追查，在各方面给予保险人有效的配合，因追查而支出的费用，由保险人负担。

3. 保险人在进行赔偿后可以债权人（被保险人）的名义代位向被保证人或债务人进行追偿，也可以依法处分其财产或抵押物、质押物。

4. 如债权人（被保险人）和有关当事人达成协议和解，应征得保险人的同意，否则保险人可不受协议的约束。

【知识链接】

小额贷款保证保险

小额贷款保证保险是指为满足小型或微型企业、农村种植养殖大户和城乡创业者等生产经营活动中的小额融资需求，以政府财政投入的基金作担保，银行等金融机构为符合贷款条件的担保对象提供贷款，保险公司对上述贷款提供保证保险的新型融资保险产品。简言之，即由符合条件的借款人投保该险，银行以此作为主要担保方式向借款人发放贷款的一种保险业务。当借款人未履行贷款偿还义务时，由保险公司按照保险合同约定，向银行承担贷款的损失赔偿责任。如在广东的实践中，当贷款无法收回时，银行先承担20%的损失，剩余损失如果在保险公司当年实收小额贷款保证保险保费总金额的150%以内，则由保险公司承担；如果损失金额超过实收保费总金额的150%，超出部分的损失由银行承担20%，政府设立的扶持基金承担80%。

【复习思考题】

一、名词解释

信用保险　国内信用保险　出口信用保险　投资保险　保证保险　诚实保证保险　确实保证保险　合同保证保险　总括保证保险　三D保单　产品保证保险

二、问答题

1. 什么是信用与保证保险？其基本特征是什么？两者有何区别？
2. 出口信用保险有哪些特征？其基本内容有哪些？
3. 简述投资保险的基本内容。
4. 简述产品保证保险的基本内容。

三、实务题

用户甲某在某年8月18日购买了一台X公司价值5 000元的电热水器。甲某按照说明书的要求使用该热水器，一次因热水器漏电，甲某在洗澡中意外身亡，热水器也完全损坏了，此时距甲某使用该热水器不到两个月。甲某家人向X公司要求退换热水器原价款并承担甲某死亡的赔偿责任150万元。X公司曾向Y保险公司投保了产品质量保证保险，保险期限自当年3月8日至第二年3月7日止，保险金额为500万元，没有免赔额。X以已经投保为由，便向Y保险公司索赔，要求赔偿150.5万元。试分析该案例。

第十八章
农业保险

【学习目标】

学习本章时，应了解农业保险的主要特点与作用，掌握农业保险的分类、主要险种的基本内容以及经营农业保险风险防范和控制的要点；同时熟悉农业保险的发展历史和模式。

第一节　农业保险概述

一、农业保险及其作用

（一）农业保险的概念

农业保险主要是保险人对农、林、牧、渔业生产过程中因保险标的遭受合同约定的自然灾害、意外事故、疫病、疾病等保险事故所造成的财产损失，承担赔偿保险金责任的保险活动。农业保险本来是商业性财产保险中的一个类别，与家庭财产保险、企业财产保险、机动车辆保险、工程保险等并列。但现今的农业保险，已成为了一种超越商业保险活动的制度安排。无论在中国还是在其他国家，农业保险不仅仅是为农业生产者提供农、林、牧、渔等财产风险保障，更主要是成为各国政府管理本国农业风险，维持本国农业的稳定发展，提高农业竞争力，减小农民收入波动，提高农民社会福利的重要农业政策工具或者特殊的农业风险管理制度。虽然农业保险在许多国家还是由商业保险公司经营，但鉴于它的制度特性，并通常能得到政府的支持，又被称为“政府支持的农业保险”或者“政策性农业保险”。因此，在财产保险市场上，农业保险有商业性和政策性农业保险之分。

（二）农业保险的作用

经验和理论研究表明，农业保险特别是政策性农业保险，在经济和社会发展中具有如下作用：

1. 及时和充分的农业保险赔款能够使遭受灾损的农户得以迅速恢复生产，不致因灾损而中断生产或缩小生产规模，从而促进和保持农业的稳定发展，增进国家的粮食安全。

2. 可以减少农民因灾导致的收入波动，安定农民生活。

3. 可以促进农业资源的合理配置和利用。日本1947年开始实行的法定农业保险的目的之一，就是不使自然条件较差地区的农民因为回避风险而减少或放弃粮食生产，充分利用宝贵的土地资源生产市场上极缺的粮食。对于人均耕地只有1.46亩的我国来说①，农业资源特别是土地资源极其珍贵，农业保险是解决农民回避农业风险而浪费农业资源的较好途径之一。

4. 可以保障农业投资安全，促进农业新技术的推广和应用。农业的出路在于科技，而随着信息技术、生物技术、制造技术、新材料技术、新能源技术等广泛渗透到农业农村各领域，农业新技术的推广和应用风险也随之增加。在很多情况下，农民会因为回避风险而放弃使用新的科学技术，而农业保险却可以为农业技术推广提供风险保障服务。

5. 可以改善农民信贷地位，促进农村金融的发展。农业的高风险，往往成为农民获得必需的农业贷款的障碍，也是农村金融发展的障碍。因此，有的发展中国家在举办农业保险时，就直接将其与农业信贷连接起来。

6. 可以减轻政府在灾后筹措救灾资金的财政负担。

7. 保险人为自身财政安全和经营稳定所采取的防灾防损措施，客观上起到减灾作用，在一定程度上降低和减少了农业的风险损失。

8. 以农产品实物形态形成的农业保险总准备金，增加了农产品的社会储备，有利于稳定农产品的供给和农产品的价格。

9. 政府对农业保险的财政补贴政策，一定程度上增加了农民收入，也提高了农户的风险保障程度，有助于贫困地区农户脱贫致富。

上面是农业保险一般意义上的作用。事实上，在世界贸易组织（WTO）的框架下，政府支持和保护本国农业的政策空间缩小了，而举办由政府财政补贴的政策性农业保险，是世界贸易组织允许的所谓“绿箱政策”②，因而成为政府管理本国农业风险，支持和保护本国农业可持续发展的最可行最有效的途径之一。

二、农业保险的基本特征

农业保险虽然属于财产保险，但它天然具有许多不同于一般财产保险（如房屋火灾保险、汽车保险）的特征。

（一）农业保险经营具有高风险、高费用和高费率特点

农业保险的高风险源于农业生产的高风险。农业生产在很大程度上依赖于自然条件（特别是地理和气候条件），也在一定程度上依赖于当地的经济和技术发展水平，但即使是像美国、加拿大等自然条件优越且技术装备先进的国家，其农业生产，特别是农作物

---

① 李有军．我国人均耕地不到世界平均水平1/2［N］．人民日报（海外版），2012－12－26.

② 绿箱政策（GreenBox Policies）是用来描述在乌拉圭回合农业协议下不需要作出减让承诺的国内支持政策的术语，是指政府通过服务计划，提供没有或仅有最微小的贸易扭曲作用的农业支持补贴。绿箱政策是WTO成员对农业实施支持与保护的重要措施。农业保险就是世界各国普遍实行的一种利用绿箱政策的农业保障方式，其目的就在于降低市场经济条件下农业经营中遇到的自然风险和市场风险，减少农业生产者的后顾之忧。

生产也频繁地遭到自然灾害的巨大影响。自然灾害的发生不仅频率高，而且一次灾害发生的范围相当广泛，特别是旱、涝、病、虫等灾害。在我国，农作物遭受自然灾害的影响非常严重。例如，2019 年全年农作物受灾面积为 1 926 万公顷（约占全国粮食播种面积的 17%），其中绝收 280 万公顷（占成灾面积的 14.54%）；因旱灾造成直接经济损失 457 亿元。[①] 2019 年全国主要病虫害发生面积为 43 亿亩次，防治面积为 60 亿亩次。[②]

农业保险的高费用源于农业在空间上较大的分散性和农业劳动力及生产资料利用的季节性。这些特点首先给农业风险区划和确定保险费率带来困难和增加了工作量。其次保险的展业宣传、承保签约、查勘定损、理赔兑现等业务工作在时间上比较集中，地域上比较广阔，工作强度很大。这必然使保险人要花费比城镇的各种保险多得多的人力、物力和财力。

农业保险的高风险和高费用便导致了高费率。各国的经验，包括我国的农业保险实践都表明农业一切险保险的费率最低也在 2% 左右，高的达到 15% ~20%。这比家庭财产、企业财产等普通财产保险 0.6‰ ~1‰的保险费率高出数百倍，高得惊人的保险价格必定带来诸多问题。

（二）农业保险难以商品化

保险商品同其他商品一样，在市场上，其成交及成交量都是由有效需求和有效供给共同决定的。但在保险市场上农业保险特别是农作物保险总是难以成交的。因为它既缺乏有效需求又缺乏有效供给，它的商品化或市场化缺乏经济学基础。

尽管有不少发展商品生产的农民具有投保的愿望，但从总体上来看，对农业保险实际上还是缺乏有效需求。如上面所分析的，农作物保险的价格（保险费率）昂贵但期望收益不高，而我国农民的支付能力很有限，特别是那些经济比较落后的地区（主要是中西部地区）的农民，他们从事农业生产的自然条件相对更恶劣，风险更多更大，更需要农业保险保障，可在自愿投保又无一定财政补贴的条件下，农民大多无力选择投保。在农村经济比较发达、农民收入比较高的上海、广东等地区，尽管农民支付能力较强，但农业经营本身不高的预期收益对他们缺乏足够的吸引力，所以在自愿投保又无一定补贴的条件下，也不愿选择投保。有研究表明，农作物保险保费补贴低于保费的 2/3 时，对农业生产者就缺乏足够的吸引力。美国政府在 1980 年以前给农作物保险的保费补贴 1/3 且支付全部管理费，自愿投保的农场不过 10%，目前其保费总补贴率达到 75% ~77%，农户的参与率才提高到 80% 左右。加拿大中央和省财政给农作物保险也补贴全部管理费和一半保费，农民的自愿参与率才达到 54%（20 世纪 90 年代初），目前的政府补贴已经超过 60%，其参与率提高到 90% 以上。

当然，除了支付能力和农业的预期收益这两个重要原因外，农民往往缺乏风险意识，侥幸思想根深蒂固，从而阻碍了他们对农业保险的积极参与。

---

① 国家统计局. 中华人民共和国 2019 年国民经济和社会发展统计公报［N/OL］.［2020 - 02 - 28］. http：//www.stats.gov.cn/tjsj/zxfb/202002/t20200228_ 1728913.html.

② 2020 年全国农作物重大病虫害发生趋势进行预测［N/OL］.［2019 - 12 - 05］. http：//haonongzi.com.

对于商业保险公司来说，投入农业保险的这部分保险资本也希望获得平均利润，不维持足够高的价格（这种价格是以纯费率为基础的），得不到平均利润，甚至亏本，这部分保险资本必然投向其他能盈利的险别险种，或向其他产业部门转移。而要维持足够高的价格，又超过了农民的负担能力。我国保险界用通俗语言对此做了概括："保费低了（保险公司）赔不起，保费高了（农民）买不起。"

（三）经营农业保险存在着特殊的技术障碍

农业保险经营与其他财产保险业务比起来，客观上存在特殊困难，主要有：

1. 保险费率厘定难。农业灾害损失在年际间差异很大，纯费率要以长期平均损失率为基础。但有关农作物和畜禽生产的原始记录和统计资料极不完整，长时间的准确可靠的农作物收获量和损失量资料、畜禽疫病死亡资料难以搜集，耕地占有资料也极不可信，这就给农业保险费率的精确厘定带来特殊困难。费率厘定难，就会在很大程度上影响经营的稳定性。这一问题在发展中国家尤为突出。

2. 合理的保险责任确定难。首先，农业保险的风险单位与保险单位不一致，而且风险单位往往很大，不同风险的风险单位一般也不重合，农业风险常常会有多种风险同时或相继发生，这样，无论单一风险保险还是一切险保险，其保险责任的确定都不容易。其次，各地的农业实践千差万别，就在一县或一乡之内，其耕作制度、作物和畜禽结构、自然地理和社会经济条件、灾害种类和频率强度等都各不相同。而保险经营的原则之一是风险的一致性，就是说，同一作物、畜禽的同一险种的保险标的，其保险责任应与其风险等级相一致。假如保险风险、保险产量（或金额）、保障水平不能准确反映产量及其变化的差异，逆选择就难以从技术上防止。而要准确反映这些差异，合理确定不同地区不同条件下的保险责任，就必须进行农业保险区划，但农业保险区划不是保险部门一家就能轻易完成的，它需要各有关政府部门的支持和配合。

3. 逆选择和道德风险防范难。世界各国保险业经营存在的两大难题就是逆选择和道德风险。逆选择和道德风险在农业保险中更不易防范。农业保险的保险利益是一种难以事先确定的预期利益，其标的大都是活的生物，它们的生长、饲养的好赖在很大程度上取决于人是否精心管理或照料。同一风险等级条件下同等土地上的相同作物，其品种选择、耕作方法，作业精心程度的差异必然带来产量差异；同样的农作物灾害，被保险人积极抗灾或灾后采取补救措施，就可减少或不受损失；同样的畜禽疫病、被保险人精心预防、救治就可减少费用或降低死亡率；反之则相反。因此，在签订保险合同时，保险人对被保险人及其保险标的的信息了解不多，投保人容易藏匿信息，而农业灾害损失中的道德危险因素又常常难以分辨，更难以防范，其保险经营的难度也就增加了。据调查，在我国一些地区经营农业保险中的道德风险，给保险公司造成的损失占农作物保险赔款的20%以上，在牲畜保险中骗赔尤其严重。

4. 定损理赔难。一般财产保险的标的物是无生命的，保险价值容易确定，定损理赔相对容易一些。农业保险的标的都是有生命的动植物，标的价格在不断变化，赔款应根据灾害发生时的价值计算，而此时农作物或畜禽还处于生长过程中，要正确估测损失程度预测其未来的产量和产品质量以及未来产品的市场价值都很困难。如果是特定风险保险，还要从产量的损失中区别约定风险之外的灾害事故所造成的损失，这也是有难度的。除了定损技术上的难度，理赔难还存在人为的干预，这在我国各地农业保险理赔中都很突出。

三、政策性农业保险和商业性农业保险

鉴于农业保险的上述特点及现实困难，而政府又需要通过农业保险对农业发展加以支持和农民的收入稳定加以保护，所以大部分开办保障范围较广泛的农业保险（特别是农作物“一切险”保险或多风险保险）的国家，都是由政府提供直接保险和再保险，或者政府通过财政补贴保险费和管理费的手段支持商业保险公司和其他合作或相互保险组织举办农业保险。这种由政府财政和税收政策支持的保险和再保险，就是我们前面所说的政策性农业保险。如前所述，它一般已经成为各国农业和农村发展政策的重要组成部分。

如同出口信用保险体现的是支持出口贸易的政策导向一样，这种农业保险制度体现的是农业和农村经济政策，保险人的主观目的和客观目的完全一致，那就是保障农业生产和经营的持续和稳定增长，保障农产品供给的安全，保障农民生活的安定①。

当然，农业保险是政策性保险，并不是说所有农险产品都必须实行政策性经营。事实上，1791 年诞生在德国的雹灾保险，就是由私营保险公司经营的，而且德国、英国、法国等至今都是以私营保险公司为主经营雹灾保险。在日本，除一部分大田作物和家畜等饲养项目是依法强制实行政策性保险之外，花卉、某些设施农业、精细农业生产的保险，实际上都是商业性经营。也就是说，只有那些关乎国计民生和对农业和农村经济社会发展有重要意义，而商业性保险公司又不可能或不愿意从事经营的农业保险项目，才有可能纳入政策性保险经营范围。

第二节　农业保险的基本内容

一、农业保险的分类

农业保险从不同的角度有不同的分类：在我国实践中，通常是按承保对象来划分的②（见图 18－1）。

（一）种植业保险

在农业保险实践中，种植业保险是一个很宽泛的险别，它是以国有或集体的农牧场、林场和农户为被保险人，以其生产经营的生长期、收获期、初加工期、储藏期的作

---

① 各个国家或者在一个国家的不同发展阶段，其政策性农业保险的政策目标是不一样的。例如日本，1947 年重建农业保险制度时，其主要政策目标是增加农产品特别是粮食的生产和供应，但是到了 20 世纪 50 年代中期以后，该目标已经达到，于是其政策目标就转向农民收入的稳定保障或者农村福利了。

② 参见《农业保险条例》第二条和第三十二条。

- 农业保险
  - 种植业保险
    - 粮食作物保险
    - 经济作物保险
    - 其他作物保险
    - 林木保险
    - 水果和果树保险
    - 制种保险
    - ……
  - 养殖业保险
    - 大牲畜保险
    - 小牲畜保险
    - 家禽保险
    - 水产养殖保险
    - 特种养殖保险
    - ……
  - 涉农保险
    - 渔船保险
    - 农机保险
    - 农房保险
    - 农、渔民短期意外伤害保险
    - ……

图 18－1　农业保险分类图

物、林木、水果及果树为保险标的，以各种自然灾害和意外事故为保险风险的所有农作物（包括林木）保险的总称。在国外，种植业保险一般称为农作物保险，他们将农林种植和水生植物养殖业都归在农作物之列（为方便起见，本章将种植业与农作物作为同义语使用）。我国的种植业保险，因其生产时期的不同，有生长期农作物保险与收获期农作物保险之分。前者保作物生长阶段的风险损失，后者保农作物成熟后收获期、储藏和初加工期的风险损失。

1. 粮食作物保险。按我国传统的农业分类方法，禾谷类（稻、麦、玉米等）、豆类（大豆、豌豆、绿豆、蚕豆、扁豆等）和根茎类（红薯、马铃薯、山药、芋头等）作物属于粮食作物。粮食作物保险是对粮食作物在从出苗到成熟收获期间因各种自然灾害和意外事故所造成的损失，由保险人提供经济补偿的保险。它保的是保险标的预期收获量的价值，而不是该种作物的产品。

我国试办的这类保险险种有生长期水稻保险、生长期小麦保险、生长期玉米保险、生长期大豆保险、收获期小麦、水稻火灾保险等。

2. 经济作物保险。经济作物顾名思义，是主要为农民换取货币的作为工业原料的作物，例如纤维作物（棉、麻等）、油料作物（油菜、花生、籽麻等）、糖料作物（甘蔗、甜菜等）、其他经济作物（烟草、茶树、咖啡、啤酒花等）。经济作物保险就是为经济作物生产和初加工提供的灾害、事故损失的保险。

我国举办的这类保险险种有棉花种植保险、烟草保险、油菜保险、甜菜种植保险、甘蔗种植保险、烤烟保险等。

3. 其他作物保险。其他作物是除粮食作物和经济作物以外的蔬菜作物、园林作物

(供观赏的各种花草树木)、饲料作物和特种作物（包括中草药、桑树等）等。为这些作物的生产提供的灾害事故损失的保险就是特种作物保险。

我国试办的这类保险险种有露天种植蔬菜保险、塑料大棚种植蔬菜保险等。

4. 林木保险。林木保险是以具有经济价值的天然原始林和各类人工营造林为标的，对其在生长过程中，因约定的人力不可抗拒的自然灾害和意外事故造成的经济损失，保险人按照保险合同规定向被保险人提供经济补偿的一种保险。目前办理的这类保险险种主要是森林火灾保险。

5. 水果及果树保险。水果和果树保险是针对水果生产过程中，对由于受自然灾害和意外事故招致损失提供补偿的保险。在实务中，这类保险又分两类，即水果保险和果树保险。水果保险的保险期限相对较短，只是从每年水果生产季节的定果开始至水果成熟收获离枝止。而果树保险一般保险期限有一年或一年以上。

（二）养殖业保险

养殖业保险是由保险人对生产者（被保险人）在养殖业生产过程中因灾害事故或疾病造成保险标的的损失承担赔偿责任的一类保险。在我国保险经营实践中，养殖业保险通常被分为以下四类。

1. 家畜养殖保险。以家畜为保险标的的一类保险就是家畜保险。在畜牧学中有大家畜（马、牛、驴、骡等）和小家畜（猪、羊、兔等）之分，所以保险业务中也分为大家畜养殖保险和小家畜养殖保险。

2. 家禽养殖保险。以家禽（鸡、鸭、鹅等）为保险标的的一类保险就是家禽养殖保险。

3. 水产养殖保险。水产养殖是利用海洋水域、滩涂和内陆水域中的可养面积，对鱼、虾、蟹、贝、藻类及其他水生经济动植物进行人工放养的生产经营活动。水产养殖保险就是对水产养殖过程中因自然灾害和意外事故造成经济损失（死亡或流失）提供补偿的一种养殖保险。具体还分为淡水养殖保险和海水养殖保险。

4. 特种养殖保险。特种养殖是近一些年在市场经济发展中兴起的经济动物饲养业。特种养殖的动物很多，如鹿、水貂、肉鸽、鸵鸟、蛇、鳖、牛蛙、蚯蚓等。为这些饲养动物生产提供的保险服务就属于特种养殖保险。

（三）涉农保险

涉农保险，是指除种植和养殖业保险以外，其他为农业、农村、农民直接提供保险保障的保险，包括涉及农业生产和农民生活等方面的财产保险和人身保险，包括涉及农用机械、农用设备、农用设施、农房等农业生产生活资料，以及农产品储藏和运输、农产品初级加工、农业信贷、农产品销售等活动的财产保险；涉及农民的寿命和身体等方面的人身保险。

涉农保险包含的险种种类繁多，且范围难以确定。通常可以按照保险对象的不同，把涉农保险划分为涉农财产保险和涉农人身保险两大类。

1. 涉农财产保险。涉农财产保险包括涉农企业财产保险、农村家庭财产保险、农村房屋保险、农用机械保险、渔船保险、涉农责任保险、涉农信用保险等。

2. 涉农人身保险。涉农人身保险包括农村人寿保险、农村养老保险、农村健康保险、短期农民意外伤害保险，以及农民工保险等。

二、保险标的

农业保险的标的因险种而异。为方便起见，按以下分类加以介绍。

（一）生长期农作物保险的保险标的

生长期农作物保险的保险标的，是处于生长期的各种农作物，包括粮食作物、经济作物、其他作物、林木、水果、果树。例如：大田种植的粮食作物有水稻、小麦、大麦、玉米、高粱；大豆、蚕豆、豌豆、小豆、绿豆、菜豆；红薯、马铃薯、山药、芋头等。大田种植的经济作物有棉花、苎麻、亚麻；油菜、花生、芝麻、蓖麻、向日葵；甜菜、甘蔗；烟草、茶叶、咖啡等。露天栽培或保护地栽培的蔬菜作物有黄瓜、西葫芦、冬瓜、苦瓜；茄子、西红柿、辣椒；豇豆、菜豆、毛豆、刀豆、蚕豆；大蒜、大葱、洋葱、韭菜；芹菜、菠菜、胡萝卜、萝卜；平菇、香菇、猴头菇等。

（二）林果保险的保险标的

林果保险的保险标的，主要包括：（1）原始或次生林，包括防护林、用材林、经济林、薪炭林等；（2）盛果期果园的水果，包括柑橘、苹果、梨、桃、葡萄、香蕉、荔枝、芒果等；（3）栽植的果树，包括柑橘树、苹果树、梨树、桃树、葡萄树、香蕉树、荔枝树、芒果树等。

（三）收获期农作物保险的保险标的

收获期农作物保险主要涉及粮食作物和经济作物。凡成熟后进入收割、脱粒、晾晒、碾打、烘烤等初加工的夏、秋粮食作物和经济作物均可作为保险标的。例如，收割的水稻、小麦在脱粒、晾晒、碾打、烘干过程中，可作为收获期水稻、小麦火灾保险的保险标的；采摘下来的烟叶可作为烤烟保险的保险标的。

（四）大家畜保险的保险标的

保险人承保的大家畜主要是牛（奶牛、肉牛和耕牛）、马、骡、驴、骆驼等。按畜群分，大家畜可分为幼畜、青年畜和成年畜（例如，牛分为犊牛、青年牛、成年牛）。而一般只有畜体健康、饲养管理正常的青年畜和成年畜可作为保险标的，而且，成年畜的畜龄也有限制。幼畜和高龄畜（例如 10 岁以上的奶牛）的染病率和死亡率比较高，故一般不保。

（五）小家畜保险的保险标的

小家畜保险主要承保的是猪、羊、兔等。与大家畜保险的要求类似，只有无伤残、无疾病而且断乳后的这类家畜才能作为保险标的。有的条款还有更具体的投保规定，如断乳体重要求（猪断乳体重为 10 公斤）。

（六）家禽保险的保险标的

家禽保险是符合承保条件的鸡、鸭、鹅、火鸡等家禽。这些条件主要是符合卫生、防疫、科学饲养管理设施和技术条件的规模化饲养场。对承包的家禽也有年龄限制，特别是种禽，例如种鸡使用年限为 1～2 年，种鸭使用年限为 2 年，种鹅使用年限为 1～4 年。农户家庭散养的规模太小的家禽不宜作为保险标的。

（七）水产养殖保险的保险标的

水产养殖一般分为淡水养殖和海水养殖，其养殖的水产品有五大类，即鱼类、虾类、蟹类、贝类和藻类。每类又有许多不同品种，如鱼类，有传统的四大家鱼鲤鱼、草鱼、鲢鱼和鲫鱼，还有新兴名贵品种罗非鱼、鳗鱼、鲈鱼等。实践中的保险标的不多，主要是符合承保条件的鱼、虾、蚌、珍珠、贻贝、扇贝、蛤蜊等。淡水养殖保险的承保，要求有一定的养殖面积，水源充足无污染且周围无污染源，投保人具备一定的饲养技术和条件等，海水养殖的养殖区要有良好无污染的水质，最近2～3年无赤潮发生，避风条件好，具有一定的养殖经验等。

（八）特种养殖保险的保险标的

特种养殖保险涉及的动物门类很多，有兽类（鹿等），禽类（鸵鸟、鹌鹑等），爬行类（鳖等），两栖类（牛蛙、蟾蜍等），节肢动物（蚯蚓等），每种动物都可以作为保险标的，但各自都须具备一定条件，如养殖规模、养殖经验、技术条件等。

（九）涉农船舶保险、渔船保险

涉农船舶保险，是指以农业经营者用于运输农产品的货运船只、载人的客运船只和水上捕捞的渔船等各种船舶及水上装置为保险标的的保险。主要承保被保险船舶因恶劣天气、海啸、地震、洪水等人力不可抗拒的灾害，以及船舶搁浅、触礁、沉没、碰撞、火灾、爆炸等意外事故所导致的财产损失和应负的责任风险。

渔船保险（包括生产用渔船和辅助渔船）是涉农船舶保险的一种，是指以远洋捕捞渔用机动船和近海及内陆渔用机动船等渔船为保险标的的保险。其中，远洋捕捞渔用机动船指用于远洋捕捞作业的渔用机动船；近海及内陆渔用机动船指用于近海及内陆捕捞作业的渔用机动船。渔船保险对于保障沿海地区及内河渔民的生产安全和生活稳定具有重要促进作用，成为渔业地区一项重要的政策性涉农保险项目。

（十）农机保险

农机保险，即农业机械保险，是指以拖拉机、播种机、收割机、农具、农用生产设备等农用机械为保险标的的保险。农机保险的基本保险责任包括农业机械的财产损失赔偿和农业机械导致的意外伤害责任风险赔偿等。①

（十一）农房保险

农房保险，是指以农民生活住房及农业生产用房为保险标的的保险。其中，农民生活住房是指农民拥有的、位于农村的、用于居住生活的房屋；农业生产用房指直接用于农业生产、放置农业生产工具和其他生产资料、存放成品和半成品、从事农林牧渔服务业的房屋。如库房、农产品初加工的生产用房和畜禽圈舍、水产养殖的房屋等。

三、责任范围

（一）农作物保险的保险责任

农业保险的保险责任在农作物保险、畜禽保险和水产养殖保险中各不相同。

---

① 韩乐悟．农机互助保险亟待“顶层设计”推动［EB/OL］．［2013－02－25］．J. htpp：//legal. peple. com. cn/n/2013/0225/c188502－20583533. html.

1. 生长期和收获期农作物保险的保险责任。生长期和收获期农作物保险主要涉及粮食作物、经济作物和其他作物，根据保险人承担保险风险责任的多寡，有单一风险责任、综合风险责任和一切风险责任之分。

承保农作物单一风险责任的保险，简称“农作物单一险”，就是保险人只承保一种风险责任的保险，如小麦雹灾保险、棉花雹灾保险，保险人只对冰雹灾害引起的生长期小麦和棉花产量损失负责赔偿。又如，水稻、小麦火灾保险，保险人只承担在水稻、小麦在收割、运输、脱粒、碾打、晾晒过程中由于火灾原因造成保险标的损失负赔偿责任；烤烟保险，承担烟叶烘烤加工过程中因火灾原因造成保险标的的损失的赔偿责任。

凡保险人承保两种和两种以上风险责任的保险称为“农作物综合险”。如某省举办的棉花保险，承保的风险责任有冰雹、洪水、渍涝、暴风、龙卷风等。

凡承保农作物一切风险责任的保险称为“农作物一切险”。这类保险的保险人承担几乎所有的自然灾害和病虫灾害造成的损失赔偿责任。我国的保险公司目前经营的农业保险尚未提供这种保险，但在农业保险比较发达的国家，如美国、加拿大政府的农作物保险公司主要出售这种保险单，其承保的责任包括地震、干旱、洪水、冰雹、大风、霜冻、雷电、火灾、雨涝、大雪、飓风、龙卷风、病害、虫害等。

2. 林木保险的保险责任。林业生产中的风险很多，有自然风险，如天然火灾、洪灾、风灾、雪灾、冻害、雹灾、野兽危害、病虫害等；有人为风险，如火灾、盗伐、哄抢等。林木保险的保险责任可以有多种选择，但目前一般情况下，保险人只出售森林火灾保险单，承担单一火灾风险的损失补偿责任。

3. 畜禽保险的保险责任。畜禽保险标的面临的可保风险主要有四类：（1）自然灾害。如洪水、地震、地陷、崖崩、暴风、暴雨、台风、龙卷风、冰雹、冻灾、雷击等。（2）疫病灾害，如牛羊猪口蹄疫、羊布病、小反刍兽疫、鸡禽流感、新城疫及猪瘟等疫病，以及畜禽难产、阉割感染等。（3）意外事故。如火灾、爆炸、摔跌、碰撞、互斗、窒息、野兽伤害、触电、建筑物或其他物体倒塌等。（4）社会风险。为防止畜禽传染病蔓延，执行当地政府命令扑杀并掩埋或焚烧等。畜禽保险可以将以上风险（或其中一部分）所致畜禽死亡或残疾损失综合起来作为保险责任，也可以单独承保其中某一种风险责任。

4. 水产养殖保险的保险责任。水产养殖保险的保险责任一般包括死亡责任和流失责任两大类。水生养殖的动植物自身疾病引起的死亡，缺氧死亡及他人投毒、养殖池干涸、污染、冰冻等引起的死亡，均构成死亡责任；台风、龙卷风、暴风雨、洪水、地震、海啸等风险造成堤坝溃决或海潮漫坝、泛溏引起的养殖动植物流失损失，则可构成流失责任。保险人既可以一张保单同时承保死亡责任和流失责任，也可以将死亡责任作为基本责任，流失责任作为附加责任承保；或将两者分别单独承保。

（二）农业保险的除外责任

农业保险的除外责任因险种而异，各险种共同的除外责任有：

1. 被保险人及其关系人故意行为、欺骗行为所致的损失。

2. 被保险人管理不善，或者不按经当地实践证明是合理的栽培和饲养技术来经营；

选择作物品种不当，如购买的无繁殖能力，生产率低，或是自然淘汰的作物品种。

3. 战争、军事行为、偷盗、被野兽、牲畜、禽类猎食造成的损失。

4. 市场价格的跌落造成的损失①。

5. 其他不属于保险责任范围的损失。

农业保险责任范围的确定，因地区、因险种、因标的而异，其依据在于农业保险的性质，目标和保险人的供给能力、被保险人的需求状况，以及社会环境。

四、保险期限

（一）农作物保险的保险期限

农作物保险的保险期限与农作物生产特点联系在一起。生长期农作物保险一般从作物出土定苗后起保，到成熟收割时截止。如小麦保险可以从麦苗出齐苗后开始，水稻保险从插秧结束起保，到小麦、水稻成熟收割时止；对于分期收获的农作物（如棉花、烟草），保险期限应到收完最后一批棉花和烟叶为止。对收获期农作物保险，一般从农作物收割（采摘）进入场院或烘房后起保，到完成脱粒、晾晒等初加工离场入库前，或完成烘制离开烘房为止。有的收获期保险的保险条款，将保险期限提前到收割（采摘）进入场院前 10 天，包括了收割、运输途中的时间，向后推迟到交售入库为止，从而扩大了保险责任和保障程度。

林木属多年生植物，生长期较长，林木保险的保险期限因此可长可短。但起保一定是在林木栽植成活后。目前实行 1 年期的短期保险，少数也有签订 3 年、5 年乃至更长的合同。

（二）养殖业保险的保险期限

养殖业保险的保险期限，一般与动植物养殖的生产周期相一致。由于养殖对象种类很多，其生活习性、生长规律等方面各有特点，所以，养殖业保险的责任期限不可能按自然年度或其他时间区间确定一个统一的期限，而需要根据标的的养殖周期或风险特点来确定。保险责任期限长短因标的而异，即使同一标的，还可能因地域和气候的不同、险种不同而在时间先后和长短方面有一定差别。例如，生猪死亡保险和生猪屠宰保险，前者承保生猪饲养期间的死亡责任，一般有几个月甚至一年。而后者承保的是屠宰场收购的生猪在候宰期间的疾病和死亡责任，对于分批投保的保险标的，其保险期限只有几小时，最多不超过 24 小时。当然按当年屠宰计划投保的，保险期限为一年，但其中每一屠宰批次的保险期限仍不超过 24 小时。

五、保险金额

鉴于农业保险的特殊性，农业保险的保险金额主要采取以下几种方式确定。

---

① 事实上，价格风险正在成为可保风险，包括这类市场风险的农业保险产品正在受到各国重视。据美国联邦农作物保险公司的信息，美国 2012 年的农业保险种类，90% 以上都是包括价格风险在内的农作物价格保险和农作物收入、农场收入保险。2011 年，我国上海市农委和安信农业保险公司在全国率先推出了蔬菜价格指数保险，2012 年北京市农委和安华农业保险公司开展了生猪价格指数保险；2015 年山东泰安推出的牛奶价格指数保险、2016 年辽宁大连推出的农产品期货价格保险、云南楚雄推出的农产品目标价格保险等，均是以价格跌落风险为保险责任的产品。

（一）按产量确定保险金额

保险人根据各地同一风险区同类标的一定时期（如5年）平均产量确定保险保障的产量水平，再根据事先选定的价格确定保险金额。生长期农作物保险和水产养殖保险适用这种确定保险金额的方式。粮食作物、经济作物、其他作物和水果保险一般以这种平均产量作为保险标的的预期收获量，并以其作为保险价值，保险金额则按该保险价值的一定成数确定。森林保险的保险金额是按单位面积的立木蓄积量和预先选定的木材价格来确定的。水产养殖保险的保险金额也可以按平均单位水面的水产品产量的一定成数来确定。但有的险种，如烟草、棉花保险，在上述确定的保险金额范围内，根据作物不同的生长时期可能的损失变动情况，保额是有变化的。

（二）按成本确定保险金额

由于获得准确的农作物或水产品产量资料并不是一件容易的事。保险人便以各地同类保险标的生产的平均成本作为确定保险金额的依据。这里的成本有时是完全成本，有时只是费用成本，但使用费用成本的较多，主要目的在于控制道德风险，同时控制财政补贴额度。

（三）按市场价或协商价确定保险金额

在牲畜保险等业务中，有时亦以一个时期的平均市场价格确定保险保额。例如，一头3岁成年奶牛当地市场价约为2万元左右，保险人可以2万元作为保险金额。大家畜、小家畜和家禽保险，水果和果树保险也可根据标的的具体情况，协商确定保险金额。如果树保险中，果树死亡损失的保险金额就是根据果树年龄、果园管理、水果产量等情况来协商确定。大牲畜保险也可以根据大牲畜的品种、年龄、用途、健康状况、饲养管理状况等协商确定保额。小家畜和家禽保险还可以根据标的的品种、用途、年龄、经济价值和不同生长阶段、季节价格差别等情况实行变动保额。

（四）按收入确定保险金额

最近20多年，在美国等国家迅速发展的收入保险，是以农产品、畜产品或者农场的收入来确定保险金额。该类产品是根据期货市场价格和农作物、牲畜的平均产量和预期出栏量来确定保险金额，即保障收入。或者以农场几年的平均收入作为保险金额。这类产品为农户既提供了自然风险损失保障，也提供了农产品市场价格风险损失保障。

六、保险费率

同其他财产保险一样，农业保险的保险费率也是以保险标的的损失率为基础的。不同的是农业保险的保险标的的损失率比其他财产的损失率高得多。在实践中，如何确定费率常使保险人犯难。因为真正根据损失率厘定费率，保户买不起；以低费率承保，保险公司赔不起。因此，实践中的做法是：消费者对超出支付能力的保单可选择不买；或者有另外的方式筹措保费（例如有政府或其他方面补贴一部分）；或者保险人对风险进行严格选择，只经营供给曲线和需求曲线可以相交的保单。

第三节　农业保险的发展实践

一、国外农业保险的发展实践

农业保险在欧美国家有较长的发展历史。德国从18世纪开始就有农村互保协会承保农作物雹灾保险，后来股份保险公司也加入了农作物雹灾保险的行列。18世纪末、19世纪初法国的农作物雹灾保险也逐步发展起来了。19世纪，德国、法国、瑞典、瑞士、美国出现了由小型相互或合作保险组织举办的牲畜保险，但直到20世纪30年代，世界上还没有一个国家举办对于农业和经济发展有广泛意义的一切险（或综合险）农作物保险。

20世纪40年代起，农作物保险开辟了一个新纪元。1939年美国通过了第一部《联邦农作物保险法》，开始试验由政府举办的政策性农作物一切险保险，以挽救其受到严重经济危机摧残和破坏的农业经济，保护与合理配置其农业资源。1947年，日本通过《农业灾害补偿法》，开始实施政策性的一切险农业保险，对主要农作物水稻、旱稻、小麦、大麦，和牛、马、猪等牲畜及养蚕均实行强制投保，从而将农业保险作为其鼓励农民增产当时市场上奇缺的农畜产品和巩固其土地改革成果的重要政策。到了20世纪50年代末以后，加拿大、瑞典等国陆续建立政策性的一切险农作物保险，且这种保险制度除了农业发展的政策意义之外，还具有了社会福利政策的意义。值得指出的是，在这些大规模举办农业，特别是农作物保险的国家，商业性农业保险只是这种制度的补充。

根据不同国家农业保险经营体制、经营方式、经营内容、微观政策等方面的不同，可以将国外农业保险的发展模式概括为下列四种：美国、加拿大模式——政府主导模式，日本模式——政府支持下的相互会社模式，西欧模式——民办公助模式和亚洲发展中国家模式——国家重点选择性扶持模式。这些模式都有其各自的背景和特点。

二、我国农业保险的发展实践

我国的农业保险在新中国成立初期就开始经营，后由于历史原因而停办，直到1980年保险业恢复，农业保险才于1982年成为中国人民保险公司经办的一种业务。从1982年到2004年，因农业保险经营一直亏损，加之中国人民保险公司由国有改为股份制公司，农业保险实质上处于逐年萎缩的状态。为了配合解决“三农”问题，2004年中共中央国务院“一号文件”便提出了要大力发展农业政策性保险的指导意见，此后至今的“一号文件”中，均对农业保险的发展提出了具体要求。①

从2007年中央财政启动农业保险补贴以来，我国农业保险市场规模迅速壮大，保障作用得到了有效发挥。农业保险保费收入从2007年的53.3亿元，上升到2019年的672.5亿元，年均增长23.52%，我国已经成为亚洲第一、世界第二的农业保险大国。中央财政保费补贴品种从最初的6个扩大到16个，基本覆盖了关系国计民生和粮食安全的

① 参见2004年至2014年的中共中央“一号文件”。

主要大宗农产品，地方自主开展的地方特色优势农产品保险种类达270余种，基本覆盖了农林牧渔各个领域。2008年以来，农业保险累计向3.6亿户次受灾农户支付保险赔款2 400多亿元。而作为农业保险财政补贴资金，2008年至2019年，各级财政历年累计投入保费补贴2 981亿元。[①] 农业保险已经成为国家粮食安全战略和宏观经济调控的重要手段之一。2014年11月，中国农业保险再保险共同体的成立，在农业保险大灾风险分散体系行业层面实现了国家财政支持政策与行业保险保障的有效衔接；2019年9月，我国财政部、农业农村部、银保监会和林草局联合发布《关于加快农业保险高质量发展的指导意见》，明确要继续加大政府支持力度，同时进一步采取措施，加快农业保险高质量发展，这标志着我国农业保险实践进入了更加快速发展的新阶段。而2020年9月28日，中国农业再保险公司的创立，将为政策性农业保险提供更好的大灾风险分散服务，完善我国农业保险制度。

第四节　农业保险的风险控制

如前所述，农业保险经营的风险很高，因此，农业保险经营中加强风险控制尤其重要。

一、种植业保险的风险控制

根据各国的实践，控制种植业保险经营中的风险的技术措施主要有如下几方面。

（一）合理确定保险保障水平

保障水平的合理确定是经营风险控制的重要方面。根据国外的经验，保险保障水平要加以适当控制。美国农作物保险最初的产量保障水平只有平均产量的65%，随着经营技术的改善和风险管控水平的提高，目前对于信誉较高赔付水平较低的农户，可以将保障水平提高到平均常量的85%。目前我国大部分地区所举办的政策性农业保险，对种植业提供“成本保险”。只保障作物生产的物资成本损失，这个保险金额大概只占作物平均收入的30%多。除了减轻财政补贴负担之外，主要是控制道德风险。但是，这种保险保障显得太低，也不利于激发农户的投保积极性。

（二）尽力扩大承保范围，合理分散保险风险

农业保险风险的风险单位往往很大，以至于在一省甚至更大范围内才可能分散风险。因此有的实行政策性农作物保险的国家，在全国范围内实行强制保险。另外一些实行自愿投保的国家，则通过政府的保费和管理费补贴，鼓励农民投保，以扩大保险覆盖面。我国的农业保险中，也有的通过在一定范围中实行协商统保来达到分散风险的目的。但是如果不和风险单位区划结合起来，这种范围有限的统保，有时恰恰会使风险更加集中。

---

① 周延礼．着力抓好农业保险保费补贴政策落实［N/OL］．［2020－02－29］．http：//insurance. jrj. com. cn/2020/02/29221928920546. shtml；曲哲涵．我国农业保险累计支付赔款超2 400亿元［N］．人民日报，2020－01－12.

（三）加强防灾防损

农作物生产面临的有些风险是难以预防的，如暴雨、龙卷风等。但有些风险确实可以采取一些预防措施来减少风险发生频率，或降低风险损失。如使用防雹高炮轰击冰雹云，可以减少冰雹发生、通过种子的药物处理和及时喷洒药物防治病虫害。我国的经验表明，加强种植业保险的防灾防损工作，不仅减少社会财富的损失，也降低了保险人的赔付率，提高了保险的经济效益和社会效益。

根据我国的经验，要成功进行防灾防损，保险人一般都与当地农技、气象、植保、水利等部门密切配合，经常进行广泛的保险防灾防损宣传，同时相互交流信息，了解气象变化情况，研究灾害变化规律，并在灾前帮助被保险人积极采取防灾措施，保险部门还拨出一定防灾费，为被保险人补充防灾设备、器材，避免或减少灾害损失，灾害发生后，鼓励监督被保险人积极施救，避免灾害蔓延。

（四）实行无赔款保费优待

保户在前一年或前几年没有索赔，保险人在续保时给予减交保费的优待，这是财产保险经营中经常使用的方式。目的在于鼓励保户精心管理其保险财产，并做好防灾防损工作。在农业保险经营中，这也是经实践证明促使被保险人加强田间管理的较好手段之一。例如，一年无赔款，次年续保可减交次年投保保险费的 10% ，连续两年无赔款，第三年续保时减交应交保险费的 15%，连续三年无索赔，第四年投保时，减交保费 20% 。

（五）利用现代科学技术提高定损的准确性

农业保险特别是种植业保险的定损比较困难，尤其是遇到较大范围的灾害损失时，以及在投保方的道德风险比较严重的状况下。近年来，我国经营农业保险的保险公司利用多光谱传感器的无人飞机和航测航拍、遥感技术进行现场查勘定损，对灾害损失进行较准确的识别和估测，也较好地控制了道德风险。有的保险公司还利用信息技术建立了地理信息系统（GIS），使承保、核保和定损、理赔的效率大大提高；或利用物联网技术，在农田安装监测土壤温度、湿度、酸碱度，甚至各种元素含量的传感器，保险公司设计出更能反映农作物实际产出的指数化保险，从而通过约定指数化给付条件，将农业保险从损失补偿型转变为条件给付型，彻底免去查勘定损的环节。

（六）进行产品创新

21 世纪以来，在联合国和世界银行的倡导下，不少国家正在试验和推广天气指数保险。这种将保险赔付与一定地区某一类天气指数（例如降雨量指数、高温指数、风力指数等）挂钩，根据该指数与农作物产量、或牲畜死亡之间的相关关系，进行保险理赔，可以有效防控农业保险中难以防范的逆选择和道德风险，同时，也可以大大降低灾后的查勘定损和理赔的成本。再比如，2011 年我国保险公司开始推出的农产品价格指数保险，即是对农业生产经营者因市场价格大幅波动、农产品价格低于目标价格造成的损失给予经济赔偿的一种保险产品创新。

二、养殖业保险的风险控制

（一）实行不足额承保

养殖业保险一般也采取保险人与被保险人共保的方式，保险人只承保保险标的的市场价值或预期价值的一定比例，如70%或80%，被保险人也承担一部分风险责任，以利于被保险人加强责任心。

（二）实行承保观察期

养殖业一般承保死亡和疾病责任，但疾病从感染到症状明显有一个过程，也就是潜伏期。不同的疾病因病菌、病毒的侵入途径、畜禽和水生动植物机体抵抗能力存在差异，潜伏期长短也不同。如危害较大的猪瘟的潜伏期平均5～6天，最长21天；各种牲畜都可感染的布氏杆菌病的潜伏期平均14天，最长2个月。为防止投保人将带病的养殖对象投保，特别是对新购进的养殖标的，尽量隔离观察，避免疾病传染造成更大损失，也为了避免保险人不必要的赔付。养殖保险条款中凡将疾病和（或）死亡作为保险责任的，都应规定一个承保观察期，在观察期内保险标的因疾病死亡，保险人不负赔偿责任，退还保险费；观察期满，保险标的正常，保险责任从观察期满的次日开始。观察期一般为10～20天。

（三）实行差别费率、绝对免赔和无赔款保费折扣制度

如前所述，养殖业保险标的的疾病发生率和死亡率与标的的种类、用途、年龄和饲养管理状况密切相关。养禽场的经验也表明，禽舍温度、湿度不适，饲料配合不当，维生素、微量元素摄取不足，禽舍卫生条件不好，都会使发病率和死亡率提高。因此，保险人在根据平均死亡概率制定费率时，还应根据标的的种类、用途、年龄、和饲养管理状况实行差别费率，并且在理赔时还要实行绝对免赔制度。同时，对饲养管理精心、无赔款记录的保险标的在被保险人续保时给予保费折扣。

除以上措施外，保险人还可以采取其他一些控制养殖业保险经营风险的手段，例如，严格限制承保条件，对不符合条件的保险标的一律不予承保；力争提高承保覆盖面；在流行病发病地区及时停止展业，或将该流行病作为除外责任；规定被保险人必须履行防灾防疫及施救义务；制定限制条款，规定最高赔偿限额等。

【知识链接】

天气指数保险

天气指数保险是指把一个或几个气候条件（如气温、降水、风速等）对农作物损害程度指数化，每个指数都有对应的农作物产量和损益，保险合同以这种指数为基础，当指数达到一定水平并对农产品造成一定影响时，被保险人就可以获得相应标准的赔偿。世界上第一例天气指数保险于1997年在美国成功实行，但该保险最初并非应用于农业保险，而是应用于商业性的财产保险，即主要用于稳定大型能源公司由于气候变化引起的需求波动而带来的财务风险。世界银行则是把天气指数保险应用于农业，解决农业风险问题的倡导者。天气指数保险在一些国家如印度、加拿大、墨西哥、阿根廷、南非等都有了一定程度的发展。我国各地近几年也开发出很多作物、水果

生产、草原畜牧业方面的天气指数保险产品，这种保险还将在更多领域开展。

【复习思考题】

一、名词解释

政策性农业保险　种植业保险　养殖业保险

二、问答题

1. 农业保险与其他财产损失的保险经营有何区别?
2. 政策性农业保险与商业性农业保险有何区别?
3. 种植业保险的保险期限、保险金额、保险费率如何确定?
4. 如何控制种植业、养殖业保险经营中的风险?
5. 谈谈你对发展我国农业保险的看法。

参 考 文 献

1. 郑功成，许飞琼．财产保险（第四版）［M］．北京：中国金融出版社，2010.
2. 许飞琼．财产保险［M］．北京：高等教育出版社，2014.
3. 许飞琼．财产保险理论与实务［M］．北京：国家开放大学出版社，2018.
4. 许飞琼．保险学概论［M］．北京：中国金融出版社，2019.
5. 许飞琼．经典保险案例分析100例［M］．北京：中国金融出版社，2020.
6. 王绪瑾．财产保险（第二版）［M］．北京：北京大学出版社，2017.
7. 庹国柱．中国农业保险研究［M］．北京：中国农业出版社有限公司，2019.
8. 刘金章．再保险理论与实务［M］．北京：北京交通大学出版社，2014.
9. 王和．工程保险（上下）：工程风险评估理论与实践［M］．北京：中国财政经济出版社，2011.
10. 郑功成．多难兴邦——新中国60年抗灾史诗［M］．长沙：湖南人民出版社，2009.

21世纪高等学校金融学系列教材

一、货币银行学子系列

★货币金融学（第四版）	朱新蓉	主编	56.00元	2015.08出版
（普通高等教育“十一五”国家级规划教材/国家精品课程教材·2008）				
货币金融学	张　强　乔海曙	主编	32.00元	2007.05出版
（国家精品课程教材·2006）				
货币金融学（附课件）	吴少新	主编	43.00元	2011.08出版
货币金融学（第二版）	殷孟波	主编	48.00元	2014.07出版
（普通高等教育“十五”国家级规划教材）				
现代金融学——货币银行、金融市场与金融定价	张成思	编著	58.00元	2019.10出版
货币银行学（第二版）	夏德仁　李念斋	主编	27.50元	2005.05出版
货币银行学（第三版）	周　骏　王学青	主编	42.00元	2011.02出版
（普通高等教育“十一五”国家级规划教材）				
货币银行学原理（第六版）	郑道平　张贵乐	主编	39.00元	2009.07出版
金融理论教程	孔祥毅	主编	39.00元	2003.02出版
西方货币金融理论	伍海华	编著	38.80元	2002.06出版
现代货币金融学	汪祖杰	主编	30.00元	2003.08出版
行为金融学教程	苏同华	主编	25.50元	2006.06出版
中央银行通论（第三版）	孔祥毅	主编	40.00元	2009.02出版
中央银行通论学习指导（修订版）	孔祥毅	主编	38.00元	2009.02出版
商业银行经营管理（第二版）	宋清华	主编	43.00元	2017.03出版
商业银行管理学（第五版）	彭建刚	主编	53.00元	2019.04出版
（普通高等教育“十一五”国家级规划教材/国家精品课程教材·2007/国家精品资源共享课配套教材）				
商业银行管理学（第三版）	李志辉	主编	48.00元	2015.10出版
（普通高等教育“十一五”国家级规划教材/国家精品课程教材·2009）				
商业银行管理学习题集	李志辉	主编	20.00元	2006.12出版
（普通高等教育“十一五”国家级规划教材辅助教材）				
商业银行管理	刘惠好	主编	27.00元	2009.10出版
现代商业银行管理学基础	王先玉	主编	41.00元	2006.07出版
金融市场学（第三版）	杜金富	主编	55.00元	2018.07出版
现代金融市场学（第四版）	张亦春	主编	50.00元	2019.02出版
中国金融简史（第二版）	袁远福	主编	25.00元	2005.09出版
（普通高等教育“十一五”国家级规划教材）				
货币与金融统计学（第四版）	杜金富	主编	48.00元	2018.07出版
（普通高等教育“十一五”国家级规划教材/国家统计局优秀教材）				
金融信托与租赁（第五版）	王淑敏　齐佩金	主编	45.00元	2020.06出版
（普通高等教育“十一五”国家级规划教材）				

金融信托与租赁案例与习题 （普通高等教育“十一五”国家级规划教材辅助教材）	王淑敏　齐佩金	主编	25.00 元	2006.09 出版
金融营销学	万后芬	主编	31.00 元	2003.03 出版
金融风险管理	宋清华　李志辉	主编	33.50 元	2003.01 出版
网络银行（第二版） （普通高等教育“十一五”国家级规划教材）	孙　森	主编	36.00 元	2010.02 出版
银行会计学	于希文　王允平	主编	30.00 元	2003.04 出版

二、国际金融子系列

国际金融学	潘英丽　马君潞	主编	31.50 元	2002.05 出版
★国际金融概论（第五版） （普通高等教育“十二五”国家级规划教材/国家精品课程教材·2009）	孟　昊　王爱俭	主编	45.00 元	2020.01 出版
国际金融（第三版）	刘惠好	主编	48.00 元	2017.10 出版
国际金融概论（第三版）（附课件）	徐荣贞	主编	40.00 元	2016.08 出版
★国际结算（第七版）（附课件） （普通高等教育“十二五”国家级规划教材/2012—2013 年度全行业优秀畅销书）	苏宗祥　徐　捷	著	70.00 元	2020.08 出版
各国金融体制比较（第三版）	白钦先	等编著	43.00 元	2013.08 出版

三、投资学子系列

投资学（第三版）	张元萍	主编	56.00 元	2018.02 出版
证券投资学	吴晓求　季冬生	主编	24.00 元	2004.03 出版
证券投资学（第二版）	金　丹	主编	49.50 元	2016.09 出版
现代证券投资学	李国义	主编	39.00 元	2009.03 出版
证券投资分析（第二版）	赵锡军　李向科	主编	35.00 元	2015.08 出版
组合投资与投资基金管理	陈伟忠	主编	15.50 元	2004.07 出版
投资项目评估	王瑶琪　李桂君	主编	38.00 元	2011.12 出版
项目融资（第三版）	蒋先玲	编著	36.00 元	2008.10 出版

四、金融工程子系列

金融经济学教程	陈伟忠	主编	35.00 元	2008.09 出版
衍生金融工具（第二版）	叶永刚　张　培	主编	37.00 元	2014.08 出版
现代公司金融学（第二版）	马亚明	主编	49.00 元	2016.08 出版
金融计量学	张宗新	主编	42.50 元	2008.09 出版
数理金融	张元萍	编著	29.80 元	2004.08 出版
金融工程学	沈沛龙	主编	46.00 元	2017.08 出版

五、金融英语子系列

金融英语阅读教程（第四版） （北京高等教育精品教材）	沈素萍	主编	48.00 元	2015.12 出版
金融英语阅读教程导读（第四版） （北京高等学校市级精品课程辅助教材）	沈素萍	主编	23.00 元	2016.01 出版
保险专业英语	张栓林	编著	22.00 元	2004.02 出版
保险应用口语	张栓林	编著	25.00 元	2008.04 出版

注：加★的书为“十二五”普通高等教育本科国家级规划教材。

21世纪高等学校保险学系列教材

保险学概论	许飞琼	主编	49.80元	2019.01出版
保险学（第二版）	胡炳志　何小伟	主编	29.00元	2013.05出版
保险精算（第三版）	李秀芳　曾庆五	主编	36.00元	2011.06出版
（普通高等教育“十一五”国家级规划教材）				
人身保险（第二版）	陈朝先　陶存文	主编	20.00元	2002.09出版
财产保险（第六版）	许飞琼　郑功成	主编	56.00元	2020.12出版
（普通高等教育“十一五”国家级规划教材/普通高等教育精品教材奖）				
财产保险案例分析	许飞琼	编著	32.50元	2004.08出版
海上保险学	郭颂平　袁建华	编著	34.00元	2009.10出版
责任保险	许飞琼	编著	40.00元	2007.11出版
再保险（第二版）	胡炳志　陈之楚	主编	30.50元	2006.02出版
（普通高等教育“十一五”国家级规划教材）				
保险经营管理学（第二版）	邓大松　向运华	主编	42.00元	2011.08出版
（普通高等教育“十一五”国家级规划教材）				
保险营销学（第四版）	郭颂平　赵春梅	主编	42.00元	2018.08出版
（教育部经济类专业主干课程推荐教材）				
保险营销学（第二版）	刘子操　郭颂平	主编	25.00元	2003.01出版
★风险管理（第五版）	许谨良	主编	36.00元	2015.08出版
（普通高等教育“十一五”国家级规划教材）				
保险产品设计原理与实务	石　兴	著	24.50元	2006.09出版
社会保险（第四版）	林　义	主编	39.00元	2016.07出版
（普通高等教育“十一五”国家级规划教材）				
保险学教程（第二版）	张　虹　陈迪红	主编	36.00元	2012.07出版
利息理论与应用（第二版）	刘明亮	主编	32.00元	2014.04出版
保险法学	李玉泉	主编	53.50元	2020.08出版

注：加★的书为“十二五”普通高等教育本科国家级规划教材。